中国工程院重大咨询项目

中国养殖业可持续发展战略研究

动物疫病防控卷

中国养殖业可持续发展战略研究项目组

中国农业出版社

内容简介

本书是中国工程院重大咨询项目中国养殖业可持续发展战略研究之课题中国动物疫病预防与控制战略研究的成果。该课题由中国工程院夏咸柱院士任组长，中国工程院院士刘秀梵和陈焕春等任副组长，30多位专家参加，经过2009年4月到2012年1月两年多的紧张工作，形成了猪病防控战略研究，禽病防控战略研究，牛、羊、马病防控战略研究，特种动物疫病防控战略研究，野生动物疫病防控战略研究，人兽共患病防控战略研究，外来动物疫病防控战略研究，寄生虫病防控战略研究，兽药发展与兽药监管战略研究，动物疫病防控保障措施研究，共十个专题报告和一个综合报告，并在此基础上凝练成本书。本书多层次、全面总结了我国动物疫病防控取得的成就与经验，对我国当前动物疫病防控现状、动物疫病危害与挑战、存在的问题等进行深入分析，借鉴发达国家动物疫病防控实践，提出了我国动物疫病防控战略。

本书对与动物疫病防控相关的各级政府部门具有重要参考价值，同时可供科技界、教育界、企业界及社会公众等参考使用。

中国养殖业可持续发展战略研究
项目组主要成员

顾　问	徐匡迪	第十届全国政协副主席，中国工程院主席团名誉主席、原院长、院士
	周　济	中国工程院院长、院士
	孙政才	中共中央政治局委员、重庆市委书记，农业部原部长
	潘云鹤	中国工程院副院长、院士
	牛　盾	农业部副部长
	沈国舫	中国工程院原副院长、院士
组　长	旭日干	中国工程院副院长、院士
副组长	张桃林	农业部副部长
	管华诗	中国海洋大学，中国工程院院士
	李　宁	中国农业大学，中国工程院院士，兼项目综合组组长
	陈焕春	华中农业大学，中国工程院院士
成　员	任继周	甘肃省草原生态研究所，中国工程院院士
	刘守仁	新疆农垦科学院，中国工程院院士
	张福绥	中国科学院海洋研究所，中国工程院院士
	李文华	中国科学院地理科学与资源研究所，中国工程院院士
	赵法箴	中国水产科学研究院黄海水产研究所，中国工程院院士
	贾幼陵	农业部原国家首席兽医师
	雷霁霖	中国水产科学研究院黄海水产研究所，中国工程院院士
	陈伟生	农业部畜牧业司巡视员，畜禽养殖组组长
	熊远著	华中农业大学，中国工程院院士，畜禽养殖组副组长
	夏咸柱	军事医学科学院军事兽医研究所，中国工程院院士，动物疫病防控组组长

唐启升　中国水产科学研究院黄海水产研究所，中国工程院院士，水产养殖组组长

向仲怀　西南大学，中国工程院院士，特种养殖组组长

庞国芳　中国检验检疫科学研究院，中国工程院院士，养殖产品加工与食品安全组组长

金鉴明　环境保护部，中国工程院院士，环境污染防治组组长

时建忠　中国动物疫病预防控制中心副主任、研究员，畜禽养殖组副组长

刘秀梵　扬州大学，中国工程院院士，动物疫病防控组副组长

于康震　农业部国家首席兽医师，动物疫病防控组副组长

李金祥　中国农业科学院副院长，动物疫病防控组副组长

张仲秋　农业部兽医局局长，动物疫病防控组副组长

冯忠武　中国兽医药品监察所所长，动物疫病防控组副组长

李健华　农业部财务司司长、原渔业局局长，水产养殖组副组长

林浩然　中山大学，中国工程院院士，水产养殖组副组长

高中琪　中国工程院二局副局长，水产养殖组副组长

杨福合　中国农业科学院特产研究所所长、研究员，特种养殖组副组长

白玉良　中国工程院秘书长、教授，特种养殖组副组长

周光宏　南京农业大学校长、教授，养殖产品加工与食品安全组副组长

韩永伟　中国环境科学研究院生态环境研究所研究员，环境污染防治组副组长

梅旭荣　中国农业科学院农业环境与可持续发展研究所所长、研究员，环境污染防治组副组长

石立英　中国工程科技战略研究院副院长、教授，综合组副组长

王衍亮　农业部农业生态与资源保护总站站长、科技教育司副司长，综合组副组长

项目办公室

主　任	王振海	中国工程院一局副局长
副主任	寇建平	农业部科技教育司转基因生物安全管理与知识产权处处长
	安耀辉	中国工程院三局副局长
成　员	方　放	农业部科技教育司能源生态处调研员
	宗玉生	中国工程院办公厅调研员
	张文韬	中国工程院办公厅副处长
	杨　波	中国工程院咨询服务中心副处长
	陈　磊	中国工程院咨询服务中心工程师

中国动物疫病预防与控制战略研究
课题组主要成员

组　长	夏咸柱	中国工程院院士、军事医学科学院军事兽医研究所研究员
副组长	刘秀梵	中国工程院院士、扬州大学教授
	陈焕春	中国工程院院士、华中农业大学教授
	于康震	农业部国家首席兽医师
	李金祥	中国农业科学院副院长
	张仲秋	农业部兽医局局长
	贾建生	国家林业局野生动植物保护司副司长
	冯忠武	中国兽医药品监察所研究员、所长
成　员	（按姓氏笔画排列）	
	于　力	中国农业科学院哈尔滨兽医研究所研究员
	王长江	中国农业科学院科技局副局长
	王志亮	中国动物卫生与流行病学中心研究员
	王宏伟	天津瑞普生物研究院研究员、执行院长
	王笑梅	中国农业科学院哈尔滨兽医研究所研究员、副所长
	刘月焕	北京市农林科学院畜牧兽医研究所研究员
	刘湘涛	中国农业科学院兰州兽医研究所研究员、副所长
	杨汉春	中国农业大学动物医学院教授、副院长
	杨松涛	军事医学科学院军事兽医研究所研究员
	肖少波	华中农业大学动物医学院教授
	何宏轩	中国科学院动物研究所研究员
	汪　明	中国农业大学动物医学院教授
	沈建忠	中国农业大学动物医学院教授、院长

初　冬　国家林业局野生动物疫源疫病监测总站处长
张存帅　中国兽医药品监察所标准处副研究员、处长
张国钢　中国林业科学研究院副研究员
林祥梅　中国检验检疫科学研究院研究员
林矫矫　中国农业科学院上海兽医研究所研究员、副所长
林德贵　中国农业大学动物医学院教授、副院长
罗　颖　国家林业局野生动植物保护司保护处处长
周　蛟　北京市农林科学院畜牧兽医研究所研究员
周继勇　浙江大学动物医学院教授
秦　川　中国医学科学院实验动物研究所研究员、所长
秦爱建　扬州大学动物医学院教授、院长
夏志平　军事医学科学院军事兽医研究所研究员、副所长
钱　军　军事医学科学院军事兽医研究所研究员、所长
殷　宏　中国农业科学院兰州兽医研究所研究员、所长
郭爱珍　华中农业大学动物医学院教授
涂长春　军事医学科学院军事兽医研究所研究员
程世鹏　中国农业科学院特产研究所研究员、副所长
焦新安　扬州大学教授、副校长
童光志　中国农业科学院上海兽医研究所研究员、所长

丛书序言

改革开放以来，我国养殖业持续高速发展，取得举世瞩目的成就，为保障国家食物安全、提升国民营养与健康水平、促进农民增收、加快农业现代化建设等方面做出巨大贡献。未来较长一段时间内，我国主要养殖产品需求仍呈刚性增长，但面临资源日益短缺、环境生态压力加大、食品安全事件频发等诸多挑战。如何实现我国养殖业可持续发展，将是我国必须面对并解决的一个重大问题。

2009 年 4 月，中国工程院在前期调研和反复酝酿的基础上，启动了“中国养殖业可持续发展战略研究”重大咨询项目。项目由中国工程院副院长旭日干院士任组长，第十届全国政协副主席、中国工程院时任院长徐匡迪院士和农业部时任部长孙政才同志等任项目顾问，22 位院士和 220 多位专家共同参与研究，成立了六个课题组及项目综合组：畜禽养殖业可持续发展战略研究、水产养殖业可持续发展战略研究、特种养殖业可持续发展战略研究、动物疫病预防与控制战略研究、养殖产品加工与动物源食品安全战略研究、养殖业环境污染防治战略研究、项目综合组。

经过两年多的紧张工作，院士、专家们在实地调研、资料分析、反复研讨和多次修改的基础上，于 2012 年 1 月形成了项目综合报告、六个课题研究报告和若干个专题研究报告，取得了许多新的认识和重要研究成果。

项目在各课题和专题研究成果基础上，系统分析了我国养殖业发展现状、可持续发展所面临的挑战，充分研究了国际上各种成功养殖模式的经验与不足，形成对我国养殖业可持续发展形势的基本判断：一是在需求刚性增长、资源短缺、环境污染等多重压力下，中国养殖业必须走可持续发展道路，到 2030 年我国养殖业仍将处于转变发展方式的重大战略转型期；二是到 2030 年，养殖业将成为我国农业中的第一大产业和战略主导产业，养殖业产值规模将超越种植业，在农业中率先实现发展方式转变和现代化，促使种植业和养殖业更加协调发展，促进农业结构积极调整和发展方式加快转变；三是加强科技支撑和推进养殖规模化是解决我国养殖业可持续发展所面临挑战的根本途径。

基于上述基本判断，项目研究提出了中国特色养殖业可持续发展的战略思路、战略目标、战略重点及保障措施，以及重点实施“规模化推进战略、科技进步促进战略、饲料资源保障战略、食品安全保障战略、环境生态保育战略、重大疫病防控战略、新兴产业培育战略及重点产业提升战略”八项战略，共同推进养殖业结构调整和经济发展方式转变，走出一条具有中国特色的、“高效、安全、健康、绿色”的养殖业可持续发展道路。同时，提出了加快推进中国养殖业可持续发展的三个重大建议：一是充分认识养殖业战略产业地位，明确养殖业在现代农业中的战略主导地位，以养殖业为核心加快农业经济结构调整，尽快出台以养殖业可持续发展为主题的“中央一号文件”等指导性文件；二是实施“标准化规模养殖推进计划”，以大型龙头企业为引领，以养殖合作组织为纽带，依托龙头企业的科技、人才、信息、资金等优势，带动养殖适度规模化、标准化和产业化，使适度规模养殖成为我国养殖业的主体；三是实施“养殖业科技创新重大工程”，大幅度提升我国养殖业科技创新能力，持续攻克关键科技瓶颈，为我国养殖业的可持续发展提供持续动力。

回良玉副总理对该项目研究成果高度重视，认为项目研究取得了许多新的认识和重要研究成果，并批示农业部要主动会商中农办、国家发改委、科技部和财政部予以研究，要更好引领传统养殖业向现代养殖业的转变，为保障国家食物安全做出更大贡献。

为了系统地总结我国畜牧、水产和特种养殖业发展历程和巨大成就，分析当前动物疫病防控与环境污染防治工作的现状和存在的问题，借鉴养殖业发达国家的政策法规、科技成果及管理经验，使养殖业可持续发展的观念、意识更广泛、深入地为广大人民群众所接受，中国工程院组织专家在修改和完善项目研究报告的基础上，编撰了《中国养殖业可持续发展战略研究》丛书。

本套丛书包括项目综合卷和六个课题分卷，以项目综合报告、课题报告和专题报告三个层次，提供相关领域的研究背景、涵盖内容和主要论点。综合卷包括项目综合报告和各课题综合报告，每个课题分卷则包括各课题综合报告及各专题报告。项目综合报告主要凝聚和总结了各课题和专题中达成共识的一些主要观点和结论，各课题形成的一些独特观点则主要在课题分卷中体现。考虑到数据准确性、统一性等因素，本套丛书以2010年及以前的数据为基础，重点分析和预测2011—2030年我国养殖业可持续发展的前景和趋势。另外，由于引用的数据来源不同，有些数据可能不完全一致，请读者予以理解。

希望本丛书的出版，对实现我国养殖业可持续发展战略转型，提高畜牧、水产、特种养殖业的社会效益和经济效益，应对资源短缺、环境压力加大等挑战起到战略性的、积极的推动作用。

中国养殖业可持续发展战略研究项目组

2013年1月8日

前　言

养殖业是引领我国农业实现现代化和可持续发展的战略产业，是促进我国“三农”问题根本性解决和边疆牧区发展的支柱性产业。改革开放30多年以来，我国的畜禽养殖业得到了空前的发展，取得了巨大成就。养殖业总产值占农业总产值的比重从1978年的16.6%上升到2010年的40.8%，标志着养殖业已经从改革开放之初的家庭副业发展成为农业支柱产业。2004年我国养殖业产值首次突破万亿元大关，至2010年达到27 248.1亿元，养殖业已经成为我国国民经济的重要组成部分。然而，未来20年，由于土地资源限制、饲料资源短缺、环境控制成本高昂、动物疫病威胁等，单纯依靠养殖数量增长的传统养殖模式，显然将不再适合我国主要养殖产品需求刚性增长的现实，因此，如何实现我国养殖业可持续发展，将是我们无法回避而且必须解决的重大难题。

2009年4月，中国工程院在调研与反复酝酿的基础上，启动了“中国养殖业可持续发展战略研究”重大咨询项目。项目由中国工程院副院长旭日干院士任组长，第十届全国政协副主席、中国工程院时任院长徐匡迪院士，中国工程院院长周济院士，农业部时任部长、现重庆市市委书记孙政才等任项目顾问。本项目设置了“畜禽养殖业可持续发展战略研究”、“水产养殖业可持续发展战略研究”、“特种养殖业可持续发展战略研究”、“动物疫病预防与控制战略研究”、“养殖业环境污染防治战略研究”、“畜产品加工与动物源食品安全战略研究”共六个研究课题组，以及一个项目综合组。“动物疫病预防与控制战略研究”课题组以军事医学科学院军事兽医研究所夏咸柱院士为组长，组织30多位本领域的有关专家，总结我国动物疫病防控已有成就，对我国当前动物疫病防控现状、动物疫病危害与挑战、存在的问题等进行深入分析，借鉴发达国家动物疫病防控实践，提出了我国动物疫病防控战略。

目　录

综合报告

ZONGHE BAOGAO

一、动物疫病防控现状

（一）主要成就与经验

1. 动物疫病防控成效

新中国成立以来，我国动物防疫工作已经取得了明显成效。

（1）消灭了牛瘟等重大动物疫病　新中国成立后，我国十分重视与农业生产密切相关的重大动物疫病的防控，通过实施免疫接种、控制动物流动、根除计划等综合控制措施，于1956年消灭牛瘟，1996年消灭牛肺疫，目前已经基本消灭了马鼻疽。一些重大动物疫病的有效控制和清除，保护了我国农业生产和养殖业发展。我国在消灭牛瘟中取得的成就，对于推进全球牛瘟消灭计划作出了贡献。

（2）有效遏制了高致病性禽流感等重大动物疫病　改革开放以来，国家逐步建立强制免疫和定期监测制度，高致病性禽流感、新城疫、猪瘟等重大动物疫病逐步得到有效遏制，重大动物疫情发生的疫点数有所下降。高致病性禽流感疫情发生疫点数由2004年50个逐年下降到2009年3个、2010年全年无疫情报告（表0-1）。此外，传染性法氏囊病等主要禽病、猪繁殖与呼吸综合征等重要动物疫病导致的危害逐步减轻。2006年成功打赢了四川猪链球菌病歼灭战。我国12个血吸虫病流行省（自治区、直辖市）中，上海、浙江、福建、广东和广西已达到传播阻断标准，其余省份也分别达到了传播控制和疫情控制标准。全国血吸虫病病牛数由新中国成立初期的120万头下降至目前的几万头。

表 0－1　2004—2009 年高致病性禽流感发生情况

年份	发病省份数（个）	疫点数（个）	发病数（只）	死亡数（只）	扑杀数（只）
2004	16	50	132 499	115 381	2 495 103
2005	13	32	163 111	154 643	22 571 200
2006	7	10	50 300	6 743	581 000
2007	4	6	29 164	31 782	130 391
2008	3	6	9 727	9 360	580 141
2009	3	3	2 951	2 140	14 897

（3）防范了重要外来动物疫病的传入　2007 年扑灭了由国外传入西藏的小反刍兽疫。迄今为止，我国成功防范了疯牛病、尼帕病、非洲猪瘟、裂谷热、非洲马瘟等世界动物卫生组织（OIE）法定动物疫病传入我国。

（4）动物产品的质量逐步提高　动物源性食品安全基本得到保障，畜产品出口竞争力明显增强。

2. 动物疫病防控工作经验

新中国成立以来，动物疫病防控体系不断完善，法律法规不断健全，体制机制不断完善，动物疫病防控工作取得了明显成效，积累了宝贵经验。归纳起来主要包括以下几方面。

（1）加强领导，联防联控　党中央、国务院非常重视动物疫病防治工作，近年明确提出，动物疫病防控工作应作为今后一段时间关系全局的重大战略问题进行研究谋划。20 世纪 50 年代成立了南方防治血吸虫病领导小组和北方防治地方病领导小组。2004 年高致病性禽流感暴发后，国务院又组织成立全国防治高致病性禽流感总指挥部。同年，还成立了血吸虫病防治工作领导小组。这些防控领导小组的成立，表明国家对动物疫病防治工作的重视。新中国成立以来的工作经验表明，只有加强领导，依法治疫、部门联合、区域联防、群防群控的局面才能形成，重大动物疫病防控工作才能落到实处。

联防联控是应对复杂疫情形势的重要举措。1958 年由农业部牵头，大行政区建立联防协作区，省、自治区、直辖市毗邻的地（盟）、县（旗）组成了联防协作片。大行政区联防协作模式是一种重要的动物疫病防控机制创新。各联防区、片的成员单位，轮流主持工作，召开联防会议，汇报疫情发生发展动态，协同解决联防中出现的问题。这种联防协作模式有效地强化了部门之间、省市之间、城镇之间动物疫病防控合作。20 世纪 70 年代初，成立了全国铁路兽医卫生检疫联防机构。2004年，国务院成立全国防治高致病性禽流感总指挥部，建立了“部际联席会议制”。2008年农业部兽医局加挂了重大动物疫病防控办公室牌子，进一步提高了联防联控的级别。近年来，在禽流感防控、甲型H1N1流感防控等工作实践中，部际联系、区域联防、群防群控的重要性得到了充分体现。

（2）健全法制，完善体制　随着国家法制建设的加强，动物疫病防治工作的法制管理不断完善。新中国成立后，关于动物疫病防控相关法律法规陆续出台，其中包括《肉品卫生检验试行规程》（1959年颁布）、《兽药管理条例》（1987年颁布，2001年、2004年两次修订）、《中华人民共和国进出境动植物检疫法》（1991年颁布）、《中华人民共和国进出境动植物检疫法实施条例》（1996年颁布）、《中华人民共和国动物防疫法》（1997年颁布、2007年修订）、《血吸虫病防治条例》（2006年颁布）等。同时，还建立了外来病风险防范制度、实验室生物安全管理制度、重大动物疫病强制免疫政策、动物防疫条件审核制度、检疫管理制度、监测预警制度、应急处置机制、疫病区域化管理制度、种用乳用动物健康标准等。这一系列法律法规及其配套规章的制订，标志着我国动物疫病防控工作进入“依法行政、依法防治”的新阶段。

完善兽医体系是加强动物疫病防控的制度保障。新中国成立以来，我国逐步建立了中央、省、地、县四级较为完整的兽医行政管理体系。《全国动物防疫体系建设规划2004—2008》的实施，强化了防疫体系建设，提高了重大动物疫病防控技术装备水平。自2005年国务院颁布《关于推进兽医管理体制改革的若干意见》以来，由兽医行政管理体系、动物疫病预防控制体系和兽医科技支撑体系构成的兽医管理体系已经形成。各级兽医管理体系职责进一步明确，并初步建立了兽医行政管理机构、动物卫生监督机构、动物疫病预防控制机构和乡镇畜牧兽医站等机构分工负责、密切合作的工作机制，形成了决策、执行、评估相对分离、相互协调的工作格局，我国兽医体制与国际接轨程度逐步提高。

（3）“预防为主”，综合防控　在新中国成立以来60年的动物疫病防控实践中，经过几代人不断探索，动物疫病防控机制不断完善，工作实践中总结形成的“预防为主”方针和“加强领导、密切配合，依靠科学、依法防治，群防群控、果断处置”24字方针已经成为指导我国动物疫病防控工作的重要指导方针。实行“预防为主”方针，就是要通过加强免疫、改善防疫条件、严格检疫监管、健全外来病风险防范机制，来降低外来病和重大动物疫病发生风险。重大动物疫情应急处置工作必须坚持24字方针，及时发现，快速反应，科学处置，减少损失。

（4）完善科技支撑体系，强化科技支撑作用　在我国动物疫情形势十分复杂的情况下，动物疫病防控工作仍然取得突出成绩，兽医科技进步发挥了重要支撑作用。

目前，我国已经建立了多个中央级的兽医专业科研机构，有近 40 所高等（农业）院校设立了兽医学院（动物医学院），在兽医学科设立有 2 个国家重点实验室、10 余个农业部重点开放实验室，已经建立了禽流感、口蹄疫、疯牛病、狂犬病等重大动物疫病国家参考实验室、专业实验室和诊断实验室。近年还建立了省部共建重点实验室、学科群重点实验室，我国兽医实验室网络体系初步形成，兽医科技支撑体系逐步完善。

“十一五”期间国家在兽医科学研究领域投入 3.516 6 亿元科研资金，兽医科研获得多项国家级科技奖，其中禽流感疫苗、口蹄疫疫苗、猪瘟兔化弱毒疫苗达到国际领先水平。防控动物疫病的疫苗、兽药、检测诊断、流行病学调查及综合防治技术等方面的研究取得重大进展。动物疫病防控相关产业支撑体系初步形成。目前，全国通过兽药 GMP 认证的企业为 1 650 家，生产兽药品种 2 000多种；兽用生物制品生产企业 84 家，生产疫苗 200 种。2010 年我国兽药市场份额约为 350 亿元，其中粉剂 150 亿元，水针、粉针 150 亿元，生物制品 50 亿元。此外，我国已经有部分动物用生物制品出口。目前我国已建立兽药国家标准 3 000 多个，各类兽用标准物质共有 182 种，其中化药标准物质 111 种、生物制品标准物质 71 种。此外，国家标准规定的兽药残留检测方法由原来的 50 种增加到 80 种。

（5）加强防控队伍建设，强化综合保障　加强兽医工作队伍建设是实施动物疫病防控工作的人才保障。2009 年 1 月 1 日，《执业兽医管理办法》正式实施，全国范围内全面推行执业兽医制度。截至目前，全国招聘了 64.5 万名村级防疫员，建立了村级动物防疫员网络。2005 年兽医体制改革后，各级政府陆续将兽医行政管理、动物卫生监督工作经费和人员经费全部纳入财政预算保障，目前绝大部分县市级动物疫病预防控制机构都实行了全额预算管理。

强化综合保障是推进动物疫病防控工作的条件保障。2004 年在高致病性禽流感阻击战中，中央及时出台了强制免疫补贴、扑杀补贴、无害化处理补贴和养殖业发展扶持的“三补一扶”政策。为了保证政策的稳定性，2007 年修订的《中华人民共和国动物防疫法》专门制订了“保障措施”，对规划制订、资金和物资保障、补偿等方面都作了明确规定。《全国动物防疫体系建设规划（2004—2008 年）》安排中央预算内专项资金 45.22 亿元，加强中央、省、地、乡四级动物防疫、检疫基础设施和兽药质量及残留监控基础设施建设，目前已经基本形成上下贯通、横向协调的动物防疫基础设施体系。2012 年出台了《国家中长期动物疫病防治规划（2012—2020年）》。

回顾新中国成立以来，特别是改革开放30多年来的兽医工作，我们对动物疫病防控工作的一些规律性问题有了更进一步的认识和把握，概括起来就是五个必须，即：必须坚持"以人为本"，把维护人的健康摆在兽医工作的首位；必须坚持养殖业发展和兽医事业发展并重，促进畜牧兽医协调发展；必须坚持推进兽医科技进步，提高我国兽医工作者整体素质；必须坚持预防为主的方针，不断完善风险防范、应急处置、控制消灭工作机制；必须坚持落实财政扶持政策，建立促进兽医事业健康发展的稳定投入机制。动物疫病防控工作取得的伟大成就和积累的宝贵经验，是各级兽医部门几代兽医工作者辛勤工作的结果，必将为推进兽医事业健康发展奠定坚实基础。

（二）动物疫病流行现状

新中国成立以来，我国动物疫病防控取得了显著成绩，不过仍然还有许多重大动物疫病并未得到有效控制，甚至还存在严重的公共安全威胁。

1. 动物疫病发生特点

（1）动物疫病种类繁多，不断增加　我国《一、二、三类动物疫病病种名录》规定应防治的动物疫病有157种。其中，一类动物疫病17种，二类动物疫病77种，三类动物疫病63种。

改革开放以来，我国养殖业高速发展，国际贸易量快速增长，但由于外来动物疫病防检技术和防控策略滞后，许多外来疫病乘虚而入。近30年来，传入我国的外来动物疫病达30余种，有些疫病传入后还常年肆虐。

（2）重大动物疫病危害严重，形势严峻　新中国成立以来，我国逐年加大动物疫病防疫力度，动物疫病防治工作取得了显著成绩。可是，由于受到经济、地理、技术等诸多因素的制约，我国当前的动物疫情形势依然严峻。2004年以来高致病性禽流感病毒污染面十分广泛，疫情暴发风险始终存在。2006年，高致病性猪蓝耳病在我国长江流域（江西、江苏、安徽、湖北、湖南等）暴发，并从南到北、从东向西迅速扩散，席卷整个中国，导致大批生猪死亡。猪繁殖与呼吸综合征在全国大范围暴发，养猪业损失惨重。2006年以来，从国外传入的牛源荚膜A型巴氏杆菌和Leachill支原体引起的牛新发疫情，给养牛业造成了巨大的经济损失。2009年，亚洲A型口蹄疫传入我国，猪瘟、新城疫等重大动物疫病频发。

据不完全统计，动物疫病造成的猪死亡率约10%、家禽近20%、牛羊

3%～5%，均高出发达国家1倍以上。2000—2002年，全国共发生动物疫病110种。经测算，每年由重大动物疫病所造成的直接经济损失达300亿元以上，连同饲料、人工等间接经济损失每年达700多亿元。

（3）人兽共患病明显抬头，公共卫生安全威胁不断加大　人兽共患病严重威胁公共卫生安全。我国已知的人兽共患病有上百种，大部分未得到有效控制。一些过去曾基本得到控制的疫病如布鲁氏菌病、结核病等疫情近年明显回升，甚至攀升到了历史高点。狂犬病、血吸虫病、炭疽、乙型脑炎、登革热、流行性出血热、伤寒、钩端螺旋体病，甚至鼠疫和霍乱等重要人兽共患病在我国年年发生。近年我国年报告狂犬病死亡人数均在3 000人左右，仅次于印度，居全球第二位。此外，一些新发人兽共患病不断涌现。2004—2010年，我国发现40例人禽流感病例，死亡26例。2005年6～8月，四川的人—猪链球菌病死亡生猪647头，并导致204人发病，38人死亡。这些人兽共患病暴发和流行对我国公共卫生安全构成了严重威胁，给社会造成巨大恐慌，同时严重制约畜禽养殖业可持续发展。

（4）外来动物疫病传入风险持续存在，构成严重威胁　近年来，尼帕病、非洲猪瘟、小反刍兽疫、裂谷热、西尼罗河热、疯牛病和南非1型、2型、3型及C型口蹄疫等烈性动物疫病和动物源性人兽共患病在一些国家和地区扩散和蔓延，造成严重的经济、社会和政治影响，甚至直接威胁公共卫生安全。部分已蔓延到我国周边国家。我国与14个国家接壤，陆地边境线长2.2万多千米。外来动物疫病很容易通过经贸活动、旅游观光、过境放牧、野生动物迁徙等多种方式，以及空气传播、生物媒介扩散等多种途径快速传播、扩散、蔓延，随时可能传入我国，威胁我国畜禽养殖业发展和人民健康。

（5）野生动物疫病监控难度大，威胁日益突显　我国是世界上野生动物种类最为丰富的国家之一，我国境内至少有2 600多处野生动物聚集分布区。许多野生动物是病毒、细菌和寄生虫等病原体的天然“储存库”。2005年5～6月，我国青海湖发生高致病性禽流感疫情，造成斑头雁、棕头鸥、鱼鸥等6 000多只野生鸟类死亡。一些候鸟携带禽流感病毒，犬科动物和蝙蝠中存在狂犬病病毒，多种野生鼠类携带鼠疫杆菌、流行性出血热病毒等。但是，由于野生动物活动范围大、流动性强、采样困难，因此，野生动物疫病监控难度很大，国家级监测站的区域覆盖率还不到10%。由野生动物疫病引起的禽畜疫病和公共卫生安全事件越来越多，威胁日益突显。

（6）动物疫病呈现新特征，疫病防控面临困境　近年来，由于环境压力等因素影响，一些病原体不断发生变异，导致疫病出现非典型的临床症状和病理变化。抗原结构变异和血清型多变，使一些疫苗的预防效果越来越不理想。如禽流感病毒、猪繁殖与呼吸综合征病毒、传染性法氏囊病病毒和马立克氏病病毒都出现了超强毒株或变异毒株。

亚临床免疫抑制性疾病与多重感染日趋普遍。例如，猪圆环病毒、传染性法氏囊病毒、网状内皮增生症病毒、鸡白血病病毒等都已经成为影响我国养殖业的重要免疫抑制性病原。这些免疫抑制性病原感染诊断困难，容易被忽视，而且多数无有效疫苗，更加加重了其危害。

病原体耐药性越来越普遍、严重。由于滥用抗生素和饲料中长期添加低剂量的抗生素，导致细菌的耐药性越来越普遍、越来越严重，甚至出现了超级耐药细菌。控制耐药性细菌性疾病已经成为一大难题。2010 年 8 月发现的“超级病菌”NDM－1，对几乎所有在用抗生素都有抵抗力，其多重超强耐药性已经跨种传播，并且传递给了霍乱弧菌等烈性细菌。亚洲、欧洲、北美、非洲等 20 多个国家和地区报道了 NDM－1 感染病例，目前全球已有近 200 人被感染。我国大陆、台湾和香港也有病例报道。同样，由于滥用抗原虫药和抗病毒药，关于耐药性原虫、耐药性病毒变异株的报道也越来越多。

2. 几种重要动物疫病流行现状

(1) 已经消灭的重大动物疫病　我国 1955 年消灭牛瘟，1996 年消灭牛肺疫。近年来，我国境内已经连续多年未发生马鼻疽，目前正准备公布我国消灭马鼻疽。

(2) 我国境内未发生过的重大动物疫病　主要有牛海绵状脑病、非洲马瘟、水疱性口炎、结节性皮炎和裂谷热等。

(3) 已在我国产生危害的几种重要动物疫病

①猪瘟　目前我国猪瘟呈全国性分布，以点状、散发为主，从散养或小规模养殖场到大规模工业化猪场均有发生，是我国猪群死亡率较高的一个主要因素。尽管我国自行研制的猪瘟兔化弱毒疫苗是目前世界上最有效的猪瘟疫苗，在国内外猪瘟的预防和控制中发挥了重要作用，但由于猪繁殖与呼吸综合征和猪圆环病毒病等免疫抑制性疫病的普遍存在和不断发生，影响了猪瘟疫苗的免疫效果。

②猪繁殖与呼吸综合征　猪繁殖与呼吸综合征（蓝耳病）自 1995 年在我国首次报道，目前已在全国范围内流行，并成为危害我国养猪业的重大疫病。2006 年以来，高致病性猪蓝耳病席卷整个中国，导致大批生猪死亡，给我国养猪业造成了巨大的经济损失。以 Nsp2 基因编码区缺失 30 个氨基酸为特征的高致病性猪蓝耳病病毒已成为我国新的流行毒株。猪瘟病毒与高致病性猪蓝耳病病毒和猪圆环病毒等的混合感染进一步加重了疫情。如何有效防控高致病性猪

蓝耳病成为当前和将来我国养猪业面临的巨大挑战。

③猪伪狂犬病　猪伪狂犬病自 20 世纪 80 年代以来一直是危害我国养猪业、引起母猪繁殖障碍和新生仔猪死亡的重要疫病之一。2007—2008 年我国 16 个省份累计报道 29 次伪狂犬病疫情。目前，我国已经拥有自主研制的猪伪狂犬病基因缺失疫苗和配套的鉴别诊断试剂。随着新型疫苗的推广使用，临床病例已经明显减少。加快猪伪狂犬病根除计划的启动和实施是当前和将来一段时间猪伪狂犬病防控主要任务。

④猪乙型脑炎　乙型脑炎是一种重要的人兽共患病，流行地区分布与媒介蚊虫分布密切相关。猪是乙型脑炎病毒的越冬宿主，也是人和其他动物的乙型脑炎病毒的主要传染源。预防人感染乙型脑炎病毒，首先必须有效控制猪的乙型脑炎，从源头做起。

⑤口蹄疫　A 型口蹄疫属于我国新发传染病。2009 年 1 月以来，共确诊 A 型口蹄疫疫情 9 起。感染发病动物主要是牛（奶牛最多），个别疫点有羊和猪发病或带毒。湖北武汉发生疫情后，农业部开展全国范围的血清学调查，共有 22 个省份检出血清阳性。通过卓有成效的防控工作，2010 年 A 型口蹄疫未检出病原学阳性病例。

⑥布鲁氏菌病　布鲁氏菌病呈全球分布和流行，我国是布鲁氏菌病高发国家。2009 年人群布鲁氏菌病发病率和报告病例数为 2.793 9/10 万和 35 816 例。动物布鲁氏菌病是人群布鲁氏菌病流行的主要传播来源。家畜布鲁氏菌病以牛、羊为主，2008 年分别达到牛羊总发病数的 62%和 38%。近年来，猪布鲁氏菌病流行也有所上升。2008 年有病例报告的县由 1999 年的 127 个增加到 763 个。这种快速上升的状况在所有法定报告传染病中是极其罕见的。

⑦结核病　结核病全球流行，世界上约 1/3 人口感染了结核杆菌。中国 80%的结核病人来自农村地区，中西部地区的疫情是东部地区的 2 倍。人—畜间结核杆菌的交叉传播是造成结核病广泛流行的重要原因。牛和鹿的结核病最容易传染人，同时带菌饲养人员也能将结核病传播给阴性动物。据不完全统计，世界范围内有 5 000 万头牛感染了结核病，造成的经济损失每年达 30 多亿美元。近十几年来，我国奶牛业处于高速发展时期，但奶牛结核病并没有得到有效控制。

“检疫—扑杀”牛结核病控制措施是国际公认的有效手段，我国也推行多年，但由于重视不够和经费严重短缺，致使防疫检疫工作难以到位，是目前人和动物结核病发病率高居不下的重要因素。在动物结核病防治中缺乏兽用疫苗和可靠的检测方法也是重要的技术原因。

⑧狂犬病　我国是狂犬病高发国家，人狂犬病发病和死亡数居全球第 2 位，

一直居我国 37 种法定报告传染病死亡数前两位。2010 年狂犬病发病和死亡人数分别为 2048、2014 例。我国犬狂犬病呈散发态势，但与人间疫情相比，我国动物狂犬病疫情难以掌握，流行病学本底并不清楚。据分析，我国狂犬病流行的主要原因是狂犬病防控策略不当。对养犬管理与动物狂犬病防治重视不够仍然是我国人狂犬病高发的直接原因。

⑨禽流感　高致病性禽流感被世界动物卫生组织列为必须报告的疫病，在我国将其列为一类动物传染病。2003—2009 年，全球共出现了 6 621 次家禽及野鸟的高致病性禽流感疫情，75%以上的疫情在亚洲尤其是东南亚。1997 年我国香港首次发现 H5N1 禽流感病毒可以引起人感染并致死。我国动物禽流感防控过度依赖疫苗接种，监控力量投入不足。目前高致病性禽流感的流行形势较为严峻，不仅给养禽业造成巨大经济损失，引发了严重公共卫生问题，同时对野生动物保护也构成了巨大挑战。

⑩新城疫　新城疫是我国主要禽病之一。目前新城疫表现出新的流行特点为：

"非典型性新城疫"在高免鸡群流行并日趋严重：20 世纪 80 年代开始，在抗体水平较高且比较均一的鸡群中出现不典型的新城疫，流行情况也由过去的季节性流行变为常年性散发。

水禽新城疫流行：新城疫病毒的致病宿主范围正在不断扩大，导致传统认识中对新城疫病毒隐性感染的水禽鹅、鸭也发病。目前还不能确定这些毒株的来源和进化过程。鹅新城疫于 1997 年起始于我国华南地区，并逐渐向全国各地蔓延。我国鸡、水禽饲养密度高，水禽携带的新城疫病毒强毒无疑对鸡群构成了较大威胁。

我国目前鸡群中多个基因型毒株并存流行。

野鸟体内携带新城疫病毒强毒：虽然还不清楚野鸟隐性感染的新城疫病毒是野鸟本身携带传给家禽，还是来源于家禽，但是野鸟携带有对鸡、鹅、鸭高致病性的流行毒株，对养禽业和其他鸟类形成了巨大的潜在威胁。

⑪鸡白痢　鸡白痢呈世界性分布，造成许多地方性养鸡业的严重经济损失。近几年来，我国鸡白痢呈现发病日龄提前，临床表现不一，病理变化不典型，药物防治效果差，发病率、死亡淘汰率明显上升，病程延长等多种临床特点。由于种源带毒、环境污染等，造成近年来鸡白痢的发病率呈显著上升趋势。此外，由鸡白痢带来的盲目用药和食品安全问题越来越明显。菌株多重耐药性的上升趋势显著，菌株耐药谱迅速增宽，并对常用抗生素广谱耐药，因此，及早推进鸡白痢净化措施十分迫切。

⑫血吸虫病　新中国成立后，我国血吸虫病防治取得举世瞩目的成绩。全

国血吸虫病人数由原来的 1 100 多万人下降至 36.5 万人，病牛数由原来的 120 多万头下降至几万头。但由于江湖洲滩地区中间宿主钉螺难于消灭，家畜传染源控制困难，重复感染严重，无防治血吸虫病有效疫苗等原因，我国血吸虫病防治仍是一项长期、艰巨和复杂的任务。

⑬小反刍兽疫　至 2003 年，有 25 个国家报道发生小反刍兽疫，主要分布在亚洲、非洲，还有横跨亚欧的土耳其。我国周边的老挝、孟加拉国、印度、尼泊尔、俄罗斯、巴基斯坦等国家均暴发过大规模小反刍兽疫疫情。

2007 年 7 月 27 日，农业部向 OIE 紧急报告，西藏自治区日土县热帮乡龙门卡村（Longmenka，Ritu，TIBET）发生小反刍兽疫，涉及发病山羊 780 只，其中死亡 292 只，销毁 303 只，感染来源尚不清楚。小反刍兽疫在国内出现给我国敲响了警钟，必须严防外来病传入。

二、动物疫病防控工作存在的主要问题

（一）法律体系不够健全，有法不依现象屡见不鲜

我国虽然制定颁布了《中华人民共和国动物防疫法》、《中华人民共和国进出境动植物检疫法》等一系列动物卫生法律法规，但与新形势下动物防疫工作要求相比，与国际惯例和通行做法相比，仍有较大差距。主要表现在以下几个方面：

1. 法律体系不健全

动物卫生法律法规尚未形成完整的体系框架，缺乏总揽全国动物卫生工作的兽医行业根本大法。

2. 现行法律法规尚未覆盖动物卫生全部范围

存在若干平行法律法规，协调性不够、操作性不强，各执法或管理部门无法有效地实施动物卫生全过程监管，导致执法主体多头、各自为政、互相扯皮的现象，并必然波及管理的整体效能。

3. 标准、 规范建设相对滞后

在疫病防控、食品安全、质量监管、环境控制等方面技术标准、规范体系不完善，部分标准和规范操作性不强。

4. 在动物疫病防控过程中有法不依现象屡见不鲜

我国在疫病防控、食品安全及环境控制等领域存在惩罚过轻等问题，导致违法成本过低，相关违法事件频发。同时，养殖者处于一种被动的守法状态，对动物卫生法中的禁止性和义务性规范主要是慑于制裁而遵守，因此，在守法中主观上存在着很大的惰性，瞒报疫情、贩运病死动物、违法使用兽药或添加

剂等有法不依现象屡见不鲜。另外，有些监管部门还存在执法不严、消极执法、执法犯法等现象，严重制约了法律法规的实际效果。

（二）条块分割，多头管理的情况依然没有得到彻底解决

目前，政出多门、多头管理和监管无序是管理体制面临的最大问题。我国现行的兽医管理体制，实行“分段管理”，即农业部门主要管理饲养和屠宰环节的动物防疫、检疫和监督，卫生部门负责食品卫生监督，而动物出入境检疫检验则由出入境检疫检验部门实施。动物防疫和畜产品安全管理职能分散在多个部门，造成“政出多门、条块分割”。“政出多门”，职能重叠，职责不清，不能实施统一管理，管理效率低，资源浪费，出现了“有责任的没有权力，有权力的没有责任”现象。“政出多门”的管理体制不仅分割了养殖业产业发展的内在联系，而且还造成养殖业生产、饲料加工、动物源食品安全、动物疫病和养殖环境污染、产品流通等环节处于监管偏弱，甚至无序监管的状态。

“条块分割”，各级兽医机构只负责本级政府行政辖区内的动物卫生工作。这种兽医属地管理的特点容易受地方保护主义的影响。在疫情监测上报和疫情控制过程中，有令不行、有禁不止的情况也时有发生，严重影响了国家对疫病的控制能力。

（三）体系不健全，兽医人才缺乏

动物疫病防控科技支撑体系中兽医学科一直是隶属农学学科，兽医学科发展相对滞后。在生产应用领域，兽医工作又处于为养殖行业提供保障的从属地位。在人兽共患病防控、动物源性食品安全等领域，兽医的作用与地位也没有得到充分的认同。兽医领域资金投入相对不足，缺乏长期投入机制，再加上兽医科研人员总量偏少，兽医学科的学术带头人、拔尖人才缺乏，尤其是在动物疫病防控基础研究、前沿技术研究领域严重缺乏具有较强自主创新能力和国际影响力的科研人才。2009年统计，养殖领域科研人员不到农业领域科研人员的12%，研究生学位比重为31.2%，低于全国平均水平。

动物防疫体系不够完善，基层动物防疫机构不健全。村级防疫员人员结构老化，兽医人员整体专业技术水平和学历层次较低。全国动物卫生监督执法人员中具有大专以上学历人员仅占执法人员总数的51.6%。基层防疫队伍中，中专以下文化程度的超过50%。人员工资低、职业教育与培训不完善等，导致基

层防疫队伍不稳定、素质偏低等一系列问题。养殖业从业人员文化水平和科技素质较低，导致先进动物疫病防控技术难以有效推广。解决这些问题还有很长的路要走。

（四）市场准入核心机制尚未建立，无法调动相关利益方防控疫病积极性

虽然我国近年来建立的无规定疫病区取得了显著成绩，但目前尚未建立市场准入制度（如市场准入制度包含“无可靠的养殖条件和疫病防控知识与能力者，不得从事养殖业”等相关内容），对无规定疫病区相应动物和动物产品没有市场准入的优惠政策。所有的动物和动物产品，不论其是否来自疫区或非疫区，不论是否来自高标准的饲养场地，不同来源产品的市场价格差异不明显，因此，从养殖者等相关利益方的角度来讲，以较低成本（包括使用药物、激素乃至其他不利于人体健康的违禁添加剂等）饲养更多的动物、提供更多的动物源性产品是其追求的主要目标，而保证动物或动物源性产品健康、安全成为次要目标。更为关键的是违法成本明显低于守法成本，无法调动养殖者积极参与、相互监督、按法律法规要求防控动物疫病、提高产品质量的积极性。

（五）疫情问责制有待改进，虚报、缓报和瞒报疫情时有发生

我国疫情问责制还不够完善，对责任追究范围、追究程度等重要内容没有明确规定。甚至有些地方政府实行地方保护，疫情瞒报甚至不报现象十分严重，导致疫情测报不落实、防控措施不到位，甚至成为疫情扩散的重要人为因素。有些地方或责任单位还假借疫情保密要求，为虚报、缓报和瞒报疫情寻找理由，客观上为染疫畜禽进入流通环节创造了条件，容易造成疫情更大范围的扩散，严重制约了国家快速、准确掌握疫情和及时、迅速处理疫情，国家更无法获得真实有效的疫情统计数据。

（六）过度依赖免疫和药物预防，动物产品质量堪忧

坚持“预防为主”的动物疫病防控政策是新中国成立60多年以来的重要经验。然而，“预防为主”并不是“以免疫为主”或“以药物预防为主”。虽然疫苗免疫接种是我国动物疫病防控的重要策略和手段，但不能完全依赖疫苗解决

所有问题。随着疫病的增多，养殖场和生产者过分依赖疫苗，而不重视生物安全条件建设，造成病原在动物生产环境中的污染和累积加重，无形中增加了疫病防控的压力。

由于基层兽医部门对动物疫病监测诊断能力严重不足，对多数动物疫病不能作出及时准确的诊断，养殖者往往只能大量投放药物进行动物疫病预防或治疗。同时，生物制品、兽药等生产企业良莠不齐，部分企业过分追求经济效益，忽视产品的质量和使用的底线，错误地指导用药。更令人担忧的是，部分养殖者为了追求利润，超剂量甚至违法使用药物。动物产品质量问题受到社会广泛关注。

（七）养殖方式落后，流通环节监管难度大

长期以来，在我国广大农村，小规模的庭院饲养现象十分普遍。我国幅员辽阔，不同地区的饲养规模差异很大。有的地区（如环渤海地区），养殖规模化程度已很高，散养已经基本消失；而一些相对落后的地区，散养仍是畜禽养殖的主要方式。散养户大多生产设施差，饲养管理粗放，畜禽养殖环境恶劣，疫病容易滋生。散养方式下，圈舍与民居相连，人畜共居一处，生产区与生活区同在一地，生产区与生活区之间没有隔离，动物疫病对人的健康造成威胁；畜禽混养、不同养殖方式在同一局域并存，加大了防疫难度；养殖户普遍缺乏积极防疫的意识和知识。

随着城镇化进程加快，经济社会快速发展，人们对动物及其产品需求增加，动物及其产品在各地的种类及价格差异较大，活畜禽长途贩运，特别是猪、牛、鸡、鸭、鹅等活畜禽等在城乡之间流动贩运的现象十分普遍。这些活畜禽被车载船装，沿大路小路跨省越市、穿城过乡，长途运输贩卖，其间可能夹杂着患病畜禽，且运输中对发生死亡的畜禽，随意丢弃，极易造成疫病传播和环境污染。特别是有些人利欲熏心，非法贩运病死淘汰畜禽，更容易造成疫病的传播和扩散。2004 年监测到的 11 份禽流感阳性样品和分离到的 5 株高致病性禽流感病毒均是来自于活禽交易市场。据有关流行病学调查显示，80%动物疫病流行都与活畜禽及其产品流通有关。许多活畜禽交易市场不符合兽医卫生要求，多数规模不大，设施简陋，消毒不严。活畜禽流通环节的防疫监管任务十分繁重，但防疫监管制度存在不少漏洞，且执行很不规范，更谈不上建立全程追溯机制。

另外，一些地方私屠乱宰现象十分严重。一些私屠滥宰的小作坊设施落后、卫生条件差，随意排放污水，产地检疫、宰前宰后检疫不严格、走过场甚

至逃避检疫，病死畜禽从这些屠宰点流入市场的情况时有发生。这种私屠滥宰畜禽的落后方式既难以保证肉类食品的安全，又造成环境污染，也给畜禽疫病的发生和传播留下了隐患。“就地屠宰、冷链运输和冷鲜肉消费”模式尚处于培育发展之中，还不完善。

（八）动物防疫基础设施不健全，技术手段落后

我国动物疫病繁多，目前仅建立了禽流感、口蹄疫、疯牛病、狂犬病等国家参考实验室，还没有建立其他重大动物疫病国家参考实验室和诊断实验室，动物疫病研究、诊断、检测能力严重不足。

目前，我国省级以下动物疫病诊断实验室生物安全级别普遍较低，性能较差，装备不配套。一些县（市）级实验室缺乏必要的二、三类疫病临床诊断设备和诊断试剂。全国约30%的县级畜牧兽医机构缺少必要的预防、诊断、检疫和监测手段。动物产品主产区省际防疫监督检查站数量不足，缺乏必要的检查手段和消毒设施设备。50%的乡镇兽医站未投资建设，基层动物疫病防控工作难以全面有效开展。

国家投资建设的部分动物疫情测报站、诊断实验室、公路动物防疫监督检查站和乡镇畜牧兽医站由于地方财政性资金投入不足，往往不能很好地发挥作用。高级别试验动物生产基地建设严重滞后。兽药质量监察、兽药残留监控与安全评价等方面的设备落后，能力不足。

出入境动物检疫部门查验、隔离、消毒、处理设施有待进一步完善。目前尽管建立了边境疫情监测站，但疫情防堵、检测及病死畜禽无害化处理等设施严重不足，外来动物疫病防控技术储备不足。此外，外来动物疫病诊断中心，建设规模小，研究范围窄。近年，亚洲Ⅰ型口蹄疫、小反刍兽疫疫情相继传入，突出反映了我国边境防疫屏障体系建设存在漏洞。

（九）保障机制不完善，动物疫病防控能力不足

1. 缺乏完善的扑杀补偿机制

我国目前对口蹄疫、禽流感、牛布鲁氏菌病、奶牛结核病等防治中扑杀发病和同群动物给予适当补助，但是补助标准偏低，严重影响了对疫情的快速处理。例如，按现有补贴标准，扑杀一头奶牛政府补贴为2 400元，而目前市场上一头成年奶牛的价格为10 000元左右。扑杀后，虽给补助，但养殖者损失很

大。因此，当发生疫情时，养殖者往往有疫不报告，或不让扑杀发病牛。

2. 缺乏稳定的经费投入机制

“十一五”期间，兽医研究领域资金投入比以往明显增多，然而与其他研究领域相比，对兽医研究领域资金投入历史欠账太多。2010 年我国养殖业总产值占农业总产值比重由改革开放前的 16.6%提高到了 40.8%，然而科研经费投入比例并没有按相应比例提高，投入比例仅占农业领域科研经费投入的 15%。疫病防控技术领域中资金投入、科研立项、技术导向等与防控需求不协调。一些疫病防控研究课题重形式、轻应用，与生产实际脱节。动物疫病防控领域科研资金投向不平衡，结构不合理，重应用薄基础，致使原创性科研成果严重缺乏。2009 年，我国基础研究经费占 4.7%，应用研究经费占 12.6%，而发达国家基础研究经费比重一般在 20%左右，应用研究经费比重则在 20%以上。另外，动物疫病防控工作日常维持性经费投入不足，缺乏长期稳定的经费投入，已经成为制约兽医工作中的一个突出问题。

3. 应急反应能力有待完善

一是中央和省级应急反应指挥系统信息化程度低，反应慢，指挥和疫情处置手段落后；二是疫情应急机制不够健全，反应不够迅速；三是疫病诊断和检疫监督能力不强；四是应急物资储备库尚未建立，不能满足重大动物疫情应急防疫需要。

新中国成立初期 20 多年时间，我国动物防疫物资条件差，技术力量不足，取得了消灭牛瘟和牛肺疫、基本消灭马鼻疽的伟大成就。改革开放 30 多年时间，动物防疫物资保障水平和科技支撑能力均有了大幅提升，甚至是质的飞跃，然而不仅没有消灭一个动物疫病，而且还出现了“旧病不断，新病频发”的现状，其中存在的问题值得深入反思。

三、国外动物疫病防控经验与启示

（一）国外动物疫病防控计划与典型案例

发达国家和部分发展中国家通过制订和实施防控计划控制、扑灭重大动物疫病，使得口蹄疫、猪瘟、新城疫、牛瘟、牛肺疫、结核病、布鲁氏菌病等10多种动物疫病得到控制和扑灭，取得了明显的社会效益和经济效益。养殖业发达国家的动物疫病防控策略基本一致，即：严把国门，防止外来疫情传入；快速扑灭国内突发疫情；稳步控制消灭（净化）国内常发疫情。这些发达国家的动物疫病防控计划的成功实践，对我国动物疫病防控战略研究具有一定的借鉴意义。

1. 有关国家实施防控计划实践的成功经验

（1）按动物疫病的危害程度确定防控计划病种和优先顺序。目前，一些国家根据危害程度不同将动物疫病进行分类，共分为四类，从第一类到第四类对公共卫生和经济危害程度依次递减。目前，全世界制订了控制扑灭计划的疫病共有16种。各国政府在制订控制与扑灭计划时，首先考虑对第一、第二类动物疫病制订扑灭计划，对第三类动物疫病制订疫病控制计划；而对第四类动物疫病以及其他动物疫病，常常是在第一、第二和第三类动物疫病得到有效控制后，才考虑扑灭工作。当前，欧盟、美国、澳大利亚等已着手实施第四类动物疫病的扑灭计划，发展中国家则主要着手于第一和第二类动物疫病的控制扑灭。

（2）分步骤、分阶段提出和实施防控计划。动物疫病扑灭工作的长期性，决定了防控计划需要分步骤、分阶段实施。除布鲁氏菌病和结核病以外，同时提出扑灭计划的疫病种数一般不超过2个，很少有国家同时提出多病种的防控计划。从美国的情况看，每隔10～20年提出一种疫病的扑灭计划。

（3）防控计划由中央政府组织多部门和多行业共同参与实施。

（4）防控计划制订与实施有完整配套的立法、技术和财政投入保障。为保障防控计划顺利实施，各国都建立了良好的扑杀补偿机制，以免延误疫病扑灭进程，造成更大经济损失。

（5）防控计划实施的主要策略是免疫、扑杀清群和区域化管理。

（6）防控计划在实施过程中根据实际进展情况不断进行评估和修正。美国牛结核病扑灭计划 1917 年制订，先后进行过 3 次修订，由于受到鹿和麋鹿等野生动物感染家畜，以及墨西哥奶牛群威胁等因素影响，至今尚未完成。

2. 国外实施动物疫病防控典型案例

（1）牛布鲁氏菌病与结核病根除计划　1965 年德意志联邦共和国施行新的鲜肉进口规定，对澳大利亚牛肉出口造成极大冲击，促使澳大利亚采取扑灭牛布鲁氏菌病和结核病的行动。澳大利亚 1970 年正式出台了牛布鲁氏菌病和结核病扑灭计划，由联邦、州等兽医机构负责，成立了国家布鲁氏菌病和结核病防控委员会、行业根除运动联络委员会。主要策略是免疫、监测、扑杀清群。计划分两个阶段实施。1989 年 7 月扑灭牛布鲁氏菌病。1992 年 12 月 31 日扑灭牛结核病。到 1992 年年底共花费 7.5 亿澳元，加上养牛者的支出，全部费用超过 10 亿澳元。

澳大利亚实施牛布鲁氏菌病和结核病根除计划的经验表明，疫病监测是重要环节。有些国家采用了在屠宰场采集血样并进行快速检测的办法。以布鲁氏菌病为例，一个屠宰场一天可采集血样 1 200～1 500 份并完成检测。一旦在屠宰场或市场发现检测阳性或有临床症状的动物，即进一步采样检测，检测结果为阴性的，可放行；阳性的，则扑杀并追溯到原农场，对相关动物进行隔离检疫。另外，实施根除计划需要选择适当的时机，并且需要长远规划和短期计划相结合。如国家大面积干旱时采取牛群检疫减群计划、市场萧条时采取牛群检疫选种减群计划等，错过良好的机会将会使净化根除方案延迟几年甚至更长时期。

（2）伪狂犬病根除计划　在未实施伪狂犬病根除计划以前，伪狂犬病是美国最重要的动物疾病之一，美国养猪企业每年因伪狂犬病损失约 3 000 万美元。1989 年，美国以总统令正式宣布实施伪狂犬病根除计划，由联邦和州兽医局具体组织，美国动物卫生协会组织各州和行业自愿参与。主要策略是监测、免疫、扑杀清群。基本可分为 5 个实施过程，即准备、控制、强制性动物净化、监测和根除。从提出到基本根除猪伪狂犬病，历时 12 年，联邦政府共投入 7 200万美元，州政府和行业投入更多。伪狂犬病根除计划分为两个阶段：①第一阶段，1989—1998年，建立、实施根除伪狂犬病项目，内容包括监测、注射疫苗、消除隐性感染源和建立阴性动物群。该项目实施几年后，取得了明显的效果。到1998年12月，已有28个州和2个特区根除了伪狂犬病，有7个州处于无伪狂犬病的考核期，只有190万头感染猪分布于14个州。②第二阶段：1999—2001年，加速根除伪狂犬病项目，即用全群扑杀的方法快速消除感染猪群，以防止伪狂犬病的扩散。1998年猪价已跌到低谷，一些猪场濒临破产。考虑到成本因素，许多养猪生产企业不愿注射伪狂犬病疫苗。这将严重影响根除猪伪狂犬病项目继续，葬送已取得的成果。因此，美国农业部启动加速伪狂犬病根除项目（APEP），投入8 000万美元。APEP也是政府在养猪企业最困难的时候给予企业财政帮助。加速伪狂犬病的根除项目本着自愿的原则，农场主如果不参加APEP，仍必须遵循伪狂犬病的根除项目制订的州-联邦-企业标准。此计划实施不到半年，消灭了大部分已知感染猪群，基本根除猪伪狂犬病。

（3）猪瘟扑灭计划　美国在实施猪瘟扑灭计划以前，猪瘟每年对畜牧业造成的损失约为5 000万美元。1950年，美国兽医学执行委员会主动提出猪瘟扑灭计划，经过10多年的论证过程，至1961年9月6日才由肯尼迪总统以政府令发布了猪瘟扑灭计划。该计划由联邦和州兽医局组织，先后成立了3个猪瘟扑灭委员会。主要策略是免疫、监测、扑杀清群。1978年1月31日扑灭猪瘟，历时16年多。美国为猪瘟扑灭计划制订了充足的财政预算，预算总额为14 030万美元，其中前9年项目支出为6 130万美元，后7年为7 900万美元，预算资金主要用于扑杀补偿和应急。为应对1969年美国猪瘟复发紧急事件，美国批准了庞大的应急支出，主要由联邦政府承担，最高峰是在1973年，联邦政府支出1 260万美元，各州总计支出470万美元。

美国猪瘟扑灭计划实施过程主要分为四个阶段，即准备阶段、降低发病率阶段，扑灭疫情阶段和防止再次感染阶段。为保障猪瘟扑灭计划顺利实施，美国实践的基本经验是：制订扑灭时间表；成立专门机构，统一领导；建立快速诊断方法和疫情报告体系；严格限制流通；实施疫苗免疫；及时支付补偿金。

（4）禽流感防控战略规划　2004年，泰国暴发家禽H5N1亚型高致病性禽流感疫情，随后发生人感染禽流感病毒事件并出现死亡病例，禽流感疫情给泰国造成了极大的经济损失和公共卫生安全威胁。据泰国国会研究中心报告，2004年泰国的家禽业和饲料业分别损失约合6.5亿美元和3.6亿美元。为此，泰国政府签署批准实施禽流感防控战略规划。针对暴发的禽流感疫情，泰国政府调动了所有的资源，由国家禽流感指挥中心组织，统一领导、分工负责，扑灭疫情。泰国禽流感防控主要策略是监测、扑杀。该规划实施历时 3 年。该规划实施后，从 2005 年开始，泰国家禽禽流感暴发次数、人感染病例急速下降；自 2007 年起，再没有人的禽流感病例发生。2009 年至今，未发生家禽禽流感疫情。财政预算 40 多亿泰铢，约 1.2 亿美元。而实际上，仅 2005 年就支付了 50 亿泰铢（约 1.25 亿美元）补偿金。

泰国控制禽流感实践的基本经验是：建立监测和应急反应机制，建立全社会的理解和参与机制，建立有效的管理体系，建立强大的财政预算保障机制。

（5）口蹄疫控制计划　为了消除贸易影响，促进养牛业发展，1989 年，阿根廷以政府法令发布口蹄疫控制计划，由国家农业食品卫生和质量检验局组织，成立了口蹄疫控制计划执行委员会，并分设中央、省级和地方三级机构，其主要策略是免疫、区域化管理。该计划实施历时 20 年，投入经费超过 1 亿美元。

巴西也于 20 世纪 50 年代以政府法令形式发布了口蹄疫控制计划，由巴西农业与食品供给部组织，成立社会各阶层的战略联盟，采取区域化管理政策逐步实施。该计划历时 40 多年，全国共耗资约 7.9 亿美元，每年耗资 1.3 亿～1.5 亿美元。

标记疫苗和鉴别诊断新技术的使用，促进了欧盟口蹄疫控制计划的修改。2002 年 9 月，欧盟消费者健康与保护委员会宣布了控制口蹄疫的新措施。当暴发口蹄疫时，在 15 个成员国使用 3 种口蹄疫标记疫苗进行强制紧急疫苗接种。这种疫苗被高度纯化，不含非结构蛋白。由于欧盟口蹄疫的鉴别检测方法已经能够有效区分家畜是疫苗接种还是受到口蹄疫野毒株的感染，因此，不需再对大量的口蹄疫抗体阳性的动物进行扑杀。荷兰暴发口蹄疫后，紧急接种了177 000头动物，8 天后检测发现不再有新的临床病例。基于这一新举措，OIE 修改了防制口蹄疫的规定：任何一个国家在疫苗接种结束后，恢复无口蹄疫状态，其最少限制时间将由原来 12 个月减少到 6 个月。

（6）疫病紧急计划　美国、澳大利亚等在推进疫病根除计划的同时，还制订了疫病紧急计划。这些国家将疫病紧急计划列为政府整个紧急计划（含应对自然灾害、战争等突发事件）中的一部分。在疫病紧急计划启动时，有关机构能调动和组织全国所有兽医力量，通过疫病防控体系，监测境内外动物健康状况、诊断各地暴发的动物疫病、研究这类疫病对国家潜在的危险，特别强调外来疫病监测，确保能对其进行快速检测和诊断。疫病紧急计划主要针对 OIE 公布的 A 类动物疫病和国内尚未发生的 B 类疫病。

（二）国外动物疫病防控工作对我国的启示

1. 健全兽医管理体制

“兽医事业是公共产品”、“同一个世界、同一个健康”和“良好兽医管理”3种理念已经成为国际社会的共识，其落脚点在于通过政府、社会各界和兽医系统自身的努力，建立起良好的兽医管理体制。就我国而言，有三点可以借鉴，一是整合职能，实现动物卫生全过程统一监管；二是实行兽医监管工作的适度垂直管理制度，推进区域化管理和市场准入制度；三是完善兽医师的分类管理制度，提高官方兽医和职业兽医的准入门槛，同时考虑把官方兽医部分职能委托兽医辅助人员承担，减轻国家财政负担。

2. 优化动物疫病防控工作路线

基本原则是科学合理、分类高效、快速准确。对于跨界动物疫病和外来病的防范，适时调整防范名录，特别要完善入境鲜活动物的隔离检疫制度和追溯机制，既要力争降低疫病传入风险，又要做好传入后的快速扑灭应急准备。对于重大动物疫病的应急处置，既要找准应急处置工作的对象，又要把握好不同性质疫病的应急处置措施，科学合理运用免疫、扑杀两种措施，合理补偿扑杀的病畜和同群畜，追求最佳成本效益。对于常发的重大流行病，建立长效防控机制，制订实施重大动物疫病防控计划。

3. 制订实施重大动物疫病根除计划

“突出重点、分类指导，政府主导、稳步提出，分区分段、综合防控”的工作模式，尤其值得借鉴。制订实施重大动物疫病根除计划，有利于集中人力、财力、物力，是发达国家消灭重大动物疫病的成功经验。

4. 建立有利于动物疫病防控的动物及其产品市场准入制度

建立动物及其产品的市场准入机制，能有效调动生产利益方的积极性。建立无疫场、无疫企业和无疫区，给予其动物和产品优惠的市场准入机制，既有利于我国重大动物疫病防控，也有利于提高我国动物及其产品质量。

5. 保障先进科学技术的推广应用

我国已建立的各级各类兽医实验室的框架与国际模式总体是接轨的。但与发达国家相比，我国兽医实验室体系既存在着疫病研究覆盖面不够与任务饱满度不高的矛盾，也存在重复建设较多与生物安全度不高并存的矛盾，需要相关部门统筹解决。

四、动物疫病经济损失评估与疫病防控新挑战

（一）动物疫病经济损失评估

1. 对国民经济的影响

动物疫病暴发给畜禽养殖业带来了毁灭性打击。动物疫病导致全球动物产品减产超过20%，近年十几起重大动物疫情导致的直接经济损失高达千亿美元。重大动物疫情发生后往往使饲料业、动物产品加工业受到沉重打击，间接经济损失更加巨大。

据农业部的统计，2004年我国检出有36种重点动物疫病，造成直接经济损失超过200亿元，由此所造成的饲料、人工、药物浪费等间接损失则更为巨大，仅禽流感间接经济损失2004年为143.52亿元，2005年高达379.07亿元。青海湖野鸟发生H5N1高致病性禽流感疫情后，仅旅游门票收入就减少340万元。

2. 对畜产品出口的影响

我国肉类产品具有较为明显的国际市场价格竞争优势，但由于动物疫病的影响，猪肉、牛肉几乎不能进入美国市场；欧盟至今仍禁止进口我国的猪肉、牛肉和禽类产品；我国猪肉进入俄罗斯市场后不准鲜销生卖，必须从口岸直接运到加工厂加工为熟食后才能销售。

2004年亚洲各国暴发的禽流感使世界家禽产品贸易增长速度降至有史以来的最低点。以家禽产品出口为例，2001年我国的家禽产品出口为10.64亿美元，而到2004年我国的家禽产品出口滑落到6.51亿美元，降幅为38.82%。日本基本上停止从我国进口冷冻禽肉。2002年日本从我国进口12万吨冷冻禽肉，

2005 年下降为 1 000 吨，而且主要为加工的熟食制品。

3. 对国内生产的影响

动物疫病对社会经济造成的直接损失巨大。以 2004 年禽流感为例（王济民等对吉林省禽流感调研数据），动物疫病对国内生产的影响主要表现为：

（1）疫区疫病暴发期生产停滞，存栏量下降　家禽养殖区一旦出现疫情，按照扑杀规定，周围 3 千米的家禽全部扑杀，直接导致疫区疫病暴发期生产停滞。2004 年吉林全省家禽存栏量为 1.31 亿只，同比下降 1.5%，其中肉鸡下降 2.01%，蛋鸡下降 0.59%。

（2）种禽业遭受重创　因担心禽流感疫情扩散，许多规模养殖户和部分养殖专业户不敢饲养雏鸡，造成大型种禽生产企业孵化的鸡苗无人问津，大多数种禽场不得不将大量的种蛋变为商品蛋低价处理，有的甚至就地进行销毁，经济损失惨重。2004 年一季度与上年同期相比，除湖北、广东两省外，全国家禽存栏量减少了 1.9 亿只，由于家禽生产周期短，存栏家禽中按 75%进行补栏，即家禽养殖户应购进雏禽补栏减少了 1.4 亿只。

（3）畜禽饲养龙头企业负担加重　由于我国畜禽产品销售推行"公司+养殖户"模式，在禽流感暴发期间，龙头企业按照合同价收购养殖户饲养的毛鸡，损失巨大。以吉林德大公司为例，每千克损失 1.4 元，加之禽肉产品价格下跌，出口受阻，同时为防止禽流感发生，公司又拿出资金用于合同养殖户家禽的免疫、消毒、治疗、监测，估计损失在 2 000 万元左右。由于出口受阻，龙头企业多数库存爆满，库存占用流动资金巨大，流动资金极其短缺。

（4）畜禽饲料和加工行业不景气　禽类加工企业和饲料加工企业影响较大，表现在使用的投资不能如期按计划进行；已投产项目不能正常生产；基地和合约养殖户不愿增加养殖量，原料供应紧张；出口遭封杀，备货停发待库，内销市场萎缩。部分饲料加工企业家禽饲料严重积压，饲料价格下跌。2004 年一季度，吉林省禽饲料产量比上年同期下降近 60%，全省饲料销售收入减少约 3 亿元。禽产品加工企业也受到严重影响。大多数加工企业由于开工率不足 50%，许多生产线被迫停止使用。

（5）饲养成本增加，饲养场（户）亏损严重　一方面，由于担心疫情对生产的不利影响，多数禽类饲养场（户）已不敢继续进雏，出现空栏现象；另一方面，由于市场流通受阻、价格下滑，一些家禽该出栏时卖不出去，出现压栏现象，或者急于出栏，进行低价甩卖。禽类饲养场（户）经济效益普遍下滑，亏损场（户）日益增多。在家禽产品价格不断下跌的同时，家禽养殖成本也较以前有较大增加。一方面，出于预防禽流感的需要，家禽养殖户使用药物消毒的频率不断增加，提高了药物投放和消毒费用。另一方面，由于家禽产品销售困难，不能按时出售，养殖户不得不延迟出笼，相当于提高了单位生产成本。

4. 对国内消费的影响

重大动物疫情发生后，最为严重的损害在于消费者失去信心后引起市场需求的萎缩。如高致病性禽流感疫情发生后禽类产品消费量减少。以吉林省为例，由于暴发了禽流感，禽类产品消费量平均下降80%左右，并且禽类及其产品外运受阻，一季度销往省外的肉鸡和禽蛋同比分别下降23.1%和7.65%。

5. 对劳动力就业造成冲击

养殖业、加工业、餐饮服务业和旅游业等一些行业常常会受到一些动物疫情暴发的冲击，从而造成劳动力市场就业人员相对过剩。我国发生禽流感期间，大量禽类产品加工企业，特别是肉鸡出口企业生产停顿，由于停工给从业人员造成的收入损失也非常巨大。在各类家禽饲养、加工企业中雇用了大量的农民工，由此造成了农民工使用的减少和农村剩余劳动力流动的减少，也使农民增收受到了影响。

6. 政府公共开支增加

针对高致病性禽流感疫情对养禽业造成的不利影响，中国政府及时发布了《关于扶持家禽业发展若干措施的通知》。财政部和农业部共同制订了《高致病性禽流感防治经费管理办法》。2004年，全国动物防疫经费投入约50亿元，仅高致病性禽流感防治一项就达20亿元。2005年，国务院从中央预算中安排了20亿元设立高致病性禽流感防控基金，各省也增加投入，设立专项防控基金。同时，2005年各级财政投入用于支付禽流感疫苗补助经费达到5亿元，而到2006年已增加到8亿元。

（二）动物疫病防控用药成本分析

2007年，由中国兽医药品监察所等单位开展了对北京、山东、宁夏、湖北等省（直辖市）兽用抗菌药物使用情况的实地调研，获得了奶牛、肉牛、肉鸡、蛋鸡、种鸡、肉鸭用药成本相关数据（表0-2）。2010年4月对四川商品猪、种猪、奶牛饲养生产中的用药成本（包括疫苗成本、添加药成本、治疗药成本）进行调研，结果表明，商品猪用药成本在21元左右，种猪用药成本达到

83 元，奶牛用药成本在 150 元。2010 年对东北、华北、华东、华中、华南、西南、西北的一些代表性省份进行了书面问卷调查，调查内容包括疫苗成本、添加药成本、治疗药成本，结果表明，商品猪 24 元、种猪 46.9 元、奶牛 75.5 元、肉牛 23 元、肉鸡 0.926 元、蛋鸡 2.35 元、种鸡 9.775 元、羊 3 元、兔 1.7 元。以奶牛、能繁母猪、蛋鸡年末存栏数作为基数，其他动物以出栏数作为基数来计算，并以上述饲养每头或每只动物所需的用药成本为基础，推算我国动物疫病防控用兽药投入总成本，其中奶牛 9.3 亿元、肉牛 12.7 亿元、羊 7.8 亿元、商品猪 146.4 亿元、能繁母猪 22.9 亿元、肉鸡 73 亿元、蛋鸡 58 亿元、兔 7 亿元，总计为 337.1 亿元。如果再加上水产养殖和宠物兽药投入等，估计我国每年用于动物疫病防控的兽药投入总成本约为 350 亿元，其中以商品猪兽药投入总成本最大，占动物疫病防控总投入成本的 41.8%。肉鸡和蛋鸡投入总成本之和，占动物疫病防控总投入成本量的 37.4%。兽用生物制品投入总成本，占总投入成本量的 24.8%（表 0－3），仅 2008 年国外企业在我国销售疫苗就达 19 亿元。化学药品投入总成本量占总投入成本量的 71.6%（表 0－4）。必要的兽药投入是养殖业可持续发展的重要保障，然而巨大的兽药投入已经不仅成为制约养殖业健康可持续发展的重大负担，而且还带来药物残留超标等严重的食品安全隐患。

表 0－2　2007 年实地调研获得的用药成本数据

省份	养殖动物	费用（元/只）	省份	养殖动物	费用（元/只）
山东	蛋鸡	2	宁夏	奶牛	35～40
	种鸡	2.7		肉牛	12
	肉鸭	1.0		肉鸡	1.0
北京	蛋鸡	2.7	湖北	肉鸡	1.0

表 0－3　动物疫病防控用生物制品投入总成本估算

动物	总饲养量（万头、万只）	生物制品投入单位成本（元/头、元/只）	生物制品总投入成本（万元）
奶牛	1 233.5	2.5	3 083.8
肉牛	5 535.3	0.5	2 767.7
羊	26 144.2	0	0
商品猪	61 016.6	4	244 066.4
能繁母猪	4 878.8	22.5	109 773.0
肉鸡	788 022.6	0.326	256 895.4

（续）

动物	总饲养量（万头、万只）	生物制品投入单位成本（元/头、元/只）	生物制品总投入成本（万元）
蛋鸡	246 713.0	0.85	209 706.1
兔	41 529.9	1	41 529.9
合计			867 822.3

注：表中未统计水产养殖和宠物生物制品投入。

表0-4　动物疫病防控用化学药品投入总成本估算

动物	总饲养量（万头、万只）	化学药品投入单位成本（元/头、元/只）	化学药品总投入成本（万元）
奶牛	1 233.5	73	90 045.5
肉牛	5 535.3	22.5	124 544.3
羊	26 144.2	3	78 432.6
商品猪	61 016.6	20	1 220 332.0
能繁母猪	4 878.8	24.4	119 042.7
肉鸡	788 022.6	0.6	472 813.6
蛋鸡	246 713.0	1.5	370 069.5
兔	41 529.9	0.7	29 070.9
合计			2 504 351.1

注：表中未统计水产养殖和宠物化学药品投入。

（三）动物疫病防控面临新挑战

1. 动物疫病危害严重，对疫病防控提出巨大挑战

我国是世界养殖业大国，畜牧业在国民经济中占有重要的地位，2008年畜牧总产值达到2.058 36万亿元，但我国畜牧业的经济效益远没有达到世界平均水平，究其原因主要是动物疾病问题。动物疫病不仅导致动物病死率高、良种培育难、产品质量低、安全风险高，而且由于疾病高发导致用药种类多、防控成本高、药残监管难、环境危害大，严重制约了我国养殖业的可持续发展。在经济全球化趋势下，动物疫病不仅影响食品安全、产业发展，而且影响社会就业、居民消费，甚至成为非传统安全威胁因素。动物疾病的不断发生给我国养殖业造成了巨大的经济损失，影响了养殖产品的产量和质量。另外，动物生物恐怖的可能性越来越大。根据美国国会分析报告，一次大的针对动物的生物攻

击，其造成的损失将达 100 亿～300 亿美元，考虑到农产品减少的因素，损失可能达到 1 400 亿美元。

（1）新发再发传染病和外来疫病双重威胁　近 30 年我国新增动物疫病 30 多种，如高致病性禽流感、高致病性猪蓝耳病、猪圆环病毒 2 型、副猪嗜血杆菌病、附红细胞体病等。随着国际贸易日益频繁，快速便捷的交通，旅游业的快速发展，使疾病传播速度在全球范围内进一步加快。尽管非洲猪瘟、尼帕病、裂谷热、西尼罗河热、疯牛病和南非 1～3 型及 C 型口蹄疫等在我国尚未发现，但已在周边国家发生或流行，随时都有传入我国的可能。如一旦进入，其后果不堪设想。

（2）重大动物疫病与人兽共患病危害严重　高致病性禽流感、高致病性猪蓝耳病和口蹄疫等重大动物疫病短期内难以根除，布鲁氏菌病、结核病、炭疽、狂犬病、日本血吸虫病等人兽共患病尚未得到有效控制。旧病没有被消灭，新病又不断增加，出现猪、禽、羊等动物的死亡率不但没有下降，反而还略有上升。由宠物传播的人兽共患病没有得到足够重视。

（3）动物疫病复杂化　动物疫病症状非典型化、病原耐药谱增宽，出现多病原混合感染、跨种传播病毒和超级耐药细菌，细菌性疾病危害越来越大，给防治造成了困难。

（4）野生动物疫病监控困难　野生动物疫病频发。人兽共患病和动物重大传染病大都与野生动物的带毒和传播密切相关。携带病原的野生动物成为威胁畜禽养殖业的重要传染源。

2. 动物源性产品需求刚性增长，动物疫病防控面临挑战

随着人口持续增长、城镇化进程加快和城乡居民收入快速增加，我国居民对主要养殖产品的需求都将保持刚性增长。因而养殖业养殖数量将大幅增加，动物存栏密度进一步加大，对动物疫病防控工作将提出革命性的挑战。城镇化进程加快，人口进一步向城镇集中。而养殖业生产向资源优势区域集中，动物及其产品长途大范围调运现象越来越多。因此，动物疫病防控风险加大。

3. 食品安全与公共安全对动物疫病防控提出新任务

随着经济社会的发展，我国将逐步进入小康社会，到 21 世纪中叶达到中等发达国家的水平。营养、健康、安全成为消费的主流趋势。为了满足这种变化需求，畜禽养殖业将由以增产为主转变为以提高质量和增加品种为主。随着养殖产品消费量增加，动物源性食品安全影响越来越大，已经成为我国养殖业实现可持续发展战略转型必须面对和解决的重大难题。

目前，我国食源性感染的报道越来越多。由沙门氏菌、大肠杆菌、李斯特菌等食源性微生物的污染和人兽共患病引起的食品安全问题时有发生，水生生物传播的人兽共患寄生虫病问题也越来越严重，因瘦肉精、三聚氰胺、苏丹红等违禁物品的滥用和抗生素药物残留导致的食品安全问题频频发生，不仅威胁我国人民的健康，也导致我国养殖产品国际市场竞争力低，难以出口。动物源性食品供应链环节较多是食品安全事件频发的重要原因。有效控制动物疫病，强化畜产品兽药、有害物质残留监控，确保畜产品质量安全，已经成为当前重要任务。动物产品安全乃至农业生物安全等将成为未来动物疫病防控的重要任务。

另外，许多烈性人兽共患病病原体还是潜在的生物剂。面对严峻的生物安全履约形势和人类文明进步程度的不断提高，直接使用针对人的生物恐怖剂的可能性越来越小，而使用针对动物的生物恐怖剂，易实施，难甄别，易传播，因其所承担的道德风险低，对国家经济打击力巨大，使用的可能性不断上升。目前，美国某些以农业经济为主导的州已制定法案，将农业恐怖活动列为大规模杀伤性武器攻击。我国也必须在加强动物疫病防控的同时，强化动物生物恐怖威胁的防范工作。国际社会一直关注的生物武器核查清单中列入的潜在生物剂有 70 多种，其中大部分为人兽共患病病原和动植物病病原。第一次、第二次世界大战中，一些国家曾将马鼻疽病菌、炭疽病菌、鼠疫杆菌等病原体武器化，并应用于战争，导致各种流行病暴发，动物大量死亡，经济支柱产业严重受损。生物安全的潜在威胁更是对动物疫病防控及公共安全提出了更高的要求。

4. 国际社会压力和国际竞争对动物疫病防控提出新要求

2007 年 5 月 25 日，OIE 国际委员会第 75 次大会通过了《关于中华人民共和国行使在 OIE 合法权利和义务的决议》，标志着我国兽医工作全面融入世界动物卫生体系。然而，在国际市场上，我国加入世界贸易组织（WTO）以后，遇到了发达国家各种巧立名目的“绿色技术壁垒”，以及动物疫病、生物安全、药物残留、环境公害、动物福利等各类限制，畜产品出口压级、压价和退货现象时有发生，一些国家还以此为由对我国封闭市场，使我国动物产品在国际贸易中损失惨重，并对国内市场造成严重冲击。

另外，由于养殖业持续快速发展，我国已经发展成为全球最大的动物种业市场，然而我国规模化养殖的动物品种仍然主要依赖国外，大量活畜引种带来了严重的疫病威胁。2000 年以后，羊毛、奶制品、动物脏器进口量持续增加，国外产品对我国养殖业的冲击正逐渐显现。大量进口产品不仅直接冲击着国内市场，而且伴随着国际贸易，国外的有害生物和转基因产品大量流入国内，形成新的安全隐患和灾害源。

在我国兽医工作全面融入世界动物卫生体系的大背景下，我国必将全面参与全球动物疫病防控、兽医公共卫生、食品安全、国际贸易等领域的国际合作。如何进一步提高动物疫病可持续控制水平、提升畜产品的质量、增强我国畜产品在国际市场上的竞争能力，是动物疫病防控必须应对的又一新挑战。

5. 养殖业向规模化生产模式转变，对动物疫病防控形成新挑战

考虑到当前国际国内养殖业发展状况、科技发展趋势及经济社会发展对未来养殖业，特别是畜产品的需求，我国养殖业发展将呈现新的趋势：

一是农业产业结构将进一步调整，养殖业在农业中的比重进一步增加，我国养殖业将成为我国农业第一大产业和战略主导产业。二是以散养和小规模养殖为主的饲养方式，将转变为以集约化、规模化养殖为主，形成“大规模养殖企业（场）成为市场的领导者，适度规模养殖场成为市场的中坚力量，小规模养殖场（户）逐渐减少”的规模化养殖新格局，优势区域集中度、集约化程度和科技贡献率将会更高。三是从单一养殖业经营转变为产、加、销一体化、产业化经营，将成为养殖业发展的主要方式。四是养殖业经济将由增长型向增长与环保并重型转变，未来的发展将加强对养殖业废弃物进行资源化、能源化、无害化处理，实现其综合利用。五是以传统家畜养殖为主将转变为全面利用各种动物资源，包括特种养殖和野生动物驯化。六是养殖业生产将从人工劳动为主转变为以现代科技手段为主，在养殖业规模化发展过程中，现代生产要素的持续注入，现代化科技手段的广泛运用，将从根本上推动养殖业的现代化。

随着养殖业生产方式的变化和生产规模的不断扩大，动物疫病防控重点与形势也必将发生变化，如畜禽生长速度过快和抗病力降低、肠道菌群失调和微生物平衡、育种净化和垂直感染、免疫接种与自然感染、畜禽产品质量安全与环境污染等大量问题仍需解决，从而降低养殖风险，保证养殖业健康、持续发展。

五、动物疫病防控战略构想

我国十分重视重大动物疫病的防控工作。《国家中长期科学和技术发展规划纲要（2006—2020 年）》已经明确提出了动物疫病防控目标与举措。新中国成立以来，我国已成功消灭了牛瘟、牛肺疫，基本消灭了马鼻疽，不过与世界发达国家相比还有很大差距。欧盟已扑灭 10 余种 A 类病，美国保持近 30 种重大动物疫病无疫情，澳大利亚和新西兰保持 50 多种动物疫病无疫情。要确保我国养殖业可持续发展，未来 20 年将我国建设成为养殖业中等发达国家，必须大力加强动物疫病防控，并将动物疫病的防控提高到事关全局的战略高度来认识。根据养殖业发展形势的要求，借鉴发达国家的经验，研究我国重大动物疫病的防治与净化技术和新发传染病的有效防控技术，为养殖业健康可持续发展保驾护航。

（一）动物疫病防控进入战略机遇期

1. 养殖业进入战略转型发展期，为疫病防控事业发展提供重大机遇

根据我国中长期发展蓝图的总体构想和国际国内趋势的总体判断，未来 20 年，我国养殖业将快速发展成为农业战略主导产业，并推动我国由养殖业大国逐步发展成为养殖业中等发达国家。然而，我国养殖业仍面临动物疫病防控形势严峻等诸多制约。在克服制约、应对挑战的过程中，养殖业迫切需要转变发展方式、实现可持续发展，并由此进入战略转型的发展期，而动物疫病防控事业也将因此迎来发展的战略机遇期。

2. 科学技术发展迅猛，为疫病防控提供强大科技支撑

随着生物技术的飞速发展，同位素、电镜、计算机、精密仪器等设备的应用，分子生物学、生物信息学、核磁共振、分子影像等高新技术已经渗透到动物疫病防控研究领域，动物疫病防控研究逐步深入。

病原生态学与流行病学的研究，新病原的不断发现，获得了大量动物疫病流行病学本底数据。开展了病原体基因组学、蛋白质组学等研究，积累了大量数据，初步揭示了病原遗传变异规律和重组产生新病原的潜能。初步阐明了病原体的组织嗜性、跨种感染、致病的分子机制，从基因和蛋白质水平上诊断和解释某些疾病的成因，揭示病原体致病的分子机理，并从基因水平进行预防和治疗。初步揭示了宿主对某些病原的免疫识别与免疫应答，以及病原体的免疫逃避与免疫抑制的分子机制。初步建立了系列适用、实用的兽医临床诊疗技术、兽医检测检验技术和现代分子诊断技术，正在开发特异、敏感和高通量的诊断技术与试剂。利用高新技术，进行药物靶标筛选、分子设计，研制安全高效的疫苗、药物和生物治疗制剂等。制订了有效预防、控制、净化和根除疫病的策略与方法。这些流行病学调查、病原分析、检测诊疗技术，以及疫苗、药物和生物治疗制剂等方面研究的重大进展，为动物疫病防控提供了强大的科技支撑。

每一次重大的养殖业科技进步，对养殖业跨越式发展均起到引领和推动作用。人工授精和胚胎移植等繁殖技术、动物疫苗研制技术、动物疫病诊断技术、饲料配制技术、养殖生产和产品加工机械化、现代分子育种技术、动物克隆技术等科研成果在养殖业中得到应用，不仅对养殖业可持续发展发挥巨大作用，同时直接影响动物疫病防控模式与成效。

现代规模化养殖就是大量科技进步成果在养殖实践中的集中应用。规模化养殖，不仅仅是简单的规模扩大，更重要的是在推进规模化的进程中，实现众多现代化必备要素的提升，其主要特征为技术密集，人员结构优化，生产统一规范，设施装备完备，服务组织发达，规模因地制宜，利益保障机制完善。发展规模化养殖，有利于动物疫病控制、环境污染防治及质量安全监管，是有效实施动物疫病防控国家战略的科学养殖模式。

（二）总体思路

以“科学发展观”为统领，立足我国动物疫情、养殖业和经济社会发展趋势，完善动物疫病防控策略，健全动物防疫体系，创新体制机制，强化保障措

施，加快实施《国家中长期动物疫病防治规划（2012—2020 年）》，有计划、分区域、按病种组织实施，逐步控制消灭危害严重的动物疫病和人兽共患病，保障养殖业安全、动物源性食品安全和公共卫生安全。

（三）基本原则

1. 预防为主，标本兼治

建立健全养殖、运输、屠宰加工，以及动物和动物产品进出口等环节的生物安全措施，完善疫病监测预警、检疫、免疫预防、防疫条件审查、风险评估、疫病追溯等措施和制度，制定种用、乳用动物和宠物健康标准，做好种畜禽场疫病检疫净化工作，标本兼治，提高防治水平。

2. 科学规划，分步实施

立足当前亟待解决的问题和需求，兼顾动物疫源疫病监测防控体系的长远发展，长短结合、因地制宜、科学规划，有计划、有步骤分步实施。

3. 整合资源，节约高效

有效利用现有动物疫病防控网络，充分发挥大专院校、科研院所等公共资源的积极作用，优化配置，强化协作，促进动物疫病监测防控体系建设和监测防控工作的开展。

4. 分类指导，突出重点

根据动物疫源疫病的分布和特点，建立不同类型的监测机构，重点加强监测站、信息管理机构、应急保障机构和支撑机构建设，提高监测预警能力和防控水平。

5. 强化保障，服务大局

切实强化动物疫源疫病监测防控体系运行保障机制和能力，充分发挥监测防控体系的综合效能，服务于公共卫生安全、经济社会发展和生态安全大局。

6. 统筹协调，共同促进

统筹养殖、疫病防控、运输、屠宰加工，以及动物和动物产品进出口等环节监督管理部门职能任务，明晰责、权、利，促进动物卫生事业健康发展。

（四）战略目标

加快实施《国家中长期动物疫病防治规划（2012—2020年）》，动物疫病防控经费投入达到畜牧业总产值的4%～6%，基层防疫水平显著提高。经过20年的努力，有计划、分阶段地逐步消灭危害严重的2～3种重大动物疫病，控制或区域净化7种以上一类重大动物疫病，控制3种以上重要人兽共患病，有效防范非洲猪瘟等17种外来动物疫病，显著降低动物疫病发病率和死亡率。

伴随标准化规模养殖的推进，加快提高养殖场动物防疫管理水平和生物安全隔离能力；推行无规定疫病区、生物安全隔离区建设，推行无疫苗无抗生素健康养殖示范生产。对养殖业健康发展、公共卫生安全、经济社会发展、生态建设的保障能力显著增强，推动具有中国特色"科技、绿色、健康、高效"现代养殖业长期稳定、可持续发展。

（五）战略任务

1. 动物疫病根除战略

动物疫病根除是指通过免疫、监测、扑杀等措施，彻底根除某种动物疫病的病原。根据我国动物疫病防控现状及国外疫病根除经验，未来20年，分步骤逐步根除猪瘟、猪伪狂犬病、新城疫、马鼻疽、马传染性贫血等动物疫病。

动物疫病根除策略：加大监测力度，严格检疫监管，严格实施病畜禽扑杀措施，完善补偿政策。针对猪瘟、猪伪狂犬病、新城疫，适时提出免疫退出计划。

2. 人兽共患病控制战略

根据各地动物卫生状况和经济社会发展水平不同，建立环境友好型动物健康养殖模式，有计划、分步骤控制布鲁氏菌病、奶牛结核病、狂犬病、血吸虫病、棘球蚴病等重要人兽共患病，显著降低人、畜疫情发生风险，提高人、畜健康水平。

人兽共患病控制策略：加强政府领导、部门协作，强化宣传教育，提高全民防范意识；前移防控关口，改进饲养管理方式，强化检疫监管等综合防控措施，切断传播途径；深入推进动物源性传染源控制工程、农业灭螺工程、人畜粪便无害化处理工程。

3. 种用（乳用）动物疫病净化战略

种畜禽场疫病净化工作是动物防疫的重要基础性工作。参照世界动物卫生组织发布的种畜禽健康标准，修改制订我国种畜禽健康标准和动物疫情监测计划，研究提出我国种畜禽疫病净化目标和实施方案。未来10年，种禽场重点净化禽流感、新城疫、沙门氏菌病、禽白血病；种猪场重点净化猪瘟、猪伪狂犬病、猪繁殖与呼吸综合征；奶牛场、奶山羊场重点净化结核病、布鲁氏菌病。

种畜禽场疫病净化策略：制订和完善种猪、种禽和乳用动物健康标准，采取定期检测与淘汰感染动物相结合的净化措施，推进种畜禽及乳用动物健康认证、信息发布和市场准入制度，从生产源头提高畜禽健康水平。

4. 重大动物疫病控制战略

分病种、分阶段、分区域稳步推进重大动物疫病控制计划，重点控制O型、亚洲I型、A型口蹄疫，高致病性禽流感，高致病性猪蓝耳病，蓝舌病，羊痘等一类重大动物疫病，有条件的地区实现区域无一类重大动物疫病目标。

重大动物疫病控制策略：开展流行病学调查监测，定期评估动物群体卫生状况和防控效果；完善免疫措施，适时提出免疫退出计划；完善应急处置机制和强制扑杀政策，建立扑杀动物赔偿价格评估制度，落实扑杀清群措施，及时扑灭突发疫情；完善检疫监管措施，降低动物及其产品长距离调运传播疫情的风险；完善区域化管理制度，积极推动生物安全隔离区和无疫区建设评估，为最终根除疫情奠定基础。

5. 外来动物疫病风险防范战略

外来动物疫病风险防范是预防未来一段时间国内出现新发动物疫病的战略重点。对非洲猪瘟、猪水泡病、牛海绵状脑病、绵羊痒病、小反刍兽疫、牛瘟、牛传染性胸膜肺炎、尼帕病、西尼罗河热、裂谷热、水疱性口炎、非洲马瘟、H7亚型禽流感，以及C型、SAT1、SAT2、SAT3型口蹄疫等17种外来动物疫病实施重点防范。基于风险分析，对其他外来动物疫病和新发病采取风险管理措施。

外来动物疫病风险防范策略：健全外来动物疫病监视制度、进境动物和动物产品风险分析制度，强化口岸检疫监管，完善边境地区动物疫情监测制度；强化边境防控设施建设，健全技术和物资储备机制；分病种制订外来动物疫病应急预案和防控技术规范；建立健全跨部门协作机制。

（六）提升动物疫病防控能力的工程举措

动物疫病防控能力是人才、科技、基础平台、资金等众多因素相互作用，共同制约的综合体现。根据未来20年动物疫病防控面临的挑战与需求，提出如下四项提升动物疫病防控能力的重要工程举措。

1. 兽医人才培养工程

紧紧抓住兽医人才培养、吸引人才和使用人才的三个关键环节，进一步完善工作体制，创新工作机制，营造育才、聚才和用才的良好环境，培养和造就一批优秀的学术带头人和具有国际影响力的知名专家。加强兽医教育体系改革，以适应新的动物疫病防控工作的需要。在动物疫病防控相关学科领域，集中研究力量，重点支持，重点突破，力争在未来5～10年里构建具有国际竞争力的兽医学创新团队，产生具有国际领先水平的原创性科研成果。

加强官方兽医队伍和执业兽医队伍建设：重点是稳定和加强基层防疫队伍。将提升基层动物防疫队伍业务水平作为动物防疫体系建设的重要内容，有组织、有计划、多层次、多渠道开展动物防疫人员培训，切实提高基层动物防疫员业务素质和工作能力。用5～10年时间，对县以下基层动物防疫人员和执业兽医进行全面培训，使受训程度均达本科以上水平，逐渐形成一支技术过硬、服务及时周到的官方兽医和执业兽医队伍，满足重大动物疫病防控工作的需要。在发挥官方兽医在重大动物疫病防控和保证畜产品安全中核心作用的同时，充分发挥执业兽医的作用。

2. 兽医科技创新工程

在重大科学计划、科技发展布局等战略规划中，加大对兽医学科科学研究的支持力度，尤其是加强对制约兽医学科发展的基础学科等瓶颈领域的支持力度，增加兽医学科在重大科学项目中的参与度、显示度，逐步提升兽医学科的战略地位。未来20年，重点支持发展如下兽医学科领域。

（1）前沿技术　大力推动动物疫病传播、感染、免疫和发病机理等基础研究；跟踪生命科学发展领域前沿技术，开展重要病原体的抗原结构及其免疫原性、病原体基因组学和蛋白质组学、反向遗传与病毒改造技术、转基因生物反应器、动物转基因抗病育种、动物模型与比较医学等前沿领域的研究工作。

（2）核心关键技术　针对近年来动物疫病出现的病原体变异致临床症状非

典型化、亚临床免疫抑制性疾病多重感染日趋普遍、病原体耐药性加强等新特点，加大应对重大动物疫病的技术储备。加强病原库、基因库建设。开展重要疫病预警预报等监测研究及诊断试剂、新型治疗性或预防性制剂的研发，重点开展基因工程生物制品的高效表达技术、高密度大规模培养技术、免疫质量综合评价系统研究、高效群体免疫性疫苗及免疫技术研究、无病毒污染的同源或异源抗体（多价或多联）制品研制、疫苗国际标准化和产业化生产工艺研究、新型免疫佐剂技术研究等。加强对野生动物源性疫病的研究和预防工作。

3. 新型兽药创制工程

推动兽药产业技术创新战略联盟的构建和发展，形成以市场为导向、以企业为主体、产学研相结合的科技创新体系，紧密围绕兽药产业关键技术，以重大项目为纽带，集中开展关键技术攻关，实现兽药产业新技术、新产品和新工艺的跨越式发展。

4. 基础设施建设工程

整合现有资源，合理布局动物疫病防控研究与检测实验室平台，加强国家外来动物疫病中心、重点动物疫病专业诊断实验室和食源性微生物检测实验室建设，设立各类特定功能的兽医实验室，促进科学技术向乡村、市场、屠宰场等基层延伸，逐步形成覆盖全国的兽医实验室网络。

进一步加强中央、省、地、县、乡、村六级防疫基础设施项目建设，完善边境动物疫病防控巡检站、地市级动物防疫检疫设施、牧区县疫病防控设施、乡镇兽医站、村级冷链，以及国家及区域性动物疫病防控应急物资储备库等，建成与新型兽医管理体制和防疫队伍相适应的动物疫病预防控制平台体系。

加大动物疫病防控信息系统建设，逐步实现动物疫病防控全领域信息化管理，如建立动物产品质量安全信息系统、疫病追溯信息系统、应急管理信息系统、疫情监测预警信息系统等。

六、关于加强动物疫病防控、保障养殖业可持续发展战略建议

未来 20 年，是我国经济社会战略发展关键时期。未来 20 年，我国人口总数持续增加，到 2033 年前后达到 15 亿左右（《国家人口发展战略研究报告》）。经济仍将保持 5%～8%的增长（中国科学院预测科学研究中心），继续推动我国城乡居民收入快速增加和城镇化进程不断加快。人口增长、居民收入增长和城镇化进程加快，对动物源性食品数量、质量和安全提出了更高要求，同时，动物产品国际竞争也将越来越激烈。为了确保人民生活水平持续提高和国内动物产品的竞争力，我国养殖业必须走“高效、绿色、健康”可持续发展道路，养殖总量继续适度增大，养殖方式加速向规模化、集约化发展。养殖业逐渐成为农业战略主导产业，在我国农业中率先实现现代化，并引领农业整体实现现代化。因此，未来 20 年，将迎来我国农业产业结构调整的战略转型期，也是我国养殖业重大战略转型发展期，同时还是动物疫病防控事业发展战略机遇期。养殖业可持续发展的战略需求对动物疫病的防控，特别是人兽共患病的防控和动物源性产品安全监管提出了很高的要求。在这一战略机遇期，兽医工作范围进一步拓展，在确保养殖业可持续发展的同时，还将更加关注公共卫生安全和动物生物安全。为实现我国动物疫病防控的中长期发展规划，针对我国动物疫病的防控工作面临的挑战与存在的问题，参考发达国家成功经验，加强我国动物疫病防控，保障养殖业可持续发展和人类健康，建议如下。

（一）动物疫病防控事关全局，必须提高到战略高度来认识

动物疫病防控是养殖业可持续发展的根本安全保障。中央 1 号文件多次对加强动物疫病防控工作提出了专门要求，明确指出必须将动物疫病的防控提高

到事关全局的战略高度来认识。这充分体现了党和国家对动物疫病防控工作高度重视。随着社会经济高速发展，人们对提高生活质量的需求显著增大，对动物源性食品安全意识明显增强，兽医工作由传统意义上以控制动物重大疫病为主转变为以促进动物健康、保障人类食品安全及人类健康为主。兽医工作成为一种公益性事业。兽医在“从农场到餐桌”全过程监管、保障动物源性食品安全、从源头控制人兽共患病等方面必将发挥不可替代的重要作用。“同一个世界，同一个健康”，只有从源头控制动物疫病，尤其是人兽共患病，才能更有效地促进人类健康。

（二）完善体制和法制，明确责权关系

1. 推进兽医体制改革， 建立与国际接轨的兽医管理体系

改革我国兽医体制，构建一个责权明晰、工作高效的兽医管理和工作体系。第一，统一国家的兽医行政管理职能。合并对内、对外动物疫病检验检疫体系，统一分散在各部门的动物卫生、动物源性产品质量及安全等监管职能，设立相对独立的国家兽医管理机构，统一管理全国兽医工作，特别是疫病防控和畜产品安全工作，实现从饲料生产、兽药使用、养殖、运输、屠宰加工到餐桌全过程动物卫生和食品安全管理监督，提高监管效率。第二，建立中央和地方分工负责的管理模式。按照各级地方人民政府对本地的动物疫病防控和畜产品安全负责的原则，实行省级以下垂直管理的兽医官制度，全面负责本地动物疫病防控工作的实施和动物源性产品安全监管。中央在华北、东北、华东、华南、华中、西南和西北七个区域设立国家兽医局派出机构，并建立配套的动物疫病诊断和监测实验室，统一协调区域内动物疫病防控和动物源性产品安全监管工作，监督国家各项措施的实施，仲裁动物和动物源性产品流通过程中出现的矛盾。第三，加强兽医机构规范化建设，促进我国的兽医管理体系与国际接轨。

2. 健全兽医法律体系

完善《中华人民共和国动物防疫法》，进一步强化防疫条件许可制度，明确从事养殖、运输、屠宰加工、经营等方面的业主在防疫方面的责任。制定《中华人民共和国兽医法》，理顺兽医管理体系，确立管理体制上的官方兽医制度，明确兽医的职能和自身准则；建立诊疗管理上的兽医资格注册、许可制度。制定《中华人民共和国兽药法》，加强对兽药生产、质量监控、新药研究、市场监管、兽药使用、残留监控等方面的管理。强化执法体系建设，加强饲料

和兽药生产、动物饲养、运输、屠宰加工、市场的全程监管，确保相关法律法规的有效实施，为疫病防控和畜产品安全提供法律保障。

（三）强化科技力量，全面提升动物疫病防控能力

科技创新是动物疫病防控工作的生命线。动物疫病防控能力对科技进步具有极高的依存度。针对动物疫病防控对先进科学技术的需要，应加大对兽医基础、临床等领域科技的原始创新和应用技术的支持力度，完善兽医科技创新体系，使科研和动物疫病防控能力的提高紧密相连。

1. 适时启动全国动物疫病普查，摸清我国动物疫病的种类、分布、发病和危害等情况，为制订动物疫病防控规划和计划提供依据。

2. 加强动物疫病流行规律研究，特别是要明确在我国不同养殖模式下，主要疫病的疫源、传播途径、危害、发生发展规律、影响因素等，为制订防控方案，有效防控重大动物疫病提供依据。

3. 强化科技成果转化，加快推进兽药、动物疫苗与诊断试剂的研发，提高动物疫病防控能力。

4. 强化生物安全意识，统筹考虑生物安全与疫病防控问题。对于全国大规模流行与发生的疫病，充分调动大专院校、科研院所的力量，协作攻关。在具有较好技术力量和条件的高校和科研院所建立诊断中心或分中心等动物疫病诊断与检测实验室，形成完善的动物疫病防控实验室网络体系。

5. 加大科技投入，推进兽医队伍建设工程、兽医科技创新工程、新型兽药创制工程和基础设施建设工程开展，全面提升动物疫病防控能力。

6. 加强动物疫病防控科技国际交流，积极参与国际标准制定，合理利用国际资源，促进我国动物疫病防控能力的提高。

（四）统筹兼顾，联防联控，健全机制，提高动物疫病防控实效

动物疫病防控工作是一个系统工程，必须加强各部门的合作与协同，统筹兼顾，联防联控，健全机制，才能提高动物疫病防控实效。

1. 建立相关单位协同联动机制

动物疫病防控工作需要政府的统一领导，多部门、多学科、多体系分工合作，最终建立人医和兽医一体化的高效“大卫生”防疫体系。要克服当前工作

中的条块分割、政出多门、有分工难合作的局面，必须加强对动物疫病防控各相关部门的协调领导，为此建议国家成立动物疫病防控委员会，下设动物疫病防控办公室，统领全国动物疫病防控工作，统一分散在卫生部、农业部、国家林业局及国家质量监督检验检疫总局等各部门的动物卫生与动物源性食品安全监管职能。完善兽医部门与卫生部之间的联系与互动，加强在人兽共患病防控、动物源性食品安全保障等领域全面合作。加强产学研结合，促进大专院校、科研院所与企业联合的产学研行业战略联盟更加深入、全面发展。促进各科研机构之间、科研机构与基层动物防疫机构之间、科研机构与企业之间合作。将乡村兽医管理、执业兽医管理与村级动物防疫员管理有机结合，健全乡村兽医村级动物防疫员工作考核机制和动态管理机制。

2. 完善动物疫情监测、报告及责任追究机制

进一步完善疫病公布和疫情上报机制，提高疫情透明度。按照《中华人民共和国动物防疫法》要求，政府应及时公布疫情，并采取有效的防控措施，防止疫情发展和蔓延。在信息非常灵通和社会完全开放的今天，不及时公布疫情只能造成更大的危害。应该充分总结人间 SARS 疫情暴发流行的经验和教训，科学处理疫情调查与疫情上报之间、疫情公布与疫情保密之间的关系。

实行重大动物疫情的网络直报，将疫情报告网络延伸到乡镇和村，提高疫病报告的时效性和可靠性。制订科学的疫情监测方案，提高监测科学性、系统性、准确性、针对性，加强对发病或死亡动物等的检测和野生动物疫情的监测。

进一步完善疫情责任追究机制，明确责任追究的范围、程度，明确动物疫病防控有关各方的义务和责任，强化政府主导作用及企业和养殖业者直接责任，提高疫病防控有关方的责任感和积极性。建立动物疫病防控工作的兽医考核评价体系，合理追究动物疫病发生与流行责任问题，重点解决有疫不报的问题。打破地方保护主义观念，控制虚报、缓报和瞒报疫情的现象，严格控制染疫畜禽进入流通领域，防止疫情更大范围扩散，促进国家快速、准确掌握疫情，实行科学防控。

3. 动物疫病区域化管理、免疫退出机制

建设无疫区、生物安全隔离区，在一定区域内率先消灭一些重大动物疫病，促进畜产品出口。加强检疫监管，包括产地检疫、屠宰检疫及运输和市场的检疫监督，保证动物产品区域内流通不受限制，而区域外只调运动物产品、不调运活畜禽，确保提供安全、营养、高质的动物源性产品。

在疫病检疫监管状况良好与疫病区域化管理的基础上，结合国家与地方经济发展实力，科学制订各地区动物疫病防控规划，明确强制免疫推出机制与适时退出机制。

4. 完善准入制度

制定我国动物及动物产品生产经营准入的标准和准则，对养殖、屠宰、加工、运输、动物和动物产品交易、兽医生物制品生产、动物疫病研究、检疫隔离等场所或环节，实行准入制度。逐步改变目前散养为主的饲养模式，大力发展适度规模化、标准化饲养。尽快取消小型低水平的屠宰点，取消商品活畜禽交易市场，在产地大力发展现代化的畜禽屠宰加工企业，变运送活畜禽为运送动物源性产品，变购买活畜禽消费为购买安全、卫生的动物源性产品消费。建立饲养场（户）、屠宰加工等所有相关场所的动物防疫条件审查制度，确保这些场所符合动物防疫要求，对达不到防疫条件的要坚决取缔。

5. 建立完善的经费保障机制

建立与经济社会发展水平相适应的经费投入机制，克服防疫经费“无病不投入、结构不合理、投入不及时、总量不充足”的错误做法。

保障动物防疫体系正常运行经费，改善基层兽医工作条件，提高基层兽医队伍待遇。保障监测与检疫监管、强制免疫、消毒、疫情紧急处置、无害化处理等动物疫病防控工作经费。对强制性扑杀与免疫应激死亡动物，按市场价格给予足额补偿。增加兽医基础科研经费投入，建立重大动物疫病防控的奖惩机制，加大强制免疫经费投入。鼓励保险机构对畜禽饲养进行保险，设立突发重大动物疫情风险基金以及突发重大动物疫情应急处置基金，确保疫情应急处置的需要。

参考文献

蔡宝祥，甘孟侯．2003. 20 年来我国动物传染病防制技术发展回顾与展望［J］．中国禽业导刊（21）：11－14.

曹国敏，严小东，熊文婕．2011. 重大动物疫病免疫效果评估与分析［J］．安徽农学通报（16）：39－40，64.

戴有理．2004. 禽流感疫情给我国家禽业发展带来的思考［J］．中国禽业导刊，21（5）：10－13.

邓为民，武深树，陈志军，雷勇．2011. 促进生猪产业稳健发展的调查与思考［J］．饲料广角（12）：22－26.

丁伯良．2011. 当前几种主要猪病的流行特点［J］．兽医导刊（01）：19－22.

丁一，赖珺．2011. 城乡统筹视角下的农村面源污染防治研究——以滇池流域农村水污染治理为例［J］．农村经济（08）：49－53.

顾华兵，章明．2009. 全国部分省区上半年家禽生产形势［J］．中国禽业导刊，26（12）：20－22.

韩洪云，舒朗山．2010. 中国生猪产业演进趋势及诱因分析［J］．中国畜牧杂志，46（12）：7－12.

胡长敏，郭爱珍，陈焕春．2010. 我国重大牛疫病防控历史和经验［J］．动物医学进展，31（1）：101－103.

黄德林，董蕾，王济民．2004. 禽流感对养禽业和农民收入的影响［J］．农业经济问题，24（6）：21－25.

黄文金，宋诚本，赖天然．2011. 人禽流感疫情分析及其防控策略探讨［J］．中国国境卫生检疫杂志，34（3）：211－215.

李秋霞，滕达，王建华．2009. 非洲猪瘟的风险分析和防控措施［J］．动物医学进展（09）：105－109.

刘俭，刘洪云．2009. 人兽共患病的流行和防治［J］．国外畜牧学（猪与禽），29（5）：62－70，104.

刘林英．2011. 外来动物疫病传入途径及防控措施［J］．中国畜牧兽医文摘，27（5）：95－97.

刘兴民，孙晓峰，冯志勇，巴一明．1995. 关于哲盟畜禽疫病防制战略的探讨［J］．内蒙古兽医（02）：44－48.

任宇斓，于厚军，蒋文生．2011. 猪口蹄疫、猪瘟、高致病性猪蓝耳病三种疫苗不同组合同时分点免疫效果观察与分析［J］．中国动物检疫，28（5）：67－71.

沈银书，吴敬学．2011. 我国生猪规模养殖的发展趋势与动因分析［J］．中国畜牧杂志，47（22）：49－52，70.

王道坤．2009. 畜牧产业的过渡与期待［J］．北方牧业（18）：3－6.

王道伟．2012. 鸡常见免疫抑制病的危害与预防［J］．农村养殖技术（02）：36－37.

王冠中．2011. 20世纪50年代中共整合组织资源防控血吸虫病的实践及启示［J］．党史研究与教学（03）：89－96.

闫振宇，陶建平，徐家鹏．2012. 我国生猪规模化养殖发展现状和省际差异及发展对策［J］．农业现代化研究，33（1）：13－18.

张志诚，李长友，黄保续．2010. 中国禽群高致病性禽流感发生状况及其风险预测［J］．畜牧兽医学报，41（4）：454－462.

周艳君，田志军，郝晓芳．2011. 高致病性猪繁殖与呼吸综合征病毒 HuN4 株及其致弱过程中的不同代次病毒的分子特征分析［J］．中国动物传染病学报，19（1）：1－10.

专题组成员

组　长　于康震　农业部国家首席兽医师

副组长　李金祥　中国农业科学院副院长

张仲秋　农业部兽医局局长

贾建生　国家林业局野生动植物保护司副司长

冯忠武　中国兽医药品监察所所长、研究员

执笔人　王长江　中国农业科学院科技局副局长

夏志平　军事医学科学院军事兽医研究所副所长、研究员

成　员　（按姓氏笔画排列）

于　力　研究员　中国农业科学院哈尔滨兽医研究所

王宏伟　研究员、执行院长　天津瑞普生物研究院

王济民　研究员　中国农业科学院农业经济与发展研究所

刘湘涛　研究员、副所长　中国农业科学院兰州兽医研究所

杨汉春　教授、副院长　中国农业大学动物医学院

杨松涛　研究员　军事医学科学院军事兽医研究所

何宏轩　研究员　中国科学院动物研究所

汪　明　教授　中国农业大学动物医学院

张存帅　副研究员、处长　中国兽医药品监察所标准处

林祥梅　研究员　中国检验检疫科学研究院

周继勇　教授　浙江大学动物医学院

秦　川　研究员、所长　中国医学科学院实验动物研究所

秦爱建　教授、院长　扬州大学动物医学院

殷　宏　研究员、所长　中国农业科学院兰州兽医研究所

涂长春　研究员　军事医学科学院军事兽医研究所

黄保续　研究员　中国动物卫生与流行病学中心

常国权　副研究员　军事医学科学院军事兽医研究所

康孟佼　助理研究员　中国兽医药品监察所

专题一

ZHUANTI YI

猪病防控战略研究

一、猪病防控现状

（一）猪病防控形势

在改革开放以前，我国的养猪业是以家庭式副业为主体，疫病的种类相对较少，疫病防控的压力不大。猪瘟是最常见的病毒性疾病，猪丹毒、猪肺疫、猪痢疾、猪大肠杆菌病等是常见的细菌性疾病。我国研制成功的猪瘟兔化弱毒疫苗及猪瘟、猪丹毒、猪肺疫三联苗在猪病的防控中发挥了巨大作用和成效，抗生素的使用有效地控制了猪细菌性疾病。随着我国规模化养猪业的发展，从国外引入大量种猪的同时，也引入了不少疫病，加之我国只重视养猪生产，不重视疫病的控制，导致我国猪病的种类越来越多，并广泛流行。20 世纪 80～90 年代，猪瘟、猪口蹄疫、猪喘气病、猪细小病毒病、猪传染性胃肠炎、猪流行性腹泻、伪狂犬病、仔猪红痢等成为流行的主要疫病，我国研制的猪口蹄疫灭活疫苗、猪细小病毒疫苗、猪传染性胃肠炎和猪流行性腹泻疫苗、伪狂犬病灭活疫苗、仔猪红痢疫苗等在这些疫病的防控中起到了积极的作用。90 年代以后，猪病的种类剧增，包括猪繁殖与呼吸综合征（猪蓝耳病）、猪传染性胸膜肺炎、附红细胞体病、猪链球菌病、猪弓形虫病、猪日本乙型脑炎、猪圆环病毒病、副猪嗜血杆菌病等疫病不断发生。目前，我国猪病的防控现状如下：

1. 疫病控制总体水平低下

在养猪业先进国家，猪瘟、口蹄疫均已根除，猪伪狂犬病也已得到彻底净化，其他疫病也相对平稳，种猪群的健康程度很高，而与之相比，我国疫病种类多，而且复杂。由于我国目前散养和不同大小的规模化猪场并存，养猪生产水平和管理水平参差不齐，给疫病的控制增加了难度。同时，我国种猪、生猪交易及产品的广泛流通，而又缺乏严格的检疫和监管机制，造成疫病的人为传播和流行。老的疫病（如猪瘟等）未得到很好控制，仍是严重危害养猪生产的主要疫病，新的疫病不断涌现，疫情频繁发生，各种猪病的发生率和由此造成的死亡率仍居高不下，经济损失巨大。

2. 疫病种类多，疫情复杂

在目前我国养猪生产中，病毒性疫病、细菌性疫病、寄生虫病等各种疫病共存，多重感染使疫病的复杂程度加剧，造成养猪生产的极不稳定；细菌性疾病十分普遍，如副猪嗜血杆菌病、链球菌病、大肠杆菌病、传染性胸膜肺炎、放线杆菌病等成为常见的继发病和并发病。由于疫病复杂，使多种疫病的流行没有季节性，也无规律可循，从而增加了疫病控制的难度。

3. 疫苗使用越来越多，生物安全意识淡薄

疫苗免疫接种是我国猪病防控的主要策略，随着疫病的增多，我国养猪生产中，疫苗使用的种类和频率也不断增加，养猪生产者过分依赖疫苗，而不重视生物安全体系建设，造成病原在养猪生产环境中的污染和累积加重，无形中增加了疫病的防控压力。

4. 种猪场疫病净化不力，种猪健康水平低

目前我国的种猪生产缺乏有效的、规范化的检验、检疫制度，而且不加限制地从南到北、从北到南的大范围引种，造成疫病的传播。不少种猪场仍存在猪瘟病毒、伪狂犬病病毒、猪繁殖与呼吸综合征病毒等带毒现象，而又很少进行或从不进行种猪的疫病监测，更谈不上疫病的净化，导致我国种猪的总体健康水平低，不利于疫病的控制。

（二）危害我国养猪业的主要疫病流行现状

长期以来，我国养猪业备受疫病的困扰，而且随着养猪业规模的扩大，国际贸易频繁，猪疫病防控形势越来越严峻。病毒病、细菌病、寄生虫病等混合感染、继发感染十分普遍，导致我国猪病流行状况日趋复杂，预防和控制难度极大，严重影响了我国养猪业的可持续发展。一些在我国近年来发病严重、危

害巨大、具有代表性的疫病流行现状如下。

1. 猪瘟

猪瘟（CSF）是由猪瘟病毒（CSFV）引起猪的高度致死性、接触性传染病，是严重危害全球养猪业的重要传染病，是联合国粮农组织和各国政府密切关注的主要传染病之一。猪瘟在我国流行多年，是养猪业的头号杀手。

国际学术界于2000年采用E2基因序列分析将猪瘟病毒分为3个基因群，10个基因亚群。1997—2003年间，军事兽医研究所和中国兽医药品监察所对全国31个省份采集的200多份猪瘟病毒流行毒的E2基因进行遗传进化分析，发现我国猪瘟病毒分为2个基因群，4个基因亚群，即基因1群中的1.1亚群和基因2群中的2.1、2.2、2.3亚群。其中基因2群在我国猪瘟流行中占主导地位。中国动物卫生与流行病学中心在2004—2008年从对来自中国13个省份的送检病料进行猪瘟病毒的分离和鉴定，对获得147株猪瘟毒株E2基因进行遗传进化分析发现，我国主要流行的基因2群中，仍然以基因2.1亚群占主导地位，为猪瘟的优势流行毒株，占总流行毒株的94%。猪瘟流行毒株与疫苗毒株的同源性为75.0% ～ 87.9%，与石门经典强毒株的同源性为75.4% ～ 83.1%。中国兽医药品监察所在1985—2009年对辽宁、广东、湖北、北京、河南、河北、浙江等21个省份送检病料进行猪瘟病毒E2基因主要区域的RT-PCR扩增和序列分析后，发现猪瘟流行毒株与疫苗毒株的同源性为77.3% ～ 95.1%，与石门经典强毒株的同源性为78.7%～99.5%。分析结果还表明，我国大部分地区的猪瘟流行毒株是基因1.1亚群和2.1亚群，没有发现基因3群。因此，在我国，需要防控的猪瘟病毒基因亚群依然是2.1、2.2、2.3和1.1亚群。

我国自行研制的猪瘟兔化弱毒疫苗在我国猪瘟的预防和控制中发挥了重要作用。试验结果均表明，我国现用的猪瘟兔化弱毒疫苗能完全抵抗不同致病力流行毒株的单独感染或多毒株的混合感染。该研究结果充分证明我国现用的猪瘟疫苗对目前的猪瘟流行株具有广泛的免疫交叉保护性，疫苗仍然有效。目前我国猪瘟基本上呈全国性分布，以点状、散发为主，且主要发生在散养或小规模养殖户，大规模化猪场较少发生。但是，近年来猪瘟的临床发病、感染强度和典型病例明显增加，成为猪群发生高死亡率的一个主要因素。2008年，在调查的15个省份164个发病猪群中，确诊或有猪瘟典型症状的猪群达88个，明显高于2007年。此外，由于蓝耳病和猪圆环病毒病等免疫抑制性疫病的普遍存在和不断发生，影响了猪瘟疫苗的免疫效果，增加了猪瘟病例的出现，是当前猪瘟发生的特点之一。

2. 猪繁殖与呼吸综合征

猪繁殖与呼吸综合征（PRRS），俗称“蓝耳病”，是由猪繁殖与呼吸综合征病毒（PRRSV）引起的一种高度接触性传染病。该病以妊娠母猪流产、早产、死胎、木乃伊胎等生殖障碍以及仔猪和育肥猪的呼吸道症状为特征。该病首先于20世纪80年代末在美国出现。20世纪90年代初欧洲和美国相继分离到猪繁殖与呼吸综合征病毒。根据抗原性差异，可将猪繁殖与呼吸综合征病毒分为欧洲型（代表株为Lelystad病毒）和美洲型（代表株为VR-2332病毒）。郭宝清等于1996年首次在我国发现猪繁殖与呼吸综合征并分离了猪繁殖与呼吸综合征病毒。在过去的20多年来，由猪繁殖与呼吸综合征造成的损害日益严重，对我国养猪业的经济影响越来越巨大。

自2006年5月以来，江西南昌周边地区部分猪场开始出现以呼吸急促、全身发红等为症状的病例，6月中旬，整个南昌周边地区出现相同症状病例，并频频出现死亡，随后在江西多地暴发；7～8月，传入福建、湖南、湖北、河南、江苏等，入秋以后又相继在山东、河北、辽宁、内蒙古等暴发流行。本次流行以病猪高热持续不退为主要特点，且传播速度快，猪病发病率达50%以上，死亡率为10%～30%，部分猪场达100%。由于当时病因还没有得到明确定论，因此，许多专家把此次疫情定名为“猪无名高热”。后经大量流行病学研究和动物回归试验，初步确定这次所谓的“猪高热综合征”主要致病病原为高致病性猪繁殖与呼吸综合征病毒。迄今为止，高致病性猪繁殖与呼吸综合征病毒引发的疾病仍未得到有效控制。

在“猪高热综合征”中分离到的以JXA1为代表的高致病性猪繁殖与呼吸综合征病毒毒株是一种高度变异株。经基因组全长序列测定分析，该毒株与GeneBank中登陆的北美型猪繁殖与呼吸综合征病毒株的氨基酸同源性为85.6%～99%。其中与国际上的猪繁殖与呼吸综合征病毒标准毒株VR-2332株有较大差异，核苷酸和氨基酸的同源性分别为88.6%和92%；与美国猪繁殖与呼吸综合征病毒强毒株MN184A株的氨基酸的同源性为85.6%。说明“猪高热综合征”的高致病性猪繁殖与呼吸综合征病毒是在中国特定环境特定生存压力下进化出来的病毒株，该毒株的大面积流行并不是由当前中国广泛使用的疫苗所引起的。通过序列比对分析后发现，该毒株与以前在中国或者世界流行的毒株最大的区别就是ORF1上的差异，尤其体现在ORF1a编码的各种非结构蛋白，这其中又以nsp2的变异为最大。在nsp2中30个氨基酸的缺失形了成高致病性猪繁殖与呼吸综合征病毒的独特遗传标志。很多学者研究表明，我国各地分离的毒株均为美洲型毒株。对1996—2006年间猪繁殖与呼吸综合征病毒分离株进一步分析发现主要有2种基因亚型，亚型Ⅰ主要分布在中国东南部，其余分离株与MLV疫苗及其亲本株VR-2332具有较高的同源性，属于亚型Ⅱ。暴发高致病性猪繁殖与呼吸综合征后，对2006—2008年间全国16个省份病毒分离株进行了分子流行病学调查，发现我国所有的159株分离株均为北美基因型，这些毒株进一步分为6个基因亚型。暗示着我们流行的猪繁殖与呼吸综合征病毒进一步持续变异，并继续危害着养殖业。在2011年，中国动物疾病控制中心首次在中国分离了欧洲型猪繁殖与呼吸综合征病毒。欧洲型猪繁殖与呼吸综合征病毒的出现，将对中国猪繁殖与呼吸综合征的预防和控制带来极大的挑战。

3. 猪圆环病毒病

猪圆环病毒（PCV）为无囊膜的单股环状负链DNA病毒。猪圆环病毒有2种血清型，即PCV1和PCV2，血清型间核苷酸同源性仅为68%～76%。众多研究都表明PCV1无致病性，广泛存在于猪传代细胞系及猪群中。PCV2具有致病性。猪圆环病毒病（PCVD）或猪圆环病毒相关性疾病（PCVAD）是由猪圆环病毒2型（PCV2）引起的一大类猪病的统称。猪圆环病毒病包括仔猪断奶后多系统衰竭综合征（PMWS）、猪皮炎与肾炎综合征（PDNS）、猪呼吸道疾病综合征（PRDC）和种猪繁殖障碍等相关疾病。

猪圆环病毒2型感染在猪群中发生十分普遍，在临床发病死亡猪的血清样本和组织样本中猪圆环病毒2型的检出率很高，几乎接近100%。尽管猪单独感染猪圆环病毒2型不会引起猪发病，但在与猪繁殖与呼吸综合征等共感染的情况下，可协同抑制猪体的免疫功能，加重猪繁殖与呼吸综合征病猪的死亡，并可促进细菌性疾病的继发感染。因此，猪圆环病毒2型对我国养猪业的危害不容忽视。分析我国2004—2008年分离的猪圆环病毒2型毒株，发现我国存在4个主要基因型（PCV2a、PCV2b、PCV2d和PCV2e），PCV-2b是主要流行毒株，而且在一些病例中发现PCV2a和PCV2b两种基因型共存的现象。已有报道圆环病毒2型毒株之间可以发生重组，多种基因型的存在将进一步加重该病对我国养猪业的危害。此外，由于圆环病毒2型对常规消毒剂和环境具有很强的抵抗力，而且我国猪群普遍携带该病毒，因此，降低猪圆环病毒2型在猪群的感染是猪病控制面临的难题。

4. 猪伪狂犬病

猪伪狂犬病（PR）是由伪狂犬病病毒（PRV）引起的一种高度接触性传染病，可引起种猪繁殖障碍，初生仔猪神经症状，出现运动失调，麻痹，衰竭死亡，病死率100%。成年猪多呈隐性感染，但可引起呼吸道症状。猪伪狂犬病是猪群主要传染病之一，严重危害养猪业的健康发展，并造成巨大的经济损失。

随着伪狂犬病基因缺失疫苗的推广使用，临床上典型的猪伪狂犬病病例相对减少。但该病的潜伏感染情况还是相当普遍，其临床症状已经从典型转为非典型。虽然本病死亡率大大降低，但是严重影响猪群的生长速度和繁殖性能。综合分析2007—2008年我国16个省份29次伪狂犬病的报道，我国伪狂犬病的发生与流行状况呈现许多新特点，具体表现为单独发生，也可以与大肠杆菌、猪繁殖与呼吸综合征病毒、圆环病毒、传染性胃肠炎病毒和附红细胞体等病原混合感染；仔猪死亡率为50%～100%，育肥猪也发生死亡，死亡率为20%～40%；农村散养户和小规模猪场的感染率较高，而规模化猪场因普遍接种了疫苗，发病较少。目前，我国已经拥有自主研制的伪狂犬病基因缺失疫苗和配套的鉴别诊断，具备启动该病根除计划的技术保障和人才队伍。因此，加快伪狂犬病根除计划的启动和实施是当前和将来一段时间伪狂犬病防控的主要任务。

5. 猪乙型脑炎

日本乙型脑炎（JE）又称流行性乙型脑炎或乙脑，是由乙脑病毒（JEV）引起的以中枢神经系统损害为主的急性传染病，是一种人兽共患的急性病毒性传染病。多种动物对日本乙型脑炎病毒易感，蚊是日本乙型脑炎病毒的主要传播媒介，猪是该病毒在自然界最重要的贮存和增殖宿主。日本乙型脑炎病毒可引起仔猪脑炎和种猪繁殖障碍，给养猪业造成巨大经济损失。日本乙型脑炎病毒还能引起人类严重的病毒性脑炎，尤其儿童对日本乙型脑炎病毒普遍易感。

夏、秋季为日本乙型脑炎发病高峰季节，流行地区分布与媒介蚊虫分布密切相关。日本乙型脑炎在印度、中国、东南亚、西太平洋等地区均有流行，是亚洲最严重的病毒性脑炎。据报道，亚洲每年大约有 50 000 例日本乙型脑炎发生，死亡率高达 20%～40%。我国无论是猪还是人都是世界上乙型脑炎发病和死亡最高的国家。除西藏、新疆、青海等少数地区外，其他地方均有发病报道。在 20 世纪 60 年代和 70 年代初期全国曾发生大流行，70 年代以后随着大范围接种乙脑疫苗，日本乙型脑炎发病率明显下降，但局部地区时有暴发或流行。2006 年，贵州、四川、山西等省份日本乙型脑炎局部暴发，全国日本乙型脑炎发病为 7 643 人，死亡 463 人，发病率较 2005 年增加 49.07%。猪是乙脑病毒的越冬宿主，人和其他动物的乙脑病毒感染主要来自于猪，并呈猪—蚊—人传播链。控制好猪的日本乙型脑炎是预防人感染乙脑病毒的有效措施。最近国内部分省份的血清学调查表明，我国猪日本乙型脑炎隐性感染严重。秦毅斌在 2008—2010 年间采集了广西边境 14 市未经日本乙型脑炎疫苗免疫的 2 597 份猪血清，并用乳胶凝集试验（LAT）和 ELISA 检测乙脑病毒血清抗体。监测结果显示，受检猪群乙脑病毒血清抗体平均阳性率为 60.65%，在 2008—2010 年间，猪群乙脑病毒血清抗体阳性率总体呈上升趋势。我国学者对 2010 年在贵州采集的未免疫猪群血清样本 592 份进行猪乙脑病毒血清抗体 ELISA 检测，结果发现贵州乙脑病毒隐性感染抗体平均水平为 59.97%。这些监测结果表明，猪群日本乙型脑炎感染较普遍，且感染率呈逐年上升趋势。猪是乙脑病毒重要的贮存宿主及传染源，应采取有效的监测与防控措施，杜绝猪日本乙型脑炎的流行传播。

6. 猪链球菌病

猪链球菌病是严重危害我国养猪业的一种重要细菌性疫病，也是一种重要人畜共患病。1976 年我国四川暴发猪链球菌病（C 型，兽疫链球菌），导致 100 多万头猪发病，70 多万头猪死亡。1998－1999 年连续两年的夏季在江苏省南通地区，猪群大面积暴发流行猪 2 型链球菌病，发病猪占同群猪的 26.38%，病死率达 47.21%，同时还有大批猪死亡或被销毁。2007－2008 年，我国有 11 个省份报道了猪链球菌病的发生。对从各地发病猪场分离鉴定的 500 多株猪源链球菌的分析结果表明，目前我国猪群中流行的链球菌主要是 D 群（约占分离菌株的 52%），其次为 G 群和 F 群，其中猪 2 型链球菌（SS2）占 38%。可见，可引起人畜共患的猪 2 型链球菌在我国猪群中广泛存在。此外，在 2006 年“猪高热综合征”期间，由“猪高热综合征”引起的猪链球菌的继发感染现象十分普遍，这也是当前我国猪链球菌病流行的主要特点。

7. 副猪嗜血杆菌病

副猪嗜血杆菌病是近年来在我国流行的一种新发传染病，主要引起猪的多发性浆膜炎、关节炎和脑膜炎。由于副猪嗜血杆菌是猪上呼吸道的一种常在菌，2000 年以前该病一直没有受到足够的重视，但从临床上样品中分离到大量的副猪嗜血杆菌，分离率达 20%以上。考虑到该菌外界存活能力十分脆弱，部分样品中的副猪嗜血杆菌在样品送检过程中死亡，导致不能分离，因此，实际阳性率可能更高。2002—2004 年对从我国 17 个省份分离的 281 株副猪嗜血杆菌进行血清型鉴定，发现我国已存在副猪嗜血杆菌 13 个血清型，血清 4 型和 5 型为流行的优势血清型，其次为 13 型、14 型和 12 型，还有 12.1%的分离株不能分型。而且，在同一个猪场甚至同一患病猪只中发现有不同血清型感染。近年来，全国 10 多个省份不断有副猪嗜血杆菌病的发生，发病猪的病死率达 50%～100%，而且出现多重耐药菌株。此外，副猪嗜血杆菌与猪繁殖与呼吸综合征病毒、猪圆环病毒 2 型的共感染十分普遍。同时，临床上大量发现高致病性猪繁殖与呼吸综合征病毒感染后继发副猪嗜血杆菌病，给猪嗜血杆菌病的控制带来了困难。

8. 猪传染性胸膜肺炎

自 1990 年杨旭夫等首次报道猪传染性胸膜肺炎以来，该病在我国广泛流行，流行的优势血清型为 1、2、7 型，同时有血清 3 型和 10 型存在。2005 年以前，猪传染性胸膜肺炎在我国感染十分普遍，发病严重，呈暴发性流行，在上海、浙江、广东、湖北、湖南、河南等出现多次大的疫情，血清学调查显示猪群总阳性率为 53%左右，公猪、母猪、哺乳仔猪和育肥猪的血清学阳性率分别为 46.8%、53.5%、29.3%和 52.7%。近几年，随着疫苗的大量使用，疫情和典型病例数均有所缓和。2007—2008 年我国安徽、福建、广东等 13 个省份分别报道了传染性胸膜肺炎的发生，累计 25 次暴发，发病率为 30%～80%，血清型主要是 1、2、3、5 和 7 型，表明血清 1 型、3 型和 7 型仍然是当前流行的优势血清型。

9. 猪支原体肺炎

猪支原体肺炎（喘气病）是我国猪群中常见的呼吸道疾病，并可造成一定程度的免疫抑制，降低机体的免疫力。不同年龄、性别和品种的猪均能感染此病，其中哺乳仔猪及幼猪最易发病，其次是妊娠后期母猪和哺乳母猪，成年猪多呈隐性感染。根据辽宁、黑龙江、山东等10多个省份近2年的流行病学调查结果，我国猪喘气病的发病率为40％～60％，感染率则高达85％。对河南和江西等地区的某些规模化猪场肺炎支原体的血清学监测显示：种猪感染率为90.5％，仔猪为31.1％。此外，猪支原体肺炎与猪繁殖与呼吸综合征、猪圆环病毒2型病、巴氏杆菌病、猪传染性胸膜肺炎等均有较强的协同作用，而与猪流感则有一定的叠加作用。据报道，在猪繁殖与呼吸综合征病毒感染前、同时感染、感染后，猪支原体肺炎感染均可导致猪繁殖与呼吸综合征疫情加重，病程延长。

10. 其他

除了上述9种主要疫病外，由猪轮状病毒、猪传染性胃肠炎病毒与猪流行性腹泻病毒引起的猪病毒性腹泻，以及由大肠杆菌引起的黄痢、白痢和水肿病等在我国也十分普遍，使我国猪病的临床表现和流行更加复杂多样。

（三）猪疫病防控取得的成绩

1. 消灭和控制了一些重大猪传染病

新中国成立以来，我国在动物重大传染病的防治方面取得了显著成就，在猪疫病方面，猪水泡病基本消灭，猪伪狂犬病、猪肺疫、猪丹毒等均已得到基本控制。对一些人畜共患病的防治也取得了很好的效果。1955—1956年我国研制成功的中国系猪瘟兔化弱毒疫苗，证明有高度安全性和优良的免疫原性，且无残毒，毒力不返强。自1957年起，该疫苗除在我国广泛应用外，并已推广到欧亚很多国家，为这些国家控制或消灭猪瘟发挥了积极作用。

2. 动物疫病基础和应用研究取得较大成绩

在猪病防疫科技储备方面，完成了多种病原菌、病毒株的全基因组序列分析，绘制了病毒的分子系统发生树（家谱），克隆和鉴定了其致病和免疫基因，构建成口蹄疫、猪瘟等 RNA 病毒的反向操作体系，并用此体系发现和修饰了一些功能基因。在基因工程疫苗的研究和应用方面，我国已有长足进步，第一个商品化的基因工程疫苗是仔猪腹泻大肠杆菌菌毛 K88、K99 疫苗。其他基因工程疫苗的研究也有很好的进展，并有大量基因工程产品获得新兽药证书或进入了新药证书申报阶段，如伪狂犬病基因缺失疫苗、口蹄疫基因工程亚单位疫苗、口蹄疫合成肽疫苗。在诊断技术研究方面，我国已有 20 多个单位分别建立了针对哺乳动物的 12 种病毒、禽类的 9 种病毒、各种动物的 12 种病原细菌、10 种寄生虫及一些微生物毒素和其他可能用于疫病诊断的数百个杂交瘤细胞株，单克隆抗体的种类已覆盖了大多数动物传染病。核酸探针和聚合酶链反应（PCR）在临床上也得到了广泛应用。

二、猪病防控存在的主要问题

近年来，我国不断发生的重大动物疫病，直接影响到畜牧业生产、畜产品安全和人类健康。主要表现为：

（一）重大疫病危害严重，人畜共患病危害人类健康

目前，我国有多种猪疫病流行或散发，导致生猪死亡 1 160 多万头，死亡率为 8%～12%，经济损失巨大。猪繁殖与呼吸综合征、猪伪狂犬病、猪喘气病及多种寄生虫病等重大疫病危害严重，广大农牧民损失惨重。人畜共患病的危害还未得到控制，如炭疽、日本乙型脑炎、猪囊虫病、猪旋毛虫病、包虫病等均未得到有效控制。

（二）疫病防控基础设施薄弱，防治能力差

近年来，虽然国家加大了对动物疫病防治基础设施的投资力度，但我国整体防疫基础设施，特别是基层动物防疫基础设施薄弱的状况还没有根本改善。主要表现在：动物疫病监测预警系统不健全，技术手段落后；基层缺乏动物疫病快速诊断和防治设施设备；突发重大动物疫病应急反应机制不健全；动物疫病防治的技术支撑薄弱。目前，我国的动物防疫基础设施和技术水平很难实现快速诊断疫情和扑灭疫情，难免使各项工作陷于被动，不仅会给畜牧业生产和农村经济造成严重损失，而且会影响到我国国际形象，危及人民群众身体健康，影响社会的稳定。

（三）防治技术不能适应当前疫病防治的需要

新中国成立以来，我国建立了一系列有效的动物疫病防治技术，在重大动物疫病防治中发挥了极为重要的作用。但随着养殖方式的改变，疫病变得越来越复杂，新的疫病和问题不断出现，原有的防治技术已难以适应当前动物疫病防治工作的需要，急需研究建立新的有效的防治技术体系。

（四）管理体制不顺，基层机构不稳定，队伍素质低

我国动物疫病防治工作多头管理，部门间职能交叉，职责不清，防治工作存在漏洞；动物疫病防治机构没有形成统一高效的管理机制，缺乏有效的调控手段和权威；地方保护主义严重，防疫工作受到影响；没有形成市场化、社会化、国际化的动物疫病防治模式和工作机制。在历次机构改革中，各级动物疫病防治机构不断被削弱，尤其是基层动物疫病防治组织被撤、并、转的情况更为严重，动物疫病防治的基础被动摇。基层从业人员待遇不落实，经费无保障，难以吸引高素质专业人才，现有从业人员专业技术水平低，缺乏动物疫病防治的基本知识，防治工作质量难以保证；很多基层人员接受培训机会少，知识老化；国家对部分地县的实验室进行了投资建设，配备了先进的仪器设备，但没有相应的技术人员开展工作。动物疫病防治队伍的继续教育和培训工作急需加强。

（五）动物疫病防治工作与国际规则和通行做法差距较大

随着经济全球化进程的加快，跨国动物疫病防范等工作逐渐受到各国重视，动物疫病防治的作用日益明显。有关国际组织（FAO、OIE）加强了对各国动物疫病防治工作的协调。一些发达国家不断加强动物疫病防治体系建设，并逐步走向科学、透明、协调和法制化、规范化、科学化发展轨道。我国作为一个发展中的畜牧业大国，正处在从计划经济到市场经济的转型期，对 WTO/SPS 协议以及 FAO、OIE 等国际组织制定的动物疫病防治规则尚不熟悉，实际

运作的技能和相关人才还比较缺乏，在无规定动物疫病区建设和管理、疫病风险评估等方面的工作基础还很薄弱。面对越来越高的国际畜产品市场准入门槛，我国畜产品出口遭遇的技术壁垒越来越多。近年来，我国出口畜产品因动物疫病、兽药和有毒有害物质残留超标而被拒收、退货、停止进口的事件时有发生。

三、国外猪疫病防控经验

动物及其产品的国际贸易进一步加剧了动物疫病的流行与传播。重大动物疫病的防治问题不仅影响一个国家的经济发展和政治稳定，而且影响社会的稳定。发达国家不断加强动物防疫科技研究的投入，并取得了举世瞩目的成就。

（一）建立了完善的动物疫病防控体系

鉴于动物疫病的重要性，各国政府都十分重视动物疫病预防与控制体系建设。美国在20世纪80年代中期对动物疫病预防与控制体系做了重大调整，调整后的体系由两部分组成：第一部分是国家兽医诊断服务实验室系统（NVSL），负责全国疫情的监测和疫病的诊断；第二部分是国家动物疫病研究系统（NADC），从事不同动物疫病的研究工作。英国在20世纪80年代和90年代两次对动物疫病预防与控制体系进行了加强和完善，其中央部分也是由两个部分组成：第一部分是以国家动物疫病诊断中心为首的兽医诊断实验室系统，国家动物疫病诊断中心规模大，门类全，是全国的兽医诊断权威机构，负责全国疫情的监测和疫病的诊断；第二部分是动物卫生研究所（IHA），由4个国家级实验室组成，其中有专门从事外国病研究的部门。澳大利亚、瑞士、西班牙、日本等国家也都建立了各自的动物疫病预防与控制体系。体系的建立与完善使得在执行相关计划的过程中，中央政府、地方政府和企业等职责明确，并在他们之间建立了互相协同和监督的机制，保证了计划的有效实施。特别是在应对紧急突发疫情事件时，可迅速组织协调扑灭疫情。

（二）制订了长期的动物疫病监控与根除计划

长期以来，欧盟、美国、日本等对动物疫病的监控、根除和外来动物疫病的防范始终非常重视，特别是对于被世界动物卫生组织（OIE）列为A类的动物疫病，已形成一套较系统完整的疫病监控和紧急应对措施。通过采取包括疾病监控、突发性疾病紧急应对和定期开展技术培训等方式，调动全国兽医力量，共同实现对动物疫病和动物健康状况的有效监控。美国早在1929年就消灭了口蹄疫、1976年消灭了猪瘟等重大动物疫病。通过实施疫病根除计划，美国已在很多州的规模化猪场净化和根除了猪伪狂犬病，其他一些动物疫病也在逐步得到消灭和净化。建立完善的动物疫病监控和紧急应对体系，制订长期的疫病紧急计划和疫病根除计划是有效防止发生重大动物疫情的关键技术措施。

（三）注重动物疫病基础研究工作

美国、欧盟、日本等始终将重大动物疫病的研究放在兽医科学研究的首要位置。针对一些重大动物疫病，每年投入大量的科研经费用于病原学基础研究、监测与诊断技术研究、新型疫苗研究、流行病学调查和建立疫病净化体系。自20世纪60年代以来，发达国家广泛致力于病原体的核酸与蛋白质组成的研究，取得了多项重要进展和成果。在分子水平上阐明了部分病原体在宿主细胞内的复制过程及其致病机理和免疫机理。这些基础研究工作，为进一步研制疫苗、诊断试剂和治疗药物奠定了良好基础。

（四）重视生物技术在动物疫病防疫中的集成与应用

重视各种动物疫病疫情的监测预报、免疫程序、疫病净化、环境卫生监测和消毒，以及各种防疫卫生配套措施，逐步建立了保证畜牧业可持续发展的生物安全体系。它既是防控畜禽疫病的预防体系，又是保证最大限度发挥畜禽生产性能的生产管理体系。在有效控制（净化）畜禽疫病，提供优质安全无公害畜禽产品的同时，避免了疾病对饲养环境的威胁和破坏，实现了对饲养环境的保护，保证了畜牧业可持续发展。充分体现了发达国家非常重视现代生物技术在动物疫病防疫中的集成与应用。

（五）研制安全、高效、广谱新型疫苗

随着规模化养殖的快速发展，动物疫病越来越复杂，自然变异株和新病原不断出现，传统疫苗在安全性和免疫效力方面的局限性日益突出，研制新型疫苗已成为疫苗发展的主导方向和总体趋势。近20年，发达国家已研制成功多种基因工程重组活疫苗、基因缺失疫苗、核酸疫苗、基因工程亚单位疫苗、合成肽疫苗、表位疫苗等新型疫苗。专业化的动物疫苗生产厂家，如法国梅里亚公司、荷兰英特威公司、美国辉瑞公司、富道公司、仙灵葆雅公司、德国拜耳公司、西班牙海博莱公司等，占据了世界上绝大部分的销售市场。

（六）不断建立快速、简便的疫病检测方法

长期以来，人们对动物疫病检测所追求的目标是快速、敏感、特异、简便。动物疫病检测包括病原检测、感染抗体或免疫抗体检测两个方面。国外针对动物疫病病原检测已建立了ELISA、PCR、免疫组化等方法，并作为常规检测方法在临床上广泛应用。有关感染抗体检测，不仅有针对不接种疫苗的传染病的抗体检测试剂，而且着重研究了区别强毒感染和疫苗免疫的特异性抗体检测试剂。另外，在开发免疫芯片、基因芯片及对外来病特殊检测技术储备方面也都取得了重大进展。

四、猪疫病防控战略构想

（一）猪重大疫病控制计划

5 年内，在国家已设立的 5 个无规定疫病区率先消灭口蹄疫、伪狂犬病等传染病。今后 10～15 年内控制猪蓝耳病、猪瘟、猪圆环病毒病、猪链球菌病、副猪嗜血杆菌病等主要疾病。

（二）防止国外疫病入侵的技术储备计划

为了保障我国动物检疫的可靠性、有效性和及时性，必须对国外疫情动态及相关诊断技术情报做出及时和持续性的收集和比较研究；同时做好技术储备性研究，如研究基于相关疫病病原的保护性免疫抗原蛋白基因的亚单位疫苗或活载体疫苗等。

五、猪病防控建议

（一）重视环境污染对畜禽的影响及其与畜禽传染病的相互关系

长期以来，动物疫病多、疫情复杂，始终是制约我国畜牧业健康发展的一个主要因素。随着养殖场集约化和规模化的不断发展，环境污染日益严重，一些条件性、环境性病原微生物所致的疾病明显增多，如大肠杆菌病、沙门氏菌病、葡萄球菌病、绿脓杆菌病、支原体病等。其中不少病的病原广泛存在于养殖环境中，可通过多种途径传播，这些环境病原微生物已成为养殖场引发疫病的潜在威胁。由于环境污染严重，病原微生物在毒力和抗原性上发生变化，以及抗生素的滥用致细菌耐药性的产生，常导致免疫预防和药物防治得不到满意的效果。应该重视环境污染对畜禽产品的影响及其与畜禽传染病的相互关系。

（二）加强生物安全体系建立，减少疫病威胁

生物安全体系是一项系统工程，是疫病的预防体系，它从建场时就开始考虑人畜的安全。整个生物安全体系的每一个环节的设计宗旨就是排除疫病威胁，阻断引起畜禽疫病及人畜共患病的病原体进入畜禽群体中。因此，生物安全措施是减少疫病威胁的最佳手段，它可以对多种疫病同时起到预防和净化作用，不像疫苗，一种疫苗只对一种病有效。针对现代化饲养管理体系下疫病控制的新特点，生物安全措施必将和药物治疗、疫苗免疫等共同组成防控动物疫病的三角形架构。通过生物安全措施的有效实施，可为药物治疗和疫苗免疫提供一个良好的应用环境，从而获得药物治疗和疫苗免疫的最佳效果。

（三）重视动物疫病防控技术研究中高新技术的应用和集成

我国畜牧业持续健康发展，对动物疫病控制的科学技术提出了更高的要求，兽医科技创新和高新技术的应用与集成是兽医学发展的必然趋势，也是防控动物疫病的重要途径。开展动物疫病病原遗传变异规律、基因组结构与功能、致病与免疫的分子机制等基础研究，疫病诊断新技术、新型高效疫苗研制技术等防治技术研究，从而为动物疫病的防治提供更有效的手段和技术支撑。

（四）改革现行兽医行政体制，健全从中央到村镇的兽医防疫队伍

为了提高我国动物及动物产品的质量档次，适应加入 WTO 后国际市场的竞争需求，必须参照国际上通行的做法，实行官方兽医制度，以保障疫病措施的实施。加强村镇的兽医防疫队伍建设，重视基层防疫人员的业务水平培训，提高基层人员待遇，稳定队伍，发挥动物疫病防疫一线人员履行职责的能力。

参考文献

曹伟军，李平花，白兴文，等．2010. 口蹄疫病毒 O/HN/93 疫苗株的拯救及病毒活性鉴定［J］．华北农学报（25）：1－6.

陈顺友，熊远著，邓昌彦．2000. 规模化生猪生产波动的成因及其抗风险能力初探［J］．农业技术经济（6）：6－9.

高林，宋良敏，刘占宏，等．1994. 集约化养猪场 APP 的调查［J］．养猪（2）：351.

胡浩，应瑞瑶，刘佳．2005. 中国生猪产地移动的经济分析——从自然性布局向经济性布局的转变［J］．中国农村经济（12）：46－60.

李平花，白兴文，孙普，等．2011. 猪 O 型口蹄疫基因工程疫苗候选株的构建及其免疫原性分析［J］．畜牧兽医学报，42（11）：1562－1569.

刘军发．2002. 胸膜肺炎放线杆菌的分离鉴定及毒素 apxù A 基因的克隆和表达［D］．武汉：华中农业大学．

万遂如．2011. 养猪生产与主要疾病流行状况［J］．现代畜牧兽医（4）：16－20.

杨旭夫，彭发泉．1990. 胸膜肺炎嗜血杆菌的分离和鉴定［J］．中国畜禽传染病，000（004）：1－41.

Gram T，Ahrens P，N ielsen JP. 1996. Evaluation of a PCR for Detection of Actinobacillus P leuropneumoniae in Mixed Bacterial Cultures From Tonsils［J］．Vet Microbio l，51（1－2）：95－104.

Hussy D，Schlatter Y，Miserez R. 2004. PCR－based Identifi2 cation of Serotype 2 Iso lates of Actinobacillus Pleuropneu2 moniae B iovars I and II［J］．Vet Microbiol，19；99（3－4）：307－310.

Schuchert JA，Inzana TJ，Angen O. 2004. Detection and Identification of Actinobacillus Pleuropneumoniae Serotypes 1，2，and 8 by m ultip lex PCR［J］．J Clin Microbiol，42（9）：4344－4348.

Sthitm atee N，Sirinarum itr T，Makonkewkeyoon L. 2003. Identification of the Actinobacillus Pleuropneumoniae Serotype Using PCR Based－apx Genes［J］．Mol Cell Probes，17（6）：301－305.

专题组成员

组　长　童光志　研究员、所长　中国农业科学院上海兽医研究所

副组长　杨汉春　教授、副院长　中国农业大学动物医学院

　　　　　肖少波　教授　华中农业大学动物医学院

专题二

ZHUANTI ER

禽病防控战略研究

一、我国养禽业与主要禽病调查与分析

（一）我国养禽业现状

我国养禽业连续 20 多年持续稳步增长，取得举世瞩目的成就，成为世界养禽大国。据农业部统计，2003 年，我国规模化肉禽生产已占全国总产量的 46% 左右，肉禽占全国肉类总量的 26%～30%，其中 80%为肉鸡产品。另外，据联合国粮农组织（FAO）统计，2003 年我国禽蛋的产量达到 2 216.234 万吨，占世界总产量的 41.9%，其中鸡蛋 1 886 万吨，占总产量的 85%，人均占有量达 17.7 千克，总产量及人均占有量均居世界第一位。2005 年世界水禽存栏 10.5 亿只，我国占 7.3 亿只；世界水禽屠宰 23.9 亿只，我国 18 亿只，占 75%；世界鸭肉产量 345 万吨，我国 235 万吨，占 68%。2006 年我国禽肉产量1 506.6 万吨，仅次于美国，位居世界第二。2008 年蛋产量达 3 000 万吨，居世界第一，人均占有禽蛋 22 千克。

目前我国禽类养殖方式呈现新特点：

1. 家禽养殖模式由过去的大面积散养向规模化养殖方向发展

家禽饲养业经过多年的发展，形成了规模化养殖与众多的小型个体养殖户并存的格局，但是分散的、小规模的个体养殖仍然占了主要部分。

2. 产业化水平不断提高， 形成一大批公司加农户的企业

目前大型肉鸡生产企业已转变机制，如山东诸城外贸公司、上海大江及广东温氏集团，企业组织方式已逐渐转变为“公司＋农户”或养殖合作社的生产方式，主要提供技术、苗种、饲料加工服务，农户负责养殖，公司回收产品统

一销售，并通过销售深加工而获利。

（二）目前我国禽病流行的主要特点

1. 禽病种类多，但以传染病危害最大

据不完全统计，对养禽业造成危害的疫病已达 80 多种，而以传染病为最多，约占禽病总数的 75%以上，据估计，我国每年因各类禽病导致家禽的死亡率高达 20%，经济损失达数百亿元。

2. 新发病种类增多

我国新近出现的禽病主要有鸡传染性贫血、J 亚群禽白血病、禽流感、鸡传染性支气管炎、番鸭细小病毒病、鸡病毒性关节炎、禽网状内皮增生症、肉鸡腹水综合征、鹅副黏病毒病等。

3. 病原体出现变异，临床症状非典型化

近年来，在禽病的发生和流行过程中，由于一些禽病的病原体出现了变异，导致临床症状非典型化。如非典型新城疫就是最明显的例证，传染性法氏囊病病毒和马立克氏病病毒都出现了超强毒株。抗原结构的变异和血清型众多，使一些疫苗的预防控制效果越来越差。可见，未来家禽传染病无论在流行上还是致病机理上都会越来越复杂，这对我们兽医工作者的要求也越来越高。

4. 细菌的耐药性越来越普遍和严重

由于滥用抗生素和饲料中长期添加低剂量的抗生素添加剂，导致细菌的耐药性越来越普遍、越来越严重，致使控制细菌性疾病成为一大难题。

5. 亚临床免疫抑制性疾病的多重感染日趋普遍

常见的免疫抑制病有马立克氏病、传染性法氏囊病、网状内皮增生症、鸡传染性贫血、传染性关节炎、禽白血病、低致病性禽流感等。免疫抑制病的危害主要表现为：临床症状不典型，对特定疫苗的免疫反应下降或不反应，特别是继发细菌性感染显著增加。由于免疫抑制病的诊断困难，且其病原常常被忽视，并且一些免疫抑制病无有效疫苗，更加重了它的危害。

（三）重大及重要疫病发生、流行、变化及现状

1. 禽流感

1878年，Perroncito记录在意大利的鸡群中暴发该病。20世纪70年代初至20世纪末期，加拿大的研究人员证实禽流感病毒在野鸭群中的感染率达到了20%。1971年在俄勒冈的火鸡中分离到H7亚型禽流感病毒。20世纪80年代，美国暴发了H5N2亚型禽流感，随后世界各地陆续有禽流感疫情发生。20世纪美洲、欧洲、非洲等均有此病发生的报道。近几年，H5、H7亚型禽流感不断在亚洲、非洲和美洲地区发生，尤其H5N1亚型高致病性禽流感在越南、印度尼西亚、埃及、韩国等国家暴发。

在我国，禽流感仍然是养禽生产中发生最为严重的疾病之一，尤其是H5N1亚型高致病性禽流感。

就防控禽流感而言，发达国家主要采取主动监测、迅速封锁疫点或者疫区，在政府补偿的前提下，执行严格的生物安全和扑杀等措施。但上述措施并不是在所有国家均有效，20世纪90年代初，墨西哥发生高致病性禽流感后，开始像美国一样对发病鸡群采取扑杀措施，但效果不明显，最后采取疫苗预防与扑杀结合的措施来防控禽流感。

中国、越南、印度尼西亚和埃及也采用禽流感疫苗免疫结合扑杀政策防控禽流感。日本、韩国、泰国、新加坡、菲律宾等国家通过法律严禁对鸡群进行禽流感疫苗免疫，主要通过科学规划、科学饲养、注重动物福利和产品品质、加强生物安全、主动监测、监管、扑杀发病禽和疑似感染禽群来控制禽流感。

疫苗免疫接种对控制禽流感的发生起到了一定的作用。在禽流感疫情暴发后，我国研究优质、高效的疫苗，用于禽流感的防控已经成为保障我国家禽业发展的重要措施。我国先后研制出具有世界领先水平的H5N1（Re-1）重组禽流感病毒灭活疫苗、禽流感—新城疫二联活疫苗。针对部分地区H5N1禽流感病毒变异的特点和疫情，利用建立的反向遗传操作技术平台，研制出针对变异株的（Re-4、Re-5）重组禽流感病毒灭活疫苗。尽管不同的国家在控制禽流感疫情上采取了不同措施，但共同点是政府主管部门要尽快了解疫情，并在最短的时间内向周边地区和国家通报，尽快在疫点周围建立隔离区，扑杀发病禽，

限制禽类及相关人员等流动。任何一个国家或者地区不可能永远不发生疫病，但是发生后，将风险和损失降到最低，是可以做到的。要达到这个目的，一定要有一个自下而上主动报告疫情、封锁疫点和控制疫病蔓延的应急保障体系。

2. 新城疫

我国早在1928年的《浙江农业》上就有关于金华、蒲江、松阳等县发生新城疫（ND）的记载。1935年河南报道有鸡瘟流行。1946年梁英等通过病原分离，证实我国流行的所谓“鸡瘟”是新城疫，此后本病在全国各地广泛流行。我国目前的禽饲养量大、密度高，南方许多地区水禽、陆禽混合饲养，为新城疫病毒的传播、适应、变异创造了条件。目前新城疫表现出新的流行特点为：①“非典型性新城疫”在高免鸡群流行并日趋严重。20世纪80年代开始，在抗体水平较高且比较均一的鸡群中出现以产蛋下降、发病率不高、临床症状不明显、病理剖检变化不典型的新城疫，流行情况也由过去的季节性流行变为现在的常年性散发。②水禽新城疫流行：鹅新城疫于1997年起始于我国华南地区，并逐渐向华东地区和全国各地蔓延。2000年以来南方一些地区报道从发病鹅、鸭分离的新城疫病毒毒株，人工感染或自然接触都能使鸡发病。这些情况表明，新城疫病毒的致病宿主范围正在不断扩大，可以导致传统认识中对新城疫病毒隐性感染的水禽鹅、鸭发病流行。目前还不能确定这些毒株的来源和进化过程。我国鸡、水禽饲养密度高，水禽携带的新城疫病毒强毒无疑对鸡群构成了较大威胁，也使人们对水禽在新城疫流行病学中的作用有了新的认识。③我国目前鸡群中多个基因型新城疫病毒毒株并存流行，其中基因Ⅶ型是优势毒株。20世纪90年代中期，我国新城疫病毒主要流行毒株属基因Ⅶc和Ⅶd，随着时间推移，基因Ⅶd亚型分离株逐渐变为优势毒株，且没有明显的宿主和地域特征。④野鸟体内携带新城疫病毒强毒。自2007年开始，野鸟携带病原的流行病学研究表明，野鸟体内携带有基因Ⅶ、Ⅲ型新城疫病毒强毒。虽然还不清楚野鸟隐性感染的基因Ⅶ型新城疫病毒是野鸟本身携带传给家禽，还是来源于家禽，但野鸟携带有对鸡、鹅、鸭高致病性的流行毒株，对养禽业和其他鸟类形成了巨大的潜在威胁。

影响新城疫流行的复杂因素：①病毒变异。传统疫苗毒株对流行毒株难以提供有效保护，或不能有效阻断排毒。②野毒污染。国际、地区间禽类及其产品贸易交流日益广泛，水禽、候鸟、野生禽类带毒，一旦传播到免疫水平较低的鸡群即可引起新城疫的发生。③鸡群免疫存在的问题。如抗体水平不均衡、忽视局部免疫、免疫程序不合理、疫苗选择不当及一些人为因素。④饲养管理不当、营养不良及感染其他疾病，均可导致鸡体抵抗力下降。

疫苗的免疫接种仍然是控制新城疫的主要措施。我国梁英、马闻天等 1946 年分离到新城疫病毒 F48 强毒株，也是我国特有基因型毒株。新城疫常规疫苗包括由弱毒株制备的活疫苗及中强毒株制备的油乳剂灭活疫苗。目前我国常用生产弱毒疫苗的毒株有 Mukteswar 株（Ⅰ系苗）、Hitchner B1 株（Ⅱ系苗）、F 株（Ⅲ系苗）、La Sota 株（Ⅳ系苗）及 V4 弱毒苗五种。近年利用反向遗传学技术构建了携带有高致病性禽流感免疫原基因的“重组禽流感—新城疫二联活疫苗”。其中Ⅰ系苗为中等毒力型，适用于已经用弱毒疫苗（如Ⅱ、Ⅲ、Ⅳ系）免疫过的 2 月龄以上的鸡，常用皮下刺种和肌内注射；Ⅱ、Ⅲ、Ⅳ系疫苗毒力较弱，适用于所有年龄的鸡。弱毒疫苗可大规模饮水、喷雾和气雾免疫，经济实惠，能刺激黏膜免疫，免疫效果完全，而且疫苗毒可以从免疫鸡传给未免疫鸡。其不足之处在于污染环境，有毒力返强可能，在机体抵抗力下降时，可能引起发病。鸡在免疫接种后 15 天仍能排出疫苗毒，因此，有些国家规定鸡在免疫接种 21 天后才可调运。生产灭活疫苗的毒种一般包括 La Sota 等，实际生产中多用来制造二联或多联疫苗。灭活疫苗产生抗体水平较高，持续时间较长，比较容易贮存，受母源抗体影响小，免疫鸡不良反应小，尤其对有并发病原感染的鸡群。但灭活疫苗的成本较高。有关新城疫胚（卵）内免疫弱毒疫苗研究方面的报道也不少，如用 B1 株与抗体混合进行卵内免疫，用针对糖蛋白的单抗筛选 La Sota 弱毒株作为卵内免疫弱毒株，以及关于细胞因子在卵内免疫中对鸡胚的保护作用等。虽然有针对基因Ⅶ型疫苗的研究报道，但并未商品化，因此，目前在鸡群中仍然使用基因Ⅰ、Ⅱ、Ⅲ型传统疫苗来预防基因Ⅶ型流行毒株，难以完全保护或者不能有效阻止排毒，频频发生“非典型性新城疫”。此外，还未有针对水禽使用的新城疫疫苗，鸡新城疫疫苗对鹅、鸭保护效果并不理想，因此，应加紧研制变异株疫苗，同时应加强快速诊断方法研究，做好疫病的分子流行病学调查及监控。

3. 传染性法氏囊病

鸡传染性法氏囊病（IBD）以突然发病、病程短、发病率高、病鸡严重委顿、白色下痢、法氏囊内 B 淋巴细胞损伤、鸡体免疫能力受到抑制为特征。本病能引起雏鸡的大批死亡和雏鸡感染后出现严重的免疫抑制，造成养鸡业的巨大经济损失。

本病在1957年首次暴发于美国特拉华州的冈布罗（Cumboro），故称冈布罗病。1962年Cosgrove第一次确定了该病，同年Winterfield等通过鸡胚成功地分离到病原。该病1965年传入欧洲，同年在日本也有发生的报道。1979年我国邝荣禄等在广东发现本病，同年程德勤等证实在上海和广州地区也有本病存在。1979—1981年，周蛟等在北京地区分离到本病病原。

传染性法氏囊病病毒（IBDV）主要感染鸡和火鸡，各种品种的鸡都能感染，感染主要发生于2～ 8周龄的鸡，3～6周龄的鸡最易感。成年鸡一般呈隐性经过。全年不分季节呈地方性暴发流行。

传染性法氏囊病病毒分为两个血清型，血清Ⅰ型毒株能引起鸡发病，血清Ⅱ型毒株来源于火鸡，对鸡无致病力。血清Ⅰ型毒株又分为经典毒株、变异毒株和超强毒株。1985年，Rosenberger J. K. 等在美国特拉华州分离到4株与疫苗株有抗原性差异的Ⅰ型毒株，并首次提出变异株的概念。幼鸡在感染传染性法氏囊病病毒变异株后一般不表现临床症状，但法氏囊迅速萎缩，并产生严重的免疫抑制。在20世纪80年代后期和90年代初期，鸡传染性法氏囊病超强毒（vvIBDV）在欧洲和亚洲出现，欧洲部分国家与中国、日本等都先后报道分离到传染性法氏囊病病毒超强毒株。超强毒在抗原性上没有发生大的变异，但严重损伤鸡的法氏囊，病变法氏囊多呈“紫葡萄样”外观，胸腺、脾脏和骨髓等免疫器官也受到严重损伤，出现严重的全身炎症反应，引起鸡只大量急性死亡。

该病的预防主要以人工接种疫苗为主。疫苗包括有弱毒疫苗、灭活疫苗和基因工程疫苗等。由于超强毒株的出现，使得传统疫苗保护力下降，针对这一现象，目前国内已经研制出了针对超强毒株的灭活疫苗和弱毒活疫苗，免疫效果可靠。

4. 传染性支气管炎

鸡传染性支气管炎（IB）是由鸡传染性支气管炎病毒（IBV）引起的一种急性、高度接触传染性、病毒性呼吸道疾病。呼吸道上皮细胞为传染性支气管炎病毒原发的和主要的增殖部位，但部分毒株也可以在感染鸡的肾脏、输卵管和肠道等组织器官的上皮细胞中复制和增殖。该病的主要特征是：病鸡咳嗽，打喷嚏，气管啰音；肾脏肿大、苍白，输尿管扩张，有大量尿酸盐沉积，外观呈现典型的“花斑肾”。不同日龄、品种和性别的鸡均易感，雏鸡常由于呼吸道或肾脏感染而引起死亡，幼鸡流鼻涕，蛋鸡产蛋数量和蛋的品质下降，给世界养鸡业带来了巨大的经济损失。

传染性支气管炎自然感染仅发生于鸡，以雏鸡发病最为严重。以呼吸道症状为主的呼吸型传染性支气管炎，雏鸡多发，发病率高，死亡率为25%左右。幼鸡感染后除引起不同程度的死亡外，幼雌鸡（15日龄以前感染本病）可引起输卵管永久性的退化，成年后形成假母鸡，终身不产蛋。蛋鸡群往往没有产蛋高峰，高峰产蛋率为60%～80%，甚至更低。产蛋鸡感染由于输卵管的损伤，蛋的品质降低，蛋清稀薄如水。另外，本病还常与其他病混合感染，导致鸡群的死亡率升高。因传染性支气管炎引起鸡蛋品质下降所造成的损失，通常比死亡造成的损失还大。

以肾脏病变为主要特征的肾型传染性支气管炎多见于育雏鸡，发生多集中在15～30日龄，但最近报道5～10日龄左右发病的越来越多，是否与蛋传有关或早期感染有关，尚需进一步研究。

我国在1953年就有呼吸型传染性支气管炎发生。1972年邝荣禄在广东首次确诊传染性支气管炎在我国的存在。1982年辛朝安等首次报道我国肾型传染性支气管炎的发生。1990年李康然在广西分离了一株肾型传染性支气管炎病毒。1995年杜元钊在中国胶东地区从产蛋鸡中分离出输卵管和卵巢型传染性支气管炎病毒变异株。目前，传染性支气管炎已在我国大部分地区流行，而且2000年以来，不断有分离到新的传染性支气管炎病毒毒株或变异株的报道。2001年，Li等报道在北京出现肾型传染性支气管炎病毒分离株。Liu等1999—2003年在我国免疫鸡群和非免疫鸡群中分离到5株肾型传染性支气管炎病毒毒株，发现它们S1基因之间序列同源性大于92%，而与参考毒株的同源性为60%～81%，这5株传染性支气管炎病毒组成了我国新基因型的肾型传染性支气管炎病毒；而且还分别从家养孔雀和鸭的肺和心脏样品中分离出2株禽传染性支气管炎病毒。

我国传染性支气管炎病毒的分子流行病学背景基本清楚。1995—2009年我国进行的传染性支气管炎病毒分子流行病学和血清学研究表明，我国存在至少3种血清型的传染性支气管炎病毒。其中Mass血清型的传染性支气管炎病毒在我国仍然存在和流行。因此，以H120等为代表的Mass血清型疫苗仍需继续使用。另外，2个血清型的病毒为我国所特有。与现有疫苗株之间具有较远的亲缘关系。由于传染性支气管炎病毒的变异性，使得基于S1基因的基因工程疫苗在传染性支气管炎的防治中受限。弱毒疫苗仍然是目前各个国家传染性支气管炎防治的主要和首选疫苗。因此，基于以上方面的原因，研制针对我国独有血清型的疫苗是有效控制传染性支气管炎在我国存在和流行的有效途径。由于我国常用疫苗与流行毒株属于不同的基因型，疫苗免疫不能或不能完全产生保护作用，成为我国传染性支气管炎不断暴发的原因之一。另外，由于我国长期使用引进的或国内分离株致弱的疫苗，致使疫苗在外界环境的压力下发生变异或与流行毒株发生重组，从而成为流行毒株。

（四）蛋传及种源性疾病发生、流行、变化及现状

1. 马立克氏病

马立克氏病（MD）是在1907年首先由匈牙利病理学家Jozsef Marek报道的。1961年，在英国科学家Biggs的倡导下，开始使用马立克氏病这一名称。在1967年使用疫苗之前，美国每年的损失超过1.5亿美元。20世纪70年代以来，在全世界范围内，尽管广泛地使用了各种疫苗（单价、二价或多价苗），但本病仍是养禽业的一个主要的威胁。1984年，仅美国因直接死亡和屠体废弃就损失1 200万美元，若加上疫苗及其接种的费用和蛋产量的下降，损失高达1.69亿美元，全世界则达9.43亿美元。因此，世界各国均把马立克氏病视为养鸡业最重要的疾病之一。如在美国，自1992年以来马立克氏病就一直被列在最重要传染病的前两位。

病毒的进化是马立克氏病病毒最大的特点。

①毒力的进化　在过去几十年中马立克氏病病毒的毒力发生了的变化，由20世纪70年代的强毒株（vMDV），到80年代的超强毒株（vvMDV），再到90年代的特超强毒株（vv+MDV）。Witter长期以来对美国部分马立克氏病病毒田间分离株一直进行毒力测定，以跟踪病毒毒力的变化情况。结果发现，在1990—1995年期间，分离株的毒力有增强的趋势（Witter，1997）；而在1996—2000年间，分离株的毒力无明显增强，但进入21世纪以来在野外却发现一些能突破CVI988株免疫、属于vv+MDV的毒株。国内的毒株也发生类

似毒力增强的现象、1998 年我国学者经对 20 世纪 80 年代中后期至 90 年代初从广西部分免疫鸡群中发生肿瘤的鸡分离到的多株马立克氏病病毒野毒进行毒力试验，发现有 2/5 的毒株可划分为 vvMDV。2007 年从已免疫过 Rispens 株疫苗后仍发生较严重肿瘤问题的一些三黄鸡群中分离到多株马立克氏病病毒野毒，经分析有一株具有急性致瘤的特性，而另一株的基因组则具有网状内皮增生症病毒（REV）LTR 序列的插入。因此，不管从历史上，还是从现实上，我们都有理由担心 MDV 突变成更强的毒株，导致现有疫苗的保护力不佳。

②自然感染宿主的扩大　长期以来马立克氏病一直主要是危害鸡，鹌鹑、山鸡等也有发病。但 20 世纪 90 年代开始，陆续有商业火鸡群暴发马立克氏病的报道，如法国（1997）、以色列（1996）、德国（1999）和中国（2005）均有报道。这是一个值得家禽业注意的新情况，这也意味着火鸡饲养业将面临着一个新的挑战。

③外源基因/序列的插入　Isfort 等（1992）从马立克氏病病毒的细胞培养物中分离和鉴定了网状内皮组织增生症病毒的 LTR 序列；Heitig 等（1997）在污染的澳大利亚 MDV 中发现了整合的网状内皮组织增生症病毒序列，提示在体外培养时，网状内皮组织增生症病毒可以整合进马立克氏病病毒中，这表明 REV 病毒可以在体外与马立克氏病病毒进行重组。国内张志等（2003）对鸡肿瘤病马立克氏病病毒和网状内皮组织增生症病毒共感染的研究发现，在自然感染的条件下，网状内皮组织增生症病毒除了能与马立克氏病病毒共感染同一只家禽外，还能整合进马立克氏病病毒基因组中，并且网状内皮组织增生症病毒整合进马立克氏病病毒基因组的比例相当高。张志等（2004）在我国首次从病鸡的抗凝全血中分离到整合进网状内皮组织增生症病毒片段的天然马立克氏病病毒野毒株。周祥等（2007）从曾免疫过 CVI988/Rispens 疫苗株的发生马立克氏病肿瘤的三黄鸡中分离到一株马立克氏病病毒强毒株，经研究证实为整合有网状内皮组织增生症病毒 LTR 片段的重组病毒株。这些外源基因/序列的插入对病毒生物学特性特别是其毒力产生了怎样的影响，应是值得我们研究的内容。

在疾病防制策略方面，研制出成功的疫苗来控制马立克氏病不仅对家禽业，而且对癌症的基础研究（马立克氏病是第一个能用疫苗有效控制的肿瘤病）都有十分重要的意义。尽管疫苗的使用并不能完全控制马立克氏病的危害，特别是因病毒的感染所诱发的免疫抑制而造成的其他疾病。但据美国 1985

年的统计，疫苗的免疫仍然可使美国的养禽业获利接近 1.7 亿美元。因此，疫苗接种仍是现在和将来预防和控制马立克氏病的中心策略。但遗传抗性、抗病育种和生物安全也是非常重要的辅助措施，并且在人们越来越认识到疫苗的使用存在着局限性时，更显得如此。这是现在和将来控制马立克氏病的一种趋势。

2. 网状内皮组织增生症

第一株网状内皮组织增生症病毒（REV）是在 1958 年由英国的 Robinson 等从患有类似淋巴细胞增生和浸润的神经损伤的火鸡的内脏淋巴肿瘤中分离到，并在鸡和火鸡体内连续传代了 300 次以上，但由于该病毒的特殊性致使对其确认和报道推迟。直到 Sevoian 等和 Theilen 等将网状内皮组织增生症病毒 T 株接种雏鸡、火鸡和日本鹌鹑，并证实其具有急性致瘤性，且据肿瘤病变中存在的主要成分才首次将该病命名为网状内皮组织增生症。此后，澳大利亚、匈牙利、南非、英国、德国和日本等相继分离到不同的 REV 毒株。1986 年我国何宏虎等利用鸡胚成纤维细胞（CEF）从自然病例中分离出我国第一株禽网状内皮组织增生症病毒——REV-C45 毒株，证实了该病在我国的存在。随后调查发现山东、江苏、北京、黑龙江等地均有网状内皮组织增生症病毒存在。到目前为止，研究发现在许多国家的商品鸡群和火鸡群都存在网状内皮组织增生症病毒抗体（或病毒），只是检出率不一致而已，也就是说 REV 呈世界性分布。

网状内皮组织增生症病毒的自然宿主有鸡、火鸡、鸭、鹅、日本鹌鹑等，其中火鸡最易感染。网状内皮组织增生症病毒一般感染低日龄鸡，特别是新孵出的雏鸡及胚胎，感染后引起严重的免疫抑制或免疫耐受。而高日龄鸡免疫机能完善，感染后不出现或仅出现一过性病毒血症。Bagust 等研究证明，网状内皮组织增生症病毒可以直接或间接传播。McDougall 等研究证明，污染网状内皮组织增生症病毒的商业禽用疫苗也是本病传播的一个重要因素。另外，通过给鸡接种网状内皮组织增生症病毒污染的马立克氏病疫苗、禽痘疫苗，亦可引起人工传播。

在我国，鸡痘病毒（FPV）中整合进网状内皮组织增生症病毒的研究也已有报道，丁家波等证实所检测的 5 个不同生产厂家来源的 FPV 疫苗株中均整合进了网状内皮组织增生症病毒的基因组成分。

虽然还没有认真地提出用疫苗控制网状内皮组织增生症的策略，但对一些候选疫苗已有报道。鸡免疫接种表达网状内皮组织增生症病毒的 env 基因的重组禽痘病毒、转染 QT35 鹌鹑细胞产生的网状内皮组织增生症病毒空病毒粒子，对网状内皮组织增生症病毒感染有一定的保护作用。用在适应性犬转化细胞系 D17 上产生的复制缺陷型 REV 颗粒接种鸡，表明可产生保护性抗体（Fadly，1993）。最近，2005 年，王玉、吉荣等报道先后完成了网状内皮组织增生症中国分离株 HA9901 株及国际标准株 SNV 株的全基因组序列测定，并通过反向遗传技术获得了网状内皮组织增生症 SNV 株的分子克隆化病毒，正在进行网状内皮组织增生症灭活疫苗的研制工作。

3. 禽白血病

禽白血病/肉瘤病毒 ALV 是禽类（主要是鸡）各种良性和恶性肿瘤（如禽白血病）、骨髓细胞瘤、禽肉瘤、内皮瘤、肾真性瘤、纤维肉瘤和骨石化病等的病原。依据病毒囊膜糖蛋白的抗原性差异、病毒干扰试验、宿主范围和基因组的特性，禽白血病病毒分为 10 个亚群，分别命名为 A、B、C、D、E、F、G、H、I、J 亚群。A～D 亚群是外源性禽白血病病毒，E 亚群是内源性禽白血病病毒。A、B 亚群曾被认为是商业产蛋鸡群中（尤其来航鸡）最普遍的外源性病毒亚群。C 亚群和 D 亚群感染的报道极罕见，而 E 亚群病毒则包括了极普遍的低致病性内源性白血病病毒。F 亚群分离自环颈雉，G 亚群分离于金黄雉，此外，还有分离自匈牙利鸡的 H 亚群和冈比亚鹌鹑的 I 亚群。J 亚群是近十几年中分离自肉鸡的一种新病毒。

经典的鸡白血病主要由外源性 A、B、C 和 D 亚群禽白血病病毒引起，主要引起不同脏器淋巴细胞样肿瘤，主要在 3 月龄以上（不同于马立克氏病）蛋鸡引起肿瘤，多发于 6 月龄以上蛋鸡。从 20 世纪 80 年代起，发达国家的蛋鸡群通过几十年的净化已基本消灭了该病。在我国由于检测技术的限制，20 世纪 70～80 年代该病毒随着国外种鸡的引进而进入我国，成为一种外来病。1988 年发现 J 亚群禽白血病病毒，可引起 5 周龄以上鸡发病死亡（易与马立克氏病相混淆），发病高峰为 18～20 周龄。但仅引起肉用型鸡（主要是种鸡）自然发病死亡，以肝、脾及骨的髓样细胞瘤为主。近年来 J 亚型禽白血病在全国呈一种蔓延的趋势，华北、华东、华南地区都有该病的报道，其他亚型禽白血病少有报道。不仅是肉鸡，蛋鸡中也证明了禽白血病病毒的存在，说明病毒的宿主范围逐步扩大，易感性逐渐增强。由于该病毒可以水平传播，也可以通过蛋传垂直传播，疫苗污染禽白血病病毒的问题应该引起我们足够的重视。目前，缺乏对禽白血病流行病学调查完整的资料，我们能做的是尽可能选择低感染率的苗鸡来源，逐步建立无禽白血病病毒感染鸡群，自行清除并建立无禽白血病病毒感染鸡群或从国外引进无禽白血病病毒感染鸡群。

4. 鸡白痢

鸡白痢是指由鸡白痢沙门氏菌引起的疾病，各种年龄的鸡均可感染，不同品系的鸡易感性和发病率不同，一年四季均发生，也是最老的存在种蛋传播的细菌性疾病。其中雏鸡感染后发生败血症，特征为白色下痢，可经种蛋传播，也可在孵化后经带菌雏水平传播。经种蛋传播的雏鸡为急性病例，死亡高峰出现在10日龄前后，死亡率为5%～100%。剖检可见卵黄吸收不全、变色、变硬，肝脏轻度肿大，并有散在的灰白色小坏死灶，脾脏肿大，心包浑浊和心包液增多等。中雏和成鸡不表现症状，多呈隐性感染，其中一部分成为带菌鸡。但产蛋量下降的鸡常见卵巢异常，卵泡萎缩、变形。成鸡的感染多数由于接触含有沙门氏菌的鸡粪或受污染的饲料、饮水而发生。散养鸡由于啄病死鸡的内脏而感染发病。

引起鸡白痢的沙门氏菌于1899年由美国的Rettger教授发现和证实，属于沙门氏菌D1群，肠杆菌科，为革兰氏阴性杆菌。病原菌自然条件下可以感染火鸡、鸭、鸽、珠鸡、雉鸡和麻雀等。感染鸡白痢的种鸡的成活率、产蛋率、种蛋受精率和雏鸡生产性能显著下降，并导致后代死淘率和永久带菌者大量增加。鸡白痢沙门氏菌能够在家禽肠道内定殖，在加工家禽胴体时，污染鸡肉，继而进入人类食物链，成为人类沙门氏菌感染的潜在来源。人类食入被大量禽沙门氏菌污染的食物后可引起急性胃肠炎，因此，该病对公共卫生有一定影响。

鸡白痢曾在世界范围内大流行，给养禽业带来巨大的经济损失。目前该病原分布于世界各地，可造成许多地方性养鸡业的严重经济损失。在发达国家由于多年的净化控制计划的实施，在商业鸡场中很少发生。而在我国，近几年来，出现发病日龄提前，临床表现不一，病理变化不典型，药物防治效果差，发病率、死淘率明显增加，病程延长等多种临床特点。由于种源带毒、环境污染，造成近年来鸡白痢的发病率呈显著上升趋势。往往是种蛋价格高的时候，本病的发病率呈上升趋势。

本病带来的盲目用药使鸡白痢沙门氏菌菌株耐药性问题越来越明显。菌株多重耐药性的上升趋势显著，20 世纪 60 年代菌株几乎没有多重耐药性，70 年代以四耐、五耐菌株居多，80 年代则以五耐、六耐、七耐菌株占绝大多数，而 90 年代七耐以上菌株的比例接近 90%。菌株耐药谱迅速增宽，并对常用抗生素广谱耐药，因此，建立鸡白痢沙门氏菌耐药性监测体系，并积极寻求消除耐药质粒的方法，也是当前防治鸡白痢急待解决的课题之一。

在疫苗方面，许多研究者对疫苗进行了研究和评估，但结果不一致。我国也进行了相关研究，如潘志明、焦新安等（2001）研制的鸡沙门氏菌弱毒冻干苗所用的制苗菌种是减毒菌株 97A 株，该菌株是用转座突变及粗糙型变异筛选获得的，能提供 90%以上的免疫保护率，而且还能明显提高日增重；李肇增等报道抗 Lps 抗体是鸡白痢抗菌免疫中最主要的保护性抗体，Lps 可激活机体的细胞免疫，细胞免疫的激活早于体液免疫的产生，Lps 也可激活体液免疫，抗 Lps 抗体在免疫后 14～21 天逐渐产生。

无论采取何种手段预防和治疗，得到公认的是，对鸡白痢最有效的防控手段是持久全面的净化工作。借鉴发达国家的经验，如美国农业部 1931 年颁布了《全国家禽改进规划》，其中有关鸡白痢控制的部分（将鸡白痢列为必须法定报告的疾病，禁止使用弱毒活疫苗等），自 1935 年起实施，到 1975 年，鸡白痢发病率降到 0.000 006%，到 1995 年有 42 个州成为鸡白痢净化合格州。

若我国采取强制措施，不断检疫种鸡，淘汰阳性鸡，建立无鸡白痢的种鸡群，就能大大减少鸡白痢的发病率。要建立无感染禽群，必须每隔 2～4 周对感染禽群作一次检疫，通过 2 或 3 次的重复检疫，通常可以检出全部感染群，检出阳性鸡必须立即淘汰。同时做好严格的生物安全管理，以最大限度地防止沙门氏菌再次传入鸡群。

（五）食品安全相关疫病发生、流行、变化及现状

在我国禽及产品感染/污染的细菌中，能引起人食源性疾病的主要有副伤寒沙门氏菌、弯曲杆菌、大肠杆菌 O157：H7、金黄色葡萄球菌等。这些细菌在引起人食物中毒的动物源性食品中最为常见。食物中禽源性细菌来源主要有四种渠道，一是活禽自身感染，其中包括禽原发性细菌病和继发性细菌病；二是活禽在屠宰过程中受到污染或宰后的包装、运输等过程中受到污染；三是蛋

类污染，蛋类带菌率为30%～40%；四是烹调后的熟制品的再次污染。

据相关部门统计，2006年我国报道食物中毒596起，中毒18 063人，死亡196人。主要的食源性致病菌为沙门氏菌、副溶血性弧菌、葡萄球菌、肉毒梭菌、变形杆菌、致病或产毒大肠杆菌、蜡样芽孢杆菌、真菌毒素。另外，有研究人员在2006—2007年间对我国某个地区的22个规模化鸡场的主要病原菌进行了分离，结果显示大肠杆菌、沙门氏菌、弧菌和葡萄球菌分离构成比分别为14.99%、10.09%、4.45%、3.41%，说明在规模化养鸡场，鸡只的带菌情况普遍存在（表2-1）。

表2-1　我国某地区22个规模化鸡场分离的主要病原菌（2006—2007年）

病原菌	菌株数	构成比（%）
大肠杆菌	101	14.99
沙门氏菌	68	10.09
巴氏杆菌	12	1.78
坏死杆菌	22	3.26
弧菌	30	4.45
嗜血杆菌	42	6.23
绿脓杆菌	28	4.15
志贺氏菌	50	7.42
葡萄球菌	23	3.41
李氏杆菌	28	4.15
梭菌	49	7.27
结核杆菌	38	5.63
支原体	103	15.28
真菌	73	10.83

1. 沙门氏菌病

沙门氏菌病是人畜共患病之一，沙门氏菌引起的家禽疾病主要有鸡白痢和禽伤寒。人感染沙门氏菌通常是食用了动物源性污染的食物，主要是肉、禽、蛋和奶，如果摄入10^5～10^6个/克沙门氏菌污染的畜产品就会引起细菌性感染，进而在毒素的作用下引起食物中毒，通常在感染沙门氏菌后12～72小时表现症状，包括发热、腹痛、腹泻、恶心，有时呕吐。沙门氏菌引起的食物中毒占世界首位。诱发禽副伤寒的沙门氏菌能广泛地感染各种动物和人类，因此，在公共卫生上有重要意义。

世界卫生组织和联合国粮农组织微生物危险性评估专家通过数学模型，对鸡的感染与人的患病率的关系进行了预测评估，如宰杀后鸡感染率为20%，预测每餐危险性为1.13人/10万餐次，预测年发病的危险性为2.94人/1万餐次。另外，根据餐次、摄入量进行评估，食用鸡肉的人群百分比为75%，那么在2 000万人中潜在的沙门氏菌暴露人群即为1 500万人，根据患病率预测年发病人数约为44万人，可见沙门氏菌感染对人类的危害。

控制鸡白痢和禽伤寒主要基于检测并淘汰阳性的种鸡和鸡群。包括美国在内的一些国家已在商品鸡群中根除了这些疾病。而在我国控制禽副伤寒最好的方法就是尽可能在生产环境中大量地减少其数量。

2. 弯曲杆菌病

弯曲杆菌病是一种重要的人畜共患病。弯曲杆菌可感染多种肉用动物、宠物，外来禽和野生禽，以及各种哺乳动物。人食用污染了该菌的肉鸡、火鸡，甚至鸡蛋会引发结肠炎。人弯曲杆菌病是经食物传播的急性传染病，弯曲杆菌是引起人腹泻最常见的食源性致病菌之一，其中以空肠弯曲杆菌感染最为严重。人类感染弯曲杆菌主要是由污染的禽肉引起。1984年美国弯曲杆菌检出率为4.9/10万人，其中空肠弯曲杆菌占99%。美国每年有210万个弯曲杆菌病病人。每年用于诊断治疗的费用为7亿～14亿美元，其中包括丧失劳动能力和死亡的病人。人肠道弯曲杆菌流行病学调查表明，食用鸡是发生该病很重要的原因。肉鸡和火鸡肠道带菌率高导致了屠宰加工过程中的污染。白条鸡中弯曲杆菌的检出率为30%～100%。1997年，美国明尼苏达州人群暴发流行弯曲杆菌病，经调查患者是因为吃了未煮熟的从超市购买的鸡肉制品所引起的。抽查超市鸡肉发现弯曲杆菌污染率为70%，火鸡肉弯曲杆菌污染率为58%。

3. 大肠杆菌病

大肠杆菌是Scherich在1885年发现的，是人和动物肠道中的常居菌，在一定条件下可引起肠道外感染。但直到20世纪中叶，人们才认识到一些特殊血清型的大肠杆菌对人和动物有致病性，尤其易引起婴儿和幼畜（禽）的严重腹泻和败血症。鸡大肠杆菌病是由不同血清型的致病性大肠杆菌引起鸡的急性或慢性疾病的总称。雏鸡常呈急性败血症经过，成年鸡则以亚急性和慢性感染为主。在多数情况下，因受其他应激因素和其他疾病的影响，本病的感染更为严重。成年产蛋鸡往往在开产前阶段发生本病，影响产蛋量和生产性能，死亡率和淘汰率增加。大肠杆菌病在种鸡场发生后，直接影响种蛋的孵化率、出雏率和雏鸡质量。在集约化养鸡场，致病性大肠杆菌在规模化养鸡场普遍存在。目前随着养鸡业的不断发展，大肠杆菌病已成为影响养鸡场生产效益的主要疾病之一。虽然通过改善养殖条件及使用针对性的疫苗可以减少大肠杆菌病的发生，但最主要防治措施仍然是使用抗菌药物。

大肠杆菌是禽类肠道的常在菌，部分大肠杆菌菌株与食源性疾病有关，从禽类分离到的多数大肠杆菌血清型只对鸟类有致病作用，而不会引起其他动物（包括人）的感染，但肠出血性大肠杆菌 O157∶H7 是引起人肠出血的重要致病因子，能产生细胞毒素并引发严重感染。1982 年美国首次证明 O157∶H7 感染与牛肉有关。1996 年 1～8 月，日本 9 000 人因 O157∶H7 而中毒，11 人死亡。2000 年，我国江苏、安徽等地暴发的 O157∶H7 食物中毒事件导致 177 人死亡。感染 O157∶H7 的患者，轻者恶心，腹胀腹泻；重者脱水，可发生酸中毒或急性肾功能衰竭而死亡。

二、我国禽病防控研究现状

（一）我国禽病防治研究取得的成绩

1. 病原学研究较深入

我国学者在利用传统的血清学技术研究病原基本特性的同时，在病原的分子生物学方面也进行了广泛研究。如病毒核酸基因组序列或主要免疫原基因序列的测定，使人们能较清楚地认识到病原发生遗传变异的分子生物学基础，为预测疾病的演化发展奠定了基础；编码结构蛋白氨基酸序列的推导，为主要免疫原性蛋白的确定和进行特异性诊断试剂或基因工程疫苗的研制提供了途径和依据等。到目前为止，影响我国养禽业健康发展的主要疾病如禽流感、新城疫、马克立氏病、传染性法氏囊病、传染性支气管炎等病原的主要基因序列或其基因组序列已被测定。另外，我国学者已从分子水平上进行了某些病原的野毒株和疫苗株的核酸结构差异比较，这些都为疾病演化发展揭示出一定的分子遗传变异规律。

2. 致病机理的研究不断深化

家禽疾病发病机理一直是禽病研究的重点，常规方法是从眼观水平、组织器官细胞水平、常规微生物与免疫学细胞水平上研究。随着分子生物学及电子显微镜的普及应用，禽病研究者已能从分子水平上进行疾病发生机理的研究。这方面的研究将为病原体与宿主相互作用规律方面的研究奠定基础。

关于禽流感的基础研究达到了国际水平：发现我国南方水禽和候鸟携带的多种基因型 H5N1 禽流感病毒，在自然进化中逐步获得感染和致死哺乳动物的能力；发现 PB2 基因 701 位谷氨酰胺是禽流感病毒跨种感染哺乳动物的重要分子标记；发现NS1基因有关位点变异是影响H5禽流感病毒在禽类和哺乳动物致病力的关键因素，并阐明相关分子机制。这些发现为认识和防控H5禽流感病毒作出了重要的理论贡献。

3. 疾病诊断技术发展较快

血清学、免疫学、病理形态学结合临床症状等诊断学技术和方法几乎深入到整个禽病防治研究领域。目前，我国学者已研发成功许多初步的诊断试剂盒，如扬州大学的新城疫强毒快速ELISA诊断试剂盒，沙门氏菌ELISA-PCR联合检测试剂盒，H5、H9亚型禽流感病毒多重RT-PCR快速检测试剂盒等；河南农业科学院的IBD胶体金诊断试剂盒；中国农业大学动物医学院的淋巴白血病ELISA诊断试剂；北京市农林科学院畜牧兽医研究所的传染性鼻炎ELISA诊断试剂等。这些初步的诊断试剂盒都大大提高了诊断的速度，操作方便，准确性高，为我国禽病诊断试剂的商品化发展开辟了道路。但在禽病诊断研发中，重技术、轻产品的现象普遍，自主研发的真正适用于临床需求的新型诊断试剂（盒）不多，更不用说形成品牌产品了。

4. 传统疫苗发挥了巨大作用，新型疫苗研制步伐加快

目前疫苗免疫几乎用于所有主要的家禽传染病。比如针对新城疫、禽流感、传染性法氏囊病、鸡传染性支气管炎等重要疾病，均有不同类型的疫苗供养殖场（户）使用。目前市场上使用的主要有针对不同禽病的灭活疫苗和弱毒活疫苗，这些传统疫苗的使用，对保障我国养禽业健康发展起到了重要作用。

随着现代免疫学、分子生物学技术的快速发展及禽病免疫预防实践需求，新型疫苗不断出现，如重组病毒疫苗、重组细菌疫苗、基因缺失疫苗、多表位疫苗、可饲疫苗及DNA疫苗等。

我国研制成功的H5N1禽流感疫苗，是国际上首次研制成功并大规模应用的流感病毒反向基因操作疫苗。该疫苗种子株系人工构建的H5N1亚型低致病力禽流感病毒，与我国流行的H5N1高致病力禽流感病毒抗原性高度一致，被农业部指定为全国水禽强制免疫疫苗。

之后又利用反向遗传操作技术研制了针对不同流行株的H5N1禽流感重组疫苗，为我国防控禽流感疫情的扩散和蔓延提供了极为关键的技术保障。同时研制成功了禽流感DNA疫苗，在免疫剂量、免疫持续期、局部吸收、生产工艺、生物安全等方面有明显的优势，不仅可用于鸡，还可用于鸭、鹅等水禽的免疫，是流感疫苗研究中极具创新性和良好应用前景的新产品。有望成为新一

代禽流感疫苗。

利用基因工程技术成功研制了鸡传染性喉气管炎重组鸡痘病毒基因工程疫苗，比传染性喉气管炎弱毒疫苗优越之处是更安全，不形成潜伏感染，既可用于鸡传染性喉气管炎流行地区，又可在清净鸡群使用，且对疫苗接种和强毒感染的鸡可用血清学方法加以鉴别，从而可以从根本上彻底改变鸡传染性喉气管炎防治的现状，使传染性喉气管炎的根除成为可能。

(二) 我国禽病防控存在的主要问题

家禽疫病一直是我国养禽业发展的一种灾害性因素，制约着养禽业健康稳定发展，影响了禽肉产品的国际贸易。

近几年来，尽管我国不断加大对动物疫病的防治力度，制定了动物疫病防治的法律法规，完善了动物疫病的防疫监督体系，增加了动物疫病防治的资金投入，提高了动物疫病防治的科技水平，甚至还建设了一些专门针对动物疫病的“无规定动物疫病区”和“畜禽生产安全区”，家禽疫病已经不像以前那样严重了，但生产中，家禽疫病仍然频频发生，许多旧的疫病没有得到有效控制，新的疫病又不断发生，家禽疫病死亡率一直保持在10%～20%，死淘率高，出栏率低。

我国养禽业为何疫病频频发生，至今仍是一个十分突出和有待解决的问题。除了家禽疫病本身病原复杂、种类繁多、容易传播、防治困难等原因外，还与生产者的疫病防疫意识淡薄、饲养环境复杂、生产方式落后、疫情监督与管理不力、防疫系统薄弱和国外疫情传入等有着直接的关系。

1. 防疫意识需要加强，防疫措施需落实到位

我国许多地方和许多生产者，对动物防疫还都不同程度上存在着认识不足的问题，动物防疫的意识仍很淡薄。许多生产者还不完全了解动物防疫的要求，对动物疫病的发生常存侥幸心理，不注意采取主动防疫措施，自觉搞好动物防疫工作。

例如，在农村中还有不顾国家对动物尸体要进行深埋或进行无害化处理的相关规定，将一些不明死亡原因的家禽尸体随意丢弃于村头、粪坑肥堆、路边道旁、河沟池塘，或将病死家禽低价卖给不法商贩的现象。这些不仅对环境卫生构成了严重的威胁，而且也给家禽疫病的发生、流行和公共卫生造成了极大的隐患。

2. 饲养环境复杂，家禽需要更安全的环境

长期以来，在我国广大农村，许多农民开展小规模的庭院饲养。这种传统的饲养方式，基本上都是圈舍民居相连，人畜共居一处，生产区与生活区之间没有任何隔离。也有一些规模饲养大户，尽管饲养家禽数量较多，但是圈舍简陋，无防疫制度和消毒设施不完善，防疫要求和防疫措施不严格，饲养环境复杂。有些饲养场毗邻交通要道、其他禽类饲养场、畜禽交易市场、动物医院和屠宰场，都达不到最基本的动物防疫要求。

3. 流行病学调查不够系统，病原学研究还需深入

流行病学调查是了解疾病发生发展的必要手段，我国对禽流感每年进行 4 次流行病学调查，为禽流感的预防与控制起到重要作用。而对其他疫病并没有进行系统的流行病学调查，多是研究者自行进行，往往不能全面反映疾病发生的实际情况，不利于及时掌握流行趋势及病原变异等重要数据。尽管目前已经在流行病学方面加大了人力、物力、财力投入，也取得了不少成绩，然而，高密度的养殖方式、频繁的贸易流通、长期的免疫选择压力等，使疫病的发生和流行出现了许多新的特征，要及时发现和掌握这些新特征和新规律，进而探究病原本身的遗传变异，揭示不断变化的病原导致的疫病流行的新特征，以便采取相应应对措施从而保障养殖业的健康和持续发展。

4. 蛋传性疾病的防控及净化措施亟须完善

蛋传性疾病已经严重地危害我国养鸡业的健康发展。对鸡传染性贫血虽然有商品化的疫苗可供使用，但由于价格昂贵，多数养鸡场未采用。并且，我国无网状内皮组织增殖症和禽白血病疫苗。目前这些病的感染率很高，发病率也在逐年上升，危害已相当严重。尤其是近几年禽白血病的广泛流行，给养鸡场造成了重大的损失。我国对这些病还没有有效的净化措施，使得这些病的防控很难有效开展。因此，非常有必要加大研发力度，研究适合我国禽病净化的有效措施。

5. 诊断试剂研发及标准化需要加强

兽用诊断试剂是动物疫病防控的重要武器，在疾病诊断、流行病学调查等方面有重要的作用。目前我国研制的诊断试剂在动物疫病防控中发挥了一定的作用，存在的问题是兽用诊断试剂的产业化和商业化发展相对滞后，诊断试剂的种类不全，质量有待进一步提高。在科研方面，还存在研究不系统、产品结

构不合理、研究队伍不稳定等问题。当前需加大诊断试剂产学研结合力度和政府的扶持力度，从实际出发，研发方便、快捷、有效的诊断试剂，切实保证我国动物疫病监测和防控工作需要。

三、国外禽病防控经验借鉴

我国是FAO和WTO的成员，2007年5月又在OIE恢复行使权力。从近期参加上述三个国际组织有关会议情况看，兽医领域和其他领域一样，发达国家是国际规则的制定者，通常情况下也是国际规则的良好实践者。从这个意义上讲，发达国家的疫病防控战略可视为全球动物疫病防控战略的缩影和具体化。研究发达国家动物疫病防控战略，对制定我国动物疫病防控战略，以及制定实施动物疫病扑灭计划具有良好的借鉴意义。

某种动物疫病一旦在全国范围内流行，则可能长期存在，从而对畜牧业造成巨大的危害，甚至影响公共卫生安全。为此，一些畜牧业发达国家十分重视动物疫病的监控和扑灭工作，并在长期实践中总结出了对付动物疫病的经验，即稳步提出疫病监控和扑灭计划、科学制定疫病扑灭方案、通过加强疾病监测和推行疫病分区管理等强制手段，最终获得全国无特定动物疫病状态。

同期内同时提出多种疫病的监控和扑灭计划，或期望在短期内扑灭某一疫病，如财力、人力或疫病诊断和防治水平达不到，则不可能达到预期效果。美国和澳大利亚等畜牧业发达国家通常是每隔几年才提出一种疫病扑灭计划，而非同时提出多种疫病扑灭计划。

由于扑灭一种动物疫病十分困难，控制和扑灭任何一种动物疫病要涉及多方面因素，如疫病特征及流行状况、国家财力情况、兽医人员队伍素质、疫病诊断和防治水平等，故扑灭工作非常困难，疫病监控和扑灭计划也应综合考虑上述因素稳步提出。

畜牧业发达国家的动物疫病防控战略和全球动物疫病防控战略基本是一致的，通常从三个方面入手：一是稳步控制消灭（净化）国内常发疫情；二是快速扑灭国内突发疫情；三是严把国门，防止外来疫情传入。三种策略并举，疫病控制效果良好。如欧盟已扑灭10余种A类病，美国近30种重大动物疫病无疫，澳大利亚和新西兰保持50多种动物疫病无疫。

1. 科学制定并严格实施疫病监控计划，逐步控制消灭国内常发疫情

在与疫病长期斗争的过程中，兽医专家们普遍认识到，监测和扑灭一种动物疫病并不容易。除各种动物疫病发病特性存在很大差异外，物力、财力、人力和科学技术水平等多方面因素也都对疫病监控方案的实施具有影响，因此，动物疫病监测和扑灭方案必须切实科学合理，并分步严格实施。总的来说，成功之处在于以下几方面：

（1）严格疫病监测制度，以疫病主动监测结果引导疫病监控和扑灭计划的稳步推进　美国和澳大利亚推行的疫病扑灭计划通常包含如下几个过程：疫病普查（监测）→感染群清群→目标群监测→无感染群→持续监测→保持无感染群，疫病扑灭。从疫情扑灭行动开始到疫情扑灭，始终以疫情监测结果为依据，引导下一步的行动计划，从而保持行动的科学性。值得提出的是，在疫病扑灭计划中，疫情监测通常以主动监测为主，被动监测为辅，目标监测、特定区域监测、疫情监测、哨兵群监测和平行监测等多种方法共用，以防漏检或重复检测，造成错误结论或重复劳动，这一点十分重要。

（2）严格推行区域化管理和市场准入制度，逐步实现在全国范围内扑灭某种动物疫病　实施疫病区域化管理，是美国和澳大利亚实现扑灭某些重大疫情的重要手段。欧盟作为多个国家的联合体更是如此。另外，美国和澳大利亚也是 OIE《国际动物卫生法典》和 WTO-SPS 协议中提及疫病区域化管理的发起国。实施区域化管理的实质在于疫病扑灭省/州/成员（国）的相应动物和动物产品可以不受该病的影响而自由流通，而疫情发生省/州/成员（国）的相应动物和动物产品不可进入其他省/州/成员（国）流通。其目的有二，一是通过区域化管理限制发病动物流通，防止疫情扩散，这是根本；二是通过市场准入促进发病省/州/成员（国）加速疫情扑灭进程，达到市场准入条件，从而在全国范围内达到消灭疫病的目的。美国对已扑灭某种疫病的州颁布《无特定动物疫病州证书》，值得借鉴。

（3）疫病扑灭计划符合国家、地方和企业三方的共同利益，并得以协调执行　首先，从计划制订的角度谈，疫病扑灭计划符合企业/州/联邦的共同利益。在美国和澳大利亚，有些已扑灭某种重大疫病的企业为了限制发病企业的动物和动物产品上市，并提高他方生产成本（发病企业消灭疫病需要更多的花费），从而达到使自身获得更大利益的目的，经常经过企业联合会提出疫病监测和认证计划（这是美国和澳大利亚疫病消灭计划多由企业先行提出的原因）。联邦和州政府为了能在本国或本州消灭这一疫病，提高动物和动物产品质量，

自然赞同这一计划，于是联邦—州—企业三方为了共同利益，便达成了启动疫病消灭计划的意向，在报请国会批准后便得以形成。由于该项计划代表三方利益，所需经费多由三方均摊。其次，从计划实施的角度谈，联邦政府为了彻底消灭疫情，在计划中起协调和监督作用，通过主动监测措施判断各地疫情状况，真正无疫者发放证书；各州除组织本州的疫情监控和消灭措施外，还要监视他州的疫情状况，严防发病州的动物和产品流入本州，从而使得各州同样成为计划的积极执行者；发病企业作为计划的最基层执行者，为了产品的市场，迫于政府的严格监督，也不得不成为计划的有效成员。这样，三方在追求共同利益的大背景下，便不自觉地寻求了计划执行中的协调一致，从而推动了计划的成功。美国伪狂犬病扑灭计划的核心内容可充分说明这一点。

2. 实施紧急动物疫情反应计划，快速扑灭突发疫情

有计划地扑灭国内常发疫情是疫病控制工作的一个方面，但有效地扑灭突发疫情同样是一项繁重的疫病控制工作。某些外来病、突发病及新发病暴发时，如果能够在最短时间内发现并予以扑灭，则可将损失降低到最低限度，但如果因反应不及时而导致疫情扩散，其损失往往是不可估量的。如1998年发生在荷兰的猪瘟对当地养猪业造成了毁灭性的打击。与此相反，1998年澳大利亚发生新城疫，因反应及时而将疫情限制在局部范围内，并未给澳大利亚养禽业造成太大损失。

从美国、澳大利亚等畜牧业发达国家的具体做法来看，实施紧急动物疫情反应计划，快速扑灭突发疫情的成功之处主要体现在以下六个方面。

（1）设立专门机构，确保应急反应组织得当　无论美国、澳大利亚和欧盟成员国都设有负责紧急动物疫病反应的专门组织。如美国农业部动植物卫生检疫局专设了紧急动物疫病反应指挥部（EPS），具体负责紧急疫病扑灭工作。此外，动植物卫生检疫局还在动物卫生与流行病学中心（CEAH）内部设立了紧急疫情中心（CEI），专门负责紧急疫情的分析工作。澳大利亚则设有外来病控制与咨询委员会专门从事这项工作，具体控制措施由兽医委员会负责。这些机构的存在，可以说为应急反应提供了最好的保障。

（2）加大外来病宣传教育力度，保证尽早获得疫情信息　为了及时获取疫情信息，美国和澳大利亚都非常重视对公众尤其是养殖业主的宣传教育工作，如印刷了大量的重大动物疫病“警示卡”，上面简要说明了该病的危害、临床症状、报告方法及热线电话等，力争使公众了解该病，一经怀疑发现此病，便可通过免费电话通知相关部门，这对于疫病的早期发现和反应是非常有益的。

（3）做好应急物质和技术储备，确保应急物质及时到位　应急物质储备如

疫苗、诊断试剂、消毒药物、相关器械等，以及相关技术储备如诊断技术、疫苗制备技术等，对于外来病、突发病及新发病的紧急扑灭工作均具有极其重要的作用。如果不具备这些技术和物质储备，一经发现可疑疫情，既无法予以确诊，也无法在短期内予以扑灭，势必造成疫情扩散。因此，发达国家十分注重这一环节。如美国尽管已经扑灭了口蹄疫、新城疫、高致病性禽流感等40余种重大动物疫病，但从未中断过对这些疫病的诊断研究工作，并一直保持相当数量的疫苗储备。

（4）实施赔偿制度，为处理紧急疫情提供有效保障　处理紧急动物疫情时，扑杀政策是必不可少的。而扑杀政策顺利实施的前提便是给畜主以合理的赔偿。欧盟指令、美国《紧急动物疫病反应指南》和《澳大利亚兽医紧急反应方案》中都规定了赔偿制度，赔偿数量的多少应由独立的评估专家对饲养场的损失进行专门评估，其原则一般是按兽医行政管理部门确定对该饲养场实施清群计划之日饲养场存活的动物数量计算，之前死亡的动物不包括在内，之后死亡的动物应包括在内。兽医行政管理部门依据评估师评估的数量对畜主进行合理赔偿，从而可以避免畜主阻碍清群、扑杀和销毁等扑灭措施的实施。应该说，赔偿制度对于顺利扑灭疫情是很有帮助的。另外，实施赔偿制度可以断绝畜主的后顾之忧，这就在某种程度上鼓励了畜主上报可疑疫情的积极性。如英国发生口蹄疫疫情时就是如此，由于政府扑杀口蹄疫病畜时给予全额赔偿，许多农场主一经发现可疑疫情便迅速上报，从而为政府掌握疫情趋势奠定了基础。

（5）制定紧急反应方案，确保疫情在最短时间内彻底扑灭　紧急反应方案即在动物疫情紧急发生时的具体行动指南。由于不同动物疫病具有不同的流行病学特征，故其扑灭方式也不尽相同。如果平时不去考虑具体的应对措施，疫病突然暴发后则通常会手忙脚乱。因此，畜牧业发达国家十分注重应急方案的制订工作，欧盟30年前就已经开始制定紧急反应方案，如73/53/EEC、79/511/EEC、80/217/EEC、85/511/EEC等指令中就详细规定了新城疫、禽流感、古典猪瘟、非洲猪瘟、牛传染性胸膜肺炎、口蹄疫、牛瘟、猪水泡病等多种动物疫病发生后的具体反应措施。澳大利亚和新西兰也是如此，澳大利亚的紧急反应方案最为全面，涉及动物疫病44种，详见《澳大利亚兽医应急方案(The Australian Veterinary Emergency Plan，AUSVETPLAN)》。美国紧急动物疫病反应指挥部也在紧急动物反应方案方面做了大量工作，并对10余种重大动物疫病如新城疫、高致病性禽流感、非洲猪瘟、猪瘟等，制定了专门的《应急行动指南》。一经发现可疑疫情，可按照《应急行动指南》规定的程序进行操作。

① 疫情调查和诊断　一旦怀疑发生国家计划控制的烈性动物传染病，应立即通知兽医行政主管部门或相关组织。相关组织应立即进行田间调查，并请求相关专家进行诊断。诊断专家认为不是国家计划控制的烈性传染病时，无需采取进一步措施；若怀疑为烈性传染病，应立即进行实验室检查，并对发病农场进行调查，确诊为烈性传染病时，立即通知相关部门。

② 流行病学调查　一旦怀疑发生国家计划控制的烈性动物传染病，应立即派遣专家展开流行病学调查。调查对象包括发病农场、发病农场的周围农场和与发病农场接触过的其他场所（养殖场、屠宰厂、展示场所、交易场所等），调查内容包括这些场所的地理位置和环境，人员、车辆、畜禽及其产品近期的流动情况等。据此可判断传播途径、传播方式和扩散倾向性，并据此和防疫官员对相关应急方案进行修改、评估和安排。

③ 宣布紧急疫情　确诊疫情属于国家控制的烈性动物传染病时，由农业部长或相关人员宣布紧急或超紧急状态，授权相关组织协调各相关部门实施应急措施。

④ 实施隔离检疫（封锁）　在确诊疫情并宣布紧急或超紧急状态后，首先对感染农场进行隔离检疫，并采取相关应急措施；此后立即根据疫病性质、传播方式、地区大小、位置及地势等，围绕感染农场划定隔离检疫区［高危区、缓冲区（带）］，这些地区应实施相关防疫安全措施，如免疫接种、清洗消毒、控制动物流通等，该区域的界限应清楚划定，并要不断监督检查。隔离检疫措施应持续实施，直至检疫隔离令解除。

⑤ 组织应急反应　疫情确诊后立即采取如下措施：组建应急行动小组，小组人员除包括兽医人员外，还应包括法律顾问、军队、评估人员、野生动物官员和环境官员等；启动储备的应急物质如清洗消毒设备、焚烧设备、消毒过的衣物、消毒车辆等；对需要扑杀和销毁的畜禽进行评估和赔偿；对感染和暴露的畜禽进行扑杀和清群；选择深埋、焚毁、化制或其他适当手段，销毁畜禽死尸和污染的饲料、粪便及其他材料；对感染或暴露的农场及其设施进行彻底清洗消毒；控制所有可能参与疾病传播的媒介，切断传播途径；坚持和保持疫情记录和报告。不同疫病具有不同的特性，故其应急措施亦不尽相同，但应以上述原则为基础。

从以上行动可以看出，扑灭一次紧急疫情犹如开展一场局部战争，只要按照上述措施开展工作，在较短时间内扑灭某种外来病是完全可能的。为了保证上述反应措施得以顺利进行，欧盟有时还要进行一定规模的演习。按照上述措施，发达国家组织的一些重大动物疫情扑灭行动都取得了较好的成功，如荷兰的猪瘟扑灭行动、英国的口蹄疫扑灭行动、澳大利亚的新城疫扑灭行动及澳大利亚协助实施的马来西亚尼帕病扑灭行动等。

3. 严格进口风险评估和入境检验检疫制度，确保将外来病拒之门外

在国际贸易日益全球化的今天，动物及动物产品的国际流通已相对自由。与此同时，因动物及动物产品国际贸易导致动物疫病全球化传播的风险也在逐步加大，故严格动物及动物产品进口风险评估和入境检验检疫制度，已成为世界各国普遍实施的重要手段，尤其是在乌拉圭回合 WTO-SPS 协议形成后，一些国家甚至将这一措施作为抵御他国产品的技术壁垒。当然，其根本目的还是更好地起到限制外来病入侵的作用。从美国、澳大利亚、新西兰和欧盟成员国等畜牧业发达国家的进出境检验检疫体系看，为控制外来病传入，他们普遍采取三方面的措施：一是在进口动物及动物产品前，先行开展风险分析和评估，降低疫病传入风险；二是在进口动物及动物产品过程中，严格进口管理工作，杜绝外来病传入；三是在进口动物及动物产品后，严格实施疫病追踪，及时发现可能发生的动物疫病。

（1）实施风险评估制度，降低疫病传入风险　WTO-SPS 协议重申不阻止任何成员采取或实施为保护人类、动物或植物生命或健康所必需的措施。但同时又规定，各成员应确保制定人畜公共卫生与植物卫生措施，符合人类、动物、植物生命或健康实情，并运用有关国际组织的风险评估技术进行风险评估。作为畜牧业发达国家，美国、澳大利亚都非常重视风险分析工作，美国动物卫生与流行病学中心（CEAH）和澳大利亚农林渔业部都设有从事这些工作的专门工作组。欧盟对进口的动物及动物产品更是开展严格的风险评估工作。

按照 OIE《国际动物卫生法典》的规定，动物疫病风险评估工作主要涉及生物学因素、国家因素和商品因素三个方面。从欧盟相关动物卫生指令看，欧盟成员国基本是按照这些规定开展工作的。进口动物及动物产品时，欧盟成员国首先考虑该种动物的易感疫病；确立动物疫病后，欧盟成员国便对出口国的和商品因素开展评估工作。在国家因素层次上，欧盟成员国要评价该类动物疫病在出口国的流行率/发病率，以及该国家控制和监控这些疫病的能力；在企业层次上，欧盟成员国要对第三国生产企业进行严格的考察工作，以评价该企业是否存在污染动物产品的风险；在商品即动物和动物产品因素上，欧盟成员国要检验该商品是否感染相关疫病因子。如果上述三个层次中任何一个层次存在风险，便可以拒绝从该国家进口动物及动物产品。如欧盟对我国出口禽肉问题的数次考察都是基于这种风险评估之上的。当然，我们也可以将这种方式考

虑为技术壁垒措施的一种。在商品进口以前，通过以上三个层次的分析，如发现任何风险便有理由拒绝动物及动物产品的进口。这就达到了在进口商品前降低外来病入侵风险的第一目的。

（2）实施“严进宽出”的出入境检验检疫制度，将疫病控制在国门之外
无论美国、澳大利亚，还是欧盟成员国，对边境检疫的要求是非常高的。如对边境检查站的严格审批程序、要求出口国的严格出证制度、到港后的严格报关制度、严格检验程序、长时间隔离检疫等。在这一方面，尤以美国的出入境检疫制度值得深思。为避免牵扯过多精力，也为了使美国动物及动物产品顺利出口，美国对出口方面的卫生要求非常简单，也没有过多的条款规定。据简单统计，美国《联邦法典》有关动物及动物产品出口方面的规定只有16页，可以出口的空港和海港分设在18个州，共有28个港口。但美国对进口要求却非常严格，《联邦法典》中的有关卫生要求达到200页。除此之外，美国动植物卫生检疫局（APHIS）还严格限制进口港的数量，并对进口港设施设备特别是隔离设施给予了严格要求。目前，在动物进口方面，只有洛杉矶、迈阿密、火奴鲁鲁和纽约4个港口符合进口活禽或活反刍动物的条件。美国这一“严进宽出”的要求目的有三：一是设法简化出口程序，扩大出口数量；二是限制进口数量，维护本国利益；三是减少外来病发生。

（3）建立完善的进出口登记系统，对进口动物及动物产品实施有效追踪
动物及动物产品的进出口执行严格的登记制度，这对疫病的追踪是十分有效的。如欧盟批准边境检查站时，登记系统就是审批检查的一个重要方面。如丹麦、葡萄牙等欧盟成员国发现牛海绵状脑病后很快就通过这一系统查知患病牛来自英国。此后，又可以通过追踪系统查到所有进口牛的后裔，从而为扑灭牛海绵状脑病奠定基础。

总之，在进口前实施风险评估、进口时实施严格检疫、进口后实施有效追踪是畜牧业发达国家普遍采取的进出境管理制度，也是其杜绝外来病的得力手段。几十年来，美国也从其他国家进口了不少的动物及动物产品，但却从未引入过外来病，就是一个很好的说明。

四、我国禽病防控研究的建议

1. 我国重大禽病防控研究的主要建议

禽流感和新城疫是世界动物卫生组织（OIE）规定的必须报告的动物疫病，这两种病的发生给养禽业造成了巨大的经济损失，同时禽流感还具有十分重要的公共卫生意义。为有效防控禽流感和新城疫，促进养禽业持续、稳定地发展，增进人类健康，现提出如下防控建议。

（1）禽流感和新城疫监测及预警研究　建议对活禽市厂、屠宰厂、养殖场的不同品种的家禽，以及野鸟等进行持续性的禽流感和新城疫等病原监测和研究，以掌握病毒存在和流行情况。进行病毒的遗传演化研究，分析其发展趋势。健全全国的疫病监测体系，建立合理且行之有效的预警、预报和风险评估体系。

在基础研究方面需要进行禽流感的致病机制和免疫机理研究。关注禽流感病毒的公共卫生意义，进行代表性毒株对哺乳动物的致病性研究，为防控人感染禽流感病毒提供依据。

在诊断和监测技术方面，需要进行敏感、特异的新型诊断技术或大通量检测技术的研究，以满足大量监测的需要。同时也应考虑鉴别诊断方法和诊断试剂的研发。

（2）禽流感强制免疫政策及疫苗研究　调查研究现行免疫政策及实施机制，研究高致病性禽流感强制免疫政策的有效性和合理性。研究 H5 亚型禽流感疫苗政府采购的招标制度及其对疫苗质量的影响等。

调查研究现行免疫政策实施和终止条件与时机，适时调控，条件成熟时分养殖场或地区调整、减少或停止强制免疫。

在疫苗研究方面，需要进行禽流感和新城疫的新型疫苗、多价苗、联苗的研究与产业化开发，进行病毒的新型培养技术研究，进行疫苗的免疫佐剂和免疫增强剂研究，进行疫苗免疫效果评价的研究，进行水禽的副黏病毒疫苗及

H7 亚型禽流感灭活疫苗的研究和贮备等。为配合禽流感的清除计划，还需考虑进行禽流感标记疫苗的研究。

（3）综合防控措施、区域化管理及养殖方式的研究 结合我国不同地区禽流感、新城疫等疫病流行特点、自然条件、防控能力等多种因素，以养殖场或地区为单位，进行禽流感、新城疫等综合防控措施研究，提出区域化管理的模式。研究建立无疫区和生物安全隔离区的评估认证机制和市场准入机制，为分区域、分阶段控制消灭禽流感等疫病提供理论支持。

进行不同地区、不同禽种的养殖方式调研，建立、推荐有利于禽流感、新城疫等防控的养殖方式。

（4）监管及防控工作评价研究 研究制定科学合理的养殖、屠宰、经营、贮藏、运输等环节的检疫监管措施，避免病毒传播等。

研究建立适合我国国情并与国际标准接轨的全国动物疫病防控考核评价体系，科学评价全国动物防疫工作，提出改进措施，调动各方积极性。

（5）重大动物疫病应急管理研究 禽流感和新城疫都属于 OIE 规定的必须报告的动物疫病。因此，需要在总结我国高致病性禽流感疫情应急管理和突发疫情应急处置工作实践经验的基础上，借鉴国外和其他行业的成熟理论和经验，研究建立并完善适合我国实际的预案体系、技术标准、应急准备、物资储备、管理理论、工作机制等，提高我国禽流感和新城疫应急管理和处置工作的科学性、时效性和针对性。

（6）财政支持政策研究 禽流感和新城疫发生后，均需要对病禽进行扑杀。基于发达国家的做法和我国重大动物疫病防控现状，研究提出实施强制免疫、疫病监测、检疫监管、应急处置（扑杀、消毒、无害化处理）等的财政支持方式（含分摊机制），开展成本效益分析研究。扑杀补偿直接涉及疫情上报及病死家禽的处置，进而影响到病原扩散的程度，因此，建议研究制定出详细的扑杀补偿措施和标准，提高疫情上报的积极性。

2. 家禽免疫抑制病防控研究的主要建议

家禽的免疫抑制病种类繁多，尤其以病毒性免疫抑制病（如鸡传染性法氏囊病、禽白血病、网状内皮增生症、鸡传染性贫血等）危害更为严重，特别是近年来的禽白血病和网状内皮组织增生症等已在种鸡群中蔓延开来，对我国的养禽业产生巨大威胁。

（1）种群的净化 因为这些病可以垂直传播，所以在引种上一定要注意。对于祖代鸡场，一定要严防这些病的传入，一旦发现，应做好净化工作。发现阳性种鸡、种蛋和种雏，全部淘汰。同时种公鸡也是重要传播者，一旦检测呈阳性，应及时淘汰。随时淘汰瘦弱、贫血及大肝大脾症状的鸡，并加强日常兽医卫生管理和消毒措施。对于父母代种鸡场，完全依赖净化措施并不现实，建议降级为商品代蛋鸡或及时更换品系。

（2）防止疫苗污染　国内外已有很多报道，禽白血病病毒和网状内皮组织增殖症病毒可经疫苗污染传播，因此，在选用鸡胚或胚源细胞来源的活疫苗时，最好选用正规厂家、SPF 胚源生产的疫苗。如果有条件，在疫苗注射时建议及时更换针头。

（3）加强饲养管理　引起免疫抑制病的病毒的感染特点是雏鸡最易感，易感性随日龄的增加而逐渐下降，因此，在孵化与育雏期间，必须加强饲养管理，做好生物安全防护，应在严格的隔离环境中进行。如有条件，在育雏期可分小群饲养，同时要控制人员和物品的流动等。日常饲养管理要突出消毒环节，经常进行喷雾消毒，及时处理粪便，这是切断免疫抑制病水平传播途径的重要措施。

（4）降低混合感染概率　研究表明，免疫抑制病病毒之间的混合感染率可达 41.9%，由于鸡发生免疫抑制病后，可降低机体对其他疫病的抵抗力，容易引发二次感染。因此，建议对于有疫苗可用的免疫抑制病，如鸡传染性法氏囊病，一定要做好疫苗免疫，减少病毒感染的概率。

3. 禽源性食品安全相关致病菌污染的综合防控建议

禽源性食品安全相关致病菌污染的防控是一项复杂的、长期的工作。我国特殊的家禽养殖模式、食品加工方法、人们的生活习惯以及社会和法律制度等方面的因素，都会影响由禽源性食品污染引发的食源性疾病的防治效果，要实现减少食源性疾病发生的目的，必须根据该类疾病发生的内在因素，从不同层面采取措施，才可能获得预期的效果。

（1）开展对禽源性食品相关致病菌的流行病学调查及监测　目前，我国在防治由禽源性食品引发的疾病方面所做的工作不十分系统，特别是在流行病学方面的调查和研究更是少之又少，因而缺乏对带菌禽肉及其制品中的微生物污染程度，加工、运输、贮藏过程微生物污染途径，以及病原菌从禽体到食品整个过程中的传播动力学等方面的研究。而且我国的家禽养殖和食品加工模式复杂多样，不同模式下食源性致病菌对禽肉及其制品的污染规律和特点又不尽相同。因此，对于禽源性食品安全相关致病菌污染的综合防控，最为迫切的研究工作就是全面开展系统的流行病学调查和研究，掌握污染细菌的主要种类、家禽的感染现状、禽源性食品的污染途径、致病菌通过食品加工链的传播规律等，为我国禽源性食品安全相关致病菌污染的防控提供参考依据。

（2）进行禽源性食品安全相关致病菌的遗传学和生物学特性研究　由于我国在家禽养殖中存在用抗生素作为添加剂防止细菌感染的现象，以及生态环境各方面的压力，禽源性食品安全相关致病菌的变异频率在加快，出现了一些耐药菌株，严重威胁着人和动物的安全。针对这种现状，系统分离并鉴定我国不同地区的禽源性食品安全相关致病菌，筛选代表株进行基因组学、蛋白质组学、致病性、耐药性等方面的研究，从而阐明我国禽源性食品安全相关致病菌的遗传学和生物学特性，为鉴别和诊断试剂的研制、疫苗的开发、疾病的治疗和综合防控措施的制订奠定理论基础。

（3）研究和建立禽源性食品安全风险评估体系　风险管理的理念在金融、国家安全、工程管理等方面已经有了长期和广泛的应用，但是在疾病防治领域的应用时间不长，特别是在我国，基于风险分析的疾病防治研究还处于初级阶段。相对于家禽疫病的防控，由家禽产品引起的食源性疾病的防控更为复杂，不但涉及家禽养殖环节，还包括食品加工、贮藏、运输和销售等各个环节，每个环节都可能成为致病菌污染的途径。因此，对该类食源性疾病的防控应该从系统学的角度，应用新的理念和技术来进行研究和实施。基于风险的食品安全体系是WHO在最近提出的控制食源性疾病的重要方法，该方法强调对食品生产、加工、贮藏、运输和销售等各个环节的风险因素进行系统识别，研究各风险因素和食源性疾病发生的相关性，建立系统风险的整体评估方法，对系统风险进行评估，进而根据风险评估结果，研究基于科学的措施防止人群暴露于致病菌的危害。对于我国如此复杂的家禽养殖和食品加工模式，更需要将风险评估和分析理念引入到禽源性食品安全控制之中，以实现对主要污染环节和主要风险因素的控制，降低食源性疾病的发生，减少相关损失。

（4）整合资源，组建禽源性食品安全监测实验室和评估委员会　禽源性食品安全相关致病菌的控制涉及较多行业，相关研究工作的启动和控制措施的制定需要有不同背景知识的专家和学者参与。因此，可根据禽源性食品生产各个环节所涉及的领域，在筛选有资质的研究结构和研究人员，组建禽源性食品安全监测实验室和评估委员会，以整合国内的条件资源和人才资源，共同参与到禽源性食品安全相关的研究和控制工作中，指导我国禽源性食品安全相关致病菌的防治工作。

（5）大力推广“一体化”家禽养殖模式，实现禽源性食品相关致病菌的可控与可追溯　禽源性食品的生产、加工和流通体系复杂是当前我国此类产品相关疾病难以控制的重要原因。家禽生产、屠宰、食品加工、贮藏及流通环节相互分离，致使控制致病菌污染的措施无法形成有效的、相互关联的体系，从而很难控制污染的发生。现阶段，一些资本比较雄厚的企业逐渐推行“一体化”的家禽养殖模式，从家禽养殖到产品销售，形成“一条龙”式生产模式，均由本企业完成，这样生产的各个环节都成为企业产品质量控制的重要目标，可以将致病菌污染的相关措施比较系统地执行下去，能有效地降低致病菌污染风险的发生，并能对污染事件进行追溯，发现污染的源头和污染产品的流向，能有效保障禽产品的质量，并可切实降低食源性疾病发生后的危害。鉴于这种养殖模式在禽源性食品相关疾病控制和提高产品质量方面具有的优势，我国应在全国大力推广这种模式，鼓励有条件的企业按此模式进行家禽生产，从而带动整个行业的发展，对防控禽源性食品安全事件也有重要意义。

（6）推行市场准入制度，发挥市场在食源性疾病控制中的价值　虽然国家的一些强制性的政策和措施在控制食源性疾病的发生中起着关键作用，但也不能忽视市场的调节价值。通过建立严格的市场准入制度，使得在家禽生产中规范养殖的企业和卫生控制严格的食品加工企业的产品可以以较高的价位进入到主要市场，从而使这些企业获得比其他企业更高的利润；而对于产品质量较差的企业，禁止其生产的相关产品进入相应市场，使其为生产低品质的产品付出代价。这样，在利益的驱动下，促使一些在食品污染方面做得比较差的企业通过改善条件和制订措施，提高产品的质量，进而减少食品污染事件的发生，发挥市场在食源性疾病控制中的价值。

（7）鼓励行业协会发展，推动高质量禽源性食品生产模式的普及　在我国当前的家禽生产模式下，有一部分企业，特别是小规模的生产和加工企业，对产品质量的重视不够，甚至存在在利益的驱动下，将污染致病菌的家禽及产品投向市场的现象。针对这种现象，在加强市场监管、提高执法力度的同时，提高企业主对该行为的危害性的认识，使他们能主观上去杜绝此类事件的发生才是根本。在国外，行业协会在这方面起着至关重要的作用，一方面通过协会举办的各种宣传、培训及会议，传达科学养殖的知识和规范；另一方面，同时制定严格的协会章程，督促会员遵守，保证会员企业产品质量的提高。

（8）加大宣传力度，让公众了解食源性疾病及其危害　对于聚居于城市中的居民，食品安全已经为大家所共识；然而，对于占我国人口70%的农村居民，对食源性疾病有些可能有所耳闻，但有相当一部分人还对此不甚了解，这可以从近几年在不同地区发生的因加工和食用病死畜禽而发生的公共卫生事件得到印证。因此，提高公众对食源性疾病的认知程度在其防控中也起着十分重要的作用。

参考文献

陈伯伦，张泽纪，陈伟斌．1994．禽流感研究Ⅰ：鸡A型禽流感病毒的分离与血清学初步鉴定［J］．中国兽医杂志（20）：3－5．

陈德威，甘孟侯，刘瑞萍．1984．鸡葡萄球菌病的研究．Ⅲ．金黄色葡萄球菌的特性及致病［J］．中国兽医杂志（8）：6－8．

成子强，张利，刘思当．2005．中国麻鸡中发现禽J亚群白血病［J］．微生物学报，45（4）：584－587．

甘孟侯．1984．鸡葡萄球菌病的研究［J］．中国兽医杂志（2）：6－8．

高玉龙，邵华斌，王笑梅，等．2010．2009年我国部分地区禽白血病分子流行病学调查［J］．中国预防兽医学报，33（1）：32－35．

何宏虎，陈溥言，蔡宝祥．1988．禽网状内皮组织增殖病病毒的分离鉴定［J］．中国畜禽传染病（2）：1－3．

黄杰，郭军庆，尹可．2008．青海湖野生迁徙水鸟新城疫病毒的分离与鉴定［J］．中国预防兽医学报，30（9）：678－681．

黄金林．2008．我国部分地区鸡源空肠弯曲菌流行病学及运送flaA基因的壳聚糖纳米DNA疫苗免疫生物学特性研究［D］．扬州：扬州大学．

黄金林，许海燕，张弓，等．2007．江苏奶牛空肠弯曲菌和结肠弯曲菌流行状况及耐药性分析［J］．中国人兽共患病学报，23（10）：1016－1020．

焦新安，刘秀梵．1998．禽沙门氏菌病流行现状与控制对策［J］．中国禽业导刊（04）：56－58．

李肇增，李凤华，阎红霞，等．1998．鸡白痢沙门氏菌脂多糖的免疫效果观察［J］．中国兽医科技（04）：26－27．

梁英，马闻天．1946．疑似鸡新城疫之研究［J］．畜牧兽医月刊，5（11－12）：136－140．

刘怀然，孙敏华，葛欣，等．2009．不同宿主源NDV毒株对SPF鸡致病性研究［J］．中国预防兽医学报（31）：99－103．

刘加波，谢芝勋，唐小飞．2005．2000—2004年间广西新城疫病毒强毒株的分离与鉴定［J］．中国家禽学报（9）：129－132．

潘志明，焦新安，黄金林，等．2001．沙门氏菌弱毒冻干苗的研制［J］．中国预防兽医学报（46）：444－447．

潘志明，焦新安，刘文博，等．2002．鸡白痢沙门氏菌耐药性的监测研究［J］．畜牧兽医学报（33）：377－383．

沙莎，孙裕光，王琴．2003．我国鸡白痢沙门氏菌病诊断与防治研究概况［J］．西南民族大学学报（自然科学版）(2)：190－194.
唐秀英，田国斌，赵传删，等．1998. 中国禽流感流行株的分离和鉴定［J］．中国畜禽传染病，20（1）：1－5.
田国彬，曾显营，钟功勋，等．2009. H5N1 亚型禽流感变异株灭活疫苗种毒 Re－4 株的生物学特性及免疫原性研究．中国预防兽医学报，31（9）：717－20.
王永坤．2000. 新城疫的新的流行特点及防制对策［J］．山东畜牧兽医（5）：1－4.
王永坤，严维巍，周继宏，等．2000. 新城疫高抗体水平的鸡群产蛋下降原因及防治对策的探讨［J］．中国禽业导刊，17（5）：5.
王玉东，王永玲，张子春．1998. 鸡腺胃型传染性支气管炎病毒（QXIBV）的分离和鉴定［J］．中国动物检疫，15（1），1－3.
辛朝安，陈天杰．1982. 鸡传染性支气管炎的研究［J］．华南农学院学报，3（1）：90－98.
徐耀辉．2005. 我国部分地区鸡群沙门氏菌感染的血清流行病学调查和抑制性差减杂交法筛选鸡白痢沙门氏菌特异性核酸序列［D］．扬州：扬州大学．
杨杰华，刁有祥，于申业，等．2005. 鸡传染性支气管炎病毒变异株的分离及其 S1 基因序列分析［J］．中国病毒学，20（3）：283－287.
张志，崔治中．2004. 整合进禽反转录病毒基因组片段的鸡马立克氏病病毒重组野毒株的发现［J］．中国科学 C 辑生命科学，34（3）：317－324.
张志，崔治中，姜世金，等．2003. 鸡肿瘤病料中马立克氏病病毒和禽网状内皮组织增生症病毒共感染的研究．中国预防兽医学报，25（4）：275－278.
中国畜牧学会．2010. 鸡淋巴白血病预防控制技术研讨会论文集［C］．北京：［出版者不详］．
周蛟．1982. 北京地区鸡传染性法氏囊病病原分离［J］．中国兽医杂志（7）：25－26.
周伦江，刘玉涛，王长兵，等．2000. 鸡源大肠埃希氏菌的分离及生物学特性研究［J］．中国兽医科技，30（12）：29－31.
周祥，韦平，滕丽琼．2007. 从肿瘤病鸡羽囊分离到一株整合了禽反转录病毒长末端重复序列的马立克氏病病毒［J］．畜牧与兽医，39（8）：22－26.
Acland HM, Silverman Bachin LA, Eckroade R J. 1984. Lesions in broiler and layer chickens in an outbreak of highly pathogenic avian influenza virus infection［J］. Vet Pathol, 21（6）：564－569.
Anonymous. 1994. The National Poultry Improvement Plan and Auxiliary Provisions［Z］. United States Department of Agriculture, Animal and Plant Health Inspection Service, Hyattsville, MD.
Bagust TJ, Grimes TM, Dennet D P. 1979. Infection studies on a reticuloendoetheliosis virus contaminant of a commercial Marek's disease vaccine［J］. Aust. Vet. J., 55:

153－157.

Barbosa T，Zavala G，Cheng S. 2008. Molecular characterization of three recombinant isolates of avian leukosis virus obtained from contaminated Marek's disease vaccines [J]. Avian Dis.，52（2）：245－252.

Binrui X，Weixing D，Chunming D，et al. 2004. Occurrence of avian leukosis virus subgroup J in commercial layer flocks in China [J]. Avian Pathology，33：13－17.

Breuil J，Brisabois A，Casin I，et al. 2000. Antibiotic Resistance in Salmonella Isolated from Humans and Animaos in france：Comparative from 1994 to 1997 [J]. Journal of Antimicrobial Chemotherapy，46（6）：965－71.

Cavanagh D，Gelb J. 2008. Infectious bronchitis. In Y. M. Saif，A. M. Fadly，J. R. Glisson，L. R. McDougald，L. K. Nolan & D. E. Swayne（Eds.）. Diseases of Poultry，12th edn [M]. Iowa：Wiley－Blackwell Publishing.

Chen H，Bu Z. 2009. Development and application of avian influenza vaccines in China [J]. Curr Top Microbiol Immunol，333：153－162.

Chen HL. 2009. Avian influenza vaccination：the experience in China [J]. Rev Sci Tech，28（1）：267－274.

Chettle N，Stuart J C，Wyeth P J. 1989. Outbreak of virulent infectious bursal disease in East Anglia [J]. Vet Rec，125：271－72.

Cumming RGB. 1963. Infectious avian nephrosis（uraemia）in Australia [J]. Australian Veterinary Journal，39：145－147.

Davidson I，Alphandary R，Novoseler M，et al. 1997. Replication of non－defective REVs in the avian embryo assayed by polymerase chain reaction and immunoflurecence [J]. Avian Pathol，26：579－593.

Davidson I，Shkoda I，Perk S. 2008. Integration of the reticuloendotheliosis virus envelope gene into the poultry fowlpox virus genome is not universal. J Gen Virol.，89（10）：2456－2460.

Domenech J，Dauphin G，Rushton J，et al. 2009. Experiences with vaccination in countries endemically infected with highly pathogenic avian influenza：the Food and Agriculture Organization perspective [J]. Rev Sci Tech，28：293－305.

Fadly AM，Witter R L，Smith E J，et al. 1996. An outbreak of lymphomas in commercial broiler breeder chickens vaccinated with a fowlpox vaccine contaminated with reticuloendotheliosis virus [J]. Avian Pathol，25：35－47.

Fan S，Deng G，Song J，et al. 2009. Two amino acid residues in the matrix protein M1 contribute to the virulence difference of H5N1 avian influenza viruses in mice [J]. Virology, 384 (1): 28 - 32.

Fan S, Gao Y, Shinya K, et al. 2009. Immunogenicity and protective efficacy of a live attenuated H5N1 vaccine in nonhuman primates [J] . PLOS Pathog. , 5 (5): e1000409.

Gao Y, Zhang Y, Shinya K, et al. 2009. Identification of amino acids in HA and PB2 critical for the transmission of H5N1 avian influenza viruses in a mammalian host [J]. PLOS Pathog, 5 (12): e1000709.

Ge J, Deng G, Wen Z, et al. 2007. Newcastle disease virus - based live attenuated vaccine completely protects chickens and mice from lethal challenge of homologous and heterologous H5N1 avian influenza viruses [J] . J Virol, 81 (1): 150 - 158.

Ge J, Wen Z, Wang X, et al. 2006. Generating vesicular stomatitis virus pseudotype bearing the severe acute respiratory syndrome coronavirus spike envelope glycoprotein for rapid and safe neutralization test or cell - entry assay [J] . Ann N Y Acad Sci, 1081: 246 - 248.

Guard - Petter J. 2001. The chicken, the egg, and Salmonella enteritidis [J]. Environmental Microbiology, 3: 421 - 430.

Heitig C H, Coupar B E H, Gould A R, et al. 1997. Field and vaccine strains of fowlpox virus carry integrated sequence from the avian retrovirus, reticuloendotheliosis [J]. Virology, 235: 367 - 376

Horimoto T. and Y. Kawaoka. 2000. Pandemic threat posed by influenza A virus [J]. Clinical microbiology reviews, 14 (1): 129 - 149.

Huang Y, Wan HQ, Liu HQ, et al. 2004. Genomic sequence of an isolate of Newcastle diseasevirus isolated from an outbreak in geese: a novel six nucleotide insertion in the non - coding region of the nucleoprotein gene [J] . Arch Virol, 149: 1445 - 1457.

Hyuk - Joon Kwon, Sun - Hee Cho, Young - Jin Ahn, et al. 2003. Molecular epidemiology of Newcastle disease in Republic of Korea [J] . Veterinary Microbiology, 95: 39 - 48.

Isfort R, Jones D, Kost R, et al. 1992. Retrovirus insertion into herpesvirus in vitroan in vivo [J] . PNAS, 89: 991 - 995.

Jackson CA, Dunn SE , Smith DI, et al. 1977. Proventriculitis, Nakanuke and reticuloendotheliosis in chickens following vaccination with herpesvirus of turkeys (HVT) [J]. Vet J, 53: 457 - 459.

Jackwood D. H. and Saif Y. M. 1987. Antigenic diversity of infectious bursal disease viruses [J] . Avian Dis, 31: 766 - 770.

Jiang Y, Yu K, Zhang H, Zhang P, et al. 2007. Enhanced protective efficacy of H5 subtype avian influenza DNA vaccine with codon optimized HA gene in a pCAGGS plasmid vector [J] . Antiviral Res, 75 (3): 234 - 241.

Jiao P, Tian G, Li Y, et al. 2008. A single - amino - acid substitution in the NS1 protein changes the pathogenicity of H5N1 avian influenza viruses in mice [J] . J Virol, 82 (3): 1146 - 1154.

Jones D, Isfort R, Witter R, et al. 1993. Retroviral insertions into a herpesvirus are clustered at the junctions of the short repeat and short unique sequences [J] . Proc. Natl. Acad. Sci. USA, 90: 3855 - 3859.

Li H, Yang HC. 2001. Sequence analysis of nephropathogenic infectious bronchitis virus strains of the Massachusetts genotype in Beijing [J] . Avian Pathology, 30, 535 - 541.

Li Z, Jiang Y, Jiao P, et al. 2006. The NS1 gene contributes to the virulence of H5N1 avian influenza viruses [J] . J Virol, 80 (22): 11115 - 11123.

Liu HL, Wang ZL, Wang YK, et al. 2008. Characterization of Newcastle Disease virus Isolated from Waterfowl in China [J] . Avian Diseases, 52: 150 - 155.

Liu HL, Wang ZL, Wu YG, et al. 2008. Molecular characterization and phylogenetic analysis of new Newcastle disease virus isolates from the mainland of China [J] . Research in Veterinary Science: 1 - 5.

Liu Q, Zhao J, Su J, et al. 2009. Full genome sequences of two reticuloendotheliosis viruses contaminating commercial vaccines [J] . Avian Dis. , 53 (3): 341 - 346.

Liu S, Chen J, Chen J, et al. 2005. Isolation of avian infectious bronchitis coronavirus from domestic peafowl (Pavo cristatus) and teal (Anas) [J] . J Gen Virol, 86: 719 - 725.

Liu S, Chen J, Han Z, et al. 2006. Infectious bronchitis virus: S1 gene characteristics of vaccines used in China and efficacy of vaccination against heterologous strains from China [J] . Avian Pathology, 35: 394 - 399.

Liu S, Kong X. 2004. A new genotype of nephropathogenic infectious bronchitis virus circulating in vaccinated and non - vaccinated flocks in China [J] . Avian Pathology, 33: 321 - 327.

Liu S, Zhang Q, Chen J, et al. 2006. Genetic diversity of avian infectious bronchitis coronavirus strains isolated in China between 1995 and 2004 [J] . Archives of Virology, 151: 1133 - 1148.

Liu S, Zhang X, Wang Y, et al. 2009. Evaluation of the protection conferred by commercial vaccines and attenuated heterologous isolates in China against the CK/CH/LDL/971 strain of infectious bronchitis coronavirus [J] . The Veterinary Journal, 179: 130 - 136.

Masaji M, Kunitoshi I, Yasuyuki S, et al. 2002. Phylogenetic Analysis of Newcastle Disease Virus Genotypes Isolated in Japan [J] .Journal of Clinical Mecrobiology, 40 (10): 3826 - 3830.

Mccullough N, Eisele C. 1951. Experimental human salmonellosis. IV. Pathogenicity of strains of Salmonella pullorum obtained from spray - dried whole egg [J] . J Infect Dis, 89: 259.

McDougall JS, Biggs PM, Shilleto RW. 1978. A leucosis in turkeys associated with infection with reticuloendotheliosis virus [J] . Avian Pathol, 7: 557 - 568.

Motta JV, Crittenden LB, Purchase HG, et al. 1975. Low oncogenic potential of avian endogenous RNA tumor virus infection or expression [J] . J Natl Cancer Inst. , 55 (3): 685 - 689.

Payne LN, Brown SR, Bumstead N, et al. 1991. A novel subgroup of exogenous avian leukosis virus in chickens [J] . J Gen Virol, 72: 801 - 807.

Payne LN. 1992. Developments in avaln leucosis research [J] . Leukemia, 6 (3): 150 - 152.

Perroncito CE. 1878. Typhoid epizootic in gallinaceous birds. Epizoozia tifoide nei gallinacei [J] . Torino: Annali Accademia Agricoltura, 21: 87 - 126.

Qiao C, Jiang Y, Tian G, et al. 2009. Recombinant fowlpox virus vector - based vaccine completely protects chickens from H5N1 avian influenza virus [J] . Antiviral Res, 81 (3): 234 - 238.

Reaud A. 1947. An outbreak of gastro - enteritis caused by Salmonella typhimurium, presumably water-borne [J] . South Med J, 40: 176.

Robinson E R, Twiehaus M J. 1974. Isolation of the avian reticuloendothelial viurs (srtainT) [J] . Avain Dis, 18: 278 - 288.

Saif YM. 1991. Immunosuppression induced by infectious bursal disease virus [J] . Vet Immunol, Immunopathol, 30: 45 - 50.

Salter DW, Smith EJ, Hughes SH, et al. 1986. Transgenic chickens: insertion of retroviral genes into the chicken gremline [J] . Virology, 157: 223 - 240.

Sapats SI, Ignjatovic J. 2000. Antigenic and sequence heterogeneity of infectious bursal disease virus strains isolated in Australia [J] . Arch Virol, 145: 773 - 785.

Sevoian M, Larose R N, Chamberlain D M. 1964. Avian Lymphomatosis. VI. A virus of unusual potency and pathogenecity [J] . Avian Disease, 3: 336 - 347.

Singh P, Kim T J, Tripathy D N. 2003. Identification and characterization of fowlpox virus strains using monoclonal antibodies [J] . J. Vet. Diagn. Investing, 15: 50 - 54.

Tao Q, Wang X, Bao H, et al. 2009. Detection and differentiation of four poultry diseases using asymmetric reverse transcription polymerase chain reaction in combination with oligonucleotide microarrays [J] . J Vet Diagn Invest. , 21 (5): 623 - 632.

Tian GB, Zhang SH, Li YB, et al. 2005. Protective efficacy in chickens, geese and ducks of an H5N1 - inactived vaccine developed by reverse genetics [J] . Virology, 341: 153 - 162.

Tom H, Sarah OB, Mogens M. 2007. Campylobacters as zoonotic pathogens: A food production perspective [J] . Int. J. Food Microbio, 117: 237 - 257.

Voelckel KE, Bertraam IM, Gimeno U, et al. 1999. Evidence for Marek' s disease in turkeys in Germany: Detection of MDV - 1 using the polymerase chain reaction [J] . Acta Virologica, 43: 143 - 147.

Wang HN, Wu QZ, Huang Y. 1997. Isolation and identification of infectious bronchitis virus from chickens in Sichuan, China [J] . Avian Diseases, 41 (2): 279 - 282.

Wang XM, Wang MP, Gao HL, et al. 2003. Molecular and antigenic characterization of very virulent infectious bursal disease virus strain Gx isolated in China [J]. Agricultural Sciences in China, 2 (5): 566 - 572.

Wang YF, Sun YK, Tian ZC, et al. 2009. Protection of chickens against infectious bronchitis by a recombinant fowlpox virus co - expressing IBV - S1 and chicken IFNgamma [J]. Vaccine, 27 (50): 7046 - 7052.

Witter RL. 1997. Increased virulence of Marek' s disease virus field isolates [J] . Avian Dis. , 41 (1): 149 - 168.

Witter RL, Johnson DC. 1985. Epidemiology of reticuloendotheliosis virus in broiler breeder flocks [J] . Avian Dis, 29: 1140 - 1154.

Witter RL, Salter DW. 1989. Vertical transmission of reticuloendotheliosis virus in breeder turkey [J] . Avian Dis, 33: 226 - 235.

XF Liu, HQ Wan, XX Ni, et al. 2003. Pathotypical and genotypical characterization of strains of Newcastle disease virus isolated from outbreaks in chicken and goose flocks in some regions of China during 1985—2001 [J] . Arch Virol, 148: 1387 - 1403.

Zhiliang Wang, Hualei Liu, Jiangtao Xu, et al. 2006. Genotyping of Newcastle Disease Viruses Isolated from 2002 to 2004 in China [J] . Ann. N. Y. Acad. Sci, 1081: 228 - 239.

专题组成员

组　长　王笑梅　研究员、副所长　中国农业科学院哈尔滨兽医研究所

副组长　周　蛟　研究员　北京市农林科学院畜牧兽医研究所

秦爱建　教授、院长　扬州大学动物医学院

刘月焕　研究员　北京市农林科学院畜牧兽医研究所

成　员　高玉龙　副研究员　中国农业科学院哈尔滨兽医研究所

祁小乐　副研究员　中国农业科学院哈尔滨兽医研究所

钱　琨　副教授　扬州大学动物医学院

专题三

ZHUANTI SAN

牛、羊、马病防控战略研究

一、牛、羊、马病防控现状

据农业部统计，近年来我国畜牧业发展迅速，全国家畜年饲养量约20亿头（只），肉产量稳居世界第一，奶产量居世界第三，国内市场趋于饱和，开拓国际市场成必然之势。但由于畜产品质量与卫生安全标准等问题，我国的肉类出口量仅为2%～3%，与欧美等畜产品10%～40%的肉产品出口量差距很大。控制牛、羊、马等重要疫病，提高畜产品卫生质量成为进一步发展我国畜牧业的关键所在。目前，我国牛、羊、马主要疫病有牛羊口蹄疫、牛结核病、羊痘、羊传染性胸膜肺炎、马传染性贫血、马鼻疽等，同时也广受外来病或新发病的威胁。

（一）牛病防控现状

国家肉牛产业技术体系和奶牛产业技术体系调查了全国64个牛场的疾病防控情况，包括43个肉牛场（42个肉用黄牛场和1个牦牛场）和21个中国荷斯坦奶牛场。虽然不同地区牛病发生情况存在差异，但主要传染病的流行和防控现状基本相似。目前，奶牛和肉牛的主要传染病仍是口蹄疫、结核病和布鲁氏菌病、牛病毒性腹泻—黏膜病、牛传染性鼻气管炎等，普通病主要包括乳腺炎、蹄病、子宫炎和繁殖疾病等。除此之外，我国养牛业还面临着外来病的威胁，如牛海绵状脑病等。

1. 牛口蹄疫

1958年，农业部在兰州组建口蹄疫研究机构之后，我国逐步建立了病原学诊断、流行病学监测和疫苗研发等技术研究体系，并形成了较为完备的防控体系。1999年之前，我国只对部分地区使用弱毒疫苗或灭活疫苗免疫。1999年之后，逐渐开始全面免疫，并于2001年实施强制免疫政策。目前，对牛、羊等免疫O型-Asia1型双价疫苗，部分地区免疫A型灭活苗。目前，我国牛口蹄疫疫情发生次数和规模总体上呈下降趋势，但有间断反弹。

（1）O型口蹄疫　我国与东南亚等口蹄疫高发国家接壤，贸易频繁，境外新发毒株传入风险越来越大。

（2）Asia1型口蹄疫　我国Asia1型口蹄疫大范围流行始于2005年，主要引起牛发病。2007—2008年，疫情显著减少，2007年8次疫情，2008年3次疫情，并且疫情发生地仅局限于西北地区4个省份。2009年疫情数和发生范围又有所增加，共在7个省份发生8次疫情。2007年国家口蹄疫参考实验室更换Asia1型疫苗毒株，使Asia1型口蹄疫的控制卓有成效，很有希望实现消灭。2009年6月以后，我国再未发生Asia1型口蹄疫，国家口蹄疫参考实验室也未监测到病原学阳性病例。

（3）A型口蹄疫　2009年年初以来，我国A型口蹄疫疫情涉及10余个省份。感染发病动物主要是牛（奶牛最多），个别疫点有羊和猪发病或带毒。分离病毒后，经国家口蹄疫参考实验室分析，以及将序列提交世界口蹄疫参考实验室分析，分离毒属于东南亚地区特有的A型口蹄疫流行毒，在东南亚地区的泰国、老挝、柬埔寨、马来西亚、越南等国已流行多年。2010年初引发韩国A型口蹄疫的也为该毒。可以确认，我国目前所发生的A型口蹄疫的病毒属于境外毒株。

2. 牛结核病

据不完全统计，世界范围内有5 000万头牛感染了结核病，造成的经济损失每年达30多亿美元。同时，牛分枝杆菌宿主范围广泛，可感染约50多种哺乳动物及25种禽类。奶牛与人类关系密切，人可通过呼吸道或饮用消毒不彻底的牛奶感染牛结核病。20世纪90年代中后期，随着畜牧业的发展，特别是牲畜流动和交易频繁，奶牛结核病疫情呈上升趋势。据2000年对北京等16个省份的疫情统计，结核病阳性率为1%～10%的有10个省份，低于1%的省份有6个，阳性率最高的为黑龙江（7%），吉林、云南、四川、湖南、新疆、江苏、甘肃等的奶牛结核病疫情也在回升。牛结核病的根除最为有效的方法仍是全面检疫，扑杀感染牛。牛结核病难以根除的原因包括：慢性经过，持续感染，宿主广泛，没有有效疫苗，缺少快速高通量检测方法等。虽然牛结核病诊断方法有细菌学方法、分子生物学方法、变态反应方法与免疫学方法等，但由于牛型分枝杆菌培养时间长，分离率低（20%左右）、需要生物安全措施等原因，不适合临床应用。分子生物学方法技术要求高，主要用于分子流行病学研究。结核菌素皮内变态反应试验（TST）是目前世界卫生组织（OIE）唯一推荐的牛结核病诊断方法，但结核菌素皮内变态反应试验的特异性受其他非致病性分枝杆菌影响，操作复杂，结果判断主观性强。实验室免疫学方法包括基于结核菌素或特定抗原的 IFN-γ 检测法及结核菌特异性抗体检测法（ELISA 和试纸条等），快速简便。IFN-γ 检测法灵敏度与特异性均高，是较好的结核菌素皮内变态反应试验辅助方法，在澳大利亚、新西兰、英国、美国、加拿大等发达国家控制结核病的过程均发挥了重要作用。牛结核 IFN-γ 检测试剂盒和抗体检测试纸条在国外已有生产，但价格十分昂贵。国内已研制出类似产品，需要尽快将其产业化。

3. 牛病毒性腹泻—黏膜病

牛病毒性腹泻—黏膜病（BVD-MD）呈世界性分布，广泛存在于美国、加拿大、澳大利亚、匈牙利、新西兰、英国、阿根廷、日本等国家。如美国血清学阳性率为 50%、澳大利亚为 89%、加拿大部分地区高达 84%、英国英格兰和威尔士为 54%～74%、瑞士为 78%～ 80%、印度为 17.3%。持续性感染动物终生带毒排毒，是造成病毒扩散的重要传染源。我国在 1984 年首次从牛流产胎儿的脾脏中分离到病毒，首先证明该病在我国存在。20 世纪 90 年代中期后，我国东北、西藏、华北地区、内蒙古、新疆等地先后暴发本病并分离出病毒。除牛以外，在山羊、绵羊、猪、鹿等动物中也分离到病毒。牛病毒性腹泻—黏膜病在我国的另外一个特点就是血清阳性率高。我国学者调查陕西、甘肃、宁夏、青海和四川五省（区）部分地区的黄牛群、牦牛群牛病毒性腹泻—黏膜病抗体，发现黄牛群阳性检出率为 46.15 %，牦牛群牛病毒性腹泻—黏膜病阳性检出率为 30.08 %。在我国进口动物检疫对象中，1989 年北京在进口绵羊体内分离到病毒，之后不断有进口动物牛病毒性腹泻—黏膜病血清阳性的报道。

4. 牛传染性鼻气管炎

牛传染性鼻气管炎（IBR）是由牛传染性鼻气管炎病毒（IBRV）引起牛的

一种急性、热性、接触性传染病，在临床上常表现不同的症状。牛传染性鼻气管炎能对感染牛造成巨大的损害，是OIE必须通报疫病，也是我国进境动物必检疾病之一。1980年我国首次从新西兰进口牛中检测到抗体。近年来在国内部分省份的农牧场及奶牛场进行的血清学调查结果表明，北京、广东、广西、河南、河北、新疆、山东、四川等地的黑白花乳牛、本地黄牛和水牛中都有牛传染性鼻气管炎病毒感染。采用间接ELISA方法检测国内牛血清样品的研究结果显示，全国牛传染性鼻气管炎病毒的阳性率为35.8%，个别省的阳性率为12.1%～77.8%。牛传染性鼻气管炎对我国牛群健康造成的损失还有待评估。同时由于产业结构调整，从国外大量引进种牛，IBRV感染后牛终身带毒，也导致牛传染性鼻气管炎在我国的流行。目前，已经研制成功针对该病的基因缺失标记疫苗和鉴别诊断试剂，但国家层面的控制、根除计划仍未建立，其潜在危害依然存在。

（二）羊病防控现状

我国具有悠久的养羊历史，种质资源丰富，为世界养羊大国。在我国养羊业向规模化、现代化、标准化和生态化方向发展的同时，羊病也越来越多，越来越复杂。世界动物卫生组织有关资料报道，羊的主要疫病有54种，其中传染病35种，寄生虫病19种。在35种传染病中，病毒性传染病11种，细菌性传染病18种，其他微生物类传染病6种。根据国内有关羊病的资料记载，羊54种主要疫病中，我国已发现49种，另外5种羊病情况不明。这些疾病，严重制约着我国羊养殖业的健康发展，而且部分人畜共患病还严重威胁公共卫生安全。

近些年来，我国羊病防控水平有了明显改善和提高，尤其在重大传染病方面，成绩显著。但是，对其他的羊传染病的防控一直未能给予足够的重视，致使羊的疾病种类增多，危害增大，出现新的流行特点。以新发羊病为例，随着我国羊产业的发展，从国外引种现象比较普遍，但是由于缺乏有效的监测手段，以及市场交流频繁等原因，羊新发病传播风险也随之升高。另外，一些危害严重的羊传染病发生呈现抬头趋势，如当前对我国养羊业危害最为严重的羊支原体肺炎（传染性胸膜肺炎）、羊痘、羊传染性脓疱（羊口疮）等发病率明显升高。因此，我国羊病防控面临内外双重压力。对重大动物疫病和境外传入的新发病，应切实做好免疫预防工作，加强监测和动物流通监管；对危害严重的传染病，加大科学研究支持力度，研制急需的防治产品，减少经济损失。

1. 羊口蹄疫

我国政府历来重视羊重大传染病的防控工作，为此投入大量资金、人力，现有的防治技术和产品也较为完善。对于羊口蹄疫的防治，我国一直实行强制免疫政策，羊发病临床病例较少，且很少形成疫病流行。但是，牛、羊等反刍动物感染口蹄疫病毒28天以后至很长一段时间，仍可从其食管咽部分离到病毒，此现象称为病毒持续性感染。反刍动物的咽喉部（包括软腭）是口蹄疫病毒持续感染部位。有试验报告，绵羊带毒可达9个月，山羊可达4个月。国内口蹄疫流行病学调查发现，我国羊场存在口蹄疫隐性带毒的情况，因此，对羊口蹄疫的防控不容忽视。

2. 羊痘

羊痘传播快、死亡率高且一年四季均可发生，被OIE列为必须通报疫病之一。不同品种、性别和年龄的羊均可感染，羔羊较成年羊易感，妊娠母羊流产。羊痘在我国的发生几乎未间断过。2009年农业部公布我国共有上海、福建、甘肃、宁夏、新疆、青海、湖南、陕西、贵州、四川10个省份发生过羊痘，其中湖南、甘肃、青海和宁夏是羊痘发病的重灾区。羊痘是危害我国养羊业最严重的传染病之一。目前主要防控措施为强制性免疫接种。然而，羊痘疫苗的生产毒株没有“与时俱进”，防控效果有所下降。羊痘疫苗接种要求为皮内注射，技术含量相对较高，很多羊场（户）技术人员操作不到位，降低了疫苗免疫效果。另外，市场上羊痘抗体检测试剂盒的缺乏使得疫苗免疫效果评价不科学，导致了羊痘疫苗免疫程序具有很大程度的盲目性。

3. 羊传染性胸膜肺炎

羊传染性胸膜肺炎发病率为22%～30%，有的高达60%～80%，死亡率为15%～30%。该病的危害除了直接导致羊死亡和母羊流产造成的损失外，最主要的是由于羊慢性的肺部病变导致饲料转化率的降低而造成的巨大隐形损失。近年来随着我国养羊业的迅速发展，该病的流行区域扩大，迄今已有甘肃、宁夏、新疆、青海、四川、贵州、广西、河北、辽宁、内蒙古、江苏、湖南、河南等10余个省份报道有该病的发生和流行，加之该病的继发感染和混合感染严重，给我国的养羊业带来了巨大的经济损失。羊传染性胸膜肺炎的防治面临较大困难，主要原因是其病原复杂，同一种支原体容易发生抗原差异。我国流行的优势病原为丝状支原体山羊亚种和绵羊肺炎支原体。丝状支原体山羊亚种和绵羊肺炎支原体之间缺乏交叉保护，但所致疾病症状非常相似，临床上很难区分，且常会混合感染，因此，应用单一病原制成的疫苗很难适应我国临床实际。目前支原体肺炎疫苗市场供应严重短缺，无商品化的抗原、抗体检测试剂盒。虽然相关疫苗已经取得了新兽药证书，由于生产成本过高、市场需求量有限，企业不愿意进行规模化批量生产，建议政府通过政策倾斜或资金引导的形式进行疫苗生产，满足临床实际需要。

4. 羊口疮

羊口疮主要危害羔羊，表现为急性接触性传染，特征是患病羊口腔黏膜出现红斑丘疹、水疱、结缔组织增生，形成疣状厚痂。本病影响羊只采食，使羔羊生长发育迟缓，严重者造成死亡，给养羊业造成一定损失。20世纪80年代该病在我国危害非常严重，青海5个自治州的20多个县，甘肃天祝、武威、山丹、永昌、夏河等地，以及西藏、新疆、辽宁、江西、黑龙江、河北等都报道过该病的发生和流行。近几年，全国各地又广泛出现该病而且有病例增加趋势，如内蒙古、广西、山西、福建、吉林、北京、江苏等相继出现病例。目前市场上无相关疫苗供应，抗原、抗体检测试剂盒也处于实验室研发阶段，针对该病的防控手段几乎空白。

5. 绵羊肺腺瘤

绵羊肺腺瘤是由绵羊肺腺瘤病毒引起的一种慢性、接触传染性肺脏肿瘤病。病羊经常表现为消瘦，咳嗽，呼吸困难，终归死亡。各种品种和年龄的绵羊均能发病，临床发病多为2～4岁的绵羊，2岁以内的绵羊较少出现症状。病羊是主要传染源，发病率为2%～5%，死亡率为100%。羊群拥挤，尤其在密闭的圈舍中，有利于本病的传播。气候寒冷，可使病情加重，也容易引起感染绵羊继发细菌性肺炎，致使病程缩短，死亡增多。本病在我国山东、内蒙古、新疆、甘肃、青海及辽宁、吉林和黑龙江等地时有发生，给养羊业带来严重的经济损失。由于绵羊肺腺瘤病毒属于一种反转录病毒，不能在体外培养，疫苗研制开展困难，且至今尚未发现有抗体应答，因此，未能建立起任何血清学诊断程序。目前主要采取淘汰病群、加强检疫和消毒、对症治疗等措施进行防治。

（三）马病防控现状

在重要马传染病如马传染性贫血和马鼻疽的防控方面，我国经过几十年的巨大投入和艰苦努力，在全国大部分地区实现了有效控制，部分省份基本净化。20 世纪 90 年代以来，随着我国养马业的结构转换和马匹流通频率的增加，马传染性疾病的发生和流行出现了一些新的情况和规律，使得我国马病防控面临新的问题。我国马业正在迅速从原先的农业和军事用马向娱乐业、竞技业用马转型。竞技娱乐用马的特点是马匹交流频繁，容易引发疫情局部或大规模暴发。各国在历史上多次出现过由于疫病流行而导致马术赛事取消，最终造成巨大经济损失和社会影响的事例。如 2007 年澳大利亚的马流感疫情暴发，导致间接经济损失超过 10 亿澳元。我国在近些年注重兽医体系建设，2008 年奥运会、2010 年亚运会和 2011 年世界大学生运动会等国际大型赛事马术项目的顺利进行，显示了我国在马病防控方面执行能力的全面提升。2010 年，广州从化地区建立了我国第一个 OIE 认可的无特定马疫病区，为进一步开展国际马匹贸易和交流提供了平台。

1. 马传染性贫血和马鼻疽

我国一直注重马传染性贫血和马鼻疽的综合防控工作。1974 年，中国农业科学院哈尔滨兽医研究所成功研制了马传染性贫血诊断液和疫苗并在全国进行应用。1985 年，我国基本控制了马传染性贫血疫情，为国家减少经济损失 70 多亿元。在 20 世纪 80 年代后期，国家启动了马传染性贫血和马鼻疽的综合监测和防控计划，结合对阳性马的扑杀等措施，使得很多地区马传染性贫血达到了控制和净化标准。2011 年仅有新疆和静县报告检出马传染性贫血阳性马 17 匹，并进行了扑杀和无害化处理。到 20 世纪 90 年代末，马鼻疽得到控制，新疆、甘肃、宁夏等养马大省达到了部颁消灭标准。截至 2011 年，常规检查马鼻疽未发现阳性病例。

目前，我国制订的马传染性贫血防控和考核验收方案取得了阶段性的进展，为加快消灭马传染性贫血提供了良好的经验。根据我国政府对马传染性贫血和马鼻疽防控的计划和要求，争取在一定时间内使得马传染性贫血达到净化、消灭的目标。

2. 新发马传染性疾病

除马传染性贫血、马鼻疽外，马属动物还存在10余种疾病，包括非洲马瘟、马病毒性动脉炎、马鼻肺炎、马流感、马媾疫、马子宫炎、马脑脊髓炎、马梨形虫病、马流行性淋巴管炎、日本乙型脑炎等，这些疾病均具有较强的传染性。中国农业科学院哈尔滨兽医研究所在2009年对我国部分地区马属动物近600份样品的血清学调查中已经发现了马病毒性动脉炎、马鼻肺炎、马流感、日本乙型脑炎阳性血清（图3-1），阳性率从7.8%到94.5%不等，可以证明我国马匹中可能存在过去未引起检疫部门重视的马病病原。

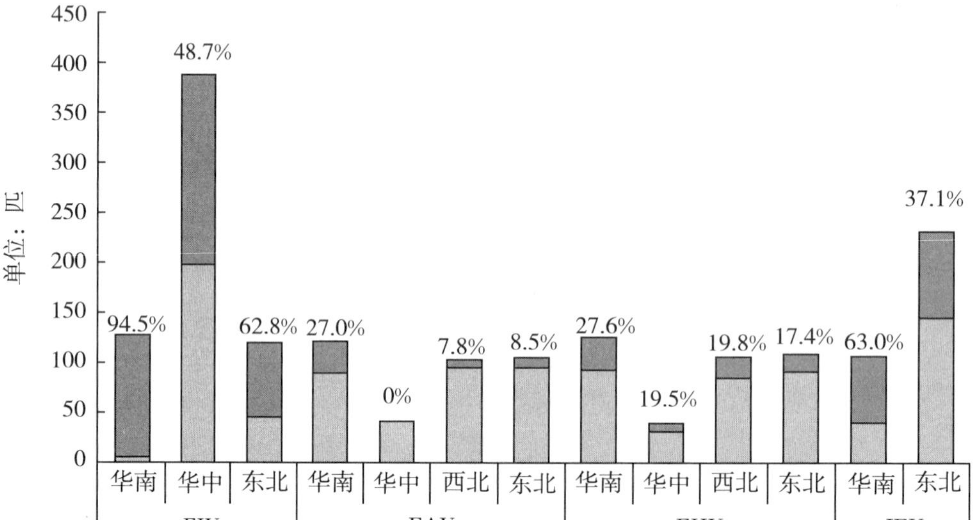

	华南	华中	东北	华南	华中	西北	东北	华南	华中	西北	东北	华南	东北
	EIV			EAV				EHV				JEV	
■阳性	120	189	76	33	0	8	9	35	8	21	19	68	86
□阴性	7	199	45	89	41	95	97	92	33	85	90	40	146

图3-1　2009年马流感（EI）、马病毒性动脉炎（EVA）、马鼻肺炎（ER）、日本乙型脑炎（JE）血清检测结果统计

马流感是我国马属动物最常见的传染病之一，马流感的流行大多发生在我国北方地区。该病传播速度快，影响面积广。以2007年疫情为例，2007年10月我国新疆首次报道发生马流感疫情，疫情迅速传播，至2008年初，中国农业

科学院哈尔滨兽医研究所从全国 7 个省份分离到马流感病毒，血清学调查显示，本次流感影响了全国大部分有马匹饲养的地区。2007—2011 年，马流感间歇性暴发和流行。

二、目前存在的主要问题

（一）牛病防控存在的主要问题

1. 重大疫病流行病学家底不清

我国对重大疫病缺少全国性的、连续持久的流行病学监测，以致缺少重大疫病流行病学数据，这在很大程度上严重妨碍了疫病控制和根除计划的制订与实施。尤其在活畜和畜产品运输环节，重大疫病的监管及相应的流行病学调查漏洞较大。如 2009 年 Asia1 型口蹄疫调查表明，大部分疫情与动物交易及长途贩运有关，异地调运的牛到达目的地后发生疫情。

2. 不能普遍进行免疫后评价

这是由管理与技术缺陷两方面的原因造成的。国家只对口蹄疫实行免疫监测计划，抗体监测由兽医防疫部门执行。由于检测工作量过大，防疫部门只能进行抽检。如果能将检测任务向社会上有条件的实验室开放，则将大大提高监测效果。国家允许在布鲁氏菌病疫区实行计划免疫，但由于使用的不是标记疫苗，且布鲁氏菌依靠细胞免疫提供免疫保护，无法用常规血清学方法进行免疫效果评价。

3. 牛用诊断与疾病防控产品短缺

牛用诊断产品非常少。2007 年我国企业生产的生物制品有 164 种，其中疫苗 155 种，血清和诊断液等其他类制品只有 9 种，诊断制品主要是口蹄疫诊断试剂，其他疾病的诊断产品几乎是空白。现有疫苗主要针对口蹄疫等少数重大传染病。如 2001—2005 年全国各大类动物保健品销售所占的比重分别为：猪用产品大约占 50%，鸡用产品占 40%，牛和其他动物用产品合计占 10%。2005

年我国动物疫苗生产情况是：鸡用疫苗占89%，猪用疫苗占10%，牛等其他动物用疫苗只占1%。

4. 流动牛群的检疫与监管力度小

随着我国饲养模式的多元化和现代养牛业的规模化、集约化和专门化，引种、销售、育肥、屠宰等需要运输的环节越来越多，牛群的国内外流动日益频繁。我国尚未在全国范围内实行动物注册与可追溯系统，动物流动时难以准确获取来源地和动物本身的防疫信息。由于重大疫病扑杀补偿标准过低，中央财政、地方财政和养殖业主间分担扑杀损失的比例欠合理，养殖业主常设法将检疫对象阳性的动物（如结核病阳性牛）在市场上销售，造成疫病的人为扩散；市场检疫不严，检疫人员不认真检疫的现象时有发生。

5. 境外疫情的传入和病毒变异造成我国牛病流行形势复杂化

监测表明，我国流行的口蹄疫病毒绝大多数源自境外。境外流行毒株进入我国后会迅速传播，并发生适应性变异，形成持续流行和跨种感染。如何防止境外口蹄疫的传入是当前首要解决的问题。经过对流行毒株的遗传关系、免疫关系和致病特性分析，我国的流行毒株在发生着程度不同的变异，其中抗原变异和致病性变异对防控工作影响很大。

6. 持续感染

以口蹄疫为例，调查发现很多地区存在牛口蹄疫病毒持续带毒情况，其形成原因包括免疫动物无症状感染形成的持续带毒，发病动物康复后持续带毒。动物的持续带毒通常可保持数月，长的可达数年，并且以较低水平向环境散毒，成为新的传染源。由于持续感染是口蹄疫病毒的一个重要特性，通过接种疫苗、加强体液免疫并不能阻止持续感染的形成和脱毒，故造成养殖环境的污染，难以在短期内净化的局面。

7. 缺乏重大疫病根除、控制计划

虽然我国对牛口蹄疫执行强制免疫政策，对牛结核病实行检疫—扑杀政策，并就口蹄疫、结核病、布鲁氏菌病等实施全国性的监测方案，但尚未就任何疾病提出明确的根除或控制计划。加之缺少准确的流行病学数据，即使提出某些疾病的根除或控制计划，也很难对这些计划进行成本效益分析，以确定最为合适有效的计划。缺少全国性的防控计划与目标，导致防控行为盲目且被

动，这无疑是阻碍我国重大疫病防控进程的重要原因之一。

（二）羊病防控存在的主要问题

1. 部分羊用疫苗无法满足市场需求，出现一“苗”难求的局面

除口蹄疫疫苗能完全满足养羊市场需求外（羊口蹄疫为法定强制免疫），绝大部分动物生物制品企业以追求利润为目的，从市场需求角度出发，很少生产甚至停止生产羊用疫苗［相对于猪和牛而言，羊的存栏量较少（牧区除外）］，使得羊用疫苗无法满足市场需求。如对规模化养羊业危害十分严重的羊传染性胸膜肺炎、羊口疮疫苗等，市场供应严重短缺。

2. 科研投入不足，研发力量薄弱

因养殖数量有限，行政主管部门对羊病重视不够，使得公益性科研资金投入严重不足，针对羊病基础研究的科研力量极为薄弱甚至没有。目前，除有口蹄疫商品化抗原、抗体检测试剂盒外，很少或没有其他羊传染病抗原、抗体快速检测试剂盒。例如，目前我国使用的羊布鲁氏菌病检疫技术，主要为经典的平板凝集试验和试管凝集试验，该方法不能区分疫苗免疫抗体与野毒感染抗体，因此，在接种布鲁氏菌病疫苗的地区，普查或监测布鲁氏菌病变得十分困难。而布鲁氏菌病流行区必须全面接种布鲁氏菌病疫苗，针对这一情况研制新型、安全、有效的疫苗和配套的有鉴别功能的诊断方法，非常必要，迫在眉睫。

同时由于科研经费投入严重不足，未能实现用于制苗生产的菌（毒）株的及时更新，加上病原体的不断变异，疫苗保护效率有所下降。如在云南调研时发现羊传染性胸膜肺炎灭活疫苗免疫效果不佳，保护率仅为20%左右。与此同时由于抗体检测技术的缺失和无法大面积的临床推广应用，养殖户（企业）疫苗免疫效果无法衡量而使得疫苗免疫成为“心理平衡”。由于没有高效的抗体检测试剂盒，使得羊病疫苗免疫程序制定的根据和科学性无从谈起。因此，针对羊病公益性科研投入不足，抗原、抗体检测试剂盒研发及应用落后，已经成为制约我国羊病预防和控制的瓶颈。

3. 养殖过程不规范导致疾病常态化

调研组通过走访养殖户（场）发现，几乎所有养殖（户）均未实行严格的

人员出入消毒措施，日常环境消毒和疾病预防为主的观念很淡或没有，认为羊一般无大病。例如，调查发现在甘肃省西部地区部分养殖户，甚至个别养殖企业把猪、牛、羊混合饲养；青海牧区的部分养殖户除村级兽医主动上门免疫口蹄疫疫苗外，其他一切疾病顺其自然，导致羊病常态化。

4. 饲养模式的转变导致疾病流行规律的改变

随着农区规模化养羊业的不断发展和牧区每家每户养殖数量的不断增加，以前每家每户的几十头规模逐渐被上百头甚至更大规模的养殖量所代替，而且在农区从一家一户的散养到集约化、规模化饲养是一种发展的必然趋势。随着养殖量的增加、饲养方式的改变，羊病的流行和危害也发生了变化，如在散养中很少发生的羊传染性胸膜肺炎、羊口疮已经成为危害规模化羊场的主要疾病。

5. 基层兽医技术力量薄弱，羊病诊断技术落后

通过调研发现，基层养殖场（户）无专职兽医。如在山西调查了4个羊场，其中2个羊场没有专职兽医；在宁夏调研时发现，2个肉羊养殖场均未设置驻场专职兽医。对青海牧区危害严重的寄生虫病，由于基层技术力量薄弱，加上无相应的检测试剂盒可以使用，当地兽医技术人员只知道是寄生虫病，但具体病原是哪一种寄生虫并不清楚。调研组在北京地区调研时也发现，羊场流行的寄生虫病危害较为严重，养殖者却不知具体病原（虫种），盲目使用广谱驱虫药驱虫。以此类推，其他羊的传染病如羊痘、羊口疮、羊衣原体性流产、羊弓形虫病等在本地区或本场是否存在，也不十分清楚，日常监测和常见病检查由饲养人员代替，这种状况难免会出现误诊、漏诊等情况，无法保障养羊业的健康发展。

6. 政府补贴力度不够导致有些疾病防控难

根据相关法律法规的规定，羊口蹄疫、布鲁氏菌病及结核病等必须扑杀发病动物和阳性带毒（菌）动物，由于政府出台的相关补贴标准和当时的市场价相差很远，农户（企业）扑杀的积极性不高，甚至为了逃避扑杀，减小损失而违反法律法规，不上报疫情。这些未被扑杀的“漏网之鱼”给疫病的下一次暴发和流行埋下了伏笔，增加了疫病防控的难度，也使得疫病控制和净化成为“纸上谈兵”。

（三）马病防控存在的主要问题

1. 马病流行的现状不明

OIE 公告，20 世纪末、21 世纪初的 10 余年，世界不同地区不同时间发生过 10 余种马病疫情，即使是欧美等发达国家也时常发生各种马病，而我国除了 2007—2008 年有马流感的公告外，其余马病均为空白，但这并不能说明我国不存在其他马病，如前文提到 2009 年对我国部分地区马属动物的血清学调查表明，可能很多马病在我国存在，但是由于马病防控体系尚未完善，无法进行有效的流行病学调查，因此，很多常见马病在我国的流行情况并不明确，这也会严重影响我国马病的防控。

2. 缺乏马病防控生物制品

欧美等马产业发达国家对马病防控制剂的研究、生产均很完善。目前，针对非洲马瘟、马病毒性动脉炎、马鼻肺炎、马流感、马媾疫、马子宫炎、马脑脊髓炎、马梨形虫病、马流行性淋巴管炎、日本乙型脑炎等疾病，均有产品化的诊断试剂，而且有 OIE 认证的参考实验室。我国由于没有标准的诊断试剂，因此，出入境检疫部门对马样品的检测只能使用国外非常昂贵的商品化诊断试剂盒，以瑞典生产的马鼻肺炎Ⅰ、Ⅳ型诊断试剂盒为例，使用该试剂盒检测单个样品的费用为 100 元人民币，而马匹流通需检测的马病往往需 3 种以上，高标准的马术赛事要求则更加严格，2008 年北京奥运会期间参赛马完成各类规定马病的检测任务后，总费用高达 200 美元/匹。这提示我们必须自主开发马病诊断制剂，除满足本国的检测需要外，也可出口创汇。

3. 马病诊断标准的实用性有待完善

马流感等马病的诊断均有相应的国家标准或行业标准，但是，多限于书面标准，而且部分套用国外的诊断标准，部分缺乏标准阴、阳性对照品，即使在专业的实验室，仍较难实现，因此，有必要对现行的马病诊断标准进行修订，完善其实用性。在现有马病诊断方法中，我国得到国外同行认可的仅有中国农业科学院哈尔滨兽医研究所的马传染性贫血琼脂扩散试验，在国内可以做马病诊断的实验室为数不多，而且多是使用国外进口试剂进行确诊，部分实验室已经着手研制自主的诊断试剂（如中国农业科学院哈尔滨兽医研究所研制的马流感、马病毒性动脉炎、马鼻肺炎、日本乙型脑炎等诊断试剂），但距离达到市场商品化还有相当的差距。为使马病诊断标准和国产试剂更加完善，需要国家有关部门的大力扶持。

4. 缺乏马病诊断参考实验室

至 2011 年，我国仅在中国农业科学院哈尔滨兽医研究所拥有一个 OIE 马传染性贫血参考实验室，其他各类马病均无国家或省部级参考实验室。由于缺乏参考实验室，对很多马病无法提供能够被广泛认可的确诊证明，也限制了病原的及时发现。而且，我国缺乏代表性毒株的积累，不利于建立标准的阴、阳性对照品。标准毒株的积累绝非一朝一夕能够做到的，必须有长久积累。虽然国内专业从事马病研究的实验室不多，但这正利于重新整合并定位，建立标准化的马病研究开放实验室，使研究资源合理利用，并为地方检疫部门提供有效的技术支持和服务。

5. 马产业从业者信息交流不畅

我国目前缺乏马产业从业者的有效组织联系，从业者缺乏信息交流的平台，无法及时对突发的马病进行防控。以 2007 年发生的马流感疫情为例，从 2007 年 10 月新疆首次报道病例开始，至 2008 年 6 月已经蔓延至我国大部分地区，其重要原因是本地发生了疫情，但由于信息不通畅，邻近地区不了解情况，仍有马匹流通，导致更多动物感染。

三、国外牛、羊、马病防控经验与启示

发达国家的牛、羊、马重要疫病已基本消灭，如牛结核、牛口蹄疫、牛布鲁氏菌病、痒病、马传染性贫血等。美国是世界上第一个着手消灭牛结核病的国家，1917 年开始，直至 1957 年才宣布为无结核病牛群（表 3－1）。由于其他动物也易感结核杆菌，特别是野生动物和观赏动物的结核病的存在，甚至是人类结核病的存在，随时有感染牛的可能性，因此，美国的牛群仍需不断地接受检疫并被置于高度的警惕之中。虽然欧盟于 20 世纪 50 年代签署了控制牛结核病的贸易协定，但迄今为止，发展仍不平衡，北欧国家基本消灭了牛结核病，中欧国家处于控制状态，南欧国家如西班牙、葡萄牙等仍流行严重。加拿大、澳大利亚、新西兰等均已消灭了牛结核病。口蹄疫首次发现于 1514 年，在世界许多地区都曾广泛流行，到 20 世纪末，澳大利亚、新西兰、日本、美国、加拿大、英国已报道消灭了口蹄疫。

表 3－1　已控制或消灭牛结核病的国家

地　区	消灭牛结核病国家	控制牛结核国家
亚洲		日本
欧洲	丹麦、比利时、挪威、德国、荷兰、瑞典、芬兰、卢森堡	英国、法国
北美洲	美国、加拿大	
拉丁美洲和加勒比海		
非洲		
大洋洲	澳大利亚	

我国是 FAO 和 WTO 的成员，2007 年 5 月又在 OIE 恢复行使权力。兽医

领域和其他领域一样，发达国家是国际规则的制定者，通常情况下也是国际规则的良好实践者。从这个意义上讲，发达国家的疫病防控战略可视为全球动物疫病防控战略的缩影和具体化。研究发达国家动物疫病防控战略，对制定我国动物疫病防控战略，以及制定实施动物疫病消灭计划具有良好的借鉴意义。

畜牧业发达国家的动物疫病防控战略和全球动物疫病防控战略基本是一致的，通常从三个方面入手：一是稳步控制消灭（净化）国内常发疫情；二是快速消灭国内突发疫情；三是严把国门，防止外来疫情传入。三种策略并举，疫病控制效果良好。

（一）稳步实施动物疫病监控和消灭计划，逐步消灭国内重大常发疫情

一些慢性病如布鲁氏菌病、结核病、马传染性贫血等，一旦在全国范围内流行，可能长期存在，从而对畜牧业造成巨大的危害，甚至影响公共卫生安全。为此，一些畜牧业发达国家十分重视这些疫病的监控和消灭工作，并在长期实践中总结出了对付这些疫病的经验，即稳步提出疫病监控和消灭计划，科学制定疫病消灭方案，通过加强疾病监测和推行疫病分区管理等强制手段，最终获得全国无特定动物疫病状态。

1. 稳步提出疫病控制和消灭计划

控制和消灭任一种动物疫病涉及多方面因素，如疫病特征及流行状况、国家财力情况、兽医人员队伍素质、疫病诊断和防治水平等，故消灭工作非常困难，疫病监控和消灭计划也应综合考虑上述因素稳步提出。同期内同时提出多种疫病的监控和消灭计划，或期望在短期内消灭某一疫病，若财力、人力或疫病诊断和防治水平达不到，则不可能达到预期效果。美国和澳大利亚等畜牧业发达国家在提出疫病消灭计划时显得非常实际，他们通常是每隔几年才提出一种疫病消灭计划，而非同时提出多种疫病消灭计划。如美国近 50 年来仅对 10 余种动物疫病提出了监控和消灭计划，其中痒病、结核病、布鲁氏菌病、马传染性贫血已基本达到消灭的目标。澳大利亚也是如此，正在或已经开展的监控计划只有无结核病认证计划（TFAP）、副结核病控制计划及布鲁氏菌病监控计划等几项。在上述计划中，结核病和布鲁氏菌病的控制目标已基本达到，已有 5 年以上没有发现上述临床病例。

2. 科学制定并严格实施疫病监控和消灭计划

严格疫病监测制度，以疫病主动监测结果引导疫病监控和消灭计划的稳步推进。美国和澳大利亚推行的疫病消灭计划通常包含如下几个过程：疫病普查（监测）→感染群清群→目标群监测→无感染群→持续监测→保持无感染群→疫病消灭。从疫情消灭行动开始到疫情消灭，始终以疫情监测结果为依据，引导下一步的行动计划，从而保持行动的科学性。美国于2005年修订了《牛结核病根除法案》，该法案制定了国家统一的方法和规定。美国将全国划分为5种地区，分别为验收洁净区域、先进改良验收区域、改良验收区域、预备验收区域和非验收区域。不同的区域实行不同的检疫程序和家畜流动控制政策。美国对牛结核病进行牛群验收工作，通常情况下，一个牛群至少通过了连续的2次的间隔为9～15个月的官方结核检疫，成为“验收牛群”。在先进改良验收区域和验收洁净区域内，通过每2年检疫1次的检疫能成为合格牛群；在预备验收区域和改良验收区域内，必须经过年度检疫才能成为合格牛群。美国实施了严密的流行病学监测政策。所有的牛结核阳性家畜均要在左侧臀部烙印上“T”，只能用于屠宰；所有紧密接触家畜均要烙印上“S”，也要屠宰。阳性家畜所在的畜群要限制移动。

严格推行区域化管理和市场准入制度，逐步实现在全国范围内消灭某种动物疫病。实施疫病区域化管理，是美国和澳大利亚实现消灭牛、羊、马等重大疫情的重要手段。欧盟作为多个国家的联合体更是如此。另外，美国和澳大利亚也是OIE《国际动物卫生法典》和WTO-SPS协议中提及疫病区域化管理的发起国。实施区域化管理的实质在于疫病消灭省/州/成员（国）的相应动物和动物产品可以不受该病的影响而自由流通，而疫情发生省/州/成员（国）的相应动物和动物产品不可进入其他省/州/成员（国）流通。其目的有二，一是通过区域化管理限制发病动物流通，防止疫情扩散，这是根本；二是通过市场准入促进发病省/州/成员（国）加速疫情消灭进程，达到市场准入条件，从而在全国范围内达到消灭疫病的目的。美国对已消灭某种疫病的州颁布《无特定动物疫病州证书》，值得借鉴。

泰国、巴西、智利、阿根廷等国家近年来投入大量人力、物力对动物疫病实行区域化管理，开展无疫区建设，有效控制和消灭了口蹄疫等重大动物疫病，通过了欧美等贸易国的评估认可。实行动物疫病区域化管理是国际通行做法，是由OIE倡导，被世界大多数国家所认可，并经实践证明是行之有效的措施，对在一定区域内实现动物疫病控制和扑灭，促进动物及动物产品贸易，保障畜牧业健康发展和公共卫生安全，意义重大。

（二）实施紧急动物疫情反应计划，确保实现突发疫情的快速扑灭

从美国、澳大利亚等畜牧业发达国家的具体做法来看，其成功之处体现在以下几个方面。

1. 设立专门机构，确保应急反应组织得当

无论美国、澳大利亚和欧盟成员国都设有负责紧急动物疫病反应的专门组织。如美国农业部动植物卫生检疫局（APHIS）专设了紧急动物疫病反应指挥部（EPS），具体负责紧急疫病扑灭工作。此外，APHIS还在动物卫生与流行病学中心（CEAH）内部设立了紧急疫情中心（CEI），专门负责紧急疫情的分析工作。

2. 制定科学详细的紧急反应方案，为组织紧急反应提供行动指南

畜牧业发达国家十分注重应急方案的制订工作，欧盟30年前就已经开始制定紧急反应方案，如73/53/EEC、79/511/EEC、80/217/EEC、85/511/EEC等指令中就详细规定了牛传染性胸膜肺炎、口蹄疫、牛瘟等多种动物疫病发生后的具体反应措施。澳大利亚和新西兰也是如此，澳大利亚的紧急反应方案最为全面，涉及动物疫病44种，详见《澳大利亚兽医应急方案（The Australian Veterinary Emergency Plan，AUSVETPLAN)》。

3. 做好应急物资和技术储备，确保应急物资及时到位

应急物资储备如疫苗、诊断试剂、消毒药物、相关器械等，以及相关技术储备如诊断技术、疫苗制备技术等，对于外来病、突发病及新发病的紧急扑灭工作均具有极其重要的作用。

4. 实施赔偿制度，为处理紧急疫情提供有效保障

处理紧急动物疫情时，扑杀政策是必不可少的。而扑杀政策顺利实施的前提便是给畜主以合理的赔偿。欧盟指令、美国《紧急动物疫病反应指南》和《澳大利亚兽医紧急反应方案》中都规定了赔偿制度，赔偿数量的多少应由独立的评估专家对饲养场的损失进行专门评估。如英国发生口蹄疫疫情时就是如此，由于政府扑杀口蹄疫病畜时给予全额赔偿，许多农场主一经发现可疑疫情

便迅速上报，从而为政府掌握疫情趋势奠定了基础。

5. 快速组织应急反应措施，确保疫情在最短时间内彻底扑灭

由于具有常设的紧急疫情反应机构（如美国 EPS）、科学的应急反应方案、完善的物质和技术储备，并实施赔偿制度，美国、欧盟、澳大利亚等在处理紧急疫情时就显得相对较为从容。如以美国为例，一经发现可疑疫情，他们通常按照《应急行动指南》规定的程序进行操作，确保疫情在最短时间内彻底扑灭。

（三）严格进口风险评估和入境检验检疫制度，确保将外来疫情拒之门外

从美国、澳大利亚、新西兰和欧盟成员国等畜牧业发达国家的进出境检验检疫体系看，为控制外来病传入，他们普遍采取三方面的措施：一是在进口动物及动物产品前，先行开展风险分析和评估，降低疫病传入风险；二是在进口动物及动物产品过程中，严格进口管理工作，杜绝外来病传入；三是在进口动物及动物产品后，严格实施疫病追踪，及时发现可能发生的动物疫病。

四、牛、羊、马病防控战略构想

（一）总体目标

重视并加强牛、羊、马重大疫病的防控工作，制定疫病防控中长期策略，建立健全我国牛、羊、马重大疫病应对机制、预案体系，坚持早期预防、及时预警、快速反应、有效控制的原则，不断提高应急处置能力，防止疫病的发生及流行，消灭口蹄疫、绵羊痘和山羊痘等一类传染病和布鲁氏菌病、牛结核病、马传染性贫血及马鼻疽等二类传染病，全面控制其他二类传染病，赶上和接近发达国家水平。

（二）具体目标

1. 用15～20年的时间消灭口蹄疫、痒病、小反刍兽疫、绵羊痘和山羊痘等一类传染病和布鲁氏菌病，与国际接轨，消除国际贸易技术壁垒，使我国产品能大量走向国际市场，提高国际竞争力。

以控制口蹄疫为例，根据目前我国各省份控制措施的到位程度、疫情的流行形势、自然屏障、社会发展状况等因素，按照分区域、分型别、分阶段的方式逐步推进。对于A型口蹄疫，到2020年达到免疫无疫标准。对于Asia1型口蹄疫，到2020年全国达到非免疫无疫标准。对于O型口蹄疫，到2020年时，海南岛、辽东半岛、胶东半岛达到非免疫无疫标准，北京、天津、辽宁（不含辽东半岛）、吉林、黑龙江、上海达到免疫无疫标准，其他区域维持控制标准。

2. 用25年左右的时间控制牛结核病等15个二类传染病，用30年左右的时间将牛常发病控制在较低水平，牛病监测、预警预报和应急反应能力达到发达国家水平，以保障动物和人的健康，提高人民健康水平和养殖业经济效益。

3. 按照我国马传染病综合防控规划，计划在2020年实现全国范围内消灭马传染性贫血和马鼻疽，并向国际社会通报，积极争取国际社会认可。在5～10年内建立1～2个新的区域性无特定马疫病区，实现兽医执业能力的全面提升。

五、牛、羊、马病防控建议

（一）牛病防控建议

1. 我国牛病防控发展趋势

（1）重大动物疫病的防控将走向国际化　随着人口增长，耕地减少，畜牧业养殖技术的发展，我国养牛业将加速现代化建设进程，体现在其向规模化、专门化和标准化转变速度加快，以减少土地占有量，提高经济效益。由于高密度大群体饲养，疾病发生与传播的风险加大。

随着全球经济一体化与自由国际贸易进程的深入，包括牛及牛产品在内的我国动物产品的国际贸易量将进一步提高。与此同时，发达国家由于人口与土地的压力，也需要发展中国家为其提供动物蛋白质食物资源。相应地，发达国家将对发展中国家的动物疫病控制提出高要求，迫使其提高动物疫病防控水平，最终能向国际社会提供安全的动物食品。因此，重大动物疫病的防控必将走向国际化，已不再是某个国家的内部事务。一些国际机构如 OIE 或 FAO 将成为全球重大动物疫病防控的领导，我国已经是 OIE 和 FAO 的成员（国），当然也必须接受其领导。

（2）国内重大动物疫病的根除计划已提上议事日程　一些重大牛病如口蹄疫、结核病和布鲁氏菌病等重大动物疫病和人兽共患病已在许多发达国家得到有效控制乃至消灭。为了减少这些传染病对其他国家的威胁，如 WHO 启动全球结核病控制计划一样，OIE 等在不久的将来可能启动全球性的口蹄疫等动物重大疫病控制根除计划。OIE 已经建立了全球性的疫病监测网络，规定了必须通报疫病名录，掌握有成员（国）的动物疫病流行病资料，编辑了《国际动物卫生法典》和一些重大疫病的检测与免疫指南，具备了启动类似计划的条件。因此，我国应该顺应动物疫病防控的国际发展趋势，统筹制定我国重大动物疫病防控的一揽子规划，并逐步加以实施，在重大疫病防控方面与国际接轨，提升国际竞争力。

（3）重视常发疫病的防控　虽然重大传染病一旦发生，损失往往十分惨重，但常发疫病的损失日积月累，其所造成的经济损失也不可忽视。从我国牛病的调研结果表明，各牛场的医疗支出差异很大，支出费用大的主要是常发疫病的支出，如肉牛支原体肺炎、奶牛乳腺炎、牛病毒性腹泻—黏膜病等。同时，由于常发病的研究投入少，相应的科研成果更少，因此，临床上普遍反映缺少简便、适用、快速、灵敏的诊断方法与安全高效的防治产品。

2. 牛病防控措施

（1）增加科技投入，促进牛病防控技术研发与成果转化　据统计，我国科技创新和推广对养殖业发展的贡献率已达50%，但与发达国家70%这一平均水平相距甚远。在各种畜种中，养牛业的科技投入又处于较低水平，如我国肉牛规模化养殖场的比例只占5%左右，农户散养和小规模养殖的技术投入很少，养殖效率低，疫病损失大。另一方面，牛病防控的国有产品很少，只有口蹄疫疫苗等少数几种疫苗，诊断试剂主要依靠进口，监测和检疫手段缺少，轻简化技术和产品奇缺，多种危害严重的疾病的流行病学家底不清，致病和免疫机理研究很少。其根本原因是科技投入不足，导致牛病防控理论和技术研发及成果转化进程缓慢。虽然我国在近年来明显提高了牛病防控的科研立项和经费投入，但由于前期研究基础过于薄弱，且牛是高价值动物，相关实验研究的成本很高，目前的科技投入远不能适应养牛业发展的实际需求。

（2）完善重大疾病控制净化计划，加速重大疾病净化进程　我国消灭了牛瘟和牛肺疫，这一成绩让世界瞩目。然而，整体说来，疫病防控的形势是，随着养殖规模扩大和国内外贸易增加，老病在继续危害且有上升趋势，新病不断出现。

发达国家的疫病控制净化经验表明，逐步实施疫病控制净化计划是有效防控动物疫病的重要手段。成功实施疫病控制净化计划是一系统工程，需要科技支撑，政策支持，法律、经费和人才保障，以及社会和企业配合等。一种疫病的净化，能有效带动其他疫病的控制，显著提高疫病防控整体水平的提高。

目前牛口蹄疫、布鲁氏菌病和结核病等是我国当前危害养牛业最重要的疫病，而牛支原体肺炎等常发疫病的危害也十分巨大。我国虽然已制定了重大疾病防控中长期计划，但疫病净化目标、实施进程和保障措施等尚需进一步明确。同时，常发疫病的防控也应该引起重视。

(3) 完善检疫监测体系，控制牛群移动，及时预警预报 牛群移动是导致疫病传播的重要原因，这一方面可能是运输应激激活了牛体内携带的病原因子，另一方面可能是牛群在混合和转运途中新感染了病原体。实时监测、早期预警和严格控制牛群移动是有效控制牛病的重要措施。然而，目前我国除了能对进口牛群实施严格的监测和隔离检疫外，国内牛群的转运基本无法实施暂养、隔离和检疫，这一方面缺乏快速准确的检疫监测手段，另一方面是目前牛群交易形式发生了很大变化，牛群在交易市场实行快进快去，检疫和监测技术条件不能满足快速通关的需要。

(4) 完善兽医防疫技术推广体系，建立牛病防治社会化服务体系 在基层推行牛病防控的正确理念和技术，包括技术指导、现场服务和技术培训等是有效防控牛病的关键。牛病防控的“最后一公里”，需要兽医防疫技术推广人员来完成。然而，由于我国基层兽医防疫人员待遇过低，基层兽医防疫单位疾病检测、诊断、治疗设备设施缺乏或过于简陋等原因，兽医防疫技术推广体系已面临工作效率低的问题，因此，有必要加强推广体系建设，提高基层牛病防控水平和能力。

与此同时，发达国家的经验表明，协会和执业兽医师诊所等社会力量可有效补充国家兽医防疫力量。我国成立了中国兽医协会，实行执业兽医制，深化兽医制度改革，允许地方成立兽医协会，支持执业兽医师开业，完善牛病防治社会化服务体系，可对兽医防疫技术推广体系进行有益补充。

3. 牛口蹄疫防控建议

(1) 免疫预防是核心措施 免疫是保证牛群不发生重大疫情的前提。如果没有免疫，以口蹄疫病毒固有的感染致病特性，必然形成暴发性大流行。当免疫牛群中存在一定数量免疫水平低下的牛时，这些牛可能会成为野毒感染的突破口。

目前，我国疫苗生产企业实行兽药GMP认证和疫苗生产批签发监管制度，在疫苗质量方面基本可以保证，但牛群的实际免疫状况并不是很理想，主要问题可能出在疫苗运输、保存和免疫实施环节。同时，免疫程序也影响到免疫效果。研究免疫程序是为了使疫苗的免疫更加科学、合理、经济，充分发挥疫苗效力。口蹄疫的免疫程序应根据牛的生长周期、疫苗效力、免疫持续期、疫病流行规律及严重程度制定。

根据国际上防控口蹄疫的成功经验，应根据具体情况，制订动态的口蹄疫免疫程序。例如，预防区域用每头剂3个PD50的疫苗免疫，初次接种采取两次接种的方法，而后每年接种2～3次；疫病流行区采用每头剂5个以上PD50

的疫苗，初次接种后，需要加强免疫 1 次，其后每 4 个月接种 1 次。目前我国部分地方仍是疫病流行区，应参考国际经验进行免疫。同时应重视其他控制措施，如扑杀、控制牛移动等的落实。仅依靠免疫易感牛，而不切断传播源及途径，达不到理想的防疫效果。

（2）扑杀病牛及同群牛是关键措施　病牛及其同群牛是最危险的传染源，迅速扑杀病牛及其同群牛是及时扑灭疫情、防止疫情扩散最关键的措施。处于口蹄疫潜伏期的牛，几乎所有组织、器官以及分泌物、排泄物等都含有口蹄疫病毒。病毒随同牛的乳汁、唾液、尿液、粪便、精液和呼出的气体等一起排放于外部环境，造成严重污染。扑杀病牛是因为病牛排毒，扑杀同群牛是因为同群牛可能已潜伏感染。同群牛感染后的潜伏期 2～14 天，在出现明显临床症状前就开始排毒。鉴于病牛及同群牛的危险性，应严格按照农业部《牲畜口蹄疫防治技术规范》进行扑杀，以保证无污染、无扩散、无隐患。

（3）严格控制疫源移动　传染源的移动是口蹄疫最普遍的传播方式。2001 年初英国口蹄疫暴发时，因正式宣布疫情与正式下令限制移动仅差 3 天，增加了 62 个疫点，使损失增加了 1/3～1/2。这说明，病例在地域上呈分散性分布时，限制移动与扑杀动物同样重要。我国口蹄疫的主要传播渠道是带毒动物及其产品的移动，对此环节的有效控制，是控制疫情的又一关键措施。特别是不表现明显症状的带毒活牛，因不易被察觉，移动后造成很大危害。

（4）加强诊断与监测工作　诊断与监测是利用技术手段准确掌握口蹄疫流行与免疫状况的科学方法，为防疫政策与措施制定提供依据，因而十分重要。

诊断目的是确定是否为口蹄疫和病毒血清型，快速准确的诊断结果对于及早采取有力的控制措施提供依据。

监测分为血清学监测、群体免疫水平监测、持续感染监测、分子流行病学监测和抗原漂移监测。血清学监测：对牛群自然感染状况的监测。对非免疫区采用病毒抗体检测方法，对灭活疫苗免疫区，采用病毒非结构蛋白抗体检测方法。通过该项监测，大则可了解全国或区域内的自然感染状况，以便于调整免疫计划；小则可以掌握场区内牛感染情况，以限制移动和局部净化。群体免疫水平监测：对牛群免疫抗体的监测，可了解牛群免疫水平，评价抗感染能力。采用病毒结构蛋白抗体检测方法。通过该项监测，可发现免疫力的动物，及时予以补免。持续感染监测：对牛群自然感染与带毒状况监测。采用 RT-PCR 检测方法或病毒分离方法。通过该项监测，可限制移动和局部净化。分子流行病学监测：用于流行毒之间遗传衍化关系研究，实施疫源分析与追踪，分析疫病流行规律和病毒变异规律。抗原漂移监测：分析疫苗株与流行毒之间的免疫关系值，评价疫苗免疫覆盖率，以便及时更换制苗种毒。

（5）完善防疫机制，建立保障有力的防控体系　以无口蹄疫国家为例，美国自从1929年来，一直没有发生过口蹄疫，是由于美国农业部动植物卫生检疫局（APHIS）有一个强大的防控体系，在检测和应对口蹄疫这样的外来疫病暴发时发挥着重要作用。同样日本农林水产省（MAFF）口蹄疫紧急处理部也建立了相同效应的防控体系。在口蹄疫一旦被确诊后，感染农场的所有动物在确诊的当日即被销毁，饲料、草垫、粪便等被深埋，农场的房屋和接触了感染动物的设备均进行消毒。为了防止口蹄疫疫情扩散，在感染牛场所在区域设立了移动控制区和监督区。并且，在暴发首例口蹄疫之后，日本农林水产省为及时发现新的病例，迅速在全国范围内开展监测，并启动相应的应急储备计划。实践证明，这些国家正是通过建立保障有力的防控体系而实现和维持无口蹄疫区的。

4. 疯牛病防控建议

建立疯牛病监测体系，将疯牛病列为法定报告的疾病。对临床兽医师和实验室诊断（包括组织病理学诊断）技术人员进行专业培训，使其掌握有关知识和技术。开展疯牛病的宣传教育，普及有关科学知识，提高广大人民群众的认识和执行防控措施的自觉性。禁止用反刍动物产品饲喂反刍动物。保证肉骨粉生产所用的工艺能有效灭活疯牛病病原因子。禁止从疯牛病发病国或高风险国进口活牛、牛胚胎和精液、脂肪、肉骨粉（或含肉骨粉的饲料）、牛肉、牛内脏及有关制品。有计划地对过去从疯牛病发病国进口的牛和以进口胚胎、精液生产的牛进行兽医卫生监控。规定对具有神经症状的病牛必须采取脑组织送指定的兽医诊断实验室作组织病理学检查。一旦发现可疑病牛，立即隔离、消毒并报告上级兽医机构，力争尽早确诊，确诊后扑杀所有病牛和可疑病牛，甚至整个牛群，并根据流行病学检查结果进一步采取措施。

（二）羊病防控建议

1. 政府通过政策或资金引导，扭转羊疫苗难以满足市场需求的局面

通过政府对企业的政策支持和资金补贴引导的方式，调动动物生物制品企业生产羊用疫苗的积极性，满足市场对羊用疫苗的需求，从而为羊病防控提供强大的物质支撑。例如，加大对规模化养羊业危害十分严重的羊传染性胸膜肺炎、羊口疮疫苗的研制，解决羊用疫苗市场供应严重短缺问题。

2. 加大羊病科研投入，加快检测试剂的研发和推广

羊病的基础性研究属于国家公益性事业，政府部门应通过加大科研投入，加快对养羊业危害严重疾病的基础性和应用性研究，研制相应的抗原、抗体检测试剂盒，推广试剂盒的临床应用，为羊病的快速诊断、疫苗免疫效果评价及免疫程序的制订提供有效的、便捷的工具。

3. 制定饲养标准和羊病综合防控技术规范，减少疾病发生和流行

制定不同区域、不同饲养模式下肉羊饲养标准，羊病综合防控技术规范，使得肉羊饲养过程统一化、规范化，疾病综合防控标准化。通过这两个标准的制定和严格执行，减少羊病的发生和流行。

4. 提高政府扑杀补贴标准，净化危害较为严重的疾病

国内外的疾病防控经验证实，要有效控制一种疫病必须有足够的资金支持。而提高动物扑杀补贴标准，扑杀并无害化处理发病动物和带毒（菌）动物是净化烈性、高度危害性传染病的必要条件。因此，建议政府提高肉羊扑杀补贴标准，为控制、净化严重危害肉羊业发展的疾病提供资金支持。

5. 增加基层兽医防疫人员数量，提高基层兽医防疫人员业务素质

基层兽医工作者，特别是农村兽医防疫人员和羊场兽医技术人员，是羊病防控的一线工作者和排头兵，他们人数的增加和业务素质的提高为防控羊病提供了人力保障和技术储备。因此，建议增加农村和羊场兽医防疫人员数量，定期举办培训班，提高其疫病防控能力，为羊病防控提供人员储备和技术支撑。

（三）马病防控建议

1. 建立国家参考实验室并充分发挥参考实验室职能

国家参考实验室或OIE参考实验室是执行对特定疫病的诊断和监测任务，对疫情进行确认的权威技术部门，同时可为国家制定疫病防控规划提供专家意见和建议。在马传染病方面，中国农业科学院哈尔滨兽医研究所马病研究实验室已经于2011年被认定为马传染性贫血OIE参考实验室，同时承担着马流感OIE参考实验室协作项目。我国应建立重要疫病国家参考实验室，在疫病防控

工作中赋予实验室特定的职能和权力，从技术层面保障防控工作的顺利进行。

2. 大力开展马病防控制剂的研究

在疫苗制剂方面，我国马传染性贫血弱毒疫苗虽然在国内得到了成功应用，但是，由于马传染性贫血病毒可在免疫马体内存活，目前国际上对马传染性贫血的防治以扑杀为主，已不使用疫苗。但对其他马病疫苗的需求仍然很大，如非洲马瘟、马病毒性动脉炎、马鼻肺炎、马流感、马脑脊髓炎、日本乙型脑炎等病毒性疾病疫苗的需求量大，因此，我国应大力开展马病防控制剂的研究。我国在2008年奥运会前引进了部分法国生产的马流感疫苗，免疫费用高达300美元/匹。今后，我国将不断举办各类国际赛事，国际化的马术运动也必将纷纷落户中国，为了保证马术运动顺利开展，京津地区、长江三角洲、珠江三角洲等地区纷纷制定了无马疫病区计划，对马病预防和免疫制剂将有很大的需求。

中国农业科学院哈尔滨兽医研究所自发明马传染性贫血疫苗和诊断试剂以来，于21世纪初组建了马病研究实验室，致力于马病毒性传染病诊断、免疫制剂的研发。至2011年，已经可以独立进行马传染性贫血、马流感、马病毒性动脉炎、马鼻肺炎、日本乙型脑炎的诊断，正在进行商品化产品的开发。同时，该实验室已经进行马流感灭活疫苗的研制工作，马体试验表明已取得了阶段性的进展，有望在2013年实现小范围应用。

3. 在全国范围进行马病调查

截至2012年，我国分离到的马病流行株仅有马传染性贫血、马流感、马鼻肺炎和马病毒性动脉炎，而且数量有限，标准毒株的缺乏将严重制约我国建立自主的马病诊断规程。因此，在掌握了常见马病诊断方法并建立了标准的马病参考实验室后，应立即着手进行全国马病流行病学调查和样品采集。在2007年马流感暴发后，2008年初，我国对东北、西北、华中地区进行了马流感抽样调查，事实证明，本次调查对认识我国马流感疫情起到了重要作用，同时，本次调查积累了大量宝贵的样品资料并将对未来综合性的马病普查提供重要的经验。

4. 建立承上启下的行业协会

在马产业发达国家，行业协会是产业链中的重要组成部分，如英国的英国马兽医协会（BEVA）对该国马产业起到了重要的推动作用，英国马兽医协会与政府、诊断实验室及马主均有密切联系，可以有效地将多方联系起来，其重要贡献之一就是，及时传递样品并发布疫病信息，从而有效防控疫病传播，英国马兽医协会成为了英国马产业重要的枢纽。现代马产业在我国已经渐露萌芽，各种马行业协会也开始建立，2002年由全国从事马业工作的单位及个人自愿结成的行业性社会团体——中国马业协会（CHIA）成立，该协会由我国农业部全力扶持，有望成为类似英国马兽医协会的团体，在未来将为我国马业的发展、马科学的进步提供信息发布和交流的良好平台。

我国的马产业正处于起步阶段，要尽快建立我国马病防控体系，需要总结我国自己的经验，更要合理吸取发达国家马产业的经验和教训，这还有很长的路要走。

参考文献

蔡宝祥．2001．家畜传染病学［M］．北京：中国农业出版社．

蔡宝祥．2006．中国畜牧兽医学会家畜传染病学分会第六届理事会第二次会议暨教学专业委员会第六届代表大会论文集［C］．黑龙江：［出版者不详］．

国家自然科学基金委员会生命科学部．2007．2007 年度资助面上基金项目一览表［J］．生命科学，19（6）：616－681.

国家自然科学基金委员会生命科学部．2008．2008 年度资助面上基金项目一览表［J］．生命科学，20（6）：856－930.

郭志儒，金宁一．2002．2001 年英国口蹄疫流行回顾［J］．中国兽医学报，22（1）：80－83.

刘湘涛，刘在新，张永光，等．2005．我国口蹄疫的分子流行病学监测与分析［J］．中国兽医科技，35（S2）：14－17.

卢曾军，刘在新．2003．口蹄疫病毒研究进展［J］．中国兽医科技，33（2）：69－74.

漠纵泉．2006．世界动物保健品市场现状及发展趋势［J］．中国禽业导刊（12）：14－15.

彭发泉，秦红丽．2003．国外猪口蹄疫流行分析及疫苗研究［J］．畜牧兽医科技信息（8）：11－13.

宋俊霞，王幼明，黄保续．2008．国际组织动物疫病防控战略框架及发达国家实践研究［J］．中国动物检疫，25（6）：1－6.

王保东，信丽双，田培生．2009．浅述绒山羊羊痘和传染性胸膜肺炎混合感染防控措施［J］．中国畜禽种业，5（4）：76.

谢文青，晋新民．2009．羊支原体肺炎的诊断与防治［J］．农村养殖技术（19）：21.

谢庆阁．1996．畜禽重大疫病免疫防制研究进展［M］．北京：中国农业科技出版社．

谢庆阁，张永光，刘湘涛，等．2004．口蹄疫［M］．北京：中国农业出版社．

徐维加，康文玉，徐自忠．2007．羊痘诊断和预防的研究进展［J］．畜牧兽医科技信息（3）：4－6.

殷震．1997．动物病毒学［M］．第 2 版．北京：科学出版社．

张洪玲，黄宝森，闫化力．2009．羊传染性脓疱的症状与防治措施［J］．畜牧兽医科技信息（9）：56.

中华人民共和国农业部兽医局译．2008．澳大利亚与新西兰初级工业部委员会编著．疫病控制策略［M］．北京：中国农业科学技术出版社．

Bryant NA，Rash AS，Russell CA，et al．2009．Antigenic and genetic variations in European and North American equine influenza virus strains（H3N8）isolated from 2006 to

2007 [J] . Vet Microbiol, 138 (1-2): 41-52.

Daly JM, Newton JR, Mumford JA. 2004. Current perspectives on control of equine influenza [J] . Vet Res, 35 (4): 411-423.

Reviriego Gordejo FJ, Vermeersch JP. 2006. Towards eradication of bovine tuberculosis in the European Union [J] . Vet Microbiol, 112: 101-109.

Tu J, Zhou H, Jiang T, et al. 2009. Isolation and molecular characterization of equine H3N8 influenza viruses from pigs in China [J] . Arch Virol, 154 (5): 887-890.

http: //japanracing. jp/cn/organization/association. html

http: //www. aahc. com. au/ausvetplan/index. htm

http: //www. aht. org. uk/equine _ disease. html

http: //www. beva. org. uk/home

http: //www. chinahorse. org/Article _ Class. asp? ClassID=2&LayoutID=1

http: //www. horsecouncil. org/

http: //www. oie. int/eng/info/en _ fmd. htm

http: //www. oie. int/wahis/public. php? page=disease

http: //www. stoptb. org/globalplan/

专题组成员

组　长　焦新安　教授、副校长　扬州大学

副组长　刘湘涛　研究员　中国农业科学院兰州兽医研究所

于　力　研究员　中国农业科学院哈尔滨兽医研究所

郭爱珍　教授　华中农业大学动物医学院

成　员　潘志明　教授、副院长　扬州大学生物科学与技术学院

王晓钧　研究员　中国农业科学院哈尔滨兽医研究所

何继军　助理研究员　中国农业科学院兰州兽医研究所

陈颖钰　讲师　华中农业大学动物科技学院

专 题 四

ZHUANTI SI

特种动物疫病防控战略研究

一、特种动物疫病防控现状

（一）毛皮动物疫病防控现状

我国对毛皮动物疫病防控管理大体可以分为三个阶段。第一阶段是20世纪50年代到80年代，这一阶段伴随着对毛皮动物的引种、驯化、生物学特性等驯养研究而进行的病原分离鉴定、特异性诊断、基本药物筛选等研究。第二阶段是20世纪80年代到20世纪末，毛皮动物饲养进入了规模化和产业化阶段，这一时期的毛皮动物疫病防控研究取得了重大进展。先后分离了对我国毛皮动物饲养业影响较大的疫病病原，如犬瘟热病毒、水貂细小病毒性肠炎病毒、阿留申病毒等毒株，研制出了同源组织灭活疫苗、弱毒疫苗、各种联苗等，以及各种类型的诊断抗原和检测方法，这对控制毛皮动物主要疫病在我国的流行有着重要意义。第三阶段从21世纪初到现在，随着科学技术的发展和疫病流行的新趋势，这一时期主要是利用各种现代科学手段展开对毛皮动物疫病新型防控制剂和方法的研究。

目前，我国在毛皮动物疫病防控方面具备了一定的研究基础和研究水平，制定了卫生防疫制度，基本控制了对我国毛皮动物饲养业影响较大的几种疫病。另外，国家加强了监督和引导作用，制定了各种规章制度，规范了我国的动物生物制品市场。GMP意识也有很大提高，部分毛皮动物生物制品生产企业通过了GMP认证，进入了规范化生产阶段。

现阶段，我国仍然通过疫苗接种来预防毛皮动物传染病的发生，特别是毛皮动物的三大疫病，犬瘟热、细小病毒性肠炎和传染性脑炎。在东北等饲养密集地区，接种毛皮动物犬瘟热、细小病毒性肠炎和脑炎疫苗是必需的。在这些地区，各种兽药和疫苗的市场供应体系较为健全，大多设有兽药、疫苗、器械等供应站。兽药和疫苗市场供应情况大致为：可满足需要占97%，不能满足需要占3%，认为便利的占81%，不便利的占19%，如图4-1所示。

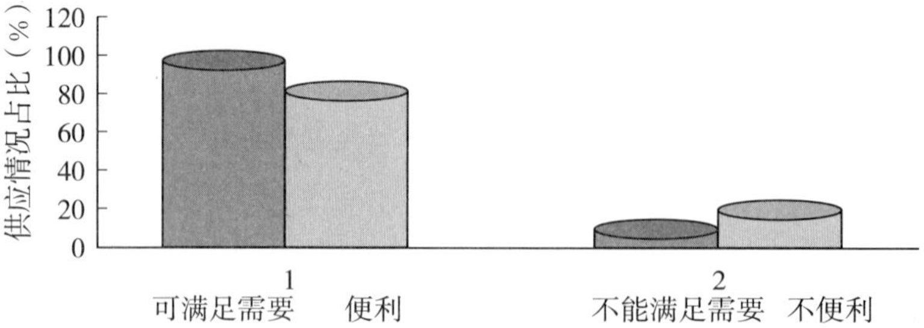

图4-1 饲养密集区兽药和疫苗供应情况

然而值得注意的是，由于免疫接种率较低和疫苗免疫程序不合理，一些饲养场“重治轻防”，防疫观念淡薄，给我国毛皮动物饲养的健康发展带来了较大的隐患，致使疫病流行严重，发病率和死亡率居高不下，造成了巨大的经济损失。有资料表明，我国毛皮动物饲养业因疫病造成的经济损失每年达10亿元。随着生态环境的变化及毛皮动物规模化、集约化发展，群发性传染病危害不断增大，某些平时较少发生的传染病呈地方性流行，对毛皮动物传染病防控提出了新挑战；同时许多传染病病原（如犬瘟热病毒、细小病毒等）由于宿主变化和几十年的进化，其在遗传学上发生了变异，常常导致疫苗免疫失败。此外，某些毛皮动物隐性感染重要人兽共患病（流感、狂犬病等）现象的存在，给公共卫生安全带来了重大隐患。因此，加强毛皮动物传染病病原学和流行病学基础研究，发展和完善快速检测技术研究，研究和开发新型免疫制剂，对毛皮动物传染病控制具有重要意义。

1. 我国毛皮动物主要疫病

自20世纪80年代后，我国毛皮动物饲养业迅速发展，由于数量大、品种多，饲养规模密集，倒种、串种、引种不规范，疫病流行甚为严重。犬瘟热、细小病毒性肠炎和脑（肝）炎是水貂、狐和貉的三大烈性传染病，我国毛皮动物流行这三种疫病已有几十年，每年都造成大批发病和死亡。其他疾病，如阴道加德纳氏菌病、水貂阿留申病也对毛皮动物饲养业造成严重威胁。

犬瘟热（CD）是由副黏病毒科麻疹病毒属的犬瘟热病毒（CDV）引起的犬科、鼬科和部分浣熊科动物的急性、热性、高度接触性传染病。自1905年Carre证实犬瘟热病原体为可感染致死多种动物的犬瘟热病毒以来，在全世界大部分国家和地区均有犬、狐、貉、水貂和多种野生动物暴发犬瘟热的报道。

自20世纪50～60年代基于鸡胚或Vero细胞传代致弱的Onderstepoort株等犬瘟热弱毒苗在全世界得到广泛应用以来，犬瘟热在全球的暴发得到了有效的控制。但近20年来，某些地区免疫动物（包括犬、狐等）感染犬瘟热时有报道。

调查结果显示，犬瘟热致病性因宿主种类不同也有所差异。对水貂致死率约为10%，狐和貉约为20%。水貂、狐和貉一旦发病，一般呈地方性流行或大流行，很少散在发生。一般该病流行时，貉最先感染，其次是北极狐、银黑狐和水貂。幼龄兽先感染，老龄兽抵抗力强，常于流行中后期感染，其流行的原因多与疫苗免疫失败有关。哺乳期仔兽由于母源抗体的存在在断乳后21天前很少感染犬瘟热，断乳21天以后，易暴发犬瘟热，且发病率最高，80%均在此期流行。母兽在妊娠期也易发生犬瘟热。目前，犬瘟热的流行约70%属典型经过，30%为非典型经过。预防犬瘟热病的最有效措施是进行免疫接种。目前，我国已经成功研制出犬瘟热鸡胚细胞活疫苗、Vero细胞活疫苗及多价联苗，并已广泛应用于全国各地。每年在母貂配种前和仔兽分窝后21天进行2次免疫接种，水貂每次1.0毫升，狐、貉每次3～5毫升，皮下注射。同时加强犬的管理，同样接种犬瘟热疫苗。

水貂细小病毒性肠炎是由细小病毒科、细小病毒属的水貂细小病毒性肠炎病毒（MEV）引起的以严重消化紊乱，腹泻、肠黏膜出血，排出黏液样管型稀便，血液中白细胞减少为特征的烈性传染病。细小病毒性肠炎是毛皮动物最常见的、最主要的病毒性疾病之一。在自然条件下，不同品种和不同年龄的貂均有感染性，但幼貂的易感性最强，发病率为40%～50%。本病呈地方性流行。本病主要发生在夏季，近年来有推延到秋季的趋势。貂群一旦感染，如不采取措施，会引起地方性、周期性流行，通常会在翌年分窝前后的幼貂群中再次发生。病毒大量存在于病貂的肝脏、脾脏及肠道，并从粪便大量排出。病貂、带毒貂是主要传染源，病毒主要通过病貂的粪便、尿液和各种分泌物散播。预防细小病毒性肠炎的最有效措施是进行免疫接种。目前使用的主要是水貂细小病毒性肠炎细胞灭活疫苗，每年在母貂配种前和仔兽分窝后21天进行2次免疫接种，水貂每次免疫1.0毫升，疫苗免疫期为6个月，保护率在90%以上。我国有些地区狐貉也有细小病毒性肠炎发生，也可以使用水貂细小病毒性肠炎灭活疫苗预防，每次接种3.0毫升。

狐传染性脑炎是由犬腺病毒科、哺乳动物腺病毒属、犬腺病毒Ⅰ型引起的一种急性、热性、败血性传染病，发病急，传染快，是危害养狐业的重要传染病之一。主要症状以眼球震颤、高度兴奋、肌肉痉挛、共济失调、呕吐、腹泻、便血为特征。狐狸传染性脑炎一般呈地方流行性或零星发生，流行期短。发病率一般不超过5%，但死亡率几乎达到100%。本病也可能经胎盘和乳汁传染胎儿和仔兽。不同年龄、不同品种的狐均感染此病，老兽发病率明显比育成兽低；饲养密集的地区比疏散饲养的地区发病率高；应激反应如气温骤变、连绵多雨、饲料突变等也促使发病率升高。预防狐传染性脑炎的最有效措施是进行免疫接种。目前使用的主要是狐传染性脑炎活疫苗，每年在母狐配种前和仔兽分窝后21天进行2次免疫接种，每次免疫1.0毫升，疫苗免疫期为6个月，保护率在90%以上。

水貂阿留申病（AD）又称浆细胞增多症，是由细小病毒科，细小病毒属的阿留申病毒感染水貂引起的以毒血症、全身淋巴细胞增殖、血清γ-球蛋白数增多等为特征的慢性病毒病。水貂阿留申病是危害养貂业的又一重要疫病。水貂的遗传类型与本病的易感性有密切关系，蓝宝石彩貂发病率较高。本病传入貂群，开始多呈隐形流行，随着时间的延长和病貂的积累，表现出地方性流行，造成严重损失。虽然本病引起的水貂死亡率较低，但作为一种水貂的慢性消耗病，严重危害了水貂的生长和毛皮质量。此外，对水貂繁育也起到一定危害。但迄今为止，世界上未有研制成功的疫苗，为了控制和消灭本病，必须采取综合性防治措施。平时加强管理，保障优质新鲜的饲料，以提高水貂的抗病能力。在引种时应长期隔离观察，水貂阿留申病检测阴性，方可混群。建立定期检疫制度是净化貂群、消灭阿留申病的最好途径。每年的9～10月份对预留种貂进行采血，用对流免疫电泳诊断方法检测，阳性（感染）貂严格淘汰，如此检测数年，可达到基本净化的目的。

狐阴道加德纳氏菌病是由阴道加德纳氏菌引起毛皮动物繁殖障碍的一种人兽共患传染病，以妊娠狐狸、貉、水貂流产或空怀为特点。目前在我国养狐场中广泛流行，危害极大，病狐和带菌狐是主要的传染源。本病主要通过交配传染，外伤也是不可忽略的感染途径。怀孕狐感染该菌可直接传染胎儿。母狐妊娠前期流产或胎儿吸收，流产前母狐阴门排出污秽物，妊娠中期可排出血块状固体，后期可见流产胎儿。公狐出现血尿、精子活力降低或死精等。当前我国狐产仔率普遍偏低，其原因主要与种狐患阴道加德纳氏菌病有关。据统计，全国主要狐场阳性率为0.9%～21.9%，较重的达75%以上，空怀率为3.2%～47.5%，流产率达1.5%～14.7%。不同年龄、品种及不同性别的狐均可感染。但通常是母狐感染率高于公狐，育成狐感染率明显低于成年狐，北极狐的感染率高于其他狐种。

接种阴道加德纳氏菌灭活疫苗是预防狐、貉、水貂感染的最有效方式。该疫苗免疫期为6个月，每年定期免疫2次，可控制该病发生。对检验为阳性者的病兽，应采取隔离饲养，至冬季打皮淘汰。也可采用药物治疗，药敏试验表明，阴道加德纳氏菌对氨苄西林、红霉素、庆大霉素高度敏感，临床治疗效果良好。狐发生不明原因的流产时，饲养人员切勿用手接触，对流产胎儿和其分泌物进行严格消毒。引进种兽需进行阴道加德纳氏菌检疫，防止将病原体带入场内。对人工授精的种公狐更要严格检疫，阳性者不能留作种兽。

近年来，引起成年水貂或幼貂的流行性腹泻（又称卡他性胃肠炎）以其高感染率、低死亡率引起了世界养貂业的关注。该病每年引起3～4月龄水貂大批发病，症状主要表现厌食，持续3～4天的轻微腹泻，死亡率较低。通过对该病病原分析，怀疑其是冠状病毒、轮状病毒、大肠杆菌等多种肠道病原混合感染。

2. 我国毛皮动物疫病防控现状

我国在毛皮动物疫病防控方面有以下特点：

（1）主要传染病得到了有效控制　近年来，我国毛皮动物饲养业发展迅速，尤其是犬瘟热疫苗、细小病毒性肠炎疫苗、传染性脑炎疫苗等得到推广应用后，危害毛皮动物饲养业的三大疫病得到了有效控制。但由于科学饲养和疫病防治知识普及范围小，种兽引进频繁，兽医卫生制度不健全等原因，三大疫病在一些饲养地区仍会出现疫病暴发流行的现象，尤其是犬瘟热，常造成感染动物大批死亡，经济损失惨重。

（2）毛皮动物疫病的流行特点出现了新变化　由于动物宿主与病原体长期受到诸如免疫接种、应激反应、饲养方式等影响，导致一些疫病的流行特点、临床症状发生变化，表现流行缓慢、不典型的亚临床病例增多或以散发形式流行，如非典型犬瘟热一般都是由于疫苗免疫保护率低而呈现的一种亚临床症状，也发生在抗病力较强的个体上，其临床症状不明显，如仅表现高热、眼和鼻的变化。30%的犬瘟热属于非典型犬瘟热。另外，有些病原体产生变异，出现强毒株甚至超强毒株，导致免疫接种失败。

（3）混合感染增多，病情复杂，不明原因病症增多　很多病毒性疫病伴有条件性细菌合并感染，使病情加重，死亡率升高。大肠杆菌、绿脓杆菌等一些条件性、环境性病原微生物也容易混合感染，导致疫病危害程度加大，给诊断和防治带来了更大的困难。有关资料表明，每年由于多种复杂疫病的发生导致的死亡率平均可达10%～20%。另外，近年来临床上经常可见一些不明原因的疫病，如不明原因的猝死，病理检验可见有心脏、肝脏等发生显著的病理变化，但检测不到病原微生物。

（4）新增疫病和寄生虫病日益严重　随着毛皮动物饲养业的发展壮大，一些新的疫病逐渐流行起来，如附红细胞体病、皮肤真菌病、水貂流行性腹泻等。这给疫病防治工作提出了新的挑战。另外，寄生虫病特别是体外寄生虫病，如狐的疥螨在我国毛皮动物饲养业中普遍发生，造成了毛皮质量下降，母兽繁殖障碍，营养不良等，直接影响经济效益。

（5）存在疫病防治管理误区　在饲养过程中饲养管理不当，不注重饲料、饮水、环境卫生等，仅依靠疫苗和药物来防治疾病。滥用抗生素，饲料中长期添加各种化学药物导致了耐药菌株的产生，都是疫病流行和混合感染的一个重要因素。很多养殖户为了降低饲养成本，采用自己配制饲料的方法，造成饲料转化率低，如我国许多采用自配饲料的养殖户的饲料转化率还在6∶1以上，而专业优质毛皮动物饲料的转化率已经达到3∶1左右了，营养达不到毛皮动物生长需要，引起了严重的营养代谢病。另外，缺乏先进、快速、准确的诊断方法，病死兽、污染物等处理不当也是疫病发生的重要因素。

（6）疫病防控成本投入较少　在毛皮动物饲养中，饲料是最大支出项，一般占总成本的65%～70%，真正用于疫病防控的支出非常少，用于疫苗等的费用仅为5元左右。在防控制剂方面，作为预防、治疗和诊断特种经济动物疫病的生物制品，是重大疫病预防控制的有效武器，但国家对毛皮动物产业的资助较少，我国兽用生物制品重点在于生猪和鸡的疫苗研制，专门研究特种动物生物制品的企业很少。

3. 毛皮动物疫病防控制剂与诊断技术研究现状

与畜禽生物制品研究和生产相比，毛皮动物生物制品行业发展仍然有一定差距。国外，现有针对毛皮动物水貂、狐、貉的防控制剂（疫苗）主要为相应的单苗及犬用联苗，水貂四联苗（犬瘟热—细小病毒性肠炎—肉毒梭菌—细菌性出血性肺炎联苗）或三联苗（犬瘟热—细小病毒性肠炎—肉毒梭菌联苗）。在产品上可主要分为，毛皮动物传染病预防制剂（同源组织灭活苗、弱毒疫苗）、治疗制剂（高免血清、卵黄抗体、细胞因子）及系列诊断制剂。其中毛皮动物传染病预防制剂即水貂、狐、貉的主要传染病疫苗制剂研究最为广泛和深入。目前，犬瘟热、细小病毒性肠炎和脑（肝）炎三种主要传染病的传代细胞疫苗在国内都得到了商品化的生产，在推广应用过程中证实其能有效预防相应疾病的暴发。在细菌疫苗方面，预防水貂急性中毒的C型肉毒梭菌疫苗及预防水貂出血性肺炎的绿脓杆菌疫苗将于近期投入生产，且预防效果良好，其为我们进一步对我国毛皮动物其他细菌性疫苗的研制提供了很好的基础。而针对毛皮动物其他传染病的疫苗（如水貂阿留申病）及治疗制剂的研究，其深度和广度相对滞后。

（1）毛皮动物犬瘟热有关生物制品与诊断　犬瘟热有分布广泛、敏感宿主多、能进行种间传播的特点，因此，犬瘟热无法彻底根除，目前疫苗免疫仍是控制犬瘟热暴发流行的主要手段。国内外曾先后使用同源组织脏器灭活疫苗、鸡胚成纤维细胞弱毒疫苗、Vero细胞弱毒疫苗，以及犬瘟热、细小病毒性肠炎二联苗等预防控制犬瘟热的发生。目前，用于预防控制毛皮动物犬瘟热的疫苗以弱毒疫苗为主。但弱毒疫苗也存在诸如对热不稳定等缺陷，如保存、使用不当，容易发生免疫失败的现象。国内外已相继开展了新型疫苗研究工作，包括基因工程亚单位疫苗、重组疫苗、核酸疫苗、多肽苗等。目前这些新型疫苗的研制取得了一定的进展，但仍处于实验室研究阶段。

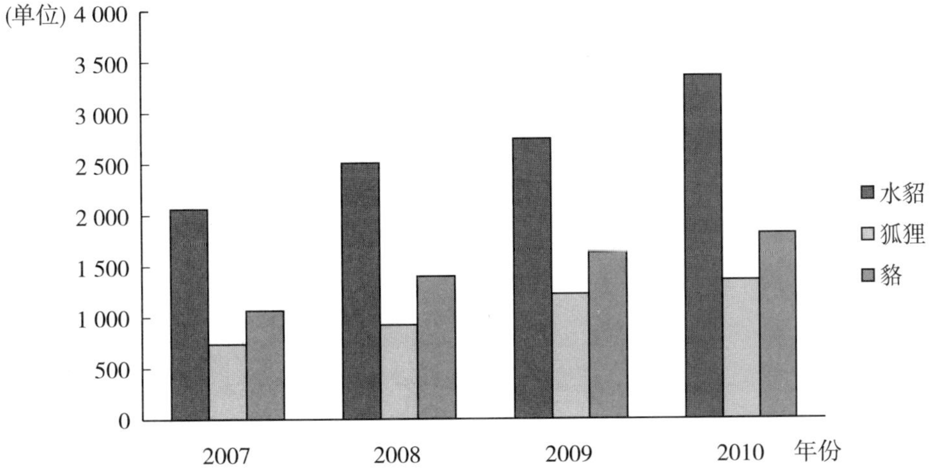

图 4-2　2007—2010 年水貂、狐狸、貉犬瘟热活疫苗应用曲线

由于犬瘟热经常与其他病毒及细菌等发生混合感染，因此，诊断非常困难。一般根据流行病学资料和临床症状可作出初步诊断。配合进行的实验室诊断和分子生物学诊断，可作出确诊。实验室诊断技术主要有琼脂免疫扩散试验、血清中和试验、免疫荧光技术等。分子生物学诊断技术主要有核酸分子杂交技术、RT-PCR技术等，相比传统的诊断技术，这些技术具有高度的敏感性和特异性。利用分子生物学诊断技术在犬瘟热感染早期可作出诊断，对预防和控制犬瘟热的发生具有重要意义和研究价值。

（2）毛皮动物细小病毒性肠炎有关生物制品与诊断　目前用于防治毛皮动物细小病毒性肠炎的主要手段也是进行免疫接种。我国已成功研制出的细小病毒性肠炎疫苗有同源组织灭活疫苗，猫肾传代细胞灭活疫苗、弱毒疫苗，以及犬瘟热、细小病毒性肠炎、肉毒梭菌联苗等。当前最常用的是细小病毒性肠炎细胞灭活疫苗。随着疫苗制备技术和分子生物学的发展，近几年出现了亚单位疫苗、核酸疫苗、重组疫苗、多肽疫苗等，但多数处于实验室研制阶段，没有大规模推广应用。

在细小病毒性肠炎诊断方面，一般根据临床症状和流行病学可作出初步诊断。常用的实验室诊断技术有血凝抑制试验、琼脂免疫扩散试验、乳胶凝集试验等。具有高度特异性的分子生物学诊断技术如核酸探针等也发展迅速，为毛皮动物细小病毒的早期诊断和预防提供了重要的依据。

(3) 毛皮动物传染性脑炎有关生物制品与诊断　我国已成功研制出了犬肾传代细胞弱毒疫苗、灭活疫苗、各种联苗等。目前主要应用的是弱毒疫苗。犬瘟热—传染性脑炎二联疫苗，狐犬瘟热—细小病毒性肠炎—传染性脑炎三联疫苗等也应用广泛，并且效果显著。目前重组疫苗、基因工程疫苗也正在研制中。

一般根据临床症状、剖检病变等可以作出初步诊断。实验室诊断方面有交叉中和试验、酶联免疫吸附试验、补体结合试验、免疫荧光技术等。另外，近几年利用 PCR 技术检测犬腺病毒也是一种准确、简便的方法，有待于进一步推广应用。

(4) 其他疫病有关生物制品　水貂阿留申病和狐狸阴道加德纳氏菌病也是危害我国毛皮动物的重要疫病。水貂阿留申病灭活疫苗目前尚处于试验阶段。目前水貂阿留申病的主要防控措施是对水貂进行检疫，淘汰阳性貂。狐狸阴道加德纳氏菌病主要应用灭活疫苗进行控制，事实证明灭活疫苗效果可靠，能有效预防阴道加德纳氏菌病的发生。

总之，毛皮动物疫病防控应做到“防重于治”。建立健全严格的卫生防疫制度，加强饲养管理，定期进行免疫预防，才有可能有效控制各类疫病的发生。在毛皮动物疫病诊断技术和防控制剂方面仍以传统诊断技术和疫苗为主，各种分子生物学诊断技术和新型疫苗多数仍处于实验室研究阶段，还需要进行深入研究才能推广应用。

（二）伴侣动物疫病防控研究现状

1. 伴侣动物主要疫病

随着国民生活水平的提高和生活方式的改变，我国伴侣动物的数量急剧增加，我国城乡现有家犬 1 亿只以上，其中宠物犬数量约为 5 000 万只，家猫约为 2 000 万只。宠物疫病防控问题越来越突出，犬和猫的繁育场管理不规范，饲料质量不能保障，疫苗接种不按照程序实施，药物使用不合理，普遍缺乏执业兽医的支持。因此，相关疾病仍然流行，新病不断发生。狂犬病、犬瘟热、犬细小病毒病、猫瘟、幼犬的波氏杆菌（上呼吸道）感染、肠道寄生虫病、螨虫性皮肤病、血液寄生虫病等发生率一直居高不下。

狂犬病是由弹状病毒科的狂犬病病毒所引起，可感染所有温血哺乳动物（包括人、犬、猫等），引起严重、不可逆的致死性中枢神经症状，是人兽共患传染病。犬、猫发病后表现行为异常，对声音敏感、异常兴奋、具攻击性、急躁或害羞，后期肌肉麻痹，而使得叫声改变，吞咽困难、伸舌流涎、行动失调、抽筋、全身麻痹而死亡。

犬传染性肝炎是由犬腺病毒Ⅰ型所引起的急性病毒性传染病，主要造成肝、肾、脾、肺脏的损伤而引起全身性循环障碍。急性病例可于24～36小时内死亡，感染7～10天会因眼角膜水肿导致眼睛变成蓝色，因而又称蓝眼症。本疾病经由直接接触含病毒的分泌物而感染，以幼龄及老年的犬只最容易感染。病犬的临床症状主要有：发热，厌食，精神不振，扁桃体肿大，下痢，眼、鼻有分泌物，呼吸困难，在某些病例会出现腹痛及黄疸。

犬窝咳又称为犬传染性气管支气管炎或上呼吸道感染复合症，是犬重要的上呼吸道传染性疾病，主要由波氏杆菌、犬副流感病毒和犬腺病毒单独或合并感染引成。病原经由空气而迅速传播，故常在犬窝中流行。一般而言，幼犬感染可造成较严重的危害或急性死亡，成年犬则出现慢性气管炎。

钩端螺旋体病是由钩端螺旋体所引起的人兽共患传染病。病原会随患畜的尿液排出而进入水或食物中，当犬经口或皮肤伤口接触病原污染的尿液、水或食物，感染此病。本病感染初期几乎无临床症状，故不易察觉。早期所见症状为突然呈现虚弱无力、食欲不振、呕吐、高热和轻微结膜炎，后期则呈呼吸困难、贫血、血尿、黄疸和黏膜出血。

猫上呼吸道疾病综合征大多数是由猫疱疹病毒Ⅰ型或猫杯状病毒所引起，也可由衣原体、细菌、霉菌或者其他病毒感染而引起。健康猫经接触患病猫的唾液、眼鼻分泌物，或接触污染的食器、沙盆而感染。由猫疱疹病毒Ⅰ型引起的猫病毒性鼻气管炎的主要症状为抑郁、厌食、发热、喷嚏，并可见水样性眼分泌物。猫杯状病毒引起的症状与猫病毒性鼻气管炎类似，临床上很难区分。

猫白血病是由猫白血病病毒（FLV）所引起的，是猫最常见的肿瘤成因之一。病猫的免疫功能抑制，因此易并发其他细菌性或病毒性疾病。本病是猫疾病中传染性最强的一种，但不会传染给人类。一般经由接触感染的唾液、尿液、粪便和乳汁而传播。病毒能存在于猫的骨髓中潜伏数年，即使猫未呈现任何症状，亦可能终生带毒。临床症状包括体重下降，恶性贫血，发热，下痢，血便。

猫传染性腹膜炎是由冠状病毒所引起的高度传染性疾病。病猫由粪便排毒，传染其他猫，一般病程为14～120天，即使获得良好的治疗，死亡率仍非常高。初期症状不明显，可能出现食欲减退、精神差、体重下降、持续发热(39.5～40.6℃)。发病后期猫呈现进行性消瘦，少数伴随多发性神经症状，包括后躯麻痹、痉挛发抖、眼球震颤和个性改变等。

猫弓形虫病是由弓形虫引起的一种寄生虫病，世界各地都有感染病例。虫卵随病猫的粪便排出，经饮食、接触而感染其他动物。病原可侵害各种器官，包括心脏、骨骼肌及脑而引发心肌炎、脊髓炎、脑膜炎等。

2. 伴侣动物疫病防控现状

犬和猫的疫病防控存在着很大的缺陷。犬和猫多数生活在亿万家庭中，分布在全国各地的城市和乡村，少数生活在繁殖场。这些动物的疫病防控措施的有效实施，受到许多因素的限制，包括地方政策、动物防疫机构的能力、动物医院的服务质量、地方政府的财力和犬、猫饲养者的意识与收入水平等。

国家对于狂犬病的预防与控制十分严格，但是地域的不同造成了疫苗使用的普及率差异显著，尤其是经济欠发达地区和山区显著落后于城市和经济发达地区。

除了狂犬病之外，皮肤真菌病、呼吸道疾病等可能造成人与动物共患疾病的控制远不理想。既缺乏对于这些疾病流行趋势与现状的调查资料，也没有相关的深入研究。

城市中伴侣犬和家猫的疫苗免疫在城市中比较普及，以进口疫苗为主；乡村中家犬和家猫的疫苗免疫率不足50%。而对于通过蚊虫叮咬途径传播的疾病，调查与研究资料甚少。

犬瘟热、犬细小病毒病、犬传染性肝炎、副流感、犬冠状病毒病等疫苗免疫率在城市饲养的家犬中普及率逐年升高；而农村地区只是接种国产疫苗，而且普及率不高。猫瘟的发生率在提高而免疫率逐年下降；家猫接种狂犬病疫苗的比例很低。

3. 伴侣动物疫病防控制剂研究现状

狂犬病疫苗的研究和普及正在实施中，已获新兽药注册证书，但是疫苗的有效性和稳定性等与发达国家的产品相比优势不明显。

我国自行研制的犬五联疫苗获得了国家新兽药注册证书，犬四联疫苗、六联疫苗大部分为进口产品。

对于可能经犬、猫和皮毛动物传播给人的疾病，尚缺乏国产高质量的制剂，必须加快研制。加强伴侣动物与人共患疾病的防治、流行趋势分析、毒力跟踪等工作是当务之急。

（三）兔病防控研究现状

1. 兔主要疫病

随着我国养兔业的发展，特别是集约化、规格化养兔场的大量兴起，兔的传染病大量发生，发病率和死亡率都很高，甚至导致兔群覆灭，给养兔业造成严重的经济损失。当前危害我国养兔业发展的主要疾病仍然是传染病，其次是寄生虫病。到目前为止，各国的流行性肠道疾病仍然对养兔业的发展产生巨大的负面影响，而且这种影响是世界性和长期性的。

兔病毒性出血症（RHD）是由兔病毒性出血症病毒（RHDV）引起的一种传染病。本病只发生于家兔和野兔。各种品种和不同性别的兔均可感染发病，病兔和带毒兔为本病的传染源。病毒在病兔组织器官、体液、分泌物和排泄物中存在，以肝、脾、肾、肺及血液中含量最高。病兔主要通过粪、尿排毒，并在恢复后的3～4周仍然向外界排出病毒。本病在新疫区多呈暴发流行，成年兔发病率与病死率可达90%～100%，而一般疫区病死率为78%～85%。该病传播迅速，流行期短，一年四季均可发生，但北方冬季多发。

兔魏氏梭菌病是由A型魏氏梭菌及其毒素引起的以兔剧烈腹泻为特征的急性、致死性传染病。本病发病急、病程短，可通过消化道、皮肤和黏膜损伤等途径感染。本病最早发生在20世纪80年代初。本病发病率和死亡率均高。

兔巴氏杆菌病（又称兔出血性败血症）是由多杀性巴氏杆菌引起的一种急性、热性、败血性传染病，以鼻炎、地方流行性肺炎、全身性败血症、中耳炎、结膜炎、子宫积脓和睾丸炎等为临床特征。

兔大肠杆菌病（黏液性肠炎）是由致病性大肠杆菌引起的一种肠道传染病，以水样、胶冻样腹泻和严重的脱水死亡为特征。病原常见血清型有O15、O128、O49等。各种年龄的兔均有易感性，但以幼兔最为敏感，成年兔很少发病。第一胎仔兔和笼养兔的发病率较高，主要表现为下痢和流产，病程短者1～2天死亡，长者7～8天死亡。

兔黏液瘤病是由兔黏液瘤病毒引起的一种高度接触传染性和高度致死性传染病，特征为全身皮肤尤其是面部和天然孔周围发生黏液瘤样肿胀。因切开黏液瘤时从切面流出黏液蛋白样渗出物而得名。临床症状为兔眼睑水肿、黏脓性结膜炎和鼻漏，头部肿胀呈“狮子头”状。

野兔热的病原为土拉杆菌，是草场绵羊，特别是羔羊的一种急性败血性疾病，以发热、肌肉僵硬和淋巴结肿大为特征。野兔和野生啮齿动物是主要传染源。传播媒介是蜱、蚊和虻等吸血昆虫。

2. 兔病防控现状

（1）兔病国家防控体系建设　2009 年 2 月，我国兔产业技术体系启动，为我国防控兔病提供了技术支持。我国的兔病防控管理体系也已初步形成，并开展了无规定动物疫病区建设工作。

目前兔病防控研究主要体现在法律法规、管理体制、安全标准、认证体系、残留监控体系、追溯制度、召回制度、应急反应机制、预警系统、技术性贸易措施、兽医管理体制、防控工作机制、动物疫情测报、动物疫病防治体系、动物疫病诊断监测网络、动物防疫保障条件、重大动物疫情应急处理机制和兽药质量监察体系建设等方面。

（2）兔场疫病防控策略　兔场疫病防控坚持预防为主的方针，加强饲养管理，建立兔病防控标准化体系和卫生防疫制度，加强兔群健康监测，做好检疫与隔离。

①加强饲养管理　重视饲料的合理搭配和环境的有效控制，包括温度、湿度、通风、密度和光照等。

②建立兔病防控标准化体系　包括养殖品种标准化、繁殖标准化、饲养标准化、管理标准化、疫病防治标准化和产品标准化等内容。

③建立卫生防疫制度　及时做好清洁卫生、消毒、驱虫、免疫预防等工作。

④加强兔群健康监测　对兔群的健康状况要进行经常性的监测，如对生产、行为的变化、饲养管理水平、饲料营养、兔群个体及群体健康、主要疫病免疫体水平、消毒效果等进行监测。

⑤做好检疫与隔离　初次养兔，应从非疫区引种，并在兽医的帮助下对于一些传染病进行必要的检疫，合格者方可购买。新购入的种兔，应隔离观察一段时间，确认健康后方可入群饲养。

（3）实验兔兔病防控管理策略　我国实验兔疫病防控管理的历史跟实验动物疫病防控一样，主要靠提高实验动物质量来控制实验兔的疫病。《实验动物　寄生虫学等级及监测》（GB14922.1—2001）和《实验动物　微生物学等级及监测》（GB14922.2—2001）规定了实验兔微生物学、寄生虫学等级及监测。

实验兔是目前生物医学和临床实验中使用数量最多的实验动物之一。实验兔和普通肉兔的疫病谱存在很大的差异，需要发展我国的实验动物兽医师，并实行资格认证制度。

我国已经建立了实验动物检测体系和国家标准体系，对实验兔的微生物、寄生虫、遗传、营养、环境等方面都做出了明确的要求和检测标准。实验动物质量检测是依照有关法规、规章和标准，由检测机构开展的质量评价活动，是实验动物工作行政主管部门依法管理的技术支撑和技术保证。在推动和实施许可证管理制度、保证实验动物质量和推动实验动物科学发展等方面，实验动物质量监测网络发挥了重要保障作用。

《实验动物管理条例》规定“实验动物患病死亡的，应当及时查明原因，妥善处理，并记录在案。实验动物患有传染性疾病的，必须立即视情况分别予以销毁或者隔离治疗。对可能被传染的实验动物，进行紧急预防接种，对饲养室内外可能被污染的区域采取严格消毒措施，并报告上级实验动物管理部门和当地动物检疫、卫生防疫单位，采取紧急预防措施，防止疫病蔓延”。实验动物发生疫病时要向实验动物管理部门和当地动物检疫、卫生防疫单位汇报，可请省级实验动物质量检测机构检测，根据疫情特点决定是否全部安乐死或隔离治疗。

3. 兔病防控制剂研究现状

我国已经研制开发出许多用于兔病的防控生物制品。目前有兔病毒性出血症灭活疫苗、家兔产气荚膜梭菌病 A 型灭活疫苗等 6 种疫苗获得了国家新兽药证书。

根据国家标准要求，我国实验动物质量检测机构已经开发了实验兔微生物检测试剂盒。目前我国对实验兔检测试剂的生产还缺乏统一规定，检测试剂盒的研究、生产规模基本还处在自给自足阶段，有待开发和实现规模化生产，市场上还没有针对实验兔疫病监测的专用试剂盒，已有的试剂盒缺乏针对性，成本高。建议国家今后加强实验兔质量检测试剂盒的统一开发，加大支持力度，规范其市场行为。

二、特种动物疫病防控存在的主要问题

和所有传统畜牧业一样，特种动物疫病已成为制约我国特种动物发展的主要因素，动物疫病的流行，严重阻碍了我国特种动物养殖业从数量优势向质量优势、安全优势转化的进程。就目前来看，特种动物疫病防控存在的主要问题有如下几种：

1. 特种动物疫病流行状况复杂多变，疫病防疫体系存在不足

我国特种动物疫病病种多、病原复杂、流行范围广。由于动物宿主与病原体长期受到诸如免疫接种、应激反应、环境因素、饲养方式、免疫缺陷、免疫不应答、个体健康状态及化学药物等的影响，导致某些疫病的流行特点、临床症状发生变化，表现为流行缓慢、不典型的亚临床病例增多或呈散发形式流行。狂犬病等人畜共患病呈上升趋势，局部地区甚至出现暴发流行。博卡病毒病等新发特种动物疫病传播风险持续存在，动物疫情日趋复杂。随着特种动物生产规模不断扩大，养殖密度不断增加，感染病原机会增多，病原变异概率加大，新发疫病发生风险增加。特种动物疫病流行状况复杂多变，疫病防疫遭遇挑战。

目前，特种动物疫源疫病监测等方面的基础设施还未得到改善，特种动物疫病诊断实验室生物安全装备比较差，难以开展重大动物疫病病原的分离、监测等工作。一些县级实验室缺乏必要的二、三类疫病临床诊断设备和诊断试剂。此外，某些地方还缺乏有效的疫病防控行政管理、监督执法和技术支撑体系，疫病防疫工作无法有效执行。各级防疫监督机构缺乏必要的执法监督手段，防疫、检疫、监督工作力度不够。特种动物产品主产区省际防疫监督检查站数量不足，缺乏必要的检查手段和消毒设施设备。

2. 缺乏快速有效的特种动物疫病诊断体系

我国特种动物养殖起步晚，缺乏快速有效的特种动物疫病诊断制剂及技术。大部分疾病是通过引种而引入养殖场的，有的疾病潜伏期长，常年不能消除，造成了极大的经济损失。

随着毛皮动物饲养业的迅速发展，饲养规模的不断扩大，犬瘟热、细小病毒性肠炎等各种传染病也不断发生，限制了毛皮动物养殖业的发展。由于缺乏有效的配套检测手段及养殖单位对毛皮动物疫病认识的不足，导致疾病诊断延误，错过了适宜的控制时机，给毛皮动物饲养业造成了巨大的经济损失，严重阻碍该产业的顺利发展。例如，吉林地区某新建的水貂养殖场发生犬瘟热疫情，饲养人员将犬瘟热误认为普通感冒，延误了诊断时机，导致犬瘟热疫情暴发，水貂几乎全群覆灭。因此，建立有效的毛皮动物疫病诊断体系，及时提供准确的诊断结论和预警，是控制毛皮动物疫病的有效途径。

3. 缺乏特种动物生物制品生产基地

近几年来我国各大科研院所研制出了多种特种动物主要传染病疫苗等生物制品，但是仅仅限于实验室研制，未形成产业化生产，远远满足不了市场需求，加之生产条件不符合 GMP 的要求，产品质量不稳定，疫苗质量参差不齐，容易造成一些传染病的流行和暴发，从而影响我国特种动物养殖业的健康发展。因此，没有一个规模化、产业化、标准化的特种经济动物生物制品生产基地，无法保障特种经济动物养殖业的顺利发展。

4. 养殖环境差，易造成疫病传播

由于经济和科技落后、生活水平低等因素，特种经济动物的养殖长期处在小规模生产阶段，养殖环境差，易造成疫病传播。特别是条件性病原微生物的感染，与养殖场的卫生有直接关系。如疥螨的流行与卫生环境因素密切相关；夏、秋季节养殖场堆积的粪便发酵产生氨气，刺激动物呼吸道，导致支气管肺炎感染病例增多；养殖场中蚊、蝇等易传播疾病。因此，发展特种动物养殖业，必须对环境卫生和环境生态保护方面加大研究力度，为我国特种动物提供健康的养殖环境，有效预防疫病发生。

5. 动物防疫知识匮乏，存在动物防疫误区

基层养殖户缺乏对动物防疫的基本认识：养殖户无法辨识参差不齐的疫苗，往往贪图便宜，使用质量低下的疫苗，或免疫操作不规范，造成免疫失

败。有些养殖户引种时不注意了解种兽的免疫情况，引种后立即混养，造成疫病大规模暴发和流行。

存在动物防疫误区：很多养殖户只认识到了疫苗免疫的重要性而忽视了日常的消毒工作。垃圾、污物、动物尸体等随意乱放乱扔，不但严重污染环境，也对动物防疫造成了干扰，成为防疫失败的隐患。有些养殖户不注意疫苗防疫过程中的卫生安全，反复使用注射器，人为增加了疫病传播的概率。动物食具、盛具、棚舍等不进行定期消毒，也容易造成动物防疫失败。

6. 从业人员素质有待提高

我国特种动物养殖区域相对集中，但缺少相对专业的养殖从业人员。多数养殖户属于跟风养殖，养殖人员流动频繁，没有全面系统地掌握特种动物养殖的专业知识和技术。在疫病防治方面，不注重平时的饲养管理、饲料营养和环境卫生等，过于注重疫病免疫和治疗，结果事倍功半。

三、国外特种动物疫病防控模式与经验

世界水貂、狐和貉等毛皮动物饲养业历史悠久，其主要饲养区域集中在三个区域：丹麦、挪威、芬兰、瑞典、英国等北欧国家；中国和俄罗斯；加拿大和美国等北美国家。随着毛皮动物养殖数量的增大，加强疫病防控，保障毛皮动物健康发展显得尤为重要。

（一）发达国家特种动物种群净化模式

除了使用必要的疫苗外，净化种群也是对疫病进行有效防控的一种方式。芬兰尤其注重种群的净化，坚持数年严格淘汰患病动物。患病动物即使被医治痊愈，也可能会成为潜在的传染源，所以一般不主张治疗，最好是淘汰。另外，在芬兰使用抗生素需要经国家专职兽医官批准，因此，一般很少使用。

（二）特种动物疫病防控补偿模式

鉴于特种动物疫病尤其是一些重大疫病的危害性，世界各国都以法律的形式制定了控制和扑灭重大特种动物疫病的措施，并对遭受损失的养殖者实行补偿，以鼓励他们在防疫期间积极配合落实防控措施，同时扶持疫后特种动物养殖业的复兴。对于扑杀的动物按照当时的市场价格给予补偿，各国补偿的标准和补贴的对象略有不同。如欧盟支付损失的60%～70%，剩下者由成员国政府支付。美国则加入协会者给予100%补偿，未入协会者补偿75%。

各国在重大特种动物疫病补偿模式上，主要采取以欧盟为代表的“防控基金＋市场支持”模式和以美国、日本为代表的“防控基金＋农业保险＋市场支持”模式。欧盟规定，补偿认定主要由官方兽医机构执行，官方兽医在接到养殖者的请求后，一定要在动物销毁前后迅速估算出动物的价值，计算出补偿数额。补偿资金主要包括两部分：一是政府财政支出，另一部分是由养殖户所缴纳的动物疫病基金。另外，还有为了恢复市场信心而采取的各种补救和援助措施。如欧盟的干预收购，出口补贴，以及生活与恢复生产援助等。

四、特种动物疫病防控战略目标及任务

至2020年，逐步完善特种动物疫病防控监督管理体系和制度，建立特种动物疫病合理而又富有效率的疫情报告制度、动物跟踪溯源体系、种兽买卖许可证制度；健全针对特种动物疫病防控的法律法规，在特种养殖业快速发展的条件下减缓疫病加剧的趋势和降低养殖户经济损失，提高疫病防控的财政补偿范围和数量；养殖户养殖实现向养殖小区转移，共同管理，减少疫病的发生。到2030年，取得特种动物疫病高效合理的诊断技术的较大进步，建立覆盖面广、组织严密、管理严格、监督有力的兽医诊断体系；加强特种动物免疫水平和免疫质量，使重要烈性传染病得到基本控制；建成重点集中地区以特种养殖区域工程为主体的无疫病特种养殖业示范区，实现特种动物养殖业的可持续发展。

针对特种动物疫病防控战略目标，今后10～20年我国特种动物疫病防控战略任务主要可以从以下几个方面来开展。

（1）完成特种动物疫病防控的基础调研和规划，实现基本了解产业发展及疫病防控的总体情况，制定出解决特种动物疫病防控的具体规划。

（2）在基础调研条件下，针对特种养殖业的特性和未来我国畜牧业疫病防控长期规划，完善针对特种动物疫病防控的法律法规及管理办法，把特种动物疫病防控纳入大畜牧养殖业统一管理。

（3）加大特种动物疫病防控的科技投入，在3～5年内提出特种动物疫病防控规范8～10项；5～10年内，针对特种动物的重要传染病研究开发出具有自主知识产权生物制品6～8项。

（4）建设专业的特种动物疫病防控人才队伍，建立特种动物疫病监测中心，完善相关实验室的国家认证体系。

（5）5～10年内完成建设无传染性疫病的特种动物规模化集中养殖示范小区15～20个，示范引导特种动物养殖业逐步实现环保、绿色、健康的发展。15～20年内，在80%的重点集中地区基本建成以特种养殖区域工程为主体的无疫病集约化特种养殖示范区。

（6）针对特种动物的重要突发疫情，建立和制定相关疫情应急反应机制和预案，最大化地降低养殖风险和减少疫病损失。

五、特种动物疫病防控建议

（一）推广健康饲养技术，提高管理理念

改变饲养户的传统饲养和疾病防治观念，推广健康饲养技术，提高饲养者的素质，增加饲养业的科技含量，严格执行兽医卫生制度，定期免疫、消毒，做好卫生防疫工作，才能正确引导饲养业的发展，有效减少各类疫病的发生。

（二）规范动物饲养和屠宰行为

改善动物饲养环境，防止疫病的发生。规范屠宰方法，严禁采用国际上不认可的屠宰方法，防止疫病交叉感染。

（三）完善特种动物疫病防疫体系

特种动物养殖场应根据《中华人民共和国动物防疫法》及其配套法规的要求，结合当地实际情况，完善特种动物疫病防疫体系，包括疫苗免疫、疫情监测、生物安全及疫病可追溯体系。

对特种动物主要疫病要进行疫苗免疫，要注意选择和使用适宜的疫苗、免疫程序和免疫方法。

疫情监测在特种动物养殖场生产中甚为重要。通过疫情监测，可预测动物健康状况，及时发现疫情并采取有效的控制和扑灭措施，减少养殖场的经济损失。兽医技术人员每天仔细观察动物，发现疫病要迅速查明原因，综合分析，采取防治措施，以防止疫病扩散。

生物安全强调将动物疫病防治作为一项系统工程对待，在空间上重视整个特种动物生产系统各组成部分的联系，在时间上将特种动物生产管理与疫病防

控贯彻于整个生产链中。它包括特种动物舍和设施的隔离、人员流动控制、环境卫生控制、病原体控制等。

特种动物疫病可追溯体系利用现代化科学技术和管理方式，实现动物安全信息的全程管理，一旦发现问题，可由计算机系统找到源头，及时处理。

（四）增加科技投入，加强诊断技术和生物制品研究

我国对特种动物疫病研究的资助力度相对较小，致使疫病防控方面的基础研究不深入，这在一定程度上制约了我国特种动物饲养业的健康发展。

各类高新分子生物学诊断方法和技术多数处于研究阶段，需要进一步研究才能推广应用。因此，加强分子生物学研究，研发各种新诊断技术和新型生物制品，对提高我国特种动物疫病防控水平，保障我国特种动物养殖业健康发展具有重要意义。

参考文献

陈一夫．2007. 世界养兔业发展新趋势［J］．山西农业（畜牧兽医）（5）：54－55.

程菊芬，卢明文，徐海风，等．2008. 普通级实验兔质量控制技术体系的建立与应用［J］. 中国养兔（9）：26－29.

李金元，程抱林，王远清，等．2009. 宠物疫病防控的隐患与对策［J］．养殖与饲料（1）：102－104.

李金中，夏咸柱，胡桂学，等．1999. 我国犬瘟热病毒的生态学调查研究［J］．畜牧兽医学报，30（4）：375－379.

沈志强，李峰，马力，等．2010. 规模化兔场疫病 631 防控技术体系建设探讨［J］．山东畜牧兽医，31（8）：75－76.

王刚，王晓燕，刘新江，等．2009. 当前毛皮动物疫病流行的原因及对策［J］．特种经济动植物，12（9）：12.

王君玮，姜平，王志亮，等．2007. 貂、狐、貉源犬瘟热病毒分离株 H 和 N 基因的遗传多样性分析［J］．南京农业大学学报，30（4）：108－113.

闫新华．2008. 毛皮动物疫病防治中存在的问题［J］．特种经济动植物，11（12）：16.

易立，程世鹏，闫喜军，等．2009. 犬细小病毒 VP2 基因的遗传变异分析［J］．病毒学报，25（6），452－459.

赵永旭，姜永厚，董原，等．2007. 宠物用生物制品研究进展［J］．安徽农学通报，13（5）：83－84.

John W D. 1981. Infectious disease of wild mammals［M］. IOWA：The IOWA State University Press.

专题组成员

组　长　程世鹏　研究员、副所长　中国农业科学院特产研究所

副组长　秦　川　研究员　所长　中国医学科学院实验动物研究所

　　　　　林德贵　教授、副院长　中国农业大学动物医学院

成　员　司方方　助理研究员　中国农业科学院特产研究所

　　　　　易　立　助理研究员　中国农业科学院特产研究所

　　　　　程悦宁　助理研究员　中国农业科学院特产研究所

专 题 五

ZHUANTI WU

野生动物疫病防控战略研究

一、野生动物疫病防控现状

（一）野生动物驯养繁殖现状

我国地域辽阔，具有多种自然环境和气候条件，是世界上野生动物种类最丰富的国家之一，约占世界总种数的10%左右。根据中国生物多样性公约保护计划的数据，我国的哺乳类动物有581种，鸟类1 332种，爬行类动物412种，两栖类动物295种。

养殖业是我国农业和农村经济结构战略性调整中的优势产业，发展前景广阔。其中野生动物驯养业在我国养殖业中所占比例逐年加重，据不完全统计，全国共有野生动物养殖单位及养殖户2万余家，养殖的野生动物种类达到近百种，总经济产值超过100亿元。大部分属国家林业局发布的商业性经营利用驯养繁殖技术成熟的陆生野生动物，或由国外引进的养殖品种。主要种类有：①兽类中的鹿（包括天山马鹿、东北马鹿、梅花鹿、水鹿、海南坡鹿、驯鹿、驼鹿等）、麝、熊（包括黑熊、棕熊、马来熊）、貉（乌苏里貉、阿穆尔貉等）、狐（银狐、北极狐、赤狐）、猫獾、鼬獾、果子狸、河狸、水獭、旱獭、小灵猫、大灵猫、水貂、紫貂、艾虎、黄鼬、毛丝鼠、鼯鼠、海狸鼠、鼢鼠、竹鼠、麝鼠、松鼠及东北虎等。②鸟类中的环颈雉、榛鸡（飞龙）、鹌鹑、石鸡、孔雀（蓝孔雀、绿孔雀、白孔雀）、鸸鹋、鸵鸟、鹦鹉、金丝雀、灰喜鹊等。③两栖爬行类中的扬子鳄、金环蛇、银环蛇、眼镜蛇、眼镜王蛇、竹叶青、蝮蛇、乌梢蛇、龟、鳖、林蛙等。

全国野生动物饲养场中共养殖两栖动物约5亿多只（条）、爬行动物138万只（条）、鸟类250万只、兽类97.5万只（头）。两栖类中饲养数量最多的是中国林蛙（约5亿只），主要在辽宁、吉林和黑龙江进行饲养；其次是虎纹蛙、海蛙等，主要在广西、广东、江西等饲养。爬行类中乌梢蛇的饲养数量最多，为44万条，主要是在江苏、江西等南方省份进行饲养。鸟类中饲养数量最多的是雉鸡，全国饲养量约为92万只，其中浙江和江西两省的饲养量较大；其次是白玉鸟，饲养数量约为56.5万只。在全国饲养的97.5万只（头）兽类中，饲养数量最多的是蓝狐，数量约36万只，其次是梅花鹿（约18.7万只）和水貂（约13.2万只）。其中，山东省饲养的蓝狐和水貂数量最多，吉林省饲养的梅花鹿最多。因有些省在调查时未将非保护的经济动物列入，蓝狐、水貂等数量偏低。

由于野生动物在野外分散存在，病原微生物传播机会较少，因此，野生动物对许多病原微生物较敏感。而野生动物经过驯养后，由独居变为群居，造成病原体在野生动物驯养过程中容易大规模扩散。

驯养野生动物不但能够感染原有的野生动物疾病，还可能被家养动物或人类传染其他疾病，因此，疫病种类繁多，包括病毒病、细菌病、寄生虫病等。例如，果子狸易感染蛔虫病、球虫病、线虫病等疫病；狐狸易感染螨病、狐细小病毒病、狂犬病等疫病；貉易感染貉细小病毒病、犬瘟热、球虫病、旋毛虫病、蛔虫病、弓形虫病等疫病；野猪易感染猪瘟等疫病；林蛙易感染肺丝虫病、红腿病、水霉病等疫病；黑叶猴易感染大肠杆菌病、结核病、葡萄球菌病、轮状病毒腹泻病、线虫病等疫病。

（二）野生动物疫病防控形势

随着全球气候变化和环境污染的加剧，野生动物携带病原体呈现变异加速、毒性增强、传播渠道多且传播速度快、危害加大的趋势。源自野生动物的疫病向畜禽、向人类传播的风险越来越大，对我国养殖业健康发展的影响越来越大。

1. 野生动物疫病种类多，防控难度大

我国是世界上野生动物种类最为丰富的国家之一，与野生动物相关的人兽共患病种类多（表5-1），野生动物是细菌、病毒等多种病原体的天然“储存库”。翼手类、啮齿类、雁鸭类等多种野生动物是SARS、狂犬病、鼠疫、高致病性禽流感等疫病病原的携带者。这些疫病不仅可通过直接或间接方式传播给

人和畜禽，而且可反向传播，实现在野生动物、畜禽、人类间的跨界传播甚至循环传播和扩散蔓延。

表 5－1　我国部分野生动物疫病疫情

年份	病　名	病　原	危　害	波及范围
1978	汉坦病毒肺综合征	汉坦病毒	鼠类、蝙蝠、棕头鸦雀（韩国）、野生驼鹿（瑞典）均为中间宿主	韩国、中国、美国、瑞典等国家
1983	后天获得性免疫缺陷综合征	人类免疫缺陷病毒	灵长类动物和人，病死率几乎 100%	世界许多国家
1997	禽流感	禽流感病毒	家禽、鸟类，特别是水禽	中国香港等地
2002	SARS	冠状病毒	穿山甲、果子狸和蝙蝠等多种野生动物，可致使感染人重病乃至死亡	中国、英国、美国、加拿大和新加坡等 30 多个国家和地区
2004	禽流感	禽流感病毒	家禽、水禽和鸟类。免疫力降低，重者死亡。也有人染病死亡报道	中国、越南、泰国和其他东南亚国家

2. 野生动物疫病危害性大，防控压力大

与野生动物密切相关的狂犬病是威胁人类生命健康安全的一大疫病，每年造成的死亡病例高达 3.5 万～5 万例。另外，2003 年以来，高致病性禽流感病毒随着候鸟迁徙活动，已扩散到亚洲、非洲、欧洲的 60 多个国家和地区，在全球因病死、扑杀造成 3 000 多亿美元的直接经济损失。

3. 野生动物疫病传播渠道广，需要全方位防控

在我国广大的农村地区，大部分养殖户的养殖方式落后，散养、放养等方式加大了与野生动物直接、间接接触的机会。野生动物通过与畜禽撕咬、繁殖等直接接触传播疫病，还可以通过污染水源、食物、圈舍等间接方式传播疫病。还有一些兽类和鸟类有季节性迁徙的习性，其中候鸟的迁飞途径可达数千公里，需要在中途数次停歇，疫病的传播更难于控制。另外，圈养的野生动物由于其生存环境和食物组成都发生了很大的变化，不仅增加了其自身染病的可能，且由于其高密度饲养加大了与人类、其他野生动物、家禽家

畜的接触，也增加了相互传染疫病的机会。需要在养殖方式、管理模式上改进。

4. 周边国家疫情此起彼伏，对我国的威胁还将持续存在

国内外研究表明，高致病性禽流感疫情发生的时间、地点分布与候鸟的迁徙活动基本重叠。目前，处于东非—西亚、中亚—印度、东亚—澳大利西亚 3 条候鸟迁徙路线上的埃及、孟加拉国、印度、尼泊尔、越南、缅甸、印度尼西亚等周边国家的禽流感疫情此起彼伏，传入我国的风险不容忽视。另外，一些新发、突发传染病可能经野生动物传入我国。在我国从未发现的小反刍兽疫，在 2007 年西藏西部首次暴发，造成了藏羚羊大量死亡，在死亡个体中检测到该病病毒。

5. 病原体变异加快，新发和突发传染病频现

当前，随着人类对大自然的过度开发利用，生产社会活动范围不断扩大，全球气候逐渐变化，生态环境加剧恶化，导致以前从未在人身上发现的野生动物疫病在人间流行，如猴痘。同时，也导致野生动物所带病原体变异速率加快，致病力增强，如过去 H5 和 H7 亚型高致病性禽流感病毒主要引起家禽发病，但近几年引起水禽、候鸟、人和哺乳动物发病死亡的现象屡见不鲜。同时，新的传染病不断出现，或者曾经已得到有效控制的传染病重新流行，在全球 175 种新发传染病中，约 75%是人兽共患的，来源与野生动物联系密切。

6. 野生动物养殖业发展迅猛，容易造成病原体的大规模扩散

养殖业是我国农业和农村经济结构战略性调整中的优势产业，其中野生动物驯养繁殖数量在我国养殖业中所占比例逐年加重。我国野生动物的养殖种类达近百种，它们经过驯养繁殖后，由野外分散活动变为群居，造成病原体在驯养过程中容易大规模扩散，如养鹿场发生布鲁氏菌病、结核病等。

7. 动物园饲养野生动物过多，疫病抵抗力较弱

据不完全统计，截至 2004 年底，全国有动物园 200 余个（包括公园中的动物园、野生动物园，表 5－2），每个省都建有自己的动物园，养殖动物总数 20 万只。由于圈养野生动物高密度饲养，食物改变，活动较少，抗病能力减弱，容易造成疫病的扩散蔓延。

表5-2　我国主要动物园情况

名　称	面积（公顷）	动物种类（种）	动物数量（只）
北京动物园	90	600	50 00
上海动物园	74	320	3 800
广州动物园	44	326	2 332
天津动物园	50	180	1 000
哈尔滨动物园	40	125	1 000
西安动物园	27	132	783
成都动物园	25	232	2 756
深圳野生动物园	120	300	10 000
秦皇岛野生动物园	300	100	5 000
上海野生动物园	200	200	4 600
广东番禺野生动物世界	130	400	2 000
海南东山湖野生动物园	130	80	1 000
济南野生动物世界	200	—	10 000
云南野生动物世界	150	200	10 000
北京八达岭野生动物世界	130	120	3 000

（三）野生动物疫病防控成就

针对野生动物疫病对人类和社会经济日益严重的威胁，党中央、国务院高度重视，在国家发展和改革委员会等有关部门的大力支持下，国家林业局启动了陆生野生动物疫病监测体系建设，全面开展野生动物疫病监测防控工作。各级林业主管部门加强领导，周密部署，落实措施，积极推进监测防控体系建设，努力保障监测防控工作有理、有序、有效开展，会同有关部门，妥善处置了候鸟高致病性禽流感、旱獭鼠疫等突发野生动物疫情和野生动物异常死亡情况，监测防控工作取得显著成效。

1. 结合实际， 构建了野生动物疫病监测防控体系主体框架

按照“整合资源、节约高效”的原则，紧密结合各地林业特别是野生动物保护工作实际，在野生动物集中分布区及候鸟繁殖地、越冬地和迁徙停歇地等

重要区域，依托野生动植物保护管理站、自然保护区、森林病虫害防治检疫站和科技支撑单位等现有机构，设立了350处国家级、768处省级和一大批市县级野生动物疫病监测站，布设巡查路线和监测样地上万处，初步搭建了全国野生动物疫病监测防控体系主体框架。

2. 创造条件，促进了监测防控体系的运转

在国家发展和改革委员会、财政部等相关部门的大力支持下，野生动物疫病监测体系建设被纳入《全国动物防疫体系建设规划（2004—2008年）》和《“十一五”期间国家突发公共事件应急体系建设规划》。截至2012年，完成了350处国家级监测站的基本建设投资1.4亿元，配备了野外观察、样品采集、消毒灭菌、安全防护等基础设施设备，同时，协调落实了中央和地方财政经费近8 000多万元，为野生动物疫病监测防控工作的正常开展创建了条件。

3. 建章立制，规范了监测防控工作行为

国家林业局颁布实施了《陆生野生动物疫病监测规范（试行）》，组织起草了《陆生野生动物疫病监测工作管理办法》，下发了一系列通知和文件，指导督促各地建立了领导责任、岗位责任、信息管理和保密、人员安全防护等制度，初步建立了确保监测防控工作规范开展的规章制度、管理体制和机制。

4. 加强培训宣教，壮大了监测防控力量

各地通过内部调剂、引进人才等方式，组建了一支专兼结合、总数约15 000人的监测防控工作队伍。中央和地方举办了上百期专业技术培训和应急演练，培训监测防控人员近万人次，提高了队伍的监测防控和应急处置能力。编印了《陆生野生动物疫病监测》、《禽流感防治与野生动物疫病》、《中国大陆野生鸟类迁徙动态与禽流感》等培训教材、科普书籍和宣传挂图，多层次、多渠道、多形式开展了科普宣传教育，提高了公众自身的防范意识和能力，引导社会力量积极参与监测防控。

5. 积极开展科学研究，增强了科技支撑能力

各级林业主管部门主动加强与大专院校和科研院所的合作，依托公共资源，初步建立了野生动物疫病监测防控科技支撑平台。组织分析了我国20多年的鸟类环志及迁徙研究成果，基本掌握了我国东部、中部、西部迁徙区主要候鸟的基本情况，组织开展了重点候鸟迁徙规律、禽流感溯源等基础研究和技术攻关，并取得了重要突破，为评估疫病风险、开展疫情预警等奠定了

基础。

6. 加强联防联控，有效控制了突发疫情

各级林业主管部门认真贯彻落实部署，提前动员安排，加强监测，排查隐患，坚持信息报告制度，确保第一时间发现、第一现场处置异常情况。截至2011年底，各地共报告了近千起野生动物异常情况，在地方政府的统一领导下，有效控制了候鸟高致病性禽流感、旱獭鼠疫、小反刍兽疫、野鸟禽霍乱、鼬獾犬瘟热等多起野生动物疫情。同时，积极会同农业、卫生、质检、工商等部门，研究分析H1N1甲型流感、非洲猪瘟等疫病的传播风险和控制措施，强化市场监管和隐患排查，加强部门协作，充分发挥联防联控的积极作用，为维护公共卫生安全、经济发展和社会稳定做出了重要贡献。

二、我国野生动物疫病防控存在的主要问题

虽然野生动物疫病监测防控工作取得了显著成效，做出了应有的贡献，但由于起步晚，底子薄，监测防控体系还不健全，科技支撑能力不足，信息管理和应急保障条件落后，监测防控仍处于初级阶段，预警防控能力严重不足。而且我国野生动物疫病研究较少，与发达国家差距较大。

（一）监测防控体系不健全

我国技术支持类监测站比重过小，尚未形成有效的野生动物疫病监测平台。还有许多野生动物集中分布区、重要的边境地区、家禽家畜密集区、野生动物驯养繁殖密集区和集散地等区域，尚未被纳入有效的监测覆盖范围，还存在着大量监测盲区，与2 600多处野生动物聚集分布区相比，已投资国家级监测站的区域覆盖率不到15%。

（二）监测防控体系运行保障不充分

监测设施设备的配置现状与野生动物分布区域广、活动范围大、流动性强、栖息地类型复杂等特点不匹配。日常监测、隐患排查、设施设备维护保养等运行经费和疫情防控经费普遍未纳入地方财政预算，经费不足的问题十分突出，基层工作积极性受到较大影响。

（三）科技支撑能力不足

野生动物疫病监测防控科技支撑网络尚未建立并有效整合，难以充分发挥

其积极作用。快速检测、快速诊断等应用研究进展缓慢，基础研究滞后，重点野生动物疫病本底不清，很大程度上制约了对突发疫情的快速反应和有效防控。

（四）信息管理和应急保障条件落后

信息传输方式和技术手段落后，存在严重的安全隐患。应急保障物资缺失，应急培训和演练工作受到很大限制，受威胁动物转移、现场隔离和消毒、无害化处理能力不足。

（五）我国野生动物疫病研究较少

一直以来，我国对野生动物疫病没有组织开展过全面系统的研究，有限的研究也仅局限于大熊猫、朱鹮、扬子鳄、梅花鹿等部分重点野生动物物种，动物防疫、卫生等部门在这一领域组织的研究同样局限于某些特定的疫病，且这些研究与野生动物生物学、生态学研究缺乏有机的结合，致使研究工作进展不大。同时，该领域现有的研究资料十分零散，基础资料和相关信息积累有限，难以适应野生动物疫病防控需要。没有掌握野生动物活动规律及疫病（向禽畜）传播机理。

（六）我国野生动物疫病预警防控能力与发达国家差距大

目前，欧美等一些发达国家已建立了较为完善的野生动物疫病监测预警技术体系、管理体系和相关制度，收集了大量野生动物病原体样本，积累了丰富的研究资料。一旦野生动物野外种群出现异常病症，有关监测取样站点将立即进行标准化取样、送检，其技术依托机构可在较短时间内将样本与贮备的各种病原体样本进行比较分析，确定疫病的病原体种类并提出其传播特点、途径和趋势，使预警机构能够及时向受威胁范围内的公众发出预警信息，并协助动物防疫、卫生机构及时将疫情控制在最小范围内。但我国在这方面几乎是空白，由于与上述发达国家的差距巨大，制约了我国与国际社会在野生动物疫病防治领域的技术交流和合作，特别是当出现国际性传播的源自野生动物的疫情时，在涉及共同承担疫病防治国际义务的情况下，我方常常处于劣势，一些国际组织或机构借此对我国相关工作进行蓄意攻击，从而影响我国国际声誉和对外形象。

三、国外野生动物疫病防控经验

针对各种日益猖獗的新发野生动物疫病，世界上各个国家根据不同国情，采取了一系列的防控措施，建立了一系列的防控机构。其中，欧洲、北美等发达国家的疫病监测体系较为完善，能够及时发现并报告新发疫情。

（一）美国和加拿大野生动物疫病先进管理经验

1. 野生动物疫病监测机构高度集中

美国：美国农业部下设动植物检疫局（APHIS）负责兽医工作，具体职能有：动植物检疫、动物防疫、动物疫病防治工作质量评估、动物疫病发生环境与风险分析、害虫及疫病的控制与消灭、动植物卫生标准制定、动植物疫情监测、兽用生物制品管理及野生动物管理等。

加拿大：加拿大食品检验局（CFIA）主要职能是管理食品安全潜在的风险，保护消费者和市场免受不公平和不诚信行为的影响，提供出口产品认证，保护农作物和森林，保护野生动物安全，控制野生动物疫病向人类传播，生物技术监管等。食品检验局由局长领导，局长要向农业部部长汇报，农业部部长要为食品检验署所拥有的各项权力对加拿大国会负责。

2. 管理体制高度统一

“官方垂直管理”是美国、加拿大两国野生动物疫病防控体系的显著特征。两国政府均明确了兽医工作由动植物检疫局和食品检验局一个部门负责，避免了政出多门、相互扯皮的现象。统一的管理体制使联邦和各州的野生动物防疫工作在管理、防治技术研究、技术培训和推广，疫情报告、统计、分析、预警预报，以及动物疫病研究等方面达到了资源整合、优势互补、高效运转，既有效增强了野生动物防疫的统一性，避免了地方保护主义，又促进了统筹结合，分工协作，提高了工作质量，减少了人力、物力、财力的浪费。

3. 法律法规完善健全

美国的法律制度十分健全，涉及野生动物疫病诊断、免疫、监测、检疫，兽医人员管理，以及病害动物和动物产品无害化处理等各方面。加拿大食品检验局被法律授权执行其职责范围内一系列法律和法规及其相关条例，涉及野生动物防疫的主要有《加拿大食品检验局法》、《加拿大食品和药品法》、《加拿大动物卫生法》、《农业和农业食品管理货币处罚法》、《加拿大农产品法》等。一旦个别领域或新生领域出现法律空白，国家立即制定新的法律规定进行补充。因此，在实际野生动物防疫各个工作环节中，各有关部门只要依照法律法规的规定与要求执行即可，所有兽医工作都能顺利实行。

4．疫病监测体系发达

美国除农业部直属联邦兽医诊断实验室外，几乎每个州还有一个兽医诊断实验室，每年都要检测大量的样品或病料，根据结果可以清楚地掌握各州各种野生动物疫病的发生、流行和控制等分布情况。如美国有多条候鸟迁徙路线，横跨全国的鸟类监测网是掌握野生鸟类动态、健康状况和预防禽流感的。2006 年以来，美国政府制订了升级版的野生鸟类监测计划，共检测了近 10 万只野生候鸟。此外，一旦发现可疑病例，要求在 24 小时内将样品送到农业部梅岛外来病诊断实验室或爱姆斯病毒学诊断实验室进行确诊。通过这种严密的监测和诊断，开展预警预报工作，可以及早发现某种疫病，有足够的时间将其消灭在起始阶段。

5. 疫病防治科学规划

扑灭计划是美国、加拿大两国野生动物疫病防治计划中的主要组成部分。为有效防控高致病性禽流感疫情，美国、加拿大政府均制订了详细的防控计划。如美国 1935 年就制订实施了《家禽升级计划》，致力于家禽沙门氏菌病的控制和净化工作，同时，也把高致病性禽流感作为一种主要的家禽疫病制订了长期的、系统的预警预报、流行病学调查、紧急应对等措施，并根据疫病发生发展的客观情况适时进行修改和调整，切实做到了可操作性和时效性。从长期执行扑灭计划的情况来看，对一些长期顽固流行的传染病是非常有效的。

6. 突发疫情有效应对

目前，美国、加拿大两国均建立了野生动物疫病应急预案，从联邦到各州均落实了各项紧急物资的贮备，其中美国储备 H5 和 H7 型禽流感疫苗 1.4 亿头份，加拿大也贮备了大量紧急物资，防止禽流感病毒由家禽向野生动物包括鸟类进行传播。

（二）法国野生动物疫病先进管理经验

为了防控野生动物疫病，法国制订了完善的监控和处理体系。在疫情暴发之前、之中和之后三个阶段，都有相应的处理措施，即重视预防、严格控制和保持警惕。

（三）巴西野生动物疫病先进管理经验

巴西针对狂犬病疫情的防控措施也值得借鉴。巴西的野生动物比较多，因此，狂犬病的蔓延不仅禁止于猫、犬等宠物传播。2004 年，巴西曾经发生严重的吸血蝙蝠传播狂犬病事件，至少 300 人遭到袭击，造成至少 19 人感染狂犬病死亡。不过由于防疫工作及时，被吸血蝙蝠咬伤的大部分人都注射了狂犬病疫苗，因此，大多数没有发病。为了防患于未然，巴西卫生部门每年都抓紧为居民和家畜接种扩散，防止狂犬病扩散。1988 年，为了防止狂犬病扩散，巴西政府曾经在一天之内为 100 万只犬进行了免疫注射。

（四）澳大利亚野生动物疫病先进管理经验

澳大利亚国家动物卫生信息系统（NAHIS）成立于 1993 年，主要对重要性野生动物疫病进行常规监测，同时也进行一些特殊的研究和调查。澳大利亚国家动物卫生信息系统提供有关疫病总的信息以及它们对澳大利亚重要性方面的信息，提供家畜数量、屠宰头数及相关信息。澳大利亚国家动物卫生信息系统提供 34 种疫病（包括 19 种地方性，15 种外来性疫病）的数据，来源于联邦政府、州、动物卫生官方机构、诊断性实验室、疾病扑灭控制小组、兽群监测系统、大学、研究小组及兽医人员。澳大利亚北部检疫战略小组（NAQS）成立于 1989 年，不仅负责监测海岸线以内的疫情，同时也监测外部的疫情。该小组由澳大利亚、巴布亚新几内亚、印度尼西亚联合组成，分为警戒兽群小组和周期性调查小组，主要针对口蹄疫、伪狂犬病、虫媒病及其媒介物、古典猪瘟、旋毛虫病、绦虫病、苏拉病等进行监控。

四、野生动物疫病防控战略构想

（一）指导思想

全力构建野生动物疫病监测防控的长效机制，全面提升监测防控能力和水平，充分发挥野生动物疫病监测防控在维护公共卫生安全中的前沿哨卡和屏障作用，为保障人民生命健康安全、经济社会持续稳定健康发展，促进生态建设做出新的更大贡献。

（二）战略制定原则

1. 坚持科学规划，分步实施的原则

立足当前亟待解决的问题和需求，兼顾野生动物疫病监测防控体系的长远发展，因地制宜、结合实际、科学谋划，有计划地分步实施，查漏补遗，逐步完善。

2. 坚持整合资源，节约高效的原则

有效利用林业系统现有野生动物保护管理、自然保护区、野生动物救护繁育和鸟类环志等机构，充分发挥大专院校、科研院所等公共资源的积极作用，优化配置，强化协作，促进野生动物疫病监测防控体系建设和监测防控工作的开展。

3. 坚持分类指导，突出重点的原则

根据野生动物疫病的分布和特点，建立不同类型的监测机构，重点加强监测站、信息管理、应急保障和支撑机构建设，提高监测预警能力和防控水平。

4. 坚持强化保障，服务大局的原则

切实强化野生动物疫病监测防控体系运行保障机制和能力，充分发挥监测防控体系的综合效能，服务于公共卫生安全、经济社会发展和生态安全大局。

5. 坚持统筹协调，共同促进的原则

统筹野生动物疫病监测防控体系与野生动物保护管理体系建设，促进两大体系的协调发展。

（三）战略目标

2020 年战略目标：完成全国野生动物疫病监测防控体系基础设施建设，提高野生动物疫病动态监测、科技支撑与预警、信息管理与决策指挥能力。掌握野生动物疫病本底；确保异常情况发生原因、疑似疫病及时得到排查和初步诊断；建立健全信息管理与决策指挥平台，确保信息传输安全快捷、防控决策及时科学、应急指挥有序高效；对公共卫生安全、经济社会发展、生态建设的保障能力显著增强。

2030 年战略目标：健全野生动物疫病监测防控基础设施、人员队伍、管理体制和机制，建成结构完整、功能齐备、上下贯通、协调统一、运转高效、支撑有力的全国野生动物疫病监测防控体系，更好地服务于公共卫生安全、经济社会发展和生态建设大局，合理发展野生动物驯养繁殖产业，既可以满足人民生活的需要，更是对野外资源的有效保护。

五、野生动物疫病防控的策略与建议

（一）防控总策略

首先，成立国家野生动物疫病防控委员会，以指导野生动物疫病监控预警体系的运行。全国野生动物疫病监测防控体系是以监测网络为基础、以科学技术为支撑、以信息管理为平台、以决策管理为核心的有机整体，国家野生动物疫病防控委员会在这个整体中处于核心地位。其次，在与其他国家的野生动物疫病国际合作方面，随着国力的增强和科技的进步，中国应该起到领头羊作用，积极参与和帮助周边国家进行野生动物疫病的防控预警工作，尽到一个邻国应有的责任和义务。第三，建立健全野生动物疫病监控预警体系，加强对野生动物野外种群和驯养繁殖种群的监测和隐患排查，为我国养殖业的健康发展提供保障。最后，通过多层次、多渠道、多形式开展科普宣传教育，提高公众自身防范意识和能力，引导社会力量参与监测防控，全方位提高野生动物疫病预警防控工作的效率和效果。

（二）具体工作建议

当前，国内外重大野生动物疫情防控形势仍十分严峻。积极制订和落实野生动物疫病防控综合措施，建立长效管理机制，努力减少疫情对养殖业造成的损失仍是我国政府及有关部门长期而艰巨的任务。总结国外的防控经验，结合我国实际，现提出进一步加强我国野生动物疫病防控措施的具体建议。

1. 建立野生动物疫病监测预警体系，发挥前沿和屏障作用

我国野生动物疫病监测防控工作起步晚，对野生动物疫病的监测预警能力严重不足，难以及时发现野生动物异常情况、分析发生蔓延趋势。这一现状如

不尽快得到改善，一旦野生动物出现疫情，并向畜禽、人类蔓延，将给国民经济、生态安全、公共卫生安全造成难以估量的危害。因此，建立全国野生动物疫病监测预警体系，实现对野生动物种群疫病动态和趋势的预测预报，对我国养殖业健康发展有着重要作用。为实现上述目标，野生动物疫病监测预警体系应主要包括以下几个系统。

（1）监测站网络　监测站网络由国家级、省级、市县级野生动物疫病监测站组成，是开展监测防控工作的基础。国家级监测站重点布设在野生动物集中分布区和迁徙路线，充分考虑重要的边境地区、驯养繁殖密集区、野生动物及其产品集散地、疫病高发区、自然疫源地，并兼顾畜禽养殖密集区等区域的野生动物疫病监测防控工作需要，主要承担巡护监测、采样送检、信息报告、异常情况应急处置等工作。实现对野生动物野外种群、驯养繁殖种群的及时监测，排查隐患。

（2）预警系统　预警系统由野生动物疫病样本库、野生动物疫病研究中心、野生动物流行病学区域调查中心、候鸟迁徙研究中心、野生动物疫病初检实验室等组成。当前我国急需通过构建重要野生动物疫病资源数据库、病原遗传资源数据库、野生动物疫病宿主范围与生态环境数据等资源数据库，以及野生动物疫病历史疫情数据库、野生动物疫病疫情动态观测数据库、野生动物疫病文献数据库、野生动物疫病国际研究进展数据库等情报数据库，搭建重要的野生动物疫病预警分析体系和国家野生动物疫病科学资源信息平台，提高我国对重要野生动物疫病对养殖业危害风险的预警预报水平。

（3）信息管理与决策指挥系统　野生动物疫病监测防控信息管理与决策指挥系统由国家信息管理中心、省级管理中心、远程终端以及国家决策指挥中心、省级决策指挥中心组成。主要承担信息传输、报告、汇总、分析、交换和发布，以及指挥协调等工作。

（4）应急保障系统　野生动物疫病监测防控应急保障系统由应急物资储备库、应急演练培训基地和突发野生动物疫病应急处置预备队组成。主要承担应急物资储备、培训、应急演练及突发野生动物疫病的应急处置等工作。

2. 积极开展科学研究

（1）加强野生动物口服疫苗的研究　捕捉野生动物进行免疫仅仅适合大型野生动物圈养场所，而对野生动物野外种群应研究开发口服疫苗，进行大规模投放免疫，实现简便易行、经济有效的免疫野生动物的途径。因此，口服疫苗研究已成为国际野生动物疫病防控研究的发展方向。在国际上，狂犬病重组活载体疫苗已用于野生动物狂犬病的预防。其他正在研究的野生动物口服疫苗主要有莱姆病疫苗、布鲁氏菌病疫苗、鼠疫疫苗等。而我国在这方面的研究仍是空白，需要加大科研支持力度，研发针对我国流行现状和趋势的有效疫苗，为当前流行的和将来可能发生的重大野生动物疫病提供有效的预防措施。

（2）加强野生动物疫病快速诊断方法和野生动物活动规律跟踪技术的研究　野外条件下，野生动物疫病的快速诊断和野生动物活动规律跟踪，对于分析判断疫情发展趋势和制订野生动物疫病的防控措施是至关重要的。现在我国已经研制出了禽流感野外快速诊断试纸条和卫星跟踪装置，对野生鸟类禽流感的防控和流行病学调查和候鸟迁徙规律研究发挥了重要作用。但是，存在着快速诊断技术滞后、卫星跟踪技术费用高等问题。狂犬病、小反刍兽疫、西尼罗河热等快速诊断方法没有研究出来或正在研制当中。迫于当前野生动物疫病防控形势严峻，加强野生动物疫病快速诊断方法和野生动物活动规律跟踪技术的研究是当前工作的重中之重。

（3）加强野生动物与家禽家畜传播模式的探究　对青藏高原重要水鸟的迁徙路线研究表明，在禽流感疫情发生的地点中，66.4%的地点在候鸟迁徙区域内。通过实地考察发现，我国长江中下游一带，如鄱阳湖区内越冬候鸟种类多、数量大，尤其是珍稀濒危鸟类。人工湿地（水稻田）与天然湿地（湖泊）在时空上为病毒由候鸟向家鸭（散养鸭）传播提供了温床。因此，对候鸟分布、活动规律以及迁徙规律进行研究，包括疫源水鸟到达的时间、停留时间、离开时间，以及如何避免家禽与疫源水鸟接触，可为探索候鸟与家禽之间的传播模式提供参考，从而方便我们提出有效措施，阻断野生鸟类和家禽家畜之间病毒的相互传播。

3. 加强野生动物疫病专业人员的培养和引进

健全人才引进机制，加大人才引进力度，在相关大专院校和科研机构开设野生动物疫病专业，加大专业人才培养力度，全面提高野生动物疫病监测防控队伍的专业化程度。继续抓好人员培训、应急处置演练和应急预备队建设，提高常态野生动物疫病监测、疫情应急能力和水平。创新形式，加强宣传和引导，完善激励措施，将摄影协会、观鸟会等一些社会团体充实到野生动物保护和疫病监测工作中来；普及野生动物疫病监测防控知识，动员更多社会力量参与、支持野生动物疫病监测工作，巩固监测工作的群众基础。

4. 加强野生动物疫病的相关法律法规建设

在《中华人民共和国突发事件应对法》、《中华人民共和国野生动物保护法》、《重大动物疫情应急条例》等法律法规框架下，推进野生动物疫病监测防控工作相关法律法规的制定，加快《国家突发重大野生动物疫病应急预案》的制定、颁布步伐。研究出台加强监测防控工作的指导意见，颁布《陆生野生动物疫病监测工作管理办法》，为各地监测防控工作开展提供政策支持和依据。制订完善野生动物疫病监测工作考核办法，建立监测防控工作激励机制，保障监测防控工作有效开展；根据监测防控形势的新变化和未来发展的需要，及时制定狂犬病、布鲁氏菌病等野生动物疫病本底调查和控制规划，研究制定野生动物疫病监测标准规划，保障监测防控基础设施充分发挥作用。

5. 加强驯养繁殖野生动物疫病监测

合理发展野生动物驯养繁殖产业，既可以满足人民生活的需要，又是对野外动物资源的有效保护。由于在野外生活的野生动物处于分散状态，即使被病毒感染，病毒传播速度也有限，而集中驯养的野生动物数量很多，饲养密度大，病毒传播速度快，感染概率大，因此，有关政府部门应对野生动物的驯养繁殖制订严格的防疫检查规定。具体如下：①野生动物种源来源必须合法。②对驯养繁殖的野生动物进行标记和谱系管理，并建立健全驯养繁殖技术档案。③建立驯养繁殖及经营利用管理档案，妥善保管各种证照，保留进货凭证、销售清单等相关手续。④出现驯养繁殖野生动物非正常死亡时，立即报告当地林业行政主管部门和重大动物疫病指挥部，并配合相关部门查明死因。发现重大动物疫情的，需按有关规定处理，不得自行处理或隐瞒不报。⑤建立定期报告制度。

参考文献

陈道阳 . 2005. 关于动物疫病防治体系建设的有关建议 [J] . 安徽农业科学，33 (12)：2479.

冯金铃，吴巧铃 . 2002. 果子狸球虫病的诊断 [J] . 广西畜牧兽医科技 (4) ：30 - 35.

国家林业局野生动植物保护司，国家林业局野生动物疫源疫病监测总站 . 2007. 陆生野生动物疫源疫病监测 [M] . 沈阳：辽宁科学技术出版社 .

郭艳秀 . 2007. 野生动物疫源疫病监测预警体系的思考 [J] . 中国林业经济，83 (3)：57 - 58.

胡洪光，黄华，赵观禄 . 1992. 重庆动物园野生动物寄生虫调查报告 [J] . 四川师范学院学报 (4) ：13 - 14.

胡洪光，赵观禄，黄华，等 . 1993. 重庆动物园野生动物体内寄生虫病的防治 [J] . 四川师范学院学报，14 (1) ：62 - 69.

姜桥英 . 2008. 基层动物防疫工作中存在的问题和对策 [J] . 云南畜牧兽医 (2) ：4 - 5.

施新泉 . 1985. 上海动物园野生动物寄生虫名录 [J] . 江苏农学院报，6 (3) ：37 - 40.

王忠海，陈杰，肖常青 . 2008. 构建辽宁鸟类疫源疫病监测体系初探 [J] . 辽宁林业科技 (2) ：45 - 47.

杨伟，胡箭 . 2009. 云南省陆生野生动物疫源疫病监测体系建设研究 [J] . 林业调查规划，34 (3)：67 - 71.

张颈硕，梁冰，张树义 . 2003. 浅议野生动物与人类共患疾病 [J] . 动物学杂志，38 (4) ：123 - 128.

Baer G M. 1976. The oral rabies immunization of foxes and dogs with sausage baits [J]. Developments in Biological Standardization，33：417 - 423.

Baer G M，Broderson J R，Yager P A. 1975. Determination of the site of oral rabies vaccination [J] . American Journal of Epidemiology，101：160 - 164.

Black J G，Lawson K F. 1980. The safety and efficacy of immunizing foxes (Vulpes vulpes) using bait containing attenuated rabies virus vaccine [J] . Canadian Journal of Comparative Medicine，44：169 - 176.

Blancou J，Kieny M P，Lathe R，et al. 1986. oral vaccination of the fox against rabies using a live recombinant vaccinia virus [J] . Nature，322：373 - 375.

Brochier B，Blancou J，Thomas L，et al. 1989. Use of recombinant vaccinia - rabies glycoprotein virus for oral vaccination of wildlife against rabies：innocuity to several non - target bait consuming species [J] . Journal of Wildlife Diseases，25：540 - 547.

Cleaveland, M. K. Laurenson, and L. H. Taylor et al. 2001. Diseases of humans and their domestic mammals: pathogen characteristics, host range and the risk of emergence [J]. Phil. Trans. R. Soc. Lond. B., 356: 991-999.

Cunningham, A. A., Daszak, P. and Rodríguez, J. P. 2003. Pathogen pollution: defining a parasitological threat to biodiversity conservation [J]. Journal of Parasitology, 89 (Suppl): 78-83.

Daszak, P., Berger, L., Cunningham, A. A., Hyatt, A. D., Green, D. E. and Speare, R. 1999. Emerging infectious diseases and amphibian population declines [J]. Emerging Infectious Diseases, 5: 735-748.

Daszak, P., Cunningham, A. A. and Hyatt, A. D. 2000. Emerging infectious diseases of wildlife-threats to biodiversity and human health [J]. Science, 287: 443-449.

Daszak, P., Cunningham, A. A. and Hyatt, A. D. 2003. Infectious disease and amphibian population declines. Diversity and Distributions, 9: 141-150.

Erich H, Follmann E H. 1992. Oral rabies vaccination of arctic foxes with an attenuated vaccine [J]. Vaccine, 10 (2): 305-308.

Halliday, J. E. B. et al. 2007. A Framewore for evaluating animals as sentinels forinfectious disease surveiuance [J]. Journal of the Royal Society Interface, 4: 973-984.

Jones K. E. et al. 2008. Global trends in emerging infectious diseases [J]. Nature, 451 (21), 990-994.

Lips K. R. et al. 2006. Emerging infectious disease and the loss of biodiversity in a neotropical amphibian community [J]. Proceedings of the National Academy of Sciences, 103: 3165-3170.

Rushton, S. P. et al. 2006. Disease threats posed by alien species: the role of the poxvirus in the decline of the native red squirrel in Britain [J]. Epidemiology and Infection, 134: 521-533.

Sainsbury, A. W. et al. 2001. Status of wildlife health monitoring in the United Kingdom [J]. Veterinary Record, 148: 558-563.

专题组成员

组　长　贾建生　副司长　国家林业局野生动植物保护司

副组长　初　冬　处长　国家林业局野生动物疫源疫病监测总站

张国钢　副研究员　中国林业科学研究院

何宏轩　研究员　中国科学院动物研究所

专 题 六

ZHUANTI LIU

人兽共患病防控战略研究

一、国内外人兽共患病流行与防控现状

（一）全球人兽共患病流行态势及危害

1. 流行态势

（1）人类病原体种类及其人兽共患病特性　许多人类传染病都具有人兽共患病特征，动物或动物产品是其主要传染来源。一些动物病原体天生就有感染人的特性，还有一些动物病原体本身不感染人，但随着与人类接触机会的增多，适应人体后而衍化成了人类病原体（新发或再发病原体）。过去30多年来新发或再发病原体中73%来自动物。

（2）新发人兽共患病病原体快速增加　过去几十年来，随着全球人口增加，贸易经济一体化进程加快，大大促进了国际间的人员交往和畜产品贸易。此外，全球气温升高促进了传播媒介的繁殖与分布，各种病原体随着这种国际化趋势，扩大了它们的宿主范围和地理分布，导致了疫病全球大流行出现的频率和规模比以往任何时候都大。同时经济不断发展，加大了对自然资源的过度开发，造成了自然生态环境失衡，新病原体入侵人类和畜禽等动物的机会大大增加。如2004年拉美地区46人死于吸血蝙蝠狂犬病，而同年死于犬狂犬病的只有20人。土地沙化与旱獭数量快速增加是我国青海省持续鼠疫流行的重要原因。此外，全球人口增加和社会经济发展促进了全球畜牧业的快速发展，人类对肉、蛋、奶等动物性食品及其他动物源性产品的需求不断提高，这一需求必将导致动物养殖的集约化程度越来越高，动物疫病发生频率也因此增加，进而加大了防范动物源性人兽共患病的压力，加快了动物病原向人类的传播速度。新发传染病出现的频率明显加快，过去5～10年才出现一种新传染病，而现在却面临1～2年就出现一种新传染病的现实（表6-1）。从表6-1可以看出，新发人兽共患病的特点主要是病原体种类复杂，具有十分明显的动物源性特征，野生动物是主要宿主和传染源（夏咸柱，2011）。

表6-1　1973年以来全球新出现的人兽共患病病原体及其动物宿主

时间（年）	病原体	疾　病	首次出现的国家或地区	动物宿主/虫媒	传播途径	人-人传播风险
1973	轮状病毒	婴儿腹泻		家畜	经口感染	无
1976	小球隐孢子虫	急性和慢性腹泻		牛和其他家畜	经口感染	无
1977	埃博拉病毒	埃博拉出血热	刚果	猩猩、蝙蝠	直接接触、气溶胶	高
	嗜肺性军团病杆菌	军团病	美国	家畜	空气传播	高
	汉坦病毒	出血热肾脏综合征	韩国	鼠	动物接触、虫媒	无
	空肠弯曲菌	肠道疾病		禽类	经口传播	无
1981	产外毒素金黄色葡萄球菌	中毒性休克综合征		家畜、禽类	接触、吸入	无
1982	大肠杆菌O157：H7	出血性肠炎、溶血性尿毒症		牛	食源性	无
	伯氏疏螺旋体	莱姆病	美国	家畜和多种野生动物	接触、虫媒	无
1987	埃里希氏体	埃里希氏体病	美国	白尾鹿/蜱	蜱传	
1988	戊型肝炎病毒	肝炎		猪	食品或粪口	中
1990	瓜纳瑞托病毒	委内瑞拉热	委内瑞拉	鼠	接触	无
1992	霍乱弧菌O139	流行性霍乱				
	巴尔通氏体	猫抓病、杆菌性血管瘤病		虫媒	叮咬、皮肤损伤	无
1993	辛诺柏病毒	汉坦病毒综合征		鼠	接触	无
1994	沙比亚病毒	巴西出血热	巴西	鼠	接触	无
	亨得拉病毒	病毒性脑炎	澳大利亚	蝙蝠	接触	无

（续）

时间（年）	病原体	疾病	首次出现的国家或地区	动物宿主/虫媒	传播途径	人-人传播风险
1996	朊病毒	疯牛病	英国	牛	食源性	无
	澳大利亚蝙蝠狂犬病病毒	病毒性脑炎	澳大利亚	蝙蝠	咬伤、气溶胶	无
1997	禽流感病毒 H5N1	人禽流感	中国香港	鸡、猪	接触、食源性	无
1998	尼帕病毒	病毒性脑炎	马来西亚	蝙蝠、猪	接触	中
1999	西尼罗河病毒	西尼罗河热	美国	虫媒、马、鸟、蝙蝠	蚊虫叮咬	中
2003	冠状病毒	SARS	中国		接触、气溶胶	高
2007	马六甲病毒	急性呼吸系统疾病	马来西亚	蝙蝠	动物接触	不详

（3）新发人兽共患病传播迅速，防范需要国际合作　人类对这些新发病原体往往表现出较高的易感性，一旦感染，发病较重，而且传播迅速，容易大面积暴发甚至导致全球性大流行，如西尼罗河热、SARS 和人高致病性禽流感等。由于这些新发人兽共患病来源于动物的比例和暴发的频率越来越高，流行范围很容易全球化，因此，有必要通过国际合作，协调和整合现有的国际、国家或地区层面的公共卫生管理体系以及国家内部各部门间的职能，建立统一的国际合作与部门合作新机制，以有效控制传染病在全球的传播和蔓延。因此，近年来主要国际健康组织提出了“同一世界，同一健康”（One World，One Health）这一新概念，再一次强调了在防范传染病流行中多国家和多系统联合作战的重要性，对今后各国预防、控制与应对传染病流行和突发公共卫生事件具有深远的指导意义。

2. 危害

（1）威胁人类健康　人兽共患病病原可以从动物直接传播给人类，或通过动物性食品间接感染人类，引起人的发病死亡。近几十年来，随着人口增加，全球经济社会的一体化进程加快，新发传染病频繁暴发，对人类健康造成了巨大威胁。据 WHO 报道，全球每年死于各类传染病的人数达到疾病总死亡人数的 1/3，其中半数是由人兽共患病引起的。

回顾 20 世纪，可以看出 1918 西班牙流感、1957 亚洲流感及 1977 俄罗斯流感在全球的大流行波及数十亿人，造成了数千万人死亡。进入 21 世纪 H5N1

禽流感开始引起人间大流行，2003年12月至2008年8月间，全球15个国家共433人感染禽流感，262人死亡，死亡率高达60%，其中我国有38人发病，25人死亡。据WHO公布，2009年10月9日墨西哥出现的甲型H1N1流感造成全球37.8万人感染，28 000多人死亡，引起国际社会高度关注。

1998年马来西亚暴发全球首起尼帕病疫情，导致265人发病、105人死亡的严重后果。2001—2008年间该病在印度和孟加拉国部分地区暴发10多次，导致了190人发病，140人死亡，死亡率高达73%。

除上述可直接感染引起人发病的人兽共患病外，食源性人兽共患病也在严重危害人类健康，成为威胁人类健康的重要公共卫生问题。近年来，国内外食源性人兽共患细菌病事件频频发生，如2008年4月起，美国43个州和华盛顿哥伦比亚特区暴发沙门氏菌病，确诊病例超过1 400例；1999—2000年我国江苏、安徽等地大肠杆菌O157∶H7感染大规模流行，造成195人患病，177人死亡，病死率达90.8%。

（2）危害畜牧业生产　许多人兽共患病病原体不仅能引起人发病，而且也能引起大规模动物发病，危害畜牧业生产，同时带来重大动物性食品安全问题。禽流感自2004年发生全球大流行以来，已对全球养禽业造成重大损失，有2亿～3亿只禽鸟因病死亡或被销毁，不仅造成30多亿美元的直接经济损失，而且引起了严重的环境污染；1998年马来西亚则因为暴发尼帕病而导致全国一半的生猪被扑杀，超过一半的养殖场被关闭。

（3）引起社会动荡　许多人兽共患病因其发病时间短、传播迅速、伤亡严重等容易引起人群恐慌和社会动荡。2003年起始于我国的SARS与2009年起始于墨西哥的甲型H1N1流感大暴发，不仅给原发国家的社会稳定、经济发展和国际形象造成巨大的负面影响，而且在全球范围内造成了巨大的社会恐慌。

（二）全球人兽共患病流行原因

1. 社会经济发展的影响

“全球一体化”改变了我们对传染病的传统观念，地区性流行事件往往容易演变成全球疫情。各国科技和经济的相互依赖使得世界变小，贸易的国际化、现代运输条件的改善及人类交流活动的增加等，导致人和物的跨国流动明显增加，流速加快，一个国家发生的传染病会迅速地传播到其他国家。此外，人口数量快速增长和经济规模无限扩张，使得人类与自然界尤其是一些野生动物的自然疫源地的接触更加密切，加速了病原体在人与动物之间的传播。

2. 人类行为对自然资源的过度开发和人口膨胀对动物蛋白需求的增加

人口增加是人兽共患病流行的重要原因。1900 年世界人口只有 10 亿，2000 年全球人口猛增到 60 多亿。当今城市化进程不断加快，人口的快速增长致使城市不断扩大，城乡人口结构比例改变，人口流动频率及范围大大增加，人类只得不断开发自然资源，以满足生活需要，这不仅对地球的生态环境造成了极大的压力，也为病原微生物生长和传播提供了适宜的场所，加上人类的一些不当行为，导致了人兽共患病的流行与新发传染病的出现。在南美，沙粒病毒是典型的人类开辟新居住地而导致感染的新病原。

此外，人口膨胀对动物蛋白的需求增加。联合国粮农组织（FAO）估算，到 2020 年，全球特别是发展中国家对动物蛋白的需求将比现在增加 50%。这一需求势将导致动物养殖的集约化程度越来越高，动物疫病发生频率也因此增加，进而加大了防范动物源性人兽共患病的压力。最终，动物源性食品的检验检疫与安全监管不力为人兽共患病的发生起到了促进作用。

3. 自然生态环境的改变

一个世纪以来，由于人口膨胀，人类活动加剧，导致全球气温升高，气候变化明显地影响了地球的生态环境，造成病原宿主及其传播媒介的活动范围扩大，促进了疫病的跨地区传播。此外，全球变暖和气候变化导致的自然灾害发生次数增加，范围扩大，从而增加了疾病的传播机会。在美国，莱姆病的出现已证明与蜱等媒介昆虫的回归有关。蝙蝠栖息地的破坏导致 1998 年人类尼帕病在马来西亚首次暴发。

4. 病原体变异与进化

变异与进化是整个生物界存在的普遍规律，遗传变异是微生物适应生态环境变化的重要特征。为了生存和寻找适宜的宿主，病原体往往改变自身的基因结构与表型特征，从而逃避宿主机体的免疫反应，增强其自身的生存能力，实现病原体的进化。此外，通过遗传变异，病原体可以具备从一种宿主传播到另一种宿主的跨种传播能力。因此，伴随着病原体的变异，一系列新的传染病将会不断出现，给人类健康带来新的危害。H5N1 禽流感病毒从鸡跨种传播到人，导致了人类禽流感的出现；结核杆菌通过遗传变异产生耐药菌株，导致了结核病疫情快速回升，使得结核病的根除更加困难。

5. 不重视动物病原体监测

从全球来看，特别是发展中国家，对动物病原体的监测工作重视不够，是人兽共患病流行的另一重要原因。具体表现在：①在家养动物中，只对那些严重影响社会和经济发展的畜禽开展有限的病原体的监测工作。②对宠物和野生动物几乎没有病原体和疫情监测工作。③对未知病原体更是从未开展过监测工作。④对病原体的变异监测不够。⑤更重要的是由于卫生防疫与兽医防疫机构在人兽共患病防控体系中严重脱节，各自为政，没有整合成可同时监测人、家养动物和野生动病原体的综合病原体监测体系。这是新发人兽共患病不断出现的一个重要原因。如SARS和人类禽流感的全球暴发便是例证。

6. 缺乏国际间与部门间合作

由于人兽共患病具有重要的公共卫生意义，因此，需要卫生、兽医、野生动物保护及环保等部门进行资源整合、技术合作与共同管理。同时也需要加强国际合作。国际间、部门间协调不够、合作不力是当前新发或突发人兽共患病流行的又一关键因素。

（三）我国人兽共患病流行现状及防控成效

1. 我国现阶段流行的主要人兽共患病

截至2009年，在我国发生流行的重要人兽共患病有禽流感、狂犬病、布鲁氏菌病、炭疽、猪链球菌病等26种。有关这些疾病的病原体、动物宿主/虫媒、传播途径与传播风险见表6－2。

表6－2 我国流行的主要人兽共患病及其动物传播来源

疾病病种	病原体	动物宿主/虫媒	传播途径	人传人风险	风险行为
禽流感	H5N1流感病毒	家禽、野鸟	动物接触	无	与禽类密切接触
狂犬病	狂犬病病毒	犬	动物咬伤	无	与感染犬密切接触
SARS	SARS冠状病毒	蝙蝠	动物接触、气溶胶	高	与感染者或动物密切接触
戊型肝炎	戊型肝炎病毒	猪、禽、马、猫鼬	食品或粪口	中	食用污染食物、不洁饮食

（续）

疾病病种	病原体	动物宿主/虫媒	传播途径	人传人风险	风险行为
日本乙型脑炎	日本乙型脑炎病毒	猪/虫媒	虫媒	无	进入疫区蚊子滋生环境
流行性出血热	汉坦病毒	鼠	动物接触、虫媒	低	野鼠咬伤或实验室接触啮齿类动物
登革热	登革热病毒	虫媒	虫媒	无	进入疫区蚊子滋生环境
新疆出血热	克里米亚—刚果出血热病毒	蜱、家畜	虫媒	中	与感染病人接触，饲养家畜
鼠疫	鼠疫耶尔森菌	旱獭、家鼠、野鼠	动物接触	无	进入自然疫源地
肺结核	结核分支杆菌	牛、鹿	动物接触、气溶胶	高	与感染者或动物密切接触，食用未消毒牛奶
炭疽	炭疽杆菌	草食动物（牦牛等）	动物接触	无	食用病死家畜，毛皮加工从业者
布鲁氏菌病	布鲁氏菌	牛、羊	动物接触	中	饲养、诊疗、人工授精、毛皮加工
猪链球菌病	猪 2 型链球菌	猪	动物接触	无	屠宰病死猪
沙门氏菌病	伤寒沙门氏菌、副伤寒沙门氏菌	禽	食品	无	食用污染的食品
弯曲菌病	弯曲菌属细菌	禽	食品	无	食用污染的食品
单核细胞增生性李斯特菌病	单核细胞增生性李斯特菌	禽	食品	无	食用污染的食品
军团病	嗜肺性军团病杆菌	家畜、禽类	空气传播	高	空气传播
出血性肠炎	大肠杆菌 O157：H7	牛	食品	无	不洁饮食，接触污染的水
钩端螺旋体病	钩端螺旋体	鼠、犬	动物接触	无	接触疫水，鼠咬伤
莱姆病	伯氏疏螺旋体	家畜、野生动物	蜱传	无	进入疫源地蜱生态区
Q 热	贝氏立克次氏体	牛、羊	蜱传	无	进入疫源地蜱生态区
血吸虫病	日本血吸虫	水牛	钉螺	无	湖沼地区作业
黑热病	杜氏利什曼原虫	白蛉、犬	虫媒	中	进入疫区或与感染犬接触

（续）

疾病病种	病原体	动物宿主/虫媒	传播途径	人传人风险	风险行为
疟疾	疟原虫	虫媒	虫媒	无	蚊虫叮咬，输血
包虫病	棘球虫	家畜、犬	粪口	无	食用生肉，随地如厕
丝虫病	班氏丝虫、马来丝虫	虫媒	叮咬	无	蚊虫叮咬

（1）结核病　结核病是由结核分支杆菌复合群（简称“结核杆菌”）引起的一种慢性消耗性人兽共患传染病。结核分支杆菌复合群的主要致病菌为结核分支杆菌和牛分支杆菌。人结核病主要由结核分支杆菌引起，牛结核病主要由牛分支杆菌引起。但牛分支杆菌可感染人，平均约10%的人结核病是由牛分支杆菌引起的。此外，牛分支杆菌感染谱广，可感染约50多种哺乳动物及25种禽类，其中牛和鹿的结核病最容易传染人，人通过呼吸道和消化道感染，如饮用带菌的牛奶，或接触被感染的牛和鹿及其肉、皮、胚胎或相关产品而感染结核病。人—畜间结核杆菌的交叉传播是造成结核病广泛流行的重要原因，这已成为国际社会最关心的重要公共卫生问题之一。因此，要控制结核病的传播和蔓延，主要措施是根除病牛和病鹿，以及彻底治疗传染性肺结核病人。WHO结核病专家委员会曾指出：那些还存在牛结核病问题的国家中，人类始终受到它的威胁，除非着手扑灭牛结核病，否则人类结核病的控制是不会成功的。

①流行现状　我国属于全球结核病22个高负担国家之一和全球27个多重耐药结核病流行严重国家之一，结核病流行一直十分严重，患者数量仅次于印度，居世界第2位。据WHO统计，2010年印度和中国的结核病病例数合计占全球病例的35%。据卫生部法定报告传染病统计，我国2011年结核病新发病数为953 275人，死亡2 840人，二者均位居37种法定报告传染病的第2位。我国约80%的结核病人来自农村地区。

动物结核病病例是人结核病的主要传染源之一，其中牛结核病危害最大。病牛尤其是开放性结核病病牛，通过鼻液、唾液、痰液、乳汁和生殖器官分泌物将牛分支杆菌排出体外，污染饲料、饮水、空气和周围环境，经呼吸道和消化道而感染人、牛和其他动物。因此，结核病被OIE列为国际贸易法定检疫的人兽共患传染病，各国政府均采取“检疫—扑杀”策略根除该病。近十几年来，我国奶牛业处于高速发展时期，奶牛饲养模式发生了根本改变，但牛结核病没有得到有效控制，呈现较快上升势头。牛结核病的高阳性率（约10%）、传染性强不仅对我国奶牛业的发展造成不利影响，而且对公共卫生构成了巨大威胁。此外，鹿是一种重要的经济动物，东北地区是传统的饲养区，南方地区养鹿业方兴未艾。目前我国鹿结核病防控形势也不容乐观，某些地方的监测数据表明部分鹿群有40%的感染率。

②流行原因　牛和鹿的管理与结核病防疫检疫工作滞后是我国结核病流行的主要原因。虽然我国采取了“检疫—扑杀”的牛结核病控制政策，规定每年春秋必须进行检疫，对阳性牛按有关规定进行扑杀。但由于重视不够和经费短缺，致使防疫检疫工作难以到位，兽医防疫部门并未严格执行检疫制度，而养殖户也想尽办法干扰正常的检疫工作，隐瞒疫情，非法转移与屠宰销售阳性牛。此外，我国牛群档案系统与可追溯系统不健全，阳性牛随意转移，难以跟踪，从而加剧了牛结核病的发生和扩散。同样，养鹿业也存在同样问题。鹿作为一种经济动物，价格昂贵，养殖户往往不肯宰杀结核病病鹿，这也容易造成结核病的流行。

人—畜结核病的交叉传播是造成结核病广泛流行的另一原因。因此，不仅要对牛开展检疫与淘汰，而且，要对养牛的饲养人员进行健康监测，防止人员感染牛结核病，以及带菌饲养人员将结核杆菌传播给阴性牛群。

（2）布鲁氏菌病　布鲁氏菌病是由布鲁氏菌引起的严重危害人类健康和畜牧业发展的慢性人兽共患传染病。感染家畜是人群布鲁氏菌病的主要传染源。目前已知有60多种家畜和野生动物是布鲁氏菌的宿主，与人类有关的传染源主要是感染的牛和羊等。被感染的动物首先在同种动物间传播流行，然后波及人类。由于不存在人—人间传播，接触感染牲畜及其产品或其污染物是人感染布鲁氏菌病的主要途径。

①流行现状　布鲁氏菌病呈全球分布和流行，报道有该病流行的国家达123个。亚洲是布鲁氏菌病高发区，我国及周边国家疫情比较严重。相比之下，法国、以色列及拉丁美洲的大部分地区地方流行性已得到控制，欧洲的部分国家及美国疫情较轻。我国人间布鲁氏菌病历年（1950—2008）流行情况见图6-1。

我国动物布鲁氏菌病流行比较严重，以牛、羊布鲁氏菌病流行最为严重。据统计，2008年牛、羊布鲁氏菌病发病数分别占总发病数的62%和38%。近年来猪布鲁氏菌病流行有所上升。羊布鲁氏菌仍然是当前的主要流行菌型，且大多为强毒菌株，其侵袭力和传播能力都很强，发病症状也比较重。近年还在实验动物和宠物犬中连续分离出犬布鲁氏菌。目前我国家畜布鲁氏菌病监测与防疫工作不够扎实，没有全面的家畜布鲁氏菌病流行病学资料。

②流行原因　动物传染源得不到有效控制和畜产品检验把关不严是我国人间布鲁氏菌病流行的两大原因。一方面由于我国动物布鲁氏菌病防疫工作重视不够，投入不足，缺乏有效的疫苗和检测技术，活畜交易也缺乏有效的检疫监

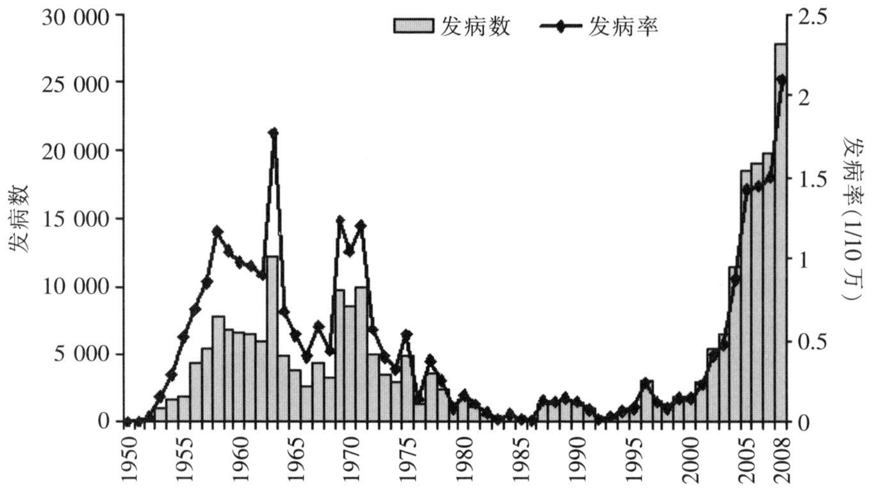

图 6－1　1950—2008 年全国人间布鲁氏菌病流行情况

督，感染家畜随贸易而将病菌扩散，导致我国家畜布鲁氏菌病感染比较严重，成为重要传播来源。另一方面，畜产品缺乏基本的病原检验工作，布鲁氏菌污染比较严重，特别是动物皮毛布鲁氏菌污染率较高，污染皮毛的加工是人感染布鲁氏菌病的重要环节。此外，污染的奶及肉制品也是传播布鲁氏菌病不可忽视的因素。

(3) 狂犬病　狂犬病是由弹状病毒科、狂犬病病毒属成员引起的一种专门侵犯中枢神经系统的人兽共患传染病，人发病后死亡率高达 100%。狂犬病病毒能感染几乎所有的温血动物，人高度易感。感染的犬、猫及野生动物是人狂犬病的主要传播源。狂犬病病毒不在人—人间自然传播。被犬、猫等动物咬伤是我国人感染狂犬病的唯一途径有效控制动物狂犬病，特别是犬狂犬病流行，是发达国家控制或消灭人狂犬病的成功经验。我国应该借鉴学习。

①流行现状　动物狂犬病呈全球分布，但是人狂犬病主要流行于亚洲和非洲的发展中国家。我国人狂犬病流行仅次于印度，发病和死亡数居全球第 2 位。

据国家卫生部统计数据显示，狂犬病一直居我国 37 种法定报告传染病死亡数前 2 位。1950—2009 我国人狂犬病疫情统计见图 6－2（卫生部，中国疾病预防控制疫情报告系统）。自 1996 年以来，我国人狂犬病在出现多年低发病率后逐年快速回升。进入 21 世纪后疫情势头更猛，2002 年发病死亡突破 1 000 例，2004 突破 2 000 例，2007 年达到顶点，当年报告人狂犬病死亡数 3 303 例。2008 年疫情开始下降，死亡人数下降近千例，与 2007 年相比下降 25%。2009 年疫情进一步下降，死亡数比 2008 年下降 15%。继 2008 年首次下降以来疫情呈进一步下降趋势，但仍有 23 个省份发生疫情，发病省数量与往年持平。不过死亡过百的省份由2008年的13个降至2009年的6个（死亡数由高到低依次为广西、广东、贵州、湖南、湖北和重庆）。这充分反映我国人狂犬病疫情的整体下降趋势。这一数据充分证明过去几年卫生与兽医部门联防控制狂犬病的效果正在逐渐显现（卫生部，2009）。

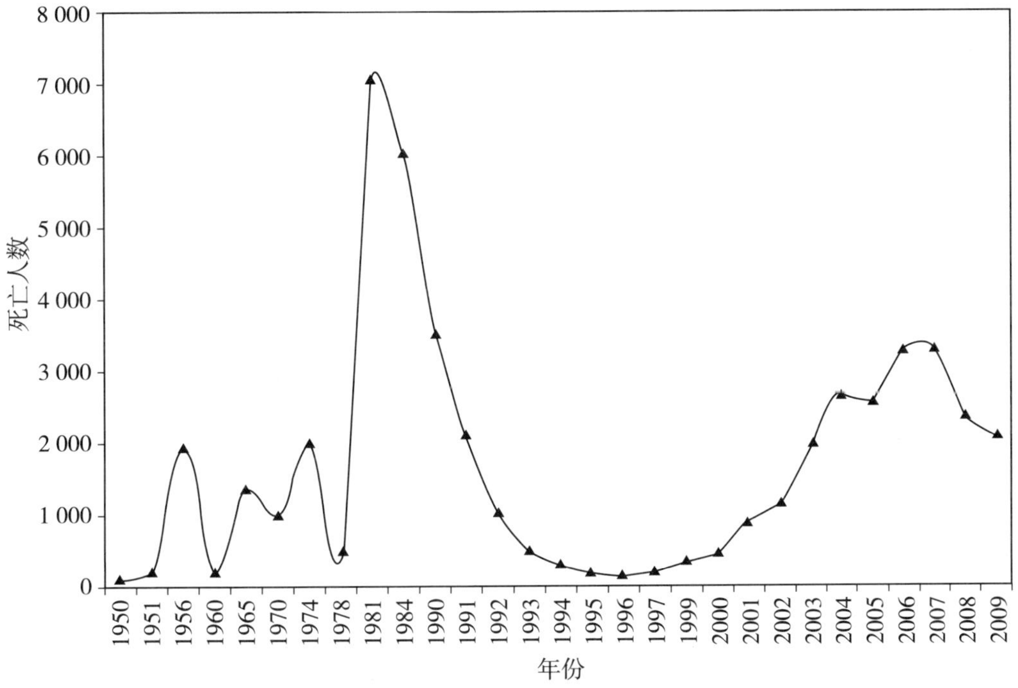

图6-2　1950—2009年我国人狂犬病死亡病例

虽然狂犬病在任何季节均可发生，但是，我国狂犬病的流行分布和社会、经济、劳动、民俗与文化传统等密切相关，表现出一定的季节性和地理分布。夏、秋季节气候温和，犬处于活跃阶段，此时也是农村的劳作季节，人外出活动机会多，易于与犬等动物接触，因此，夏、秋季的狂犬病发病与死亡数明显高于其他季节。在地理分布上，我国狂犬病流行以长江为界，呈南高北低态势，这与养犬密度密切相关。根据卫生部1996—2009年全国狂犬病发病人数统计来看，除青海和西藏没有报告狂犬病外，其他各省份均有发生，但是流行程度差异很大。其中西北3个省份（新疆、甘肃和宁夏）狂犬病比较罕见，东北3个省份（黑龙江、吉林、辽宁）流行较轻，其他省份流行比较严重，特别是南方及东部省份尤为严重，养犬多的地方，如果犬的免疫工作落后，狂犬病流行就严重。

据农业部2007年统计，我国目前养犬数量约7 300万只。在狂犬病高发的南方农村地区，养犬密度高达每百人15～20只，平均每户至少养1只犬或猫。

养犬密度及其分布特征，决定了我国狂犬病主要流行于农村地区。

犬是狂犬病病毒在自然界生存与进化的重要宿主动物，狂犬病病毒极易在犬群中循环传播。在我国，农村散养犬和城市宠物犬中的感染犬是人狂犬病流行的主要传染源（Tang，2005）。在所有病例中由犬引起的占85%～95%，猫引起的占4%左右，野生动物（獾、蝙蝠和野猫）引起的极少。因此，人狂犬病的流行态势与当地犬狂犬病流行程度密切相关。犬的防疫工作落后，免疫覆盖率低，人间疫情就会增加。

我国犬狂犬病呈散发态势，但是，与人的疫情相比，我国动物狂犬病疫情难以掌握，流行病学本底并不清楚。一方面，因为动物狂犬病主要在犬群流行，而犬主要作为宠物和看家犬，其管理定位不明确，犬病防治一直被忽视，防疫工作十分落后；另一方面，由于百姓的防疫意识淡薄，对动物狂犬病疫情重视不够，流行病原调查资料少。每年农业部公布的动物狂犬病病例数只有几十例，远远低于人狂犬病的发病死亡数。根据人间疫情推测，我国动物狂犬病发病数量应该远远大于人的发病死亡数。

②流行原因 我国狂犬病流行的主要原因是狂犬病防控策略不当，即轻视养犬管理与动物狂犬病防治工作。

A. 政策不当，重点不突出。我国动物狂犬病防治工作重视不够，其主要原因是政府有关部门尚未清楚地认识到动物狂犬病防治是控制人狂犬病发生的关键和必要前提。在我国由于养犬管理的定位不明确，导致广大农村地区养犬处于无政府状态，没有制定出合理可行的养犬管理办法与全国性的狂犬病控制规划。此外，从中央到地方，没有动物狂犬病防治专项经费，虽然一些地方制订了狂犬病防治管理办法，但是并没有将犬的免疫作为狂犬病防治工作的重点，主要是要求疫情发生应开展紧急动物免疫。目前，国内几乎没有一个省份开展常年的狂犬病动物免疫预防与监测工作，取而代之的主要防控手段是效果并不显著的“打狗”方法。多年的实践证明，“打狗”方法简单粗暴，缺乏科学性，干扰了狂犬病防治应该以动物免疫和监管为主的正确防控策略的开展。

B. 动物免疫防治工作落后。我国犬的预防免疫接种率很低，特别是农村犬大多散养，免疫覆盖率更低，致使病毒容易在犬群中传播。整体看我国农村犬免疫覆盖率平均不到10%。我们2005年开展的血清抗体调查表明，发病严重的一些农村地区犬有效免疫覆盖率只有1.8%，即使较少发生狂犬病的一些大、中城市也只有46.3%。令人担忧的是，大多数农村地区根本没有开展犬的免疫，导致一些以前没有发病的地区出现了疫情。根据中国兽医药品监察所统计，我国每年犬用狂犬病疫苗产量为3 000万～4 000万头份，如果全部使用，按农业部7 500万养犬统计数计算，全国免疫覆盖率也只有40%～53%，与国际公认的75%的免疫覆盖率相差甚远。这种情况与发达国家形成强烈反差（涂长春，2007）。在发达国家，犬的狂犬病免疫预防是摆在首位的强制性预防措施，除重视犬的免疫预防工作外，还随时开展疫情监测，因此，发达国家几乎没有犬和猫引起的狂犬病流行，人的狂犬病基本被消灭。

C. 基础设施不足，专门人才缺乏。由于重视不够，国内无专门的动物狂犬病防治经费，缺乏专业实验室和专门技术人才。据我们调查了解，目前没有一个省份设置有动物狂犬病诊断与监测实验室并配备专门技术人员，因此，技术上难以保证各地动物狂犬病防治工作的顺利开展。此外，由于实验室条件和人才的限制，各省级兽医防疫主管部门很少开展日常流行病学监测，因此，不能准确掌握当地动物疫情，动物狂犬病流行病学本底不清，出现了上报的动物狂犬病远远低于人间疫情的尴尬数据。

（4）炭疽　炭疽是由炭疽杆菌引起的一种自然疫源性人兽共患急性传染病。患病的牛、羊、马、骆驼等草食动物是本病的主要传染源。草食动物对炭疽杆菌最易感，其中牛和绵羊最易感，山羊、驴、马、水牛、骆驼和鹿等次之，猪易感性较低，犬和猫则有较强的抵抗力，家禽一般不感染。在野生动物中，虎、豹、象、狐、狮、猴、狼和猞猁等都易感。人类对本病普遍易感，主要因接触患病动物或污染的皮毛制品而感染，以农牧民、屠宰工、皮毛加工者和兽医较多见。被炭疽杆菌污染的毛、皮进入加工企业，或感染的肉类进入市场也可能造成暴发流行。人类炭疽主要有3种表现形式，即皮肤炭疽、吸入性炭疽和胃肠道炭疽。皮肤炭疽最常见，病死率低；吸入性炭疽较少见，但病情危重，病死率高；消化道炭疽不常见，病死率25%～60%（WHO，2008）。

①流行现状　我国炭疽自然疫源地分布广泛，全国30多个省（市、区）都不同程度地有人炭疽发生和流行，每年发病数为400～1 000人，主要集中在新疆、甘肃、贵州、四川、广西、云南等西北和西南地区。近年来，炭疽疫情有所抬头，尤其是东北三省和内蒙古的形势更为严峻，已成为炭疽的高发地区。2007—2011年，我国动物炭疽年均发生23.6起，年均发病数296.6头（只），年均死亡217.2头（只）。

②流行原因　一方面，由于炭疽杆菌可形成芽孢，芽孢具有很强的抵抗力，在土壤中可存活30年以上，而且很难将环境中的炭疽芽孢除净。因此，一旦发生洪涝等自然灾害时，土壤中的炭疽芽孢可能被冲刷暴露出来，污染环境。牲畜或人类误食了被炭疽芽孢污染的饲料、饮水，或吸入含炭疽芽孢的尘埃，就有可能感染发病。另一方面，由于医务人员及普通人对该病的警觉性低，而且人群普遍易感，很容易通过接触、宰杀、食用病死和不明原因死亡的牛羊感染发病。

（5）禽流感　禽流感是由正黏病毒科、流感病毒属的A型流感病毒引起的一种病毒性人兽共患传染病，呈全球分布。

①流行现状　禽流感是严重危害养禽业的重大传染病，根据感染鸡的临床症状分为高致病性禽流感和低致病性禽流感。高致病性禽流感多由H5N1、H7N7亚型病毒引起，死亡率极高，以全身感染、高发病率和高死亡率为特征。高致病性禽流感被OIE列为必须报告的疫病，在我国将其列为一类动物传染病。1959—2002年，全世界共暴发了20次高致病性禽流感疫情。2003—2009年，全球共出现了6 621次家禽及野鸟的高致病性禽流感疫情，75%以上的疫情在亚洲尤其是东南亚。欧洲和非洲共发生了1 584次疫情。目前高致病性禽流感疫情出现在50个包括中国以内的非美洲国家。高致病性禽流感除引起家禽的疫情外，也导致了老虎、狐狸及野鸟的大规模死亡。自1997年在香港首次发现H5N1禽流感病毒可以引起人感染并致死以来，人感染H5N1高致病性禽流感并致死的病例逐年增多。据WHO统计，截至2009年9月，H5N1亚型高致病性禽流感病毒已导致全球15个国家共442人感染，262人死亡，死亡率高达60%。其中我国有38人发病，25人死亡。目前高致病性禽流感的流行形势较为严峻，不仅给养禽业造成巨大经济损失，引发了严重的公共卫生问题，同时对野生动物保护也构成了巨大挑战。

②流行原因　在防控策略方面，我国家禽禽流感防控的主要着力点是长期以来过度依赖疫苗接种，而流行病学监控和免疫效果评估未能受到政府和全社会的真正重视，监控力量不足，体制不健全，缺乏有效的免疫评估体系。这些都在一定程度束缚了禽流感防控工作的开展，难以及早发现和扑灭潜伏的疫情。

在科技储备方面，我国的兽医科技投入长期不足、欠账太多，存在头痛医头的短期行为，缺乏系统的长期规划。就禽流感的防控而言，仅在2004年高致病性禽流感暴发后才在国家层面对禽流感应急防控技术进行科技立项，缺乏科学、系统的禽流感防控科技规划，使我们在技术方面总是有落后生产现状的缺陷和遗憾。

（6）食源性人兽共患病　食源性人兽共患病是指动物性食品中病原微生物污染引起的食源性疾病。据WHO统计报告，在发达国家死于食物中毒的儿童，70%是因微生物性食物中毒所致。我国的统计资料表明，1992—2001年间发生的食物中毒病例中，细菌性食物中毒所占比例达50.9%。可引起发病的重要食源性人兽共患病细菌主要包括沙门氏菌、大肠杆菌O157∶H7、单核细胞增生性李斯特菌、空肠弯曲菌等。因此，我国应加强对食源性人兽共患细菌病的研究和防控工作。

①流行现状

A. 沙门氏菌病。沙门氏菌是引起食源性疾病的主要病原之一。

中国疾病预防控制中心报告的2007年全国微生物引起食物中毒数据显示，由沙门氏菌引起的发病人数比例达13.8%，居于首位。2000—2009年，我国每年因伤寒沙门氏菌导致急性腹泻823.5万人次，导致急性胃肠炎病例约为987.4万人次（毛雪丹，2011）。我国沙门氏菌病病例流行病学个案调查结果显示，发病前1周有可疑的不卫生饮食史占73.47%，食用的可疑食品主要为畜（牛、猪）、禽（鸡、鸭）肉类、蛋类与海水产品（朱冬冬，2006）。

在我国，沙门氏菌病暴发大多数与食品有关，最常见的是家禽、鸡蛋等动物性食品。2009—2011年，江西省疾病预防控制中心从3 437份食品中检出沙门氏菌污染155份，沙门氏菌检出率为4.51%。其中生禽肉、生畜肉的沙门氏菌检出率分别为27.4%、13.7%（孙吉昌，2012）。

B. 空肠弯曲菌病。弯曲菌是全球范围内主要的人兽共患性肠道病菌之一，对人致病的弯曲菌中95%以上是空肠弯曲菌，其次是结肠弯曲菌，其他弯曲菌偶尔致病。近年来，许多国家人弯曲菌病的发生率呈现明显上升趋势。弯曲菌是动物肠道内的正常寄居菌，感染的动物通常无明显症状，但可长期向外界排菌，通过排泄物污染食物和饮水，从而引起人类感染。家禽是弯曲菌病最重要的传染源，控制或清除动物源（尤其是禽类）弯曲菌是预防和控制人空肠弯曲菌病的重要前提（阳成波，2002）。

扬州大学江苏省人兽共患病学重点实验室调查与分析了我国部分地区腹泻病人弯曲菌感染情况。2005—2008年收集了3家医院的2 937份腹泻病人粪便样品，有152份样品呈现弯曲菌阳性，平均阳性率为5.1%。不同医院间感染率差异不显著，但门诊部感染显著高于住院部感染，7岁以下幼儿感染显著高于其他人群，6～8月份感染率显著高于其他月份。

对农贸市场食品监测结果显示，空肠弯曲菌平均污染率为10.92%，最高可达19.92%。在检测的食品中，生鲜鸡肉的弯曲菌污染率显著高于其他食品，但是冷冻保存可使鸡肉中弯曲菌污染率显著降低。对生猪屠宰—加工—销售各环节的监测表明，弯曲菌污染率最高的是屠宰过程的大肠样品，屠宰过程中肠及其内容物处理环节是肉品加工过程中的关键控制点，肉品常因肠及其内容物处理不当而污染。

动物弯曲菌病的流行状况不容忽视。华东地区40个鸡场的4 891份鸡肛拭子检测结果显示，773份样品呈现空肠弯曲菌阳性，平均阳性率为15.80%，55份样品呈现结肠弯曲菌阳性，平均阳性率为1.12%；其中空肠弯曲菌和结肠弯曲菌混合污染的样品为19份，平均阳性率约为0.39%。10个牛场牛群弯曲菌病流行状况分析结果表明，空肠弯曲菌平均阳性率为 7.77%，结肠弯曲菌平均阳性率为 0.20%，但最高分别可达 30.91%和 3.57%。牛场弯曲菌病的流行呈现多样化，不同奶牛场间由于饲养条件不同，弯曲菌携带率明显不同。

C. 单核细胞增生性李斯特菌病。单核细胞增生性李斯特菌是一种重要的人兽共患食源性病原菌，可引起脑膜炎、脑炎和败血症等临床症状。该菌还可引起怀孕妇女的菌血症、死胎或流产。感染单核细胞增生性李斯特菌偶尔可引起皮肤损伤和流行性感冒样症状。此外，由于该菌在 4℃冰箱保存的食物中也可生长繁殖，故其危害性更进一步增大。近年来已有不少国家报道了由于污染单核细胞增生性李斯特菌发生的食物中毒事件，我国也有关于食品中此菌污染的报道（沈莹，2008）。目前该菌在美国已成为由食物污染引起死亡的四大病原菌之一。因此，世界各国政府部门对其越来越重视，纷纷制定一些新的食品安全法规，并把单核细胞增生性李斯特菌纳入法定检测项目。对于该病暴发的监测和溯源追踪具有重要的公共卫生学意义。

针对食品中单核细胞增生性李斯特菌的污染现状，北京市西城区疾病预防控制中心进行的监测结果表明，2004—2006 年该区域市场销售生猪肉、生鸡肉中的单核细胞增生性李斯特菌检出率分别高达 70.00%、46.67%。四川省疾病预防控制中心跟踪监测了 2005—2006 年成都市水产品单核细胞增生性李斯特菌污染状况，显示市售水产品中单核细胞增生性李斯特菌污染相当严重，2005 年以虾类的阳性率为最高，而 2006 年则以三文鱼的阳性率为最高。2007 年该中心对成都市市售生猪肉调查也表明，猪肉中单核细胞增生性李斯特菌污染状况不容忽视，检出率达 5.56%。陈玉贞等对山东省 6 类食品 1 502 份样品的检测结果表明，单核细胞增生性李斯特菌检出率为 8.85%，其中生鸡肉为 9.54%，生羊肉为 3.35%，生牛肉为 14.47%，生猪肉为 24.85%（陈玉贞，2009）。

扬州大学江苏省人兽共患病学重点实验室对农贸市场上多种食品及市场环境样品中的污染进行监测，各生食样品和市场环境污水中单核细胞增生性李斯特菌的平均污染率为 2.01%，生肉样品的污染率要显著高于其他食品中单核细胞增生性李斯特菌的污染率。同时，实验室根据生猪屠宰加工厂生产流程和 HACCP 系统原理，选择待宰猪圈环境、宰前、屠宰过程（肠道）、生鲜猪肉入库前、冷库贮存、市场销售六个关键环节进行单核细胞增生性李斯特菌的监测，结果显示生产流程的宰前到生鲜猪肉入库环节均未检测出单核细胞增生性李斯特菌，而在待宰猪圈环境、冷库贮存和市场销售环节检测到单核细胞增生性李斯特菌的存在，污染率分别为 1%、3%和 6.9%，说明加强对猪圈环境、冷库环境定期消毒处理的重要性。对某养羊场开展的调查表明，羊场环境样品单核细胞增生性李斯特菌的污染率最高，达到 12.8%，其次为哺乳母羊鼻腔拭子样品，阳性率为 2.1%。

D 出血性肠炎。大肠杆菌 O157：H7 是 1982 年被发现和识别的一种肠道新病原体，是肠出血性大肠杆菌（EHEC）的主要病原血清型，可引起人的腹泻和出血性肠炎，极易继发溶血性尿毒综合征（HUS）和血栓性血小板减少性紫癜（TTP）两种严重的并发症。1999—2000 年间，我国江苏、安徽两省发生 2 起大规模的暴发流行，发病人数达到 2 万多人。

人群流行现状：我国自 1986 年首次报告大肠杆菌 O157：H7 感染病例以来，已先后有江苏、山东、河南、安徽、北京等十几个省份发现大肠杆菌 O157：H7 感染的散发病例，存在潜在疫情暴发流行的威胁。1999 年江苏省徐州局部地区短期内报道 131 例 O157：H7 感染性腹泻病例，其中仅有 16 例治愈，115 例因并发急性肾衰竭而死亡，这是中国首次发生的较大规模的大肠杆菌 O157：H7 感染的暴发流行。在我国江苏、安徽、河南，大肠杆菌 O157：H7 是仅次于霍乱的第二大细菌性腹泻之病原。

动物感染与食品污染现状：大肠杆菌 O157：H7 的贮存宿主主要是牛，骆驼、羊、马、鹿、猪、犬、家兔、鸟类等为潜在的宿主。大肠杆菌 O157：H7 能够长期寄居在健康牛、羊等动物的肠道中，因此，无症状的带菌动物都可能是传染源。被污染的肉类、肉制品，未经过巴氏消毒的牛奶都可能成为传播来源。中国疾病预防控制中心报道，1999—2006 年徐州监测点监测宿主动物 3 608头（只），检测结果显示总带菌率为 4.02%，牛带菌率为 2.35%、羊带菌率为 6.44%、猪带菌率为 4.69%、鸡带菌率为 3.70%。河北省疾病预防控制中心随机抽取秦皇岛市、唐山市、廊坊市、保定市、石家庄市和邯郸市六个地区为样品采集地域，从市场销售场所（集贸市场及超市）随机抽取生肉、熟肉制品、蔬菜、海产品共 530 份样品，检测发现大肠杆菌 O157：H7 总阳性率为 0.9%，且均从生肉中检出，其中 3 株来自生牛肉，阳性率为 6.7%；2 株来自生羊肉，阳性率 4.4%。东莞出入境检验检疫局对 378 批进出口猪肉、冻鸡、冻鸭等产品进行大肠杆菌 O157：H7 检测，阳性检出率为 2.6%，污染率较高的是牛肉、猪肉和冻鸭。

②流行原因

A. 食源性病原菌污染防控不到位。由于对畜、禽饲养过程中上述病原菌感染的防治不重视，以及在动物屠宰与食品加工过程中对上述病原菌污染的控制工作不够，导致宿主动物带菌及肉、蛋类食品污染是我国人群感染发病的主要原因。其次，感染动物排泄物处理不当而污染饮水和田间种植的蔬菜是这类病暴发的又一重要因素。如通过调查发现食品、饲料和水源的污染是导致沙门氏菌病流行的主要原因。如调查发现肉类制品加工环节控制不严是我国空肠弯曲菌和单核细胞增生性李斯特菌病流行的重要原因。

B. 有关食品安全的法律体系不健全、不完善，难以确保动物源性食品安全。尽管目前我国已初步形成了以《中华人民共和国食品卫生法》为核心的食品安全法律体系，法律法规的数量也较多，但因分段立法、条款相对分散、措词含糊而缺乏系统性、完整性和可操作性，加之，现行的分段与多头监管制度缺陷难以适应食品质量安全全程监管的要求，导致动物源性食品安全难以得到保障。

C. 其他原因。如食源性病原菌关键检测技术与设备落后，难以适应公共卫生事件应急处理快速反应的需要；食品安全性评价和危险性评估欠缺；企业对食品安全监管缺乏积极性；消费者普遍缺乏食品安全基本知识，自我保护意识差。

2. 防控成效

（1）重视程度日益增加　从2003年SARS发生以后，我国人兽共患病研究与防控科研立项与防控经费逐年增加，法律法规日益完善，技术体系日益合理，人才培养日益加强，特别是各级兽医防疫机构增加了人兽共患病的知识与技术培训工作。国家林业部门也加大了野生动物疫病防控力度，部门间的协同防控日益紧密。在动物流感、狂犬病、布鲁氏菌病、结核病等重要的人兽共患病防治过程中，卫生部与农业部已经建立起了联防机制，效果逐渐显现。

（2）法律法规日益完善　近十年来，我国完善和修订了一些旧的人兽共患病防治的相关法律法规，也制定了一些新的法律法规。兽医部门对结核病、布鲁氏菌病、狂犬病的防治技术规范进行了修改，对其他人兽共患病，正在制定防治技术规范或指南。

（3）疫病防控体系技术平台日益合理　在疾控体系与技术平台建设上，为与国际接轨，各地的卫生防疫站已经改成疾病预防控制中心，同时各地兽医站也相继改为职能更为全面的动物疫病预防与控制中心，各个省级动物疫病预防与控制中心的实验室硬件条件大大提高。而且动物疫病预防与控制中心由以前单纯的动物疫病控制为主正逐步改为动物疫病与人兽共患病并防的协调局面，重视人兽共患病防控的意识正在兽医防疫机构逐步形成。根据当前人兽共患病的流行态势，农业部兽医局已经将狂犬病、结核病、布鲁氏菌病和血吸虫病列为当前重点防控的人兽共患病，并给予专门的科研立项和疾控经费。

（4）科技能力与人才培养日益加强　在从事兽医科学研究的高等院校和科研机构，人兽共患病防控研究已经成为主流。一些专门的人兽共患病重点实验室和研究所相继成立，确保我国人兽共患病防控的科技力量日益加强。

二、我国人兽共患病防控存在的主要问题及面临的形势分析

（一）存在的主要问题

我国人兽共患病防控存在的问题主要体现在防控体系不健全、疫情透明度不够、公众防范意识薄弱、防治策略偏差、兽医的作用被低估及科技支撑不足等。

原有计划经济体制形成的部门职能分工格局仍然没有完全打破，在动物疫病防控管理上明显存在部门间的职能交叉现象，导致多头管理，部门间合作不力，信息交流不畅。地方保护主义往往导致暴发的疫情不能及时报告甚至被隐瞒，疫情透明度仍然不够。公众动物疫病防范意识薄弱，养殖业主不主动报告动物疫情的现象十分普遍，不法人员为利益驱使违法收购、屠宰和销售病死畜禽的事件时有发生。在兽医防疫部门内部，机构设置虽然有所理顺，但观念和职能仍比发达国家落后，专业技术人员的知识结构与技术水平有待进一步提高，过度依赖疫苗免疫而轻视传染源和传播途径控制的落后观念仍占主导，整体疾控能力仍然较弱。此外，卫生疾控机构的公共卫生与流行病学部门缺乏具备兽医公共卫生与动物防疫知识的专业人员，而兽医防疫机构也普遍缺乏具有公共卫生与人兽共患病防疫知识的专业人员。

我国人兽共患病防控现状与长期以来我国兽医职业的社会地位低下明显相关，动物防疫是公共卫生体系不可或缺的重要组成部分的理念不被社会普遍接受，国家关于人兽共患病的整体防治策略偏差，兽医学科和动物防疫机构在人兽共患病防控中的作用被低估，因此，那些能够传播到人的动物疫病的研究与防治工作得不到应有重视，科技支撑与经费投入明显不足，人兽共患病防控在源头上失控，人间流行时有发生。

（二）面临的形势

1. 老病尚未得到有效控制，新病流行加剧

我国在人兽共患病控制中虽然取得了一些成绩，人兽共患病的大规模流行到了有效控制。但是总体形势仍不容乐观，除狂犬病疫情开始下降外，其他重要人兽共患病的流行态势有趋向严重的趋势，如结核病、布鲁氏菌病、血吸虫病的发生近年来明显增加。2003 年 SARS 突然出现，2004 年高致病性禽流感在动物群和人间反复暴发，2005 年猪链球菌感染人群导致死亡，近年来发达国家较少流行的炭疽、日本乙型脑炎、登革热、流行性出血热、伤寒、钩端螺旋体病、鼠疫和霍乱等重要人兽共患病在我国时有发生。2009 年青海兴海县暴发的人间鼠疫再次证明当地鼠疫疫源地依然活跃。这些人兽共患病的出现和流行对我国公共卫生安全构成了严重威胁。

2. 畜牧业比重增加，动物疫病控制与畜产品安全形势严峻

人民生活水平的不断提高带动了畜牧业的快速发展。30 多年来，我国畜牧业飞速发展，在整个农业中的比重已经从改革开放时的 18％上升到现在的 31％，但还未达到发达国家 55％的水平，因此，对动物性产品的需求仍然有很大上升空间。我们还必须认识到我国传统的畜牧业养殖与动物饲养模式使得动物疫病流行十分普遍，动物产品的卫生状况与食品安全令人担忧，动物防疫水平远落后于发达国家，根深蒂固的食用野生动物的习惯仍在延续，加上自然疫源性疫病病原生态与流行病学的研究滞后，缺乏有效的动物源性人兽共患病病原监测与疫情预警体系，使得我国人兽共患病的流行也比较频繁。

3. 外来人兽共患病威胁不断

尚未进入国门的亨德拉病、尼帕病、西尼罗热等国际重大人兽共患传染病随时可能伴随着频繁的国际间人口流动、畜产品贸易甚至候鸟迁徙进入我国。令人吃惊的是，只在非洲流行的埃博拉病毒于 2009 年首次在亚洲被发现（菲律宾的猪发生感染）。加强开展防患于未然的研究与防治工作，掌握重要人兽共患病病原体的传播与流行规律，建立防控技术平台，对我国防范外来人兽共患病的传入至关重要。

三、国外的防控措施及经验

面对老的人兽共患病没有根除，新发人兽共患病不断出现的局面，各国政府与国际组织高度关注，积极调整防控策略，加强国际合作与交流，加强科技支撑，不断完善防治体系。

（一）加强传播来源控制

发达国家对人兽共患病的防控特别强调动物传染源的控制，十分重视兽医防疫机构中人兽共患病防控能力建设，制定了各种人兽共患病的防治技术规范，官方兽医防疫机构中还设立了重要人兽共患病的参考实验室，主动开展畜禽饲养与屠宰加工过程中人兽共患病的监测、防治与检疫工作。在加拿大，官方兽医工作者定期或不定期地对牛群实施结核病监测，一旦发现结核病阳性牛，便立即淘汰，因此，加拿大很少发生人结核病流行。美国、日本、澳大利亚及欧洲国家也采取类似的动物结核病控制措施，因此，发达国家人结核病的发病率十分低。在狂犬病防治方面，西方发达国家的防治重心是控制动物狂犬病流行，主要通过严格的饲养许可与强制性免疫注射来消灭宠物（犬、猫）的狂犬病，并实施野生动物狂犬病控制计划，从而实现消灭人狂犬病的目标。由于目前没有防治西尼罗河热的疫苗和治疗性药物，美国控制该病流行的主要措施是疫情监测和防蚊灭蚊。疫情监测包括采集蚊虫和动物样品，特别是死亡鸟类进行血清学和病毒学诊断，检测和分离鉴定西尼罗河病毒，监测鸟类、家畜和鸡等动物的西尼罗河病毒感染情况，评估并预测当地西尼罗热流行情况。防蚊灭蚊可减少携带西尼罗河病毒的蚊子与人类接触，这是目前预防西尼罗河病毒感染最有效的手段。此外，美国还将西尼罗河病毒核酸检测纳入了血液安全法规检测项目，以阻止西尼罗河病毒的输血或器官移植传播。值得一提的是，美国十分重视对于西尼罗河热的宣传，在其国家疾病预防与控制中心的网站上有专门介绍该病的相关内容，即使是普通民众通过查阅也可以清楚地了解该病的传播机制、流行状况及相关的预防措施等内容。另外，发达国家对一些与野生动物密切相关的人兽共患病，进行预防性战略监控。

（二）着重防控体系建设

1. 充实流行病学与公共卫生机构

考虑到人类传染病流行往往与动物和生态环境密切相关，各国卫生部门积极吸收具有兽医知识背景的技术人员充实流行病学与公共卫生机构，防范日益增加的人兽共患病。以美国为例，其国家疾病预防与控制中心就有89个编制内的兽医人员，工作在传染病、流行病学与公共卫生的各个科室。

2. 疫情监测体系完善，疫情公开及时，应急处置措施得当

保证疫情公开透明，加强部门之间、国家之间的信息共享与合作是发达国家防控人兽共患传染病的通行做法。发达国家一方面通过自己的信息网络向国内外公开疫情数据，另一方面将疫情信息及时上报相关国际组织，如WHO、OIE和FAO等。此外，这些国际组织也通过他们设在各国或地区的分支机构与相关国家的卫生和兽医主管部门随时保持联系，实施全球疫情监测，积极收集与及时公布各国通报的疫情信息，供各国制订相应的防治措施和疫情突发应急措施参考。

3. 畜产品的可追溯体系完善

畜产品的可追溯体系是西方发达国家确保食品安全的重要机制。一旦人群出现畜产品消费引起的人兽共患病流行，根据这一追溯体系，可以立即查明畜产品在饲养、加工、运输、贮存与销售等过程中可能出问题的环节。

（三）依靠科技支撑

科技支撑是人兽共患病控制的理论与技术基础，发达国家在科技上十分重视和支持新理论、新技术、新方法的研究，如改进病原微生物诊断方法、促进新型生物制品和药物开发。在检测技术与设备研究方面，新技术的应用和学科交叉研究也促进了人兽共患病监测和检测技术与设备的发展。以试纸条技术、化学发光检测技术、生物芯片与传感器技术为代表的一些简便、快速和高通量

的方法，以及自动化、智能化和小型化的检测设备是当今病原微生物检测技术的发展方向。在流行病学研究方面，空间技术、遥感技术、地理信息系统等正逐步用于疫情监测与预警；在预防生物制品研制方面，现代生物技术已经成为改进传统疫苗或研制新型疫苗的主流技术，广泛用于人兽共患病的疫苗研究。

四、防控战略及建议

（一）防控总体思路

我国人兽共患病防控的总体思路是根据《中华人民共和国动物防疫法》等相关法律法规建立完善的人兽共患病监测与防疫体系，明确国家公共卫生体系的建设目标和动物防疫工作的总体要求，参考相关国际标准，借鉴国外防控经验，制定国家重要人兽共患病防治规划与措施，促进养殖业健康发展，确保食品安全和公共卫生安全。

（二）防控目标

建立一套完善的与国际接轨的人兽共患病防控管理体系、技术平台和服务网络，规范人兽共患病防控工作，培养一支高素质的分布于各级卫生与动物防疫机构的人兽共患病专业队伍，造就环境友好型动物健康养殖模式，确保养殖业的健康发展，从而降低我国人兽共患病的发病率和死亡率，力争未来20年我国人兽共患病防控达到发达国家水平。

根据当前人兽共患病流行特点、危害程度及防控条件的成熟程度，逐步、分批次、分阶段地实施重要人兽共患病的防治与根除计划，制订实施细则、阶段目标和保障措施。未来5～10年的阶段目标是：

（1）在动物防疫工作中将人兽共患病防治提升到与重大动物疫病等同的地位，从体制和机制上使人兽共患病防治工作成为动物防疫工作的重要内容，确保人兽共患病专项经费落实，使人兽共患病防治进入常态。

（2）加强人兽共患病防治技术培训和硬件条件建设，在各级动物防疫机构建立相应的实验室检测技术平台，提升疫病控制能力与服务水平。

（3）开展畜、禽的人兽共患病普查，掌握流行病学本底。重点开展狂犬病、结核病、布鲁氏菌病和血吸虫病的普查。同时，针对国内外流行的主要人兽共患病进行实时监测，及时发现和处置动物中的流行事件，密切监视外来人兽共患病的传入和流行。

（4）根据国家的整体水平和各地的发展现状与技术能力，制订分步骤、分阶段的人兽共患病控制与根除计划。可以在部分有条件的省份先开展某类人兽共患病根除计划。

（5）加强动物产品检疫与食品安全工作，防止食源性人兽共患病的暴发流行。

（6）加大科研投入，开展科技攻关，研究特异、简便、快速、有效的检测技术和切实有效、便于推广的控制方法。

（三）防控建议

1. 重心前移

兽医是以保障动物健康、控制动物源性人兽共患病向人类传播和确保动物性食品安全的公共卫生行业，它担负着人兽共患病防治和研究任务。我国长期以来形成的世俗偏见忽视了兽医工作的客观作用，因此，必须加强宣传，消除偏见，重视人兽共患病防控中的兽医作用，将人兽共患病防控作为兽医工作的重要职责，加强畜禽饲养安全与疫病防控，防范动物疫病向人类传播。

2. 强化职能

在各级兽医防控体系中，应强化兽医的公共卫生职能，确保动物性食品安全。将公共卫生意识彻底融入动物疫病防控工作，切实担当起畜牧业生产与畜产品加工中人兽共患病防控任务，加强从“农场到餐桌”和“餐桌到农场”的双向检测与食品安全监督的全程控制，建立和完善动物源性食品病原体监测网络，杜绝人兽共患病的食源性传播。

3. 注重合作

在人兽共患病防治中必须强化国内和国际合作，做到疫情及时上报和信息共享，特别是加强卫生、农业、林业、进出口检疫、工商及交通运输等职能部门的合作，采取切实可行的策略，建立联防机制。在国际上还应该与其他国家和国际机构建立疫情实时通报机制，构建全球疫情监测的网络体系，及时掌握国内外疫情动态。一旦出现疫情，可以及时得到国际社会的支持与援助。

4. 开展监测

开展全方位的动物监测。不仅要加强饲养动物的疫病监测，而且还应该开展野生动物、动物园动物和宠物的疫病监测和防控工作。同时，还要开展媒介生物的监测，切断人兽共患病的传播来源。

5. 提高意识

通过互联网和各种媒体等信息平台，向公众积极传播人兽共患病防治知识，提高广大人民群众的防范意识。

6. 保障经费

人兽共患病防控是国家公共卫生体系的重要内容，是一项永久性公益事业，而且源头控制是核心，国家应该安排人兽共患病防治专项经费用于动物环节的防控工作，确保养殖业与自然生态环境的健康。

7. 加强科技

人兽共患病防控工作必须加强科技攻关，解决防控中的技术难题。可以通过多学科联合，积极开展人兽共患病的基础与应用研究，掌握病原生态学特点、跨种传播机制，建立有效的诊断、监测与防治技术平台。针对外来人兽共患病的传入威胁，要研究检测与防治技术，做好技术储备，跟踪世界范围内最新的发病情况和流行趋势，建立突发疫情的应急处置机制。

8. 培养人才

加强各级动物防疫机构的人兽共患病防控知识培训。在高等院校的兽医教育中要转变思路，加大兽医公共卫生与人兽共患病的教学分量，强化学生的临床实践和解决实际问题的能力。

参考文献

巢国祥，徐勤，周晓辉，等．2005．市售熟食单核细胞增生李斯特菌流行病学分析［J］．中国人兽共患病杂志，21（9）：793－795．

陈玉贞，邵坤，关冰，等．2009．2003－2007年山东省集贸市场食品李斯特氏菌污染状况调查［J］．预防医学论坛，15（4）：304．

崔步云．2007．中国布鲁氏菌监测与疫情控制［J］．疾病监测，22（10）：649－651．

江森林，崔步云，苏增华，等．2006．全国布氏菌病防治工作调研报告［J］．中国地方病防治杂志，21（6）：3－6．

金宁一，胡仲明，冯书章．2007．人兽共患病学［M］．北京：科学出版社．

毛雪丹，胡俊峰，刘秀梅．2011．用文献综述法估计我国食源性非伤寒沙门氏菌病疾病负担［J］．中华疾病控制杂志，15（7）：622－625．

沈莹．2008．单核细胞增生性李斯特菌在食品安全中的研究近况［J］．中国热带医学，8（3）：484－487．

孙吉昌，游兴勇，曾艳兵，等．2012．2009年至2011年江西省食品中沙门菌污染状况调查［J］．实验与检验医学，30（2）：126－129．

涂长春．2007．狂犬病防治——中国公共卫生之困惑［C］//中国科学技术协会．预防与控制生物灾害咨询报告：83－89．

涂长春，冯书章，郭爱珍，等．2008．我国当前主要人兽共患病流行现状及防治对策［C］//中国科学技术协会．预防与控制生物灾害咨询报告：92－103．

卫生部．全国法定传染病报告发病、死亡统计表［EB］．http：//www.moh.gov.cn．

卫生部．中国疾病预防控制疫情报告系统［EB］．

卫生部，公安部，农业部，国家食品药品监督管理局．2009．中国狂犬病防治现状［R］．

夏咸柱，高宏伟，华育平．2011．野生动物疫病学［M］．北京：高等教育出版社．

阳成波，蒋原，黄克和．2002．空肠弯曲杆菌感染流行病学研究进展［J］．动物医学进展，23（6）：10－12．

赵薇，刘桂华，王艳秋，等．2012．食品中单核细胞增生李斯特菌污染及耐药状况调查［J］．中国卫生检验杂志，22（6）：1394－1395．

赵志伟，莫国东，韦平．2011．畜禽生产中沙门氏菌病的防控意义［J］．广西畜牧兽医，27（2）：75－77．

中国动物疫病预防控制中心．2009．全国畜间主要人畜共患传染病疫情通报，第一期．

朱冬冬，黄金林，陶善华，等．2006．生猪屠宰加工流通环节沙门氏菌的监测研究［J］．畜禽业（191）：44－45．

Chen Y, Chao Y, Deng Q, et al. 2009. Potential challenges to the Stop TB Plan for humans in China; cattle maintain *M. bovis* and *M. tuberculosis* [J] . Tuberculosis (Edinb), 89 (1): 95-100.

Du Y, Qi Y, Yu L, et al. 2011. Molecular characterization of Mycobacterium tuberculosis complex (MTBC) isolated from cattle in northeast and northwest China [J] . Res Vet Sci, 90 (3): 385-391.

Tang X, Luo M, Zhang S, et al. 2005. Pivotal role of dogs in rabies transmission, China [J] . Emerg Infect Dis, 11 (12): 1970-1972.

WHO. 2008. Anthrax in humans and animals [M] . 4th ed, Geneva: World Health Organization.

WHO. 2011. Global tuberculosis control: WHO report [R] . WHO Library Cataloguing-in-Publication Data.

Woolhouse MEJ. 2002. Population biology of emerging and re-emerging pathogens [J] . Trends in Microbiology, 10 (10): 3-7.

Woolhouse MEJ, Gowtage-Sequeria S. 2005. Host Range and Emerging and Reemerging Pathogens [J] . Emerg Infect Dis, 11 (12): 1842-1847.

专题组成员

组　长　王长江　副局长　中国农业科学院科技局

副组长　涂长春　研究员　军事医学科学院军事兽医研究所

周继勇　教授　浙江大学动物医学院

专题七

ZHUANTI QI

外来动物疫病防控战略研究

一、重要动物外来病流行现状

在全球经济一体化的今天，动物及其产品的国际贸易进一步加剧了动物疫病的流行与传播。同时，动物疫病的流行与传播常常导致重大的经济、社会和公共卫生问题，造成巨大的经济损失，影响人类食品供应与安全，威胁人类健康和社会稳定。世界卫生组织（WHO）、世界动物卫生组织（OIE）和联合国粮农组织（FAO）等机构强调动物传染病在全球和区域的重要性，并且积极推进各地区的动物疫病控制计划。经过全世界的共同努力，动物疫病防控已经取得了相当的成就，2011 年 FAO 宣布牛瘟在全球范围内被消灭，成为继天花之后人类消灭的第二种传染病。然而，其他重大动物疫病仍在全球各地传播流行。纵观全球，动物疫病有以下几个特点：疫病种类繁多，经济损失巨大；病原变异加剧，新病不断出现；空间流行变化迅速，公共卫生学意义日益突出。

现将目前对我国威胁最大的 9 种动物外来病的基本流行情况进行介绍和分析，这些疫病均属于世界动物卫生组织（OIE）规定的必须上报疫病，是我国国门生物安全需要重点防范的对象。

（一）非洲猪瘟

1. 简介

非洲猪瘟（ASF）是由非洲猪瘟病毒（ASFV）引起的猪的烈性、出血性传染病，是 OIE 规定必须上报的烈性传染病，也是我国动物的一类传染病，目前世界上尚无有效的疫苗，因此，对养猪业危害极大。近年来该病在非洲、欧洲和美洲等十几个国家频繁暴发和流行，对我国造成了巨大威胁。我国是养猪业大国，此病一旦传入，将造成上千亿的经济损失，因此，我国防控非洲猪瘟的形势极其严峻。

2. 流行现状

非洲猪瘟于1921年英国兽医科学家蒙哥马利（Montgomery）首次报道此病发生于肯尼亚，随后此病在非洲南部和东部的许多国家流行。

1957年以前非洲猪瘟一直在非洲大陆流行，而1957年本病从非洲传播到欧洲的葡萄牙。20世纪60和70年代，该病蔓延至欧洲的西班牙、法国、意大利撒丁岛、马耳他和南美洲的古巴、巴西、多米尼加共和国、海地等地。20世纪80年代，在近赤道的非洲地区、比利时、荷兰、葡萄牙、西班牙、意大利撒丁岛、巴西和海地等地再次暴发该病。目前在南美洲4国和加勒比海的国家认为已经被扑灭。

喀麦隆于1982年首次暴发非洲猪瘟；科特迪瓦（Côte d'Ivoire）于1996年大规模暴发非洲猪瘟；贝宁于1997年发生非洲猪瘟后，很快传播到多哥和尼日利亚西部的两个省；马达加斯加于1997—1998年间首次发生非洲猪瘟，导致严重的经济损失，该国的流行模式是家养循环，至今未能根除；加纳于1999年发生非洲猪瘟。

2000年以后，先后发生非洲猪瘟的非洲国家有莫桑比克、贝宁、多哥、南非、肯尼亚、赞比亚、加纳、刚果、布基纳法索、尼日利亚、塞内加尔、纳米比亚、坦桑尼亚等。由于许多非洲国家部分地区的社会动乱和缺少疫病上报制度，目前非洲猪瘟流行的实际状况并不清楚，但撒哈拉周边的所有非洲国家均被认为存在或可能受到本病的威胁。

2007年，非洲猪瘟除在非洲原发疫区频繁暴发以外，还呈现出向外蔓延的趋势。2007年6月7日，格鲁吉亚向OIE正式通报了其境内暴发的11起非洲猪瘟情况，这也是东欧地区首次报道发生非洲猪瘟。格鲁吉亚暴发的非洲猪瘟也波及了东欧邻近国家。2007年8月29日，亚美尼亚向OIE报告了非洲猪瘟疫情。2007年11月5日，车臣共和国境内野生动物发生非洲猪瘟。2007年12月4日，俄罗斯向OIE报告了非洲猪瘟疫情。2008年6月30日，北奥塞梯—阿兰共和国再次发生非洲猪瘟，导致1 300头猪死亡，3 800余头猪被淘汰。2009年9月11日，俄罗斯联邦达吉斯坦共和国再次发生非洲猪瘟疫情。2012年夏在乌克兰一个港口城市发现非洲猪瘟。这给包括我国在内的与疫区接壤的国家和地区敲响了警钟。

（二）非洲马瘟

1. 简介

非洲马瘟（AHS）是由非洲马瘟病毒（AHSV）引起的马属动物的一种急性或亚急性虫媒传染病。以发热、皮下结缔组织与肺水肿及内脏出血为特征。马对此病的易感性最高，病死率高达95%。世界动物卫生组织（OIE）将其列为A类疫病。我国尚无本病发生。

非洲马瘟病毒的贮存宿主仍不清楚。在自然条件下，奇蹄兽和犬易感。马的易感性最高，骡和驴则依次降低。斑马和斑马骡也能自然感染。以病死马肉饲喂的犬不一定出现临床症状，但能引起病毒血症并产生抗体。野驴、骆驼可偶尔感染。血清学调查显示大象血清中含有非洲马瘟病毒抗体，但也有资料认为这是由于大象血清在进行补体结合反应时发生非特异性反应所致。病毒在山羊可引起热反应。绵羊也有自然感染病例。牛不易感。本病不感染人。

2. 流行现状

非洲马瘟主要发生在非洲，由于撒哈拉沙漠的天然屏障作用阻止了疫病向北传播，但偶尔也在中东（1959—1963）、欧洲（西班牙1966，1987—1990；葡萄牙1989）发生。本病在撒哈拉沙漠以南地区以地方性和季节性流行为主要形式，且流行范围较广，南至南非北部地区、西至非洲大陆西海岸的埃塞俄比亚和塞内加尔、东至索马里，甚至在2003年跨越红海，传播到了位于阿拉伯半岛南部的也门，至今原因未明。

近几年，非洲马瘟疫情在非洲频繁发生，2006年5月，南非报告14例，死亡5例；2007年9月，尼日利亚报告42例，死亡42例；2007年12月，该病在塞内加尔大规模暴发，确诊503例，死亡487例；2008年9月，埃塞俄比亚向OIE报告非洲马瘟发病4 000例，死亡2 185例。

非洲马瘟不能由病马直接传染健康的马，通常的传播方式是通过媒介昆虫吸血传播。在没有吸血昆虫的情况下，即使病马和健康马混养也不能传播感染。到目前还没有发现马科动物通过接触、呼吸道或消化道感染本病。本病的媒介昆虫主要是库蠓、按蚊、伊蚊和库蚊等。这些吸血昆虫不但能机械性传播此病，而且病毒能在其体内增殖而构成生物性传播。因此，本病的发生和流行与库蠓等吸血昆虫的繁殖季节和地理分布密切相关，有明显的季节性，流行于温暖潮湿的夏、秋季节；多发于地势低洼的农牧场，并且感染多发生在夜间，因为这些吸血昆虫是夜间出来活动采食。霜冻一来，病和昆虫一齐消失。

（三）小反刍兽疫

1. 简介

小反刍兽疫（PPR）是由副黏病毒科麻疹病毒属小反刍兽疫病毒（PPRV）引起的一种山羊和绵羊的急性或亚急性病毒病，是一种严重的烈性、接触性传染病，主要感染小反刍兽，特别是山羊高度易感，野生动物也可发生。

本病在易感动物之间可以通过直接接触传播或间接传播。病毒由鼻、口等途径直接接触进入动物体传播是最重要的传播方式。易感动物接触病畜的分泌物和排泄物也是重要的传染途径。

自然发病主要见于绵羊和山羊，以山羊比较严重，造成重大的损失，绵羊偶然有严重病例。普遍认为，牛呈亚临床感染，但在较差条件下，可以产生小反刍兽疫病毒感染病变，临床症状如牛瘟。猪可被实验性感染。骆驼可以发生小反刍兽疫地方性流行。在野生动物瞪羚羊、野山羊、长角大羚羊、东方盘羊已报道有死亡的临床病例；美洲白尾鹿可以实验性感染。未见人感染该病毒的报道。

2. 流行现状

本病于1942年在科特迪瓦首次发现，随后证实该病也存在于非洲的尼日利亚、塞内加尔和加纳。近年来该病呈蔓延趋势，并且越来越明显。由西非、中非和东非向东扩散，目前已经传播到西亚和南亚地区，且有上升趋势。2003年有25个国家报道发生小反刍兽疫，主要分布在亚洲、非洲，还有欧洲的土耳其。中国、老挝、孟加拉国、印度、尼泊尔、俄罗斯、巴基斯坦等国家均暴发大规模小反刍兽疫疫情（表7-1）。

表7-1　中国西藏地区2007年山羊暴发小反刍兽疫情况

地　点	病例数	死亡数	销毁数	死亡率（%）	确诊手段
日土县热帮乡龙门卡村	780	292	303	37.4	PCR
革吉县	3 116	778	2160	25	病毒分离
札达县	1 444	489	955	33.9	病毒分离
改责县	196	67	129	34.2	病毒分离

2007 年 7 月 27 日，中国农业部向 OIE 紧急报告，7 月 20 日，西藏自治区日土县热帮乡龙门卡村（Longmenka，Ritu，TIBET）发生小反刍兽疫。涉及发病山羊 780 只，其中死亡 292 只，销毁 303 只。诊断依据为临床症状和实验室检验，据分析感染来源为邻国野生动物携带病原跨境传播。

（四）裂谷热

1. 简介

裂谷热（RVF）是一种严重的人兽共患病，也是自古以来流行于东非大峡谷地带的地方病，主要是在绵羊、山羊和牛中传播，常可引起孕畜的“流产风暴”，幼龄羊死亡率高达 90%以上。本病流行周期约为 5～10 年。本病可感染人，患者表现发热、头痛和关节痛等流感样症状，少数有出血热和脑炎表现，偶可引发视网膜炎甚至失明，病死率约为 1%，表现出血热症状时死亡率可高达 50%左右。裂谷热主要经蚊虫传播，具有明显的季节性，也可通过接触感染。伊蚊和库蚊是本病流行的主要媒介。裂谷热主要通过蚊子叮咬在动物间（牛、羊、骆驼、山羊等）流行，人可由蚊虫叮咬或接触已感染的动物血液、分泌物、排泄物及组织器官等（照顾、宰杀受染动物和摄入生奶等）而感染。

2. 流行现状

裂谷热主要发生在非洲。1913 年，东非的肯尼亚发生类似裂谷热的疫情，导致大批绵羊死亡，这也是裂谷热最早的文献记载。1930 年，从肯尼亚的“裂谷地区”分离出本病病原而得名。本病自 20 世纪 30 年代以来在埃及、肯尼亚、苏丹、索马里和坦桑尼亚等国有大流行 9 次；在纳米比亚、南非、津巴布韦等国有大流行 11 次；在毛里塔尼亚有大流行 1 次。其中，裂谷热在南非的 2 次重要流行是在 1950—1951 年和 1974—1976 年，每次都引起 100 多万只羔羊死亡。1950—1951 年，肯尼亚动物暴发裂谷热，估计 1 万只羊死亡。1977—1980 年首次在埃及流行，造成 20 万人感染，598 人死亡，并引起大量动物（牛、羊、骆驼、山羊）的死亡。1993 年，该病再次在埃及流行，从 1995 年 5 月至 7 月，人和绵羊、山羊、牛、水牛都受到了感染。裂谷热的发生及流行，造成巨大的经济损失，也使许多人暂时失去劳动力，或者死亡，或者留下明显的后遗症（如失明等）。1997 年出现世界性厄尔尼诺现象导致的特大暴雨光顾肯尼亚和索马里时暴发了本病大流行。仅 1999 年 1 月，肯尼亚由于暴发该病死亡人数达 400 人，索马里死亡 80 人。在肯尼亚，裂谷热给该国家带来了极为严重的损失。1998 年坦桑尼亚、毛里塔尼亚和津巴布韦都有裂谷热的报道。

目前裂谷热的流行范围呈现向南亚次大陆东扩的趋势。2000 年 9 月，首次报道在非洲大陆以外地区暴发裂谷热，也门和沙特阿拉伯已被证实暴发该病。2000 年也门暴发裂谷热，321 人发病，32 人死亡，死亡率 10%。裂谷热在阿拉伯半岛流行，增加了向亚洲和欧洲其他地区传播扩散的威胁。2002 年，印度和斯里兰卡也相继出现疑似裂谷热病例的报道。2004 年，沙特阿拉伯再次有本病发生的报道（5 只绵羊 IgM 阳性，1 只哨兵绵羊 IgG 阳性）。裂谷热在非洲以外地区的发生，打破了人们的“裂谷热需要非洲特殊的生存环境”的侥幸心理。在自然情况下，主要经蚊虫媒介传播，因此，一旦在某一地区出现，清除很难。

2006 年 12 月，裂谷热在肯尼亚再次暴发并导致数百人死亡，打破了裂谷热 5～10 年发作周期的规律。

裂谷热人间病例继续增加，截至 2007 年 11 月 7 日，苏丹国家共报告了 228 起病例，84 例死亡。2008 年 2 月 8 日，南非向 OIE 报告，1 月 14 日，该国裂谷热疫情死灰复燃。裂谷热的防控形势更加严峻。

（五）南非三型口蹄疫

1. 简介

口蹄疫（FMD）是由口蹄疫病毒（FMDV）感染引起的偶蹄动物共患的急性、热性、高度接触性传染病。患病动物的口、舌、唇、蹄和乳房等部位发生水疱，破溃并形成烂斑。人和非偶蹄动物也可感染该病，但症状较轻。该病在世界范围分布广，感染率高，传播迅速，发病率几乎达 100%，病程一般呈良性经过，多数成年动物的死亡率低于 5%，但牦牛、仔猪死亡率可达 50%～70%。由于该病对畜牧业发展造成巨大的危害，世界动物卫生组织（OIE）和联合国粮农组织（FAO）将其列为 A 类动物传染病。该病的暴发和流行除了对畜牧业生产造成巨大的损失外，对人民生活所需要的奶品、肉品供应造成很大的影响，而且影响到相关的产品加工业和旅游等行业，由口蹄疫而导致的地区或国家畜产品进出口贸易的屏障更会造成极大的经济损失和政治影响。2001 年发生于英国的口蹄疫造成约 90 亿英镑的经济损失。

根据动物交叉保护和血清学试验，将口蹄疫病毒分为 7 个血清型，分别为 O、A、C 型（称欧洲型），Asia Ⅰ 型（亚洲型），SAT1、SAT2 和 SAT3 型（南非 1、2、3 型，称非洲型），各型间无交叉反应。

2. 流行现状

口蹄疫地理分布的总态势不容乐观，疫情几乎没有间断，每年都会在不同的地域和国家发生。

南美洲：自 1997 年签订消灭口蹄疫的区域计划后，临床病例大幅下降。20 世纪 90 年代末期，国际免疫学会承认阿根廷、智利、圭亚那、乌拉圭为不注射疫苗国家。到 2001 年春季，口蹄疫疫情又在南美出现。先是阿根廷暴发口蹄疫，后波及乌拉圭，使乌拉圭畜牧业受到严重打击，损失近 8 亿美元。2004 年巴西、哥伦比亚、秘鲁相继发生口蹄疫。2005 年口蹄疫又导致巴西牛肉出口损失 5 亿美元。2006 年巴西再次暴发，阿根廷随后也出现了口蹄疫。2007 年玻利维亚 3 个地区暴发疫情。

非洲：除了 Asia Ⅰ型外，口蹄疫的 6 个血清型都流行过，呈现地区特征。在非洲 O、A、SAT1、SAT2 型口蹄疫比例最大。1976 年马拉维发生 SAT3 型口蹄疫。西非 1958—2001 年 A 型口蹄疫发生 39 起、SAT1 型口蹄疫发生 31 起、SAT2 型口蹄疫发生 15 起、O 型口蹄疫发生 13 起。尼日尔、阿尔及利亚和加纳发生过 SAT1 型口蹄疫，突尼斯分别于 1965 年、1967 年、1969 年发生过 C 型口蹄疫，肯尼亚于 1996 年、2000 年发生过 C 型口蹄疫。2001 年乌干达姆巴拉拉地区暴发口蹄疫。2004 年马拉维、赞比亚和南非都发生了口蹄疫。博茨瓦纳于 2005 年、2006 年暴发了 SAT2 型口蹄疫。2006 年南非东北部克鲁格国家公园周边地区暴发口蹄疫。

中东和北非：1960—2000 年间，中东国家有数次疫情发生，目前流行 O 型口蹄疫。SAT1 由非洲羊的贸易引发，1960 年扩散到西北部的伊拉克、约旦、以色列和叙利亚，1962 年到达伊朗和土耳其，1962 年 9 月越过博斯普鲁斯海峡到达欧洲的希腊边境。中东的疫情主要是通过反刍动物从东向西扩散。2005 年土耳其发生口蹄疫。以色列于 2008 年暴发口蹄疫。2009 年联合国综合区域信息网证实伊拉克南部巴士拉地区也有疫情发生。

欧洲和中亚：在欧洲，口蹄疫每隔 5～10 年大规模流行 1 次，在动物密度高和流动性大的地方，有零星的散发。1937—1939 年，德国、法国、荷兰、捷克、波兰、比利时多次发生口蹄疫疫情 1949 年在东欧和南欧分离到 1 株 A 型毒株，1951 年此病毒大面积流行。在 2001 年，英国暴发泛亚型口蹄疫，这是 1991 年英国停止注射疫苗以来最严重的疫情，疫情还扩散到爱尔兰、法国和荷兰。2003 年塔吉克斯坦发生了口蹄疫。2004 年和 2005 年俄罗斯远东地区暴发口蹄疫，宰杀了 1 000 多头感染牲畜。此外，疫情还扩散到了哈巴罗夫斯克和滨海边疆区。2006 年在与我国内蒙古接壤的卡尔加地区，俄罗斯再次发生口蹄疫。2007年英国发生了2起疫情。

东南亚：1996—2000年，东南亚7/10的国家有疫情，疫情扩散到柬埔寨、老挝、马来西亚、缅甸、菲律宾、泰国和越南等国家。其分离到3株O型口蹄疫病毒，分别是东南亚拓扑型、Cathay拓扑型、泛亚型。2005年缅甸发生了AsiaⅠ型口蹄疫。越南2007年出现口蹄疫省份多达13个，2008年增至14个。

东亚：1997—2000年亚洲发生大规模的O型口蹄疫，打破了日本92年、韩国66年无口蹄疫疫情的形势。2001年蒙古、菲律宾、老挝、缅甸相继暴发口蹄疫。2005年、2006年蒙古再次暴发口蹄疫。我国也存在口蹄疫疫情2006年湖北、甘肃、西藏暴发Asia I型口蹄疫。2007年青海、甘肃、新疆发生Asia I型口蹄疫。2009年初经国家口蹄疫参考实验室确诊：湖北口蹄疫疫情为A型引起，新疆疫情为AsiaⅠ型引起。

（六）埃博拉出血热

1. 简介

埃博拉出血热（EHF）是由埃博拉病毒引起的一种传染性很强、致死率极高的发热性、出血性传染病。主要感染包括人在内的灵长动物和一些其他动物。

埃博拉病毒传染性极强，主要传播途径为接触传播。易感人群直接接触病人的体表、病人使用过的用具、病人的分泌物而感染。其他传播途径有气溶胶传播、注射途径传播和性传播。

目前，已确定的埃博拉病毒分4个亚型：埃博拉—扎伊尔（I型）、埃博拉—苏丹（S型）、埃博拉—科特迪瓦（C型）和埃博拉—莱斯顿（R型），毒力各不相同，但相互间存在血清学交叉反应。I型毒力强，人感染后病死率高，S型次之，C型对黑猩猩有致死性，对人的毒力较弱。R型对非人灵长类动物有致死性，而人感染后不发病。

2. 流行现状

埃博拉病毒首次被发现是在1967年，德国科学家从来自乌干达的非洲绿猴血液中分离出了埃博拉病毒。1976年，埃博拉出血热首次出现于扎伊尔（今非洲刚果民主共和国）埃博拉河岸的小城雅姆布库，发病病人318例，死亡280例，主要在医院内传播，疾病因此得名埃博拉出血热。同时，扎伊尔邻国苏丹南部共发生 284 例病人，死亡 151 例。近几十年来，埃博拉出血热主要在非洲的乌干达、刚果、加蓬、苏丹、科特迪瓦、利比里亚、南非等国家流行。血清流行病学调查资料表明，肯尼亚、中非共和国、喀麦隆等国家也有埃博拉病毒感染病例。

近年来最严重的一次流行出现于 1995 年，发生在刚果民主共和国基科维特市，为典型的院内感染造成的流行，发病病人 315 例，其中医护人员 43 人，总病死率为 81%。

目前，埃博拉出血热只在其疫源地的中非热带雨林和东南非洲大陆的热带草原流行，但不排除小概率传播引起全球大暴发的可能。埃博拉病毒的自然宿主至今尚未确定可能为蝙蝠、某些啮齿类动物或鸟类。

（七）尼帕病毒性脑炎

1. 简介

尼帕病毒性脑炎（NiVE）是一种新发生的人兽共患病毒病，其病原是一种新型副黏病毒，可引起多种动物和人类严重脑炎和呼吸系统疾病，发病率和死亡率高。

起初尼帕病毒性脑炎被认为是日本乙型脑炎病毒所致，但流行病学与日本乙型脑炎病有所差异。1998 年 2 月，从病死猪的中枢神经、肺和肾组织中分离到一种未知病毒，这种病毒与 1994 年在澳大利亚昆士兰州利亚布里班市近郊亨得拉（Hendra）地区的病马体内分离到的病毒基因型有 21%的差异，氨基酸序列有 11%的差异，故命名为“类亨德拉病毒”。1999 年 3 月 17 日，经美国疾病预防控制中心进一步鉴定，这种病毒为一种新的病毒，因为该病毒是从马来西亚尼帕镇患者首次分离得到的，所以将本病毒命名为尼帕病毒，并归属于副黏病毒科。由于副黏病毒对宿主的适应需要几年时间，因此，有关专家认为，本病毒早在 1995 年左右就在马来西亚猪场中存在。

尼帕病毒（NiV）是副黏病毒科、副黏病毒亚科中亨德拉病毒属的成员。尼帕病毒在自然条件下可感染人、猪、猫、犬、马、鼠、蝙蝠等。现阶段普遍认为，尼帕病毒的自然宿主是某种果蝠，这种果蝠分布于澳大利亚、印度尼西亚、马来西亚、菲律宾及一些太平洋岛屿上。这些蝙蝠可感染病毒，但自身不发病，猪等中间宿主可能因接触其污染物而感染病毒，进而使与猪密切接触的人、马、犬、猫、鼠等感染。另外，在孟加拉国的疫情中，有证据表明尼帕病毒可在人与人之间相互传播。

2. 流行现状

尼帕病毒性脑炎是1997年在马来西亚森美兰州首次发现的一种严重危害猪和人类的新的病毒性传染病。1998年10月至1999年5月期间，尼帕病毒性脑炎在马来西亚猪群和人群中大规模暴发流行，致使265名养猪工人发病，105人死亡，116万头猪被扑杀。随后本病波及新加坡。自2000年2月以来，本病再度在马来西亚流行，引起该国和周边国家的恐慌和广泛关注。近年来，尼帕病毒性脑炎一直在东南亚与南亚一些国家频频出现，危害十分严重。

（八）水疱性口炎

1. 简介

水疱性口炎（VS）又名鼻疮、口疮、伪口疮等。本病是马、牛和猪的一种病毒性疾病。其特征为口腔黏膜、乳头皮肤及蹄冠部皮肤出现水疱及糜烂，但很少发生死亡。

家畜中自然感染的有马、牛和猪，血清学证明野生动物（如野猪、浣熊和鹿）也可以自然感染。目前，对水疱性口炎病毒传播机制还不清楚。事实上，从白蛉、蚊子和其他一些昆虫体内分离到该病毒，也趋向于证实本病可能是通过昆虫传播的假设。还有一种假设：水疱性口炎病毒是存在于牧场的一种植物病毒，而动物只是流行链中的最后一环，但在某些特定条件下，该病毒经适应后能在易感动物之间直接传播。1982年水疱性口炎病毒在美国西部流行时，许多病例就是通过动物之间直接传播的。

本病在美国一般发生在5～10月份，夏季开始增多，霜冻后消失。人类可通过与病畜接触而感染，包括鼻咽、擦伤的皮肤和吸入途径。可能的直接感染源是口涎、水疱渗出物或上皮，或在实验室操作时直接接触病毒而感染。人类感染后症状类似感冒，多数人1周内康复，能产生中和抗体。

2. 流行现状

早在1801年、1802年和1817年就有报道美国的马、牛、猪感染本病。1862年美国内战期间，因此病导致4 000匹战马不能作战。后来墨西哥、中美洲国家、巴拿马、委内瑞拉、哥伦比亚、秘鲁、阿根廷、巴西、法国和南非等国相继报道过本病。据OIE报道，南美、中美几乎所有的国家和地区以及北美的美国等国家在1996—2002年暴发大面积的水疱性口炎流行，造成严重的经济损失。

但2007年美国境内未出现新病例。2007年，巴基斯坦出现了水疱性口炎疑似病例。2008年，中非共和国首次出现了水疱性口炎疑似病例。2009年，水疱性口炎又一次在美国流行。东亚地区、欧洲及大洋洲至今未出现水疱性口炎病例报道。

虽然与我国接壤的巴基斯坦曾出现过水疱性口炎疑似病例，但由于喜马拉雅山的天然屏障，该病目前未传入我国。但水疱性口炎仍然对我国构成威胁，我国与处于水疱性口炎疫区的中美洲及加勒比海地区贸易往来愈加频繁，应加强对来自疫区的进口商品的检验检疫，以防病畜或媒介生物进入我国。

水疱性口炎常呈季节性暴发，易于晚夏零星流行于热带潮湿地区。多在夏、秋季节（7～8月份）发生，秋末趋于平息，霜冻后消失。但1982年在美国西部暴发霜冻后仍在流行。水疱性口炎的传播多呈点状散发，大多沿着河流、森林流行，结合其明显的季节性，提示节肢动物可能在病毒的传播中起到一定的作用。许多病例还表现为地方流行性及易感动物间的直接传播。

水疱性口炎暴发的特点是常在2小时内突然暴发，侵犯一个牧场的大批畜群，在动物间流行时，接触动物的人可被感染。

畜群患水疱性口炎后表现出的疾病变化很大，通常有10%～15%的动物表现出临床症状。如奶牛最常见的并发症是乳腺炎，导致奶牛的产奶量下降。临床病例多见于成年动物，1岁以下的牛和马很少感染，且病死率几乎为零，但猪在感染NJ型水疱性口炎后死亡率很高。一般，多数病畜在感染后2周内即可康复。

（九）西尼罗河热

1. 简介

西尼罗河热（West nile fever）是由西尼罗河病毒（WNV）引起的虫媒传染病，其临床特点有高热、头痛、喉痛、皮疹、淋巴结肿大等，常侵犯中枢神经系统，产生脑膜炎症状。血清学研究表明，该病广泛分布于非洲，近年来在美洲及其他地区也有流行，引起人们关注。

西尼罗河病毒感染起源于乌干达的西尼罗河地区。那时，当地流行一种“发热病”，但没有人知道它的病因。1937年，一位英国病毒学家在研究黄病毒时首次从乌干达北部西尼罗河区域Omogo镇的一位“发热病”妇女血液中分离出来一种病毒，根据病毒发现的地名命名为“西尼罗河病毒”。当时尽管人们认识到这种病毒可能是“发热病”的病原体，但并没有报道该病毒与脑炎相关，仅被人们认为是非洲的一种地方病。20 世纪 40 年代，发现西尼罗河病毒与日本乙型脑炎病毒、圣路易斯脑炎病毒有密切的抗原相关性，并在中非的居民体内检测到西尼罗河病毒抗体，初步确定该病毒由蚊传播。1950 年再次从埃及 3 名健康儿童中分离到此病毒。20 世纪 50 年代，埃及对西尼罗河病毒的血清学、生态学、致病性等做了较深入的研究，证实西尼罗河病毒在自然界中主要在蚊、鸟间循环，人和马偶然会被感染。

2. 流行现状

在温带和亚热带，西尼罗河病毒感染主要发生在夏季和初秋，在热带，常年均有发病，以雨季蚊虫活动季节为高峰期。人的发病时间较鸟类感染时间晚 30 天左右。长时间的户外活动、易于蚊虫滋生的居住环境、防蚊措施不当等，均能增加受蚊虫叮咬的机会和感染病毒的危险性。

西尼罗河病毒感染所引起疾病的严重程度与以下因素密切相关：①既往病毒在该地区的活动情况。②人群对西尼罗河病毒和其他黄病毒的本底免疫水平。③人口的年龄构成。④疾病监测体系的完善程度。

在病毒活动频繁地区，人群西尼罗河病毒抗体阳性率较高，西尼罗河热的流行和脑炎病例较为罕见；相反，在北部温带地区，既往很少或从未有过西尼罗河病毒感染的暴发流行，人群缺乏对该病原体的免疫机能，重症病例的发病率则较高。

1957 年，以色列报道暴发流行西尼罗河热，12 例老年病人患脑膜脑炎。至 20 世纪 60 年代，埃及和法国发生西尼罗河病毒引起马脑炎流行，引起人们的关注。1962—1966 年曾在法国 Camargue 地区小范围流行，以后经历了 70 年代中期至 90 年代初的相对稳定阶段，1994—2000 年间，西尼罗河病毒感染的流行态势出现了重大变化，频频暴发流行于北非、欧洲、北美及中东地区，特别是 1999 年，西尼罗河病毒首次在西半球出现，警示该病已不再局限于东半球，而大有向全球蔓延的趋势。

2006 年，俄罗斯出现了西尼罗河热疑似病例，美国、阿根廷和欧洲的罗马尼亚均出现确诊的西尼罗河热病例。2008 年下半年至今，北美大部分地区均有西尼罗河热确诊病例报道，在意大利也发生了西尼罗河热疫情。

流行情况的变迁：①流行区域不断扩张。已从非洲逐渐扩张至中东和欧亚大陆南部的温带和热带，近期又传入北美。②频频发生在大都市。近期暴发流行的西尼罗河热频频发生在大都市，如美国的纽约、罗马尼亚的布加勒斯特。③人和哺乳动物中流行的频率增加。以往西尼罗河病毒偶尔感染人和哺乳动物，近来在人群和马的流行频率增加。④对人致病的严重性加剧。20 世纪 30 年代，西尼罗河病毒感染后主要引起发热，很少有死亡病例发生；近年来脑炎的发病率增加，病死率也升高。⑤禽类感染西尼罗河病毒的病死率升高。以往鸟类感染后很少死亡，以色列、美国近年来西尼罗河热暴发流行前均伴有有大量家禽（鹅）和鸟类死亡。

目前，我国尚无西尼罗河热的疑似病例出现，但我国与美国、加拿大及欧洲各国贸易往来非常频繁，且目前仍然有从南美洲走私野生鸟类的违法行为存在，因此，西尼罗河热病毒毒通过媒介昆虫和鸟类或带病的旅客传入我国的风险仍然存在。

二、外来动物疫病防控现状

外来动物疫病在历史上曾经给世界许多国家的畜牧业带来严重灾难，甚至引发严重的公共卫生事件和社会动荡，对社会经济造成重大损失。而外来动物疫病因为其特殊性，造成诸如阳性对照样品无法取得，在我国无法开展攻毒试验等困难。但在国家相关部门的指示下，经过我国大量兽医科研工作者的不懈努力，在外来动物疫病防控方面，我们已经取得了一些进展和成果，但仍然存在一些不足。

（一）非洲猪瘟

1. 防控

我国一直将非洲猪瘟列入《中华人民共和国进境动物一、二类传染病、寄生虫病名录》，作为一类烈性动物传染病防控。对发生非洲猪瘟的国家，我国采取一系列的应急管理措施：如停止从该国进口猪及相关产品的贸易，严格检查从该国进境的旅客携带物和邮寄物，对来自该国的交通工具进行严格消毒，对交通工具上的泔水等废弃物进行无害化处理。但近年来不断出现新情况，给防控非洲猪瘟传入工作带来严峻挑战，突出表现在：①边境地区情况复杂，野生动物疫情防范困难。我国地域辽阔，边境线绵长，边境地形、地貌复杂，北部、西部边境与发生过非洲猪瘟或处于高风险的一些东欧国家接壤，野猪和钝缘蜱极易跨越国界，成为传播非洲猪瘟的“元凶”。②由于利益驱动，非法进口现象严重。自2007年以来，国内猪肉价格一直居高不下，形成国内外巨大的价格差异，一些不法分子因此铤而走险进行非法进口活动。据不完全统计，2008年上半年质检部门查获从越南非法进口活猪5 000多头，猪产品数十吨。③入境人员激增，旅客携带物传带疫情的风险加大。发生于马耳他和意大利撒丁岛的非洲猪瘟最初就是由于给当地猪饲喂了来自疫区的泔水而引起的。随着我国国际化步伐的加快，入境人员日益增多，非法携带猪产品入境问题日益突出，而旅客携带物的查验一直是各国口岸把关的重点和难点。尽管我国不断加强口岸查验能力建设，并采用X光机、检疫犬等先进的检查手段，但与快速增长的客流量形成较大的反差，旅客携带物传播非洲猪瘟疫情的风险依然较高。

2. 技术、物资和法规储备

由于国内缺乏相关病毒分离株等试验材料，我国关于非洲猪瘟的研究报道相对较少，主要集中在病原学和血清学检测技术的研究和病毒主要抗原性结构蛋白的功能位点研究上。

目前国际上尚无非洲猪瘟疫苗。我国在防控技术和物资方面进行了一定储备。

（1）建立了非洲猪瘟国际标准PCR诊断技术，在英国OIE参考实验室进行了比对实验，该方法能够特异性地检测非洲猪瘟病毒代表株。

（2）鉴于口岸防控需要，出入境检疫系统近年来开展了荧光PCR、LAMP等快速检测技术研究，并研究建立了基于表达蛋白基础上的ELISA等血清学检测方法，并在国际参考实验室进行了初步验证。

（3）开展了非洲猪瘟传入我国的风险分析，研究建立了基于传播媒介——软蜱及猪肉制品的定量风险分析模型，为口岸防控政策制定提供了相关依据。

（4）研制了非洲猪瘟国际标准阻断ELISA抗体检测试剂盒和竞争ELISA抗原检测试剂盒，并进行了初步应用。

（5）初步编制了《口岸非洲猪瘟防控方案》。2002年，国家颁布了《非洲猪瘟诊断技术》（GB/T 18648—2002）。

（二）非洲马瘟

1. 防控

非洲马瘟不能直接接触传染，病毒通过媒介昆虫传播。从传播方式上分析，由于中国存在病毒的传播媒介，从发生非洲马瘟的国家进口相关动物及其产品可能会引起本病在中国的传播。不能忽视的一个传播形式是：犬可通过食入感染动物肉而感染。因此，进口肉类及其制品暴露给犬的可能性存在，病毒感染犬后可能通过媒介昆虫进一步传播。

考虑到非洲马瘟的严重危害及传入中国后的严重后果，应禁止感染非洲马瘟国家的马科动物、马科动物肉及其制品、生皮和未经处理的鬃毛进口或过境，其他马科动物产品和大象、犬、骆驼、绵羊、山羊可以允许进境，风险管理应考虑国家条件和商品条件，出口国兽医服务机构经过评估，以及非洲马瘟在出口国是应通报疫病并具备监测计划。

参照世界动物卫生组织出版的《陆生动物卫生法典》（2012）的规定，对非洲马瘟实行区域化管理。犬、骆驼、绵羊、山羊等必须来自非洲马瘟非疫区；出口前在具备防止昆虫媒介且位于非洲马瘟非疫区的隔离场至少隔离检疫40天，临床检查健康。隔离期间经补体结合试验或ELISA检验，结果按世界动物卫生组织出版的《陆生动物诊断与疫苗手册》（2012）的标准判定为阴性；从隔离场运往出境口岸的途中未经过感染非洲马瘟地区并防止昆虫媒介叮咬。

马科动物肉制品来自饲养于非洲马瘟非疫区的动物；来自在出口国官方批准的屠宰厂屠宰的动物，经宰前宰后检验合格；肉制品经热处理，其中心温度达到70℃。

马科动物皮和鬃毛产品原料来自饲养于非洲马瘟非疫区的动物；动物在出口国官方批准的屠宰厂屠宰；鬃毛产品经过酸（pH≤6）处理，或在出口国官方批准的加工厂加工，加工过程中包括酸处理或温度达到100℃以上的工艺过程。皮制品原料在出口国官方批准的加工厂用国际上普遍采用的化学和机械方法硝制。

生物制品因科研等特殊需要时，允许进境。进境后限在进口单位使用，并应符合生物安全的要求。

2. 技术、物资和法规储备

我国关于非洲马瘟的研究报道很少，主要为病毒蛋白的表达和检测技术研究。我国已经初步建立了OIE推荐的RT-PCR方法，并在OIE参考实验室进行了验证。初步建立了间接ELISA方法、荧光RT-PCR检测技术及能够快速检测样品中非洲马瘟病毒的高通量基因芯片检测方法，引进了国际标准竞争ELISA试剂盒用于抗体的检测。制定了《非洲马瘟诊断技术》（GB/T 21675—2008）。

（三）小反刍兽疫

1. 防控

小反刍兽疫传入我国的风险控制应从传染源、传播途径及易感动物三个方面入手。目前传染源主要在国外，因此，消灭传染源也应从援助国外入手；传播途径主要是接触传播，因此，阻断病原与易感动物的直接或间接接触是风险控制的重要内容；易感动物在我国大量存在，但可以通过加强监测和非感染性疫苗的应用来监测易感动物和降低动物的易感性。

与我国周边有小反刍兽疫感染的国家建立紧密的合作关系，有必要的情况下成立亚洲防制小反刍兽疫合作交流中心。对巴基斯坦、印度、尼泊尔、孟加拉国、缅甸、老挝等周边国家暴发小反刍兽疫时进行技术和人员上的支援，必要时可采购适当的疫苗在小反刍兽疫暴发地区及其周围免费给小反刍兽免疫，帮助这些国家及时控制小反刍兽疫传染源的扩散及疾病的流行。

应组织人员对我国西部及南部边境地区的羊等小反刍兽的饲养、贸易及当地地理等情况进行调查，找出最容易将小反刍兽疫病毒传入我国的危险地带并加强监督。应加大对边境地区农贸市场的检查和检疫力度，控制边境小反刍兽的市场交易，严防小反刍兽疫病毒经边境贸易传入我国。必要时可取消边境地区的小反刍兽贸易，并严禁从小反刍兽疫暴发国家进口或走私家养或野生的小反刍兽及其相关动物产品。

严密监测我国与周边小反刍兽疫感染国家边境处的野生动物尤其是野生羊群的活动。在野生小反刍兽群的迁徙路线周围及野生小反刍兽群的活动区域周围，加大家养小反刍兽的监测或免疫密度。如周边国家小反刍兽疫暴发，必要时在野生动物迁徙路线上设置路障，并对野生小反刍兽定期进行血清学监测活动，严防野生小反刍兽经迁徙将小反刍兽疫病毒传入我国。

在我国西部、南部边境省份如新疆、西藏和云南，加强小反刍兽的血清学监测，监督当地动物的小反刍兽疫病毒抗体水平，如有异常，应及时上报并采取扑杀等措施。利用非感染性疫苗，在我国西部、南部边境省份进行小反刍兽的免疫，降低当地动物对小反刍兽疫病毒的易感性。加强边境地区小反刍兽的饲养管理，提高其抵抗力。

尽可能不要从小反刍兽疫病毒感染国家进口家养或野生小反刍兽及其相关的动物产品，如精液、胚胎、鲜肉及肉制品、血粉、角、爪、毛、皮等动物产品。如确实必须进口活畜时，应确保动物来源于非小反刍兽疫病毒感染区，装运前至少在检疫站隔离 21 天无任何临床症状且多种方法检测后均为阴性；进口精液、胚胎时，确保其供体在足够 21 天的隔离期内健康；进口其他动物制品时应确保其供体在隔离期内的健康及动物产品经过杀灭病毒的合理加工。

2. 技术、 物资和法规储备

我国在小反刍兽疫防控技术、物资和法规等方面进行了一定储备。①流行病学调查。通过开展西藏小反刍兽疫流行病学调查研究，阐明了疫病在高原多山地区的流行规律。确诊了我国首例野生岩羊小反刍兽疫疫情，警示野生岩羊、黄羊等在小反刍兽疫传播中的作用。②病原基因组学研究。在国内分离到小反刍兽疫病毒，并进行了全基因组测序，对编码蛋白的重要功能位点进行了分析。对分离毒株和野外流行毒株进行基因序列测定和遗传进化研究，阐明了这些毒株与国外流行毒株之间的亲缘关系。③病原学诊断技术。我国目前已经建立了病毒分离和病毒的细胞培养方法，建立了 OIE 推荐的 RT - PCR 方法，还研制了实时荧光 RT - PCR 方法，引进了国际标准捕获 ELISA 用于抗原的检测。④血清学检测技术。我国引进并建立了国际标准的竞争 ELISA 方法，初步建立了间接 ELISA 方法。⑤疫苗。我国已经大批量生产疫苗 Nigeria75/1 株并应用于受威胁边境地区羊的免疫。一些单位正在开展小反刍兽疫单抗和基因重组疫苗的研究。⑥法规标准。我国农业部于 2007 年 8 月制定并印发了《小反刍兽疫防控应急预案》和《小反刍兽疫防治技术规范》。2010 年我国发布了《小反刍兽疫检疫技术规范》（SN/T 2733—2010）。2011 年我国发布了《小反刍兽疫诊断技术》（GB/T 27982—2011）。

（四）裂谷热

1. 防控

裂谷热传入我国的可能途径有：①带有病原体的蚊子通过运输工具带入我国，病毒通过蚊子叮咬感染当地易感动物后在动物体内进一步扩增，又通过更多的媒介昆虫进一步在当地传染。②通过贸易进口感染病毒的动物或产品，直接传染给人和动物。③从疫区来到我国并携带病毒的人被蚊虫叮咬后也可能造成该病的传播。这种传入一般表现为零星散发。④恐怖主义活动。由于该病具有非常严重的危害性，可能被恐怖分子用为生化武器。

因为裂谷热病毒有可能传入我国，而且具备进一步流行的条件，因此，在入境动物或产品及人员的检疫工作中必须严格检查，防止该病传入。国内应定期开展蚊子的控制工作，降低媒介生物的密度。另外，应建立快速准确的检测技术，以便迅速准确地对疑似病例作出诊断。

深入动员社会，提高对裂谷热感染风险因素的认识，并倡导采取保护性措施防止感染，是减少动物感染和死亡的途径。在国外裂谷热暴发期间，大力开展公共卫生宣传以降低风险。

降低因不安全食用鲜血、生奶或动物组织引起的动物向人类传播病毒的风险。重视采取个人和社区保护措施防止蚊虫叮咬，如避开在媒介种群袭击高峰时段开展户外活动。

控制裂谷热的措施包括：强化媒介动物的控制措施（主要是加强机械化药物喷洒），限制动物的移运，开展按规定接触和处理染疫动物及流产胎儿的教学课程。

FAO 推荐的预防措施有：用消毒剂喷洒来自疫区的全部交通工具（包括飞机、汽车、火车、船舶等）。禁止从疫区输入易感动物。若在动物中诊断出裂谷热，那么整个地区都应进行消毒。家畜必须在无昆虫条件下饲养，全部的死亡动物必须深埋，禁止食用感染动物。禁止将家畜从疫区迁移至非疫区。疫区的人和动物必须接受疫苗接种。

我国一直没有报道过该病，但我国存在多种可以传播裂谷热的媒介蚊子品种。如刺扰伊蚊广泛分布于我国各省份，埃及伊蚊在我国海南岛、广东、广西沿海地区和台湾南部等地区有分布，尖音库蚊在新疆曾经被发现过。我国南方省份降水量大，蚊虫密度很高，很适于该病毒传播。因为我国从未发生过该病，所以易感动物都没有进行过免疫接种。因此，病毒一旦传入我国，后果将十分严重，必将会对我国反刍动物饲养业、动物及其产品出口、公共卫生健康等造成重大影响。因此，我国应严防该病的传入。

2. 技术、 物资和法规储备

我国关于裂谷热的研究报道较少，主要集中在病毒蛋白表达、诊断技术、基因疫苗和重组疫苗的研究上。

我国已经初步建立了国际标准 RT－PCR 方法，研制了实时定量 RT－PCR 方法，初步建立了间接 ELISA 方法，引进了阻断 ELISA 试剂盒，储备了疫苗株 Smithburn 弱毒株。

（五）南非三型口蹄疫

1. 防控

我国目前从未发现有南非 SAT1、SAT2、SAT3 型口蹄疫。但随着与非洲国家的建交和贸易往来，我国受 SAT1、SAT2、SAT3 型口蹄疫的威胁越来越大，其中 SAT2 型对我国的威胁最大。非洲是口蹄疫的自然疫源地。除 Asia I 型之外的 6 个血清型都在非洲流行，目前，非洲的口蹄疫疫情仍未得到控制。2006 年 2 月 15 日农业部公告埃及发生口蹄疫，初步诊断为 A 型或 SAT2 型。随着非洲经济的发展和世界市场的联系日益频繁，非洲大陆对外的逐步开放也将会使原本局限于非洲的疫病向世界各地散播。目前 SAT2 型口蹄疫已经跨过红海，威胁亚洲大陆。历史上SAT2型口蹄疫从未跨过赤道传播，这使得一些学者认为南非型口蹄疫需要非洲特殊的生存环境。但2000年发生的疫情，使人们发现，SAT2型口蹄疫不但跨过赤道，还跨过红海，到达科威特、沙特阿拉伯等国，直接威胁亚洲大陆。虽然中国政府自2000年起禁止从南非进口牲畜。但由于我国海岸港口走私情况严重，传入风险加大。尤其是口蹄疫的传染性极高，能够通过许多带毒者传播，污染的饲料、羊毛均能造成该病的传播。另外，易感动物多是传播疫病的重要因素。中东地区多沙漠和高原，似乎不利于病毒的传播，但这里野生易感动物多，非洲水牛、羚羊等都可以感染口蹄疫并将疫病传播给牛群。我国西北、西南部边境地区，环境条件恶劣，人口稀少，物资、人员调用困难，一旦外来疫病传入，很难就地扑灭。

2. 技术、物资和法规储备

我国有关南非三型口蹄疫诊断技术的研究较少。初步建立了基于抗体检测的南非型PCR、多重荧光RT-PCR、固相竞争ELISA和间接ELISA方法，但由于无法获得阳性样品，一些方法无法得到准确的验证。

（六）埃博拉出血热

1. 防控

我国目前尚未发现埃博拉出血热患者，但随着国际交往日益增多，不排除该病通过引进动物或通过隐性感染者及病人输入的可能性。因此，必须提高警惕，密切注视国外疫情变化。

埃博拉病毒被规定为生物安全性4级的烈性病原微生物。其实验室操作条件必须达到P4等级。目前对埃博拉病毒病原学的检查主要有电镜法、病毒分离法、抗原捕获ELISA和聚合酶链式反应四种。

迄今为止，对EBV的抗原型、毒力和分子生物学特性仍没搞清，所以还需对EBV的生物学特性以及EBV与丝状病毒的关系进行进一步的研究，这对EBHF的早期诊断和预防有着重要的实践意义。

目前埃博拉出血热尚无疫苗可用于预防，控制传染源是预防和控制埃博拉出血热最重要的措施。主要的预防措施有：

及时发现和隔离控制输入性病例是有效控制传染源的关键。卫生部门要加强与检验检疫、旅游、交通等部门的联防，及时发现来自流行地区的输入病例。一是加强对动物的检疫，尤其是黑猩猩、大猩猩、猴子等非人灵长类和蝙蝠等野生动物的检疫工作。从国外进口动物，特别是从埃博拉出血热流行地区引进动物，要严格进行卫生检疫。口岸检疫部门一旦发现可疑病例和动物，要及时通报卫生部门做好疫情调查和处理。二是对前往非洲疫区的旅游者和医疗卫生工作人员进行防控知识的宣教，使其避免接触丛林中的灵长类动物，在医院接触病人时要提高警惕意识，做好个人防护。

密切关注埃博拉出血热的流行动态。加强国际信息交流与合作，尤其要高度关注曾出现过埃博拉出血热流行的地区，如非洲的乌干达、刚果、加蓬、苏丹、科特迪瓦、利比里亚和南非等国家的疫情情况。

加强实验室生物安全。所有涉及埃博拉病毒的实验活动应严格按照我国有关规定进行。相关的实验室检查应减少至需要的最低限度。标本采集应注意个人防护，采集后将标本置于塑料袋中，再置于有清晰标志、坚固的防漏容器中直接送往实验室。注意不要污染容器的外表，并做好相应的消毒。进行检验的实验室应有相应的生物安全级别。病毒分离与培养只能在生物安全4级实验室（BSL-4）进行。

开展公众宣传教育，正确预防，减少恐慌。积极、广泛地宣传埃博拉出血热的防控知识，避免疫情发生后引起不必要的社会恐慌，使公众正确对待事件的发生，及时、有效地采取预防手段。

2. 技术、物资和法规储备

目前还没有专门的疫苗。我国迫切需要建立埃博拉出血热检测技术和风险评估体系，严防埃博拉病毒通过动物输入等途径传入我国。

（七）尼帕病毒性脑炎

1. 防控

我国与已经发现尼帕病毒性脑炎的国家地理位置相邻，且自然环境等满足了尼帕病毒性脑炎传播的条件，该病很容易进入我国。一旦尼帕病毒性脑炎在我国流行，后果将十分严重。有资料显示，目前已经在印度尼西亚、澳大利亚、巴布亚新几内亚、泰国、马来西亚、柬埔寨、马达加斯加和非洲西部发现了携带有尼帕病毒的野生蝙蝠。

我国是养猪大国，一旦发生尼帕病毒性脑炎疫情并且扩散，我国将不得不扑杀大量的猪，这将对我国的养猪业造成严重的冲击，严重时会给政府财政带来重大负担，甚至引发社会不安定。由于人感染尼帕病毒的死亡率高达40%～

70%，因此，在我国西南等边境省份应加强对来自尼帕病毒性脑炎疫区动物的检验检疫力度，将尼帕病毒性脑炎拒之门外。除了做好检疫工作之外，最重要的是要保护现有的森林，并做好退耕还林工作，以防止野生动物过分接近人类和家畜，造成自然传播。由于尼帕病毒性脑炎在实验室内很容易进行培养，并且在旅客进出境检查时难以查出，因此，有可能会被境外不法分子作为生物武器带入我国，并且由于我国养猪业在畜牧业中占有非常大的比例，且生猪流通自由，饲养分散，因此，尼帕病毒性脑炎对我国的潜在威胁非常巨大。

1999 年 3 月 23 日，我国宣布禁止从马来西亚进口猪及其制品（农业部 1999 年第 11 号令）。另外，加强宣传，使基层兽医和畜牧工作者进一步了解该病，并且在病毒毒种的引进、使用、保存和运输过程中进行严格的监控和管理，也是很好的防控措施。

2. 技术、物资和法规储备

目前国际上没有尼帕病毒性脑炎疫苗。

我国已经初步建立了实时定量 RT－PCR 方法和间接 ELISA 方法，用于检测动物是否感染尼帕病毒。初步建立了 OIE 推荐的 RT－PCR 方法，需要研制和引进国际标准的间接 ELISA 试剂盒和 IgM 捕获 ELISA 用于抗体检测。

（八）水疱性口炎

1. 防控

水疱性口炎感染途径比较复杂，因此，除了对病畜进行隔离之外，还应防止易感动物接触染病动物接触过的饲料和水。控制继发感染可以减少水疱性口炎的危害，病灶糜烂面要保持清洁，如果有继发感染的症状需要使用抗生素。减少或杜绝易感动物与媒介昆虫接触，以减少带毒媒介昆虫叮咬造成家畜感染的可能性。改善卫生环境也是防止疫情扩散的有效手段。除单纯的碱性消毒剂外，目前商品消毒剂的最高使用浓度对水疱性口炎病毒都有效。

中国西部毗邻的一些国家已发生疑似水疱性口炎病例，加之边境地区人畜往来频繁，疫病传入风险加大。因此，应避免从疫区引进家畜或畜产品，加大进口检疫力度，严防该病传入。

2. 技术、物资和法规储备

我国关于水疱性口炎的研究主要集中在病毒蛋白表达、单抗制备、核酸疫苗研究和诊断技术研究等方面。

目前国际上没有商品化的疫苗。我国已经建立了 RT－PCR 方法和区分不同血清型的多重 RT－PCR 方法，开展了间接 ELISA 的研究。需要进行 RT－PCR 方法的标化，研制和引进国际标准的液相阻断 ELISA 或者竞争 ELISA 试剂盒用于抗体检测。

(九) 西尼罗河热

1. 防控

目前针对西尼罗河热，仅有应用于马的疫苗，还没有适用于人类的西尼罗河热疫苗。同时也缺乏有效的特效药物治疗。因此，针对西尼罗河热重点应做好预防。

近年来由西尼罗河病毒引起的西尼罗河热在以往很少流行或未发生过的欧洲国家和美国突发流行。尤其是美国自 1999 年开始发现以来，流行速度快，连续 4 年病例不断增多，地区不断扩大至美国 37 个州，引起美国及美洲一些国家的不安。虽然我国至今尚未发生西尼罗河热病例，但由于西尼罗河热的传播媒介蚊虫种类很多，动物宿主也较多，在我国也普遍存在尖音库蚊、致乏库蚊等媒介蚊虫和乌鸦等动物宿主，自然环境气候等也与美国等一些国家相似，因此，西尼罗河热传入我国的可能性很大，应该及早采取必要的预防措施。①应该加强海关的防蚊灭蚊措施和鸟类等动物检疫或禁止鸟类入境。②我国应加强西尼罗河热的诊断技术研究，建立早期快速诊断的试剂盒。

由于目前无预防人西尼罗河病毒感染的疫苗，因此，预防西尼罗河热的主要手段为切断传播途径，即有效地大规模灭蚊。另外，户外活动时应采取措施预防蚊子叮咬。在西尼罗河热暴发的疫区，提醒居民减少户外活动，在户外应尽量穿着长袖衣裤，裸露皮肤应涂抹蚊虫驱避剂。注意安装纱窗和纱门，减少蚊虫进入室内的机会，同时可以使用电蚊香和电蚊拍杀死室内的成蚊。虽然目前认为人与人之间通过蚊虫吸血刺叮传播西尼罗河病毒的可能性相对较小，但是为了安全起见，应隔离病人并采取措施，防止蚊虫刺叮，避免引起传播。

2. 技术、物资和法规储备

我国只有少量关于单抗制备和诊断技术的研究报道。已初步建立了 OIE 推荐的 RT－PCR 方法，制备了针对西尼罗河病毒 E 蛋白结构域Ⅲ的单抗。

三、我国外来动物疫病监测预警现状

随着我国畜牧业经济的发展和社会对公共卫生安全状况的重视程度越来越高，各级政府和兽医机构对疫情监测预警工作越来越重视，我国动物疫情（包括外来动物疫病）监测预警体系的建设速度越来越快，完善程度也越来越高，在农业部和各级政府部门与兽医机构的共同努力下，动物疫病监测预警工作取得了巨大成绩。

1. 动物疫病监测工作法制化和规范化程度越来越高

《中华人民共和国动物防疫法》、《国家动物疫病测报体系管理规范（试行）》、《国家突发重大动物疫情应急预案》、《疫情报告管理办法》，以及农业部每年下发的《国家动物疫病监测计划》等法律法规，使我国动物疫病监测工作做到了有法可依、有章可循，为监测预警工作提供了有效的法律保证，整个监测工作越来越规范。

2. 监测工作体系初步形成

目前，我国现行动物疫病监测工作体系主要包括各级兽医行政主管部门、各级动物疫病预防控制和动物卫生监督机构等。

农业部兽医局主管全国动物疫病监测工作，并负责制订、调整年度动物疫病监测方案。必要时，组织中国动物疫病预防控制中心、中国动物卫生与流行病学中心和相关动物疫病国家参考实验室或专业实验室直接对禽流感、口蹄疫、外来病等重大动物疫病开展抽检。

中国动物疫病预防控制中心具体负责组织实施全国动物疫病监测工作，及时汇总、分析全国疫病和疫情监测的结果，并根据形势的发展，做好预警预报工作，提出防控政策与措施建议。

各省（自治区、直辖市）兽医主管部门依据国家监测方案，结合当地实际情况，制订本辖区内具体监测实施方案，由省级动物疫病预防控制机构负责组织实施。

国家动物疫情测报站和边境动物疫情监测站根据国家有关要求和规范的要求，做好区域内动物疫情监测工作和流行病学调查工作，同时按照上级部门的工作部署，开展好相关疫情和疫病监测工作，并做好预警预报工作，提出防控政策与措施建议。

3. 疫情信息报告体系日趋完善

在动物疫情信息报告方面，我国已经基本建立了覆盖全国的报告体系，并初步实现了电子网络报告。我国依靠各级动物疫病预防控制机构，逐步建立了乡、县、市、省、国家五级动物疫情逐级报告系统，承担全国动物疫情和疫病信息的调查、收集、统计、分析、汇总、报告工作，按期完成各种疫情信息的分析和报告任务，为有效预防和控制动物疫病发挥了重要作用。

4. 监测预警基础设施建设得以加强

根据动物疫病监测工作的需要，按照相关要求，国家将动物疫病监测预警列入《全国动物防疫体系建设总体规划》中，进一步加强了各级动物疫病预防控制机构和测报站的基础设施建设。省级实验室着眼于预警分析和技术研究，建成集疫情监测预警、重大动物疫病诊断和技术培训为一体的技术平台；市级实验室着眼于疫情监测，建成集免疫效果评估、疫情预警、诊断技术推广为一体的技术平台，县级实验室及测报站着眼于免疫效果监测能力建设，建成紧密联系广大养殖场户和基层动物防疫工作者的服务阵地。

5. 监测工作机制基本形成

目前，农业部每年年初都要下发当年的《国家动物疫病监测计划》，对全国的重要动物疫病监测和疫情监测进行统一安排，提出监测要求，初步建立了按月度开展定期监测与在春秋两季实施集中免疫后集中重点监测相结合，常规监测与突发重大动物疫情应急监测相结合的工作机制。针对我国对重大动物疫病实行强制免疫的政策，实行免疫抗体监测与病原监测相结合的监测方式。同时，根据各地疫病流行特点，设立了固定监测点，开展定点、定期和持续监测。

6. 监测技术水平逐步提高

各级动物疫控机构加大各种监测的培训与应用，通过各种形式的技术培训，监测技术水平逐步提高，已从单一采用血清学技术提升到能采用多种技术开展动物疫病监测工作。一是采用血清学技术开展免疫效果评估监测，了解、掌握动物免疫后针对主要动物疫病产生抗体的消长规律，评价免疫效果，指导养殖场（户）进行科学免疫；二是运用病原学方法开展病原学监测，了解掌握本区域疫病病原分布和动物疫情流行趋势；三是采用分子生物学技术初步开展疫病病原的分子流行病学跟踪监测与分析；四是开展流行病学调查，主要是监测特定疫病以往和当前一个时期的发生状况、特定动物疫病的防控政策和防控措施的落实情况等。

7. 监测覆盖面更加广泛

（1）监测病种多　目前我国开展的常规动物疫病监测主要是国家规定上报的动物疫病，具体包括重点监测的动物疫病、净化监测的动物疫病、一般监测的动物疫病，其中疯牛病/痒病、小反刍兽疫等外来动物疫病属于重点监测的动物疫病。

（2）监测对象广　根据监测的动物疫病所涉及的易感动物群体情况，以及监测对象的用途、饲养方式等不同，确定监测对象主要包括猪、牛、羊、马、鸡、鸭、鹅等家畜家禽，经济动物，宠物、观赏与演艺动物，以及部分野生动物。

（3）监测网点全　已初步在国家、省、市、县、乡五级均设置有监测机构，在包括种畜禽场、规模饲养场、养殖小区、屠宰厂、交易市场、野生动物栖息地等地方设立监测站点或网点，逐渐形成了覆盖全面的疫病监测网络，使监测样品的采集更加广泛和有代表性，做到点面结合。

（4）监测数量大　按照农业部每年下发的《国家动物疫病监测计划》要求，加之各地自主安排的监测任务，全国进行病原学监测、免疫抗体监测和流行病学调查的样品量逐年增加，每年血清样品量达到几百万份，病原学样品量达到几十万份。

四、我国外来动物疫病防控战略与建议

历史上，外来动物疫病的入侵曾给许多国家的畜牧业带来严重灾难，有时还能引发严重的公共卫生事件和社会动荡。如英国的口蹄疫、美国的西尼罗河热和猪水疱病、许多国家的疯牛病、西班牙和俄罗斯等欧洲国家的非洲猪瘟、马来西亚的尼帕病毒性脑炎等的暴发和流行，都给这些国家的畜牧业或公共卫生带来严重灾难，有的还引发了经济社会危机。尽管这些动物疫病尚未在我国发现，但由于我国对国外动物品种的依赖性，这些动物疫病极有可能随着动物与动物产品的进口而输入。像疯牛病、尼帕病毒性脑炎、西尼罗河热、非洲猪瘟等这些重大的外来动物疫病或人畜共患病已呈“兵临城下”之势，频频叩击国门，并极有可能传入国内。

另外，外来病的入侵也曾给我国畜牧业和公共卫生安全造成了重大损失，产生了深刻的经济社会影响。改革开放以来，我国畜牧业得到了高速发展。但由于对外来病预防、检疫技术和策略的滞后，许多外来病乘虚而入，给我国畜牧业生产带来了巨大的危害。据不完全统计，20 世纪 80 年代以来，我国已传入的外来动物疫病有 20 余种，有些疫病常年肆虐，危害特别严重，如鸡传染性法氏囊病、马立克氏病、网状内皮组织增殖症、猪繁殖与呼吸综合征、J 亚型禽白血病、禽流感、小反刍兽疫等，给国家带来巨大的经济损失。特别是在目前我国养殖密度高、饲养管理水平低下、疫病控制能力有限的情况下，外来病一旦侵入，短时间内难以根除，所引起的灾难将是长期的、连续的，经济损失将不断累加。导致这一结果的主要原因是国家整体动物疫病防范体系特别是动物外来病防范体系不够完善，应急技术储备不够充分，以及邻国较多且疫情复杂等。

鉴于以上情况，现提出我国外来动物疫病防控战略与建议。

（一）我国外来动物疫病防控战略

1. 防控原则

预防为主，依法监测；突出重点，点面结合；公益事业，能力建设；网络平台，自动预警；分析评估，科学决策。

2. 防控战略

（1）加大宣传，普及外来动物疫病知识　通过外来动物疫病知识宣传，使得受威胁地区，尤其是边境省份的养殖场（户）与基层兽医了解外来动物疫病的临床症状和流行特点，能够第一时间向当地动物疫病预防控制中心报告可疑情况。

（2）加快研发，增强诊断技术储备　加大外来动物疫病诊断技术研究投入，引进或开发外来动物疫病诊断试剂和技术，并进行一定程度的储备，加强口岸动物检疫一线技术人员的培训，防止疫病跨境传播；加强各级动物疫病预防控制机构的技术培训，使受外来动物疫病威胁的地区有针对性地掌握某种或多种外来动物疫病的诊断方法和技术。

（3）加大投入，夯实疫病监测网络　利用并建设好已有的动物疫病监测网络，从制度上进一步要求各级政府把动物疫病监测预警经费列入财政预算，并明确各级政府承担的经费比例，建立起稳定的经费保障机制，确保监测网络可靠有效，能第一时间传报动物疫情。必要时，农业、林业、检疫部门应在边境地区开展联合监测工作。

（4）严格措施，提高应急处置水平　由于确诊外来动物疫病时间相对较慢，为确保有效扑灭外来动物疫病，防止其蔓延传播，应按照“早、快、严、小”要求，对怀疑为外来动物疫病的疫情采取最严厉的应急处置措施，在疫情还局限于小范围时将其扑灭，如果快速诊断出是哪种外来疫病，则可以采取针对性的处置措施进行应急处置。口岸检疫系统必须建立切实有效的预警和防控体系及措施，防止疫情随人流、物流跨境传入。

（5）增强合作，加大信息共享力度　加强出入境检验检疫、林业、卫生、高校科研院所与兽医部门在外来动物疫病防控方面的交流合作，互通信息，共享资源。我国在积极履行世界动物卫生组织（OIE）成员国各项义务的同时，也应与世界动物卫生组织、联合国粮农组织、国际动物疫病参考实验室和周边国家通过多边、双边、民间等各种渠道，获取信息，引进国外先进经验、技术、人才、设备、资金，推动我国外来动物疫病防控工作的开展。

（6）加强口岸防控工作，防止外来疫病跨境传播　通过加强出入境人员的宣传教育，杜绝口岸非法携带现象；加强口岸检测、监测体系建设，提高检出率；加强口岸动物检疫技术人员培训及物资储备，防止外来疫病跨境传播。

（二）我国外来动物疫病防控建议

1. 监测方面

（1）分阶段实施动物疫病监测　分流行阶段、控制阶段、稳定控制阶段、净化阶段和消灭阶段。外来动物疫病按照消灭阶段进行监测。

（2）分病种实施动物疫病监测　应强化疯牛病、非洲猪瘟、裂谷热、莱姆病等外来动物疫病的监测，以免外来病防控不及时造成扩散。

（3）分区域实施动物疫病监测

①免疫无疫区　制定与本区域配套的动物疫病监测规划，监测评估免疫无疫区内需要消灭的动物疫病病原感染情况，择机取消免疫，通过监测、净化方式实现免疫无疫区向非免疫无疫区转化。

②非免疫无疫区　坚持开展已净化动物疫病的监测工作，适当减少监测的数量和频率，定期进行监测评估，以维持无疫区的持续无疫状态。

③疫区　对于未免疫的动物疫病，通过病原学监测、病原分离鉴定和分子流行病学调查分析，摸清疫病病原的分布情况、病原特性、变异情况等；通过血清学调查了解疫病的感染情况、波及范围，为疫病的防控提供科学依据；对已进行免疫的疫病，病原学监测应重点放在种畜禽场及水网、屠宰厂、活畜禽交易市场、交通要道等区域，同时通过血清学监测评价疫苗免疫效果，科学指导免疫。

（4）分动物种类实施动物疫病监测　按种用动物、乳用动物、肉食用动物、宠物、野生动物等实施动物疫病监测。

（5）分部门实施动物疫情监测　农业部门应切实加强国内养殖场的动物疫病监测，林业部门要加强野生动物疫病监测，检疫部门则应在境外疫情风险分析基础上，切实加强口岸出入境动物及产品、运输工具的检测、监测。

2. 动物疫情信息的管理方面

（1）拓宽动物疫情信息收集渠道，强化疫情报告制度　做好动物疫情预警预报工作关键在于动物疫情信息的收集、信息的传送、信息分析和信息发布四个环节。围绕这四个环节，重点应以疫病预防控制机构为核心，建立信息采集和报告体系。实现监测信息、流行病学调查信息、检疫信息、诊疗信息、饲养场信息、科研信息、群众举报信息等信息采集、直报的上下一体化，便于综合各方信息。国家、省、市、区县动物疫病预防控制中心、乡镇畜牧兽医站、村委会（居委会）、村民小组为纵向动物疫情分析评估信息收集报告网点，设专（兼）职人员，负责辖区内动物疫情分析评估信息的收集和逐级报告；动物医院（诊所）、动物产地检疫报检点、动物屠宰厂（点）、动物运输检查站、动物养殖场、动物疾病诊断室等为横向动物疫情分析评估信息收集报告网点，设兼职人员，负责本单位动物疫情分析评估信息的收集和报告。纵向动物疫情分析评估信息收集报告员，每月按时将本辖区的动物疫情分析评估信息向上一级报告；横向动物疫情分析评估信息收集报告员，每月按时将本单位的动物疫情分析评估信息向区县动物疫病预防控制机构报告。疑似动物重大疫情的，要按规定及时报告。

（2）加速疫情信息收集、分析和处理平台的建立　开发建立国家统一的监测信息数据自动化处理软件平台，实现监测数据的实时直报、自动化统计分析和国家、省、市、县监测数据的共享，将动物疫病信息网络化建设与先进信息技术的应用相结合，利用遥感和空间分析技术研究环境危险因素（包括气候、水系、虫媒存在、季节、环境物数量等）与动物疫病发生的相关性，建立重大动物疫情风险分析评估数学模型，依据模型开展动物疫情分析和风险评估。

（3）采取透明公开的疫情信息管理方式　动物疫情信息未完全公开，将在一定程度上影响动物疫病的防控工作。一是动物疫情未完全公开，导致社会监督和舆论监督乏力，动物疫病防治工作得不到应有的重视和促进；二是动物疫情未完全公开，导致社会公众对动物疫情与人类健康的关系以及对社会生活的影响知之甚少，对动物疫病传播、流行和防治缺乏科学的认识，不能采取针对性的防范措施，一旦发生严重威胁公共卫生安全的重大疫情，将造成公众心理恐慌，影响社会安定；三是动物疫情未完全公开，地区间对相互的动物疫情缺乏了解，不能采取有针对性的防控措施，可能导致疫情蔓延；四是动物疫情未完全公开，不但严重影响我国畜产品的声誉，不利于提高我国畜产品的市场占有率，而且也对我国政府的诚信形象造成严重损害。因此，我国应采取透明公开的疫情信息管理方式。

3. 动物疫情预警预报方面

根据动物疫病的流行规律结合气候、地理、畜禽调动、畜禽分布、周边的疫情情况等可能影响动物疫病流行的因素及疫病控制不同阶段的要求进行动物疫病的预警警级划分，分四级警级：Ⅰ、Ⅱ、Ⅲ和Ⅳ。不同警级以不同颜色表示，不同的警级代表不同疫情发生的可能性程度不同。一旦发布预警，应当启动不同级别应急响应。疫情预警应与疫情信息分析平台实现一体化，实现自动化的实时疫情预报，结合地理信息系统在电脑终端显示预警状态，直观地反映当前预警的级别及分布。

动物疫情预警预报工作在我国是一项全新的工作，应吸收卫生部门和先进国家的先进和成功经验，尤其应引入成型的预警预报软件平台，加速我国预警预报系统的建设进度。

参考文献

陈继明，王志亮，赵永刚，等 . 2005. 我国尼帕病毒病风险与防控措施初步分析［J］. 中国动物检疫（22）：42 - 44.

陈明亭 . 2001. 裂谷热的暴发［J］. 疾病监测，16（3）：114 - 115.

金宁一，胡仲明，冯书章 . 2007. 新编人兽共患病学［M］. 北京：科学出版社 .

阚保东 . 2002. 新的人兽共患病病原体 Nipah 病毒［J］. 中国人兽共患病杂志，18（2）：112 - 113.

李林，王志亮，陈继明，等 . 2004. 裂谷热的流行传播、控制及其风险［A］. 人畜共患传染病防治研究新成果汇编 .

农业部兽医局编 . 2011. 一二三类动物疫病释义［M］. 北京：中国农业出版社 .

森田千春 . 2006. 裂谷热［J］. 日本医学介绍，27（9）.

宋捷，唐泰山等 . 2007. 西尼罗热病毒的基因进化分析［J］. 动物医学进展，28（1）：26 - 30.

唐泰山，等 . 2008. 西尼罗热病毒荧光 RT - PCR 检测方法的建立［J］. 中国人兽共患病学报，24（8）：732 - 735

王功民，田克恭主编 . 2010. 非洲猪瘟［M］. 北京：中国农业出版社 .

王占江，蔺长明，陈建国 . 2001. 裂谷热简介［J］. 中国动物检疫，18（8）：46.

吴建峰 . 2001. 立夫特山谷热的流行现状及防治对策［J］. 中国国境卫生检疫杂志，24（1）：45 - 47.

吴清明 . 2002. 兽医传染病学［M］. 北京：中国农业大学出版社 .

吴雅玲 . 2003. 尼帕病［J］. 畜牧兽医杂志，22（1）：14 - 16.

夏红民 . 2005. 重大动物疫病及其风险分析［M］. 北京：科学出版社 .

殷震，刘景华主编 . 1997. 动物病毒学［M］. 北京：科学出版社 .

于大海，崔砚林 . 1997. 中国进出境动物检疫规范［M］. 北京：中国农业出版社 .

张常印 . 2003. 近年西尼罗热在美国暴发流行对我国的启示［J］. 动物医学进展，24（5）：121 - 123.

张建华：2003. 警惕西尼罗河病毒正在横扫北美大陆［J］. 中国家禽，25（2）：48.

赵民，陈创夫，盛金良，等 . 2008. 新疆地区蚊类携带西尼罗病毒情况调查研究［J］. 动物医学进展，29（3）：40 - 43.

周煜华，何成伟 . 2002. 裂谷热［J］. 广西畜牧兽医，18（1）：40 - 42.

Botija，C. S. 1982. African swine fever. New developments［J］. Rev. Sci. Tech. Off. Int. Epiz，1：1065 - 1094.

Brault Aaron C., Huang Claire Y-H., Langevin Stanley A., Kinney Richard M., Bowen Richard A., Ramey Wanichaya N., Panella Nicholas A., Holmes Edward C., Powers Ann M., Miller Barry R. 2007. A single positively selected West Nile viral mutation confers increased virogenesis in American crows [J]. Nature genetics, 39 (9): 1162-1166.

C. A. Mebus, C. House, F. Ruiz Gonzalvo, J. M. Pineda, J. Tapiador, J. J. Pire, J. Bergada, R. J. Yedioutschnig, S. Sahu, V. Becerra and J. M. Sanchez-Vizcaino. 1993. Survival of foot-and-mouth disease, African swine fever, and hog cholera viruses in Spanish Serrano cured hams and Iberian cured hams, shoulders and loins. [J]. Food Microbiology, 10: 133-143.

CDC Division of Vector-Borne Infectious Diseases (DVBID). 2002. Questions and Answers About West Nile Virus.

Chua KB, Bellini WJ, Rota PA, et a1. 2000. Nipah virus: a recently emergent deadly paramyxovirus [J]. Science, 288: 1432-1435

Chua KB, Koh, Hooi PS, et al. 2002. Isolation of Nipah virus from Malaysian Island flying-foxes [J]. Microbes Infect, 4 (2): 145-151.

Cornell University Center for the Environment. 2002. ERAP. What's Going on with the West Nile Virus.

Cottral, G. E., Cox. B. F. and Baldwin, D. E. 1960. The survival of foot-and-mouth disease virus in cured and uncured meat [J]. Am. J. Vet. Res., 21: 288-297.

La S K. 2003. Nipah virus a potential agent of bioterrorism? [J]. Antiviral Research, 57 (1/2): 1113-119.

McKercher, P. D., Yedioutschnig, R. J., Callis, J. J., Murphy, R., Panina, G. F., Civari, A., Bugnetti, M., Foni, E., Laddomada, A., Scarano, C. and Scatozza, F. 1987. Survival of viruses in Prosciutto di Parma' (Parma Ham) [J]. Can. Inst. Sci. Technol, 20: 267-272.

Melanie A. Samuel and Michael S. Diamond. 2006. Pathogenesis of West Nile Virus Infection: a Balance between Virulence, Innate and Adaptive Immunity, and Viral Evasion. J Virol., 80 (19): 9349 - 9360.

M. Wooldridge, E. Hartnett , A. Cox & M. Seaman. Quantitative risk assessment case study: smuggled meats as disease vectors [J]. Rev. sci. tech. Off. Int. Epiz., 25 (1): 105-117.

OIE 2008. Manual of Diagnostic Tests and Vaccines for Terrestrial Animals [R].

OIE. 2007. Terrestrial Animal Health Code [R].

Wacharapluesadee S, Lumlertdacha B, Boongird K, et al. 2005. Bat Nipah virus. Thailands [J]. Emerg Infect Dis, 11 (12): 1949-1951.

专题组成员

组　长	王宏伟	研究员、执行院长	天津瑞普生物研究院
副组长	王志亮	研究员	中国动物卫生与流行病学中心
	林祥梅	研究员	中国检验检疫科学研究院
成　员	包静月	副研究员	中国动物卫生与流行病学中心
	吴晓东	副研究员	中国动物卫生与流行病学中心
	仇松寅	助理研究员	中国检验检疫科学研究院

专题八

ZHUANTI BA

寄生虫病防控战略研究

一、重要经济性状寄生虫病

畜禽寄生虫病根据其危害对象和危害方式的不同，大致可以分为重要经济性状寄生虫病、虫媒及媒传寄生虫病、人兽共患寄生虫病。其中，重要经济性状寄生虫病是指对畜禽养殖造成重大经济损失的寄生虫病。在我国，重要经济性状寄生虫病主要包括：①鸡寄生虫病——球虫病、螨虫病、组织滴虫病、住白细胞原虫病等。②牛羊寄生虫病——吸虫病、绦虫病、线虫病、螨虫病、蜱及蜱传病、虱子病、蝇蛆病、新孢子虫病等。③猪寄生虫病——线虫病、疥螨病、球虫病等。④兔寄生虫病——球虫病、螨虫病等。

（一）重要经济性状寄生虫病对养殖业的影响

根据临床症状的不同，重要经济性状寄生虫病大致可以分为两大类：一类为显性寄生虫病，这些寄生虫病发病急，死亡率高，短时间内造成巨大经济损失，如急性鸡球虫病、肝片吸虫病；另一类为隐性寄生虫病，这些寄生虫病发病缓慢，临床表现不明显，但饲料报酬大大下降、出栏时间延长、影响畜禽产品的品质，造成资源（人力、物资）浪费，严重的可以造成畜禽的死亡，常容易继发其他疾病，如奶牛新孢子虫病、猪蛔虫病。在畜禽养殖中，寄生虫病显性危害明显者少，但造成的损失相当巨大。

在规模化养鸡业中，鸡球虫病是危害最为严重的寄生虫病，鸡球虫感染的发病率一般为50%～70%，死亡率20%～30%，严重时高达80%。在规模化养鸡业中，如不对鸡球虫病进行防治，规模化养鸡业将难以维系。某些寄生虫病虽然不会引起鸡大批死亡，但可造成巨大经济损失。如鸡螨虫病，在英国，蛋鸡场和种鸡场鸡螨虫病的发病率高达60%，可以使产蛋率下降5%～15%，每年给欧盟的养鸡业造成的经济损失超过 1.3 亿欧元。据调查，我国鸡场鸡螨虫感染的发病率接近 30%。

据调查，我国猪群蛔虫的感染率为 17.3%～80%，猪类圆线虫病发病率为 30%～100%，死亡率为 30%～78.5%，猪毛首线虫的感染率为 5.3%～11%。猪蛔虫感染每年给东欧和美国养猪业造成的经济损失分别可达到 1 750 万美元和 6 010 万美元。新生仔猪的球虫病呈世界性分布，其发生率约占仔猪腹泻性疾病的 15 %～20% 。仔猪球虫病可导致仔猪脱水、失重，在其他病原体的协同作用下仔猪死亡率可达 10%～50%，存活的仔猪生长发育受阻，引起很大的经济损失，在美国每年导致的经济损失高达 1 亿美元以上。在欧盟，有 83 %～100%的猪场有猪等孢球虫感染。

蠕虫病是养牛和养羊业中最常见的寄生虫病，放牧牛、羊线虫的感染率常为 100%。胃肠道线虫病每年给美国养牛业造成的直接经济损失超过 20 亿美元。蠕虫每年给澳大利亚养羊业造成的经济损失为 2.22 亿澳元。外寄生虫病给美国家畜造成的直接经济损失超过 30 亿美元。而外寄生虫病给美国奶牛和肉牛造成的经济损失加上防治费用可高达 20 亿美元。

某些外来病或新发寄生虫病，在我国没有得到应有的重视，如新孢子虫病、隐孢子虫病和住白细胞原虫病。如新孢子虫病是多种动物共患病，其最严重的危害是引起牛的流产。新孢子虫病每年给澳大利亚养牛业造成的经济损失奶牛为 8 500 万美元、肉牛为 2 500 万美元，给新西兰奶牛业造成的经济损失为 1 780 新元。我国缺乏全国性的调查研究，但北京、天津、东北等地区奶牛平均血清抗体阳性率达 25%，而且与奶牛流产密切相关，经济损失巨大。

（二）国内外重要经济性状寄生虫病防控研究

1. 国外重要经济性状寄生虫病防控研究

鉴于寄生虫病对畜禽养殖危害的严重性，国外非常重视寄生虫病防控研究。

（1）以药物防治为主导，非常重视新型抗寄生虫药物及制剂的研制开发

畜禽寄生虫病以药物防治为主导，利用药物对寄生虫病进行预防和治疗是目前大多数寄生虫病防治的主要手段。畜禽养殖业的健康发展离不开广谱、高效、

低毒的抗寄生虫药物。抗寄生虫药物在动物保健品产业中占有非常重要的地位。据统计，2007 年全世界动物保健品（生物制品、药物添加剂、抗寄生虫药物、抗感染药物和其他药物）的销售额约为 179 亿美元。在各类动物保健品中，抗寄生虫药物的销售额所占比例最大，达 29.1%，为 52 亿美元（表 8－1）。2005 年，美国销售额前 10 名的动物保健品中有 6 种属于抗寄生虫药物，如梅里亚公司的 Frontline® 和拜耳公司的 Advantage®。鉴于药物在寄生虫病防治中的重要性，国外非常重视抗寄生虫药物的研制开发，抗寄生虫药物研制方面呈现出以下热点：

①新型抗寄生虫药物的研制开发。

②抗寄生虫药物的结构改造，充分发掘现有抗寄生虫药物的潜力。

③抗寄生虫药物新制剂的研制。

表 8－1　2007 年各类动物保健品全球销售额分布情况

种　　类	销售额（亿美元）	份额（%）
药物添加剂	20.95	11.7
生物制品	41.75	23.3
抗感染药物	27.75	15.5
抗寄生虫药物	52.00	29.1
其他药物	36.55	20.4
合计	179.00	100.0

注：资料来自世界动物卫生组织的年度报告（Annual Report 2007）。

在广谱抗蠕虫药和外寄生虫药研制方面，1975 年阿维菌素类药物的发现开辟了抗寄生虫药物的新纪元。1981 年第一种阿维菌素类药物——伊维菌素上市。为了克服爱比菌素和伊维菌素刺激性较大、持效期较短的缺点，美国辉瑞公司对爱比菌素进行结构改造，研制出多拉菌素，于 1993 年上市，在猪寄生虫病防治中得到广泛应用；伊维菌素在牛奶中残留量大、时间长，不宜在泌乳奶牛群中应用，为此美国梅里亚公司对爱比菌素进行结构改造，研制出了乙酰胺基阿维菌素，于 1996 年上市，广泛应用于奶牛寄生虫病防治；为了克服爱比菌素、伊维菌素、多拉菌素对某些犬毒性较大的缺点，辉瑞公司对多拉菌素进行结构改造，研制出塞拉菌素，于 2000 年上市，成为犬寄生虫病防治中的重要药物。阿维菌素类药物已成为目前最受市场欢迎的抗寄生虫药物，已广泛应用于猪、牛、羊、犬、猫、兔等的线虫病和外寄生虫病的防治，年销售额达10亿美元以上，约占全部抗寄生虫药物销售额的1/3。

在抗球虫药研制开发方面，自20世纪40年代以来，为满足规模化养鸡业的需要，不断研制开发出新的抗球虫药。1930—1940年期间，只有一种抗球虫药（Sulphur）问世。1940—1960年期间，有尼卡巴嗪、呋喃唑酮、氨丙啉等11种抗球虫药投入市场；1960—1990年期间，又有氯苯胍、盐霉素、拉沙里菌素、地克珠利等15种抗球虫药物投入市场。这些药物的上市为规模化养鸡业的健康、快速发展提供了可靠的保障。

在新制剂研制方面，长效、方便给药的新制剂已成为抗寄生虫药物制剂研制的新热点，并且取得了巨大的成功。比如，梅里亚公司研制的宠物用杀虫药Frontline®点涂剂的年销售额高达4亿美元，拜耳公司的Advantage®的年销售额高达2.05亿美元。

（2）以免疫防治为目标，非常重视寄生虫病疫苗的研究与创制　为了克服抗寄生虫药物防治中存在的抗药性和药物残留问题，近年来国外非常重视寄生虫病疫苗的研制，特别是对畜禽危害严重的寄生虫病疫苗的研制。如鸡球虫病疫苗的研制就是非常典型的例子，英国、美国和捷克等国家投入大量的资金和人员，通过选育早熟弱毒虫株或利用强毒虫株，研制出Paracox、Coccivac、Livacox等鸡球虫病活疫苗，并已商品化生产，年销售额高达数亿美元，在鸡球虫病的预防和控制中发挥着越来越重要的作用。在鸡球虫病基因工程疫苗的研制方面，美国、英国等发达国家也投入大量的人力、物力和财力，并已取得了一定的进展。又如牛羊肺线虫病疫苗的研制，通过采用紫外线致弱的方法，研制出肺线虫疫苗，对牛羊肺线虫病的预防有良好的效果。在蜱疫苗的研制方面，利用分子生物学技术成功研制出BM86基因工程疫苗，对微小牛蜱有良好的预防效果，能有效降低蜱造成的经济损失。在捻转血矛线虫疫苗研制方面，已筛选出具有良好免疫效果的H11抗原，利用提纯抗原制备的捻转血矛线虫疫苗已进入临床试验阶段。寄生虫病分子疫苗的研究方兴未艾，是目前与将来的研究热点。

（3）针对寄生虫自身生命特点，强调寄生虫病综合防治的重要性　寄生虫的生活史一般都比较复杂，且影响寄生虫病流行的因素很多，因此，寄生虫病的有效防治往往需要采取综合防治措施。发达国家非常重视寄生虫病综合防治措施的研究和应用。例如，在防治牛羊线虫病时，强调综合利用杀灭虫卵、定期进行检查和诊断、定期驱虫、在引进动物时进行隔离检疫和驱虫等措施。在防治吸虫病时，强调综合利用切断传播途径、消灭中间宿主、杀灭虫卵、定期进行检查和诊断及定期驱虫等措施。

（4）关注食品安全问题，重视寄生虫抗药性和药物残留的监测　日益严重的抗药性和残留是目前制约寄生虫病药物防治的一个主要因素。为了克服药物防治中日益严重的抗药性问题，发达国家在寄生虫抗药性产生机理、抗药性检测方法、抗药性调查和合理用药等方面进行了深入研究。在抗药性检测方法方面，建立了 PCR、RAPD（随机扩增多态性 DNA）、分子指纹等检测方法，并对猪、鸡、牛、羊等畜禽重要寄生虫的抗药性开展了广泛调查。在寄生虫病药物防治方面，强调合理用药，如在鸡球虫病药物防治中强调合理用药的重要性，建立了穿梭用药、轮换用药、联合用药等方案，延缓鸡球虫抗药性的产生。为了防止动物源性产品中的药物残留可能给人类健康造成损害，许多发达国家，如日本、美国和欧盟成员国，对肉、蛋、奶中的抗寄生虫药物残留有严格的控制。

（5）瞄准寄生虫病的可持续控制，重视生物防治技术的研究　寄生虫病的生物防治技术具有环保、可持续等优点，发达国家非常重视寄生虫病生物防治技术的研究。如研究利用扑食线虫真菌来防治牛羊线虫病，利用真菌来杀灭蜱，利用共栖菌来防治鸡螨虫病等。

（6）加强寄生虫病的监测，重视分子和免疫学诊断技术的研究　尽管寄生虫病的确诊主要依赖于病原学诊断，即大多数寄生虫病的确诊需要找出相应的病原体。但对于组织内寄生的寄生虫和有些寄生虫的早期感染阶段往往需要借助于其他诊断手段，如分子生物学技术和免疫学技术。发达国家非常重视寄生虫病分子诊断技术和免疫学诊断技术的研究。如奶牛新孢子虫病和梨形虫病的诊断，已建立了 PCR、ELISA 等诊断技术。

2. 国内重要经济性状寄生虫病防控研究

与发达国家相比，我国在重要经济性状寄生虫病防治研究方面相对落后，主要体现在以下方面：

（1）抗寄生虫药物和制剂开发能力弱　国外抗寄生虫药物研制开发的主体是企业，一些大的动物保健公司如梅里亚、辉瑞、拜耳，每年将利润的 10%～15%投入到新产品的研制开发中，新产品开发每年的投入高达数亿美元，有一批专业化的技术人员参与研究，研究设施和设备先进。与国外相比，我国在抗寄生虫药物研制方面的投入明显不足，抗寄生虫药物的研制以科研院校为主，科研经费主要来源于国家投入，每年国家投入经费不超过 1 亿元；缺乏稳定的专业化研究队伍，我国目前专业从事抗寄生虫药物研制开发的团队非常少，研究设施与设备也有待完善。在现有抗寄生虫病药物中，我国研制出的一类抗寄生虫病药仅有 1 种——海南霉素，二类新兽药不超过 15 种。我国抗寄生虫药物制剂的研究水平也相对落后：制剂品种数量少、制剂附加值低、制剂研发技术落后等，原料药与制剂生产比例失调。我国的抗寄生虫药物剂型多为散剂、注射剂、粉剂、片剂等普通剂型，制备工艺简单，技术含量低，生物利用率低，造成大量原料药浪费，乳剂、缓释剂、浇泼剂、纳米制剂等技术含量高的新剂型所占比例不到10%。我国尚没有一家兽药公司的一种抗寄生虫药物制剂的年销售额超过1亿元，与国外差距非常明显。尽管我国有极少数企业有抗寄生虫制剂出口，但我国生产的抗寄生虫制剂在国际市场上的份额极低。

(2) 寄生虫病疫苗研制水平较低　国外已有一些重要寄生虫病的商品化疫苗，并在寄生虫病防治中发挥着重要作用。但我国自行研制的商品化寄生虫病疫苗寥寥无几，只有鸡球虫病活疫苗和环形泰勒虫病裂殖体胶冻细胞苗。尽管我国研制的鸡球虫活疫苗已获生产，但市场占有率较低。环形泰勒虫病裂殖体胶冻细胞苗由于存在运输过程中保存方法的限制，其市场占有率也不高。而其他寄生虫病疫苗，如捻转血矛线虫疫苗、弓形虫疫苗、猪囊虫病疫苗大都处于研究阶段，距商品化生产尚需较长的路要走。

(3) 寄生虫抗药性和药物残留问题未引起足够重视　我国抗寄生虫药物的盲目使用现象仍很严重，如在新疆、青海等牧区，丙硫咪唑已连续使用几十年，抗药性已很普遍，但丙硫咪唑仍是这些地区使用最为频繁的驱虫药物。而在一些鸡场，连续数年使用同一种抗球虫药物的现象也很常见。在寄生虫抗药性研究方面，我国目前的研究主要集中于抗药性检测方法的建立和抗药性调查，而抗药性产生的机理、如何有效防止抗药性的产生等方面的研究还很少。在畜禽养殖中，我国不合理使用抗寄生虫药物的现象仍十分普遍，不执行休药期的现象常有发生。究其原因，主要是我国对抗寄生虫药物残留的危害重视不够，缺乏相应的残留检测方法、残留限量法规。

(4) 寄生虫病生物防治技术研究起步晚　与发达国家相比，我国寄生虫病生物防治技术研究起步很晚，研究水平落后。目前我国对寄生虫病生物防治技术的研究主要局限于扑食线虫真菌、苏云金杆菌和杀蜱真菌等方面，研究内容多限于菌株分离及效果观察，对这些天敌生物的习性研究、高效菌株培育，以及对畜禽健康及生态环境影响等方面的研究仍很少涉及。

（三）我国未来重要经济性状寄生虫病的防控目标与策略

1. 防控目标

有效防治严重危害畜禽健康养殖的重要寄生虫病，如鸡球虫病、猪蛔虫病、牛羊线虫病、吸虫病、绦虫病、螨虫病、兔球虫病等，降低寄生虫病给养殖业造成的经济损失，保障畜禽养殖的健康快速发展。具体目标为：研制出7～11种新型抗寄生虫药物或制剂，研制出6～10种寄生虫病疫苗，并申报新兽药证书；研制出诊断试剂盒10～15种，实现商品化生产；研制出2～4种生物防治产品，进入临床试验阶段。

2. 防控策略

（1）开展畜禽重要经济性状寄生虫病流行病学调查，明确其流行规律和危害。

（2）根据各种畜禽重要经济性状寄生虫病的特点，制定出我国畜禽重要经济性状寄生虫病的防控技术规范或指南，指导该类疾病的防控实践。

（3）加强防控理论和新技术研究。

（4）在防控措施方面，对重要寄生虫病进行重点防治。以药物防治为主导，加强寄生虫病疫苗的研制和诊断技术的研究，对寄生虫病进行综合防治，不断提高我国畜禽寄生虫病的防治水平。开发新药、科学用药及研发药物替代物，将是今后畜禽重要经济性状寄生虫病防控研究的重点。

（四）我国未来重要经济性状寄生虫病防控优先发展方向

1. 病原学

在全国范围内进一步开展重要经济性状寄生虫病流行病学调查，掌握其流行规律和变化趋势，指导畜禽寄生虫病的防控。深入开展重要经济性状寄生虫病病原生物学研究，研究病原体的营养与代谢、发育与繁殖、致病机理等特性，为抗寄生虫药物的筛选和寄生虫病防控策略的制定提供依据。对寄生虫感染与免疫的过程进行深入观察与研究，揭示寄生虫入侵宿主的机制和机体对寄生虫的免疫学反应机理，为寄生虫新型疫苗的创制和新型诊断试剂盒的研制提供依据。

2. 新型抗寄生虫药物和药剂的研制开发

药物防治仍将是今后很长一段时间内寄生虫病防治的主要手段。新药物的研制开发往往会大大提高寄生虫病的防治水平。加强新型抗寄生虫药物和药剂的研制开发，利用我国丰富的中草药资源，筛选和研制出安全、高效的抗寄生虫药物，并在此基础上对活性成分进行分离、纯化、鉴定、结构改造和人工合成，开发出具有自主知识产权的抗寄生虫原料药；对现有抗寄生虫药物进行结构改造，提高其治疗效果，满足畜禽养殖中寄生虫病防治的需要；加强新制剂的研制，研制出安全、高效、低残留、使用方便的抗寄生虫药剂，如乳剂、乳油剂、缓释剂、浇泼剂、点涂剂、纳米制剂等新制剂，满足我国畜禽养殖和宠物保健中寄生虫病防治的需要。

在抗鸡球虫药物研制方面，可优先开展从中草药中筛选抗球虫药物，开发出具有自主知识产权的抗鸡球虫原料药。为了缓解日益严重的鸡球虫抗药性，可优先开发抗球虫药物复方制剂，制订出科学用药方案，减少抗药性的发生，提高鸡球虫病防治效果。

在新型抗线虫药物及制剂研制方面，可优先研制莫西菌素、塞拉菌素等广谱抗线虫药物；研制长效、使用方便的抗线虫药物制剂，研制出浇泼剂、混悬剂、纳米制剂等抗线虫药物制剂，提高疗效，方便给药。

在新型抗绦虫药物及制剂研制方面，可优先从中草药中筛选抗绦虫药物，开发出具有自主知识产权的抗绦虫原料药；也可利用现有抗绦虫药物，研制出长效、复方新制剂，解决畜禽绦虫病防治中的抗药性和反复感染问题。

在新型抗外寄生虫药剂研制方面，可优先研制长效杀家禽螨虫的喷剂，研制出残效期长、疗效高的杀家禽螨虫的喷剂，提高我国家禽螨虫防治水平；研制长效杀家畜螨虫的注射剂、浇泼剂，减少给药次数、方便给药、降低劳动力成本，提高家畜外寄生虫防治水平。

3. 寄生虫病疫苗的研制

应进一步加强寄生虫病疫苗的研制，特别是一些重要寄生虫病疫苗的研制，如鸡球虫病疫苗、牛羊肺线虫病疫苗、捻转血矛线虫疫苗、弓形虫疫苗。加强寄生虫保护性抗原的筛选、纯化和活性研究，加强寄生虫病疫苗制备和生产工艺研究，争取研制出6～10种商品化的寄生虫病疫苗。

4. 寄生虫病分子诊断技术和免疫学诊断技术的研究

对于常规诊断方法难以确诊的寄生虫病，如组织内寄生虫引起的寄生虫病和依赖于早期诊断的寄生虫病，应加强分子诊断技术和免疫学诊断技术的研究，筛选适合于诊断的分析标记，筛选诊断抗原，建立分析诊断技术或免疫学诊断技术，研制出相应的诊断试剂盒，为这些寄生虫病的诊断提供可靠的保障。如弓形虫病、新孢子虫病、棘球蚴病等。

5. 寄生虫病生物防治技术的研究

利用生物技术来防治寄生虫病是一个研究热点，具有良好的应用前景。应加强寄生虫生态学研究，加强寄生虫天敌习性研究和培育工作，研究寄生虫生物防治技术对寄生虫的杀灭效果以及对畜禽健康、生产性能及对生态的影响等。尤其应大力加强草食动物消化道和呼吸道线虫、蜱、蝇蛆病等疾病的生物防治技术研究。

二、虫媒及媒传寄生虫病

虫媒及媒传寄生虫病一般指由吸血节肢动物及其传播引起的寄生虫病。在畜禽养殖中，很多吸血节肢动物（如蜱、蝇、蚊、虻、蠓）除了本身可以致病外，还可作为其他多种疾病（如锥虫病、巴贝斯虫病、泰勒虫病、利什曼原虫病、丝虫病、病毒病、细菌病、真菌病）的传播者，给养殖业和人类健康造成重大危害。

（一）虫媒及媒传寄生虫病对养殖业及人类健康的影响

虫媒及媒传寄生虫病是备受全球兽医学界关注的公共卫生问题。吸血性节肢动物如蚊子、蜱和食血蝇等不仅会吸血、直接破坏宿主组织，造成宿主的生理功能异常，更为重要的是它们还可生物性或机械性地传播一些对人和动物危害严重的寄生虫，危害人类健康和畜牧业，造成重大经济损失（表 8－2）。某些虫媒及媒传寄生虫病在我国广泛分布。如蚊子可传播疟疾、丝虫病；蝇类可传播锥虫病、利什曼原虫病；蜱能够传播巴贝斯虫病、泰勒虫病。此外，蜱可以引发严重的毒素反应，如瘫痪、毒素中毒、过敏等。据估计，全球每年由于蜱和蜱传病造成的损失与用于控制蜱和蜱传病的费用可高达 70 亿美元。在我国反刍兽主产区——西北地区，蜱和蜱传病流行率很高。有些地方山羊和绵羊的无浆体感染率高达 40％～50％，而平均死亡率则达 10％。据估计，我国每年约有 3 500 万头（只）小反刍动物感染无浆体、泰勒虫或巴贝斯虫，直接经济损失可达 7 000 万美元。

泰勒虫病是由蜱传播的泰勒科、泰勒属原虫寄生于牛、羊、马等家畜和其他野生动物巨噬细胞、淋巴细胞或红细胞内所引起的疾病的总称。已报道的泰

表 8-2　重要媒介及其传播的疫病造成的年经济损失

虫媒及其传播疫病的种类	国家或地区	年经济损失（亿美元）
巴贝斯虫病和无浆体病	北美	8.8
环形泰勒虫病	印度	8.0
无浆体病	美国	3.0
蜱及蜱传病	澳大利亚	2.2
蜱传播的巴贝斯虫病	美国	5.0
虫媒及媒传疫病	中国	0.7

勒虫有 42 种，能感染黄牛、水牛、奶牛、绵羊、山羊、马、驴、骡、斑马、骆驼、鹿等多种家畜或野生动物。泰勒虫病可引起幼畜和外地引进家畜大量死亡，使慢性发病的动物发育迟缓，产肉量、产奶量和产毛量显著下降，从而给养殖业造成重大经济损失。来源于泰勒虫感染家畜的肉制品，含有毒素，对人类的健康有不良影响。

巴贝斯虫病是由蜱传播的，巴贝斯科、巴贝斯属的多种病原体寄生于哺乳动物红细胞内所引起的血液原虫病的总称。巴贝斯虫主要寄生于牛、羊和马属动物，可导致动物精神委靡，身体机能下降，对动物的生产性能造成严重影响，严重时常常引起动物死亡。本病在我国分布广泛，已有 16 个省份报道有该病的发生，给疫区的养殖业造成巨大损失。

家畜锥虫病又称苏拉病，是由伊氏锥虫引起的一种血液原虫病，广泛分布于亚洲、非洲、拉丁美洲等地。在我国，伊氏锥虫病流行于云南、广东、安徽等 20 多个省份。伊氏锥虫主要危害牛、马、骆驼、羊、猪、犬、鹿等家畜。动物感染后多呈暴发流行，水牛、马、骆驼、犬等经常出现迅速死亡，黄牛、羊、猪则呈慢性感染或是亚临床表现，成为锥虫病贮藏性感染源。在我国，自 20 世纪 40 年代起，每隔 10～20 年就发生一次大暴发，最严重的一年，据浙江、云南、广东等 8 个省份统计病牛达 12 万多头，死亡 1.7 万多头。除大规模暴发外，县以下小范围的暴发也经常发生。最近 10 多年来，家畜锥虫病的大规模发生很少，以养殖场或局部地区零星发生最为常见。随着国内外家畜贸易的频繁，由亚临床感染的家畜流动引起的病原扩散十分严重，一个明显的现象就是，过去伴侣动物、观赏动物的锥虫感染很少，而现在有关犬、虎、鹿的伊氏锥虫病的报道明显增加。病原的大范围扩散为锥虫病大规模暴发创造了条件。此外，锥虫在多种家畜中的隐性感染所引起的免疫抑制是造成其他病原继发感染的重要原因，对畜牧业的发展造成巨大影响。

（二）国内外虫媒及媒传寄生虫病防控研究现状与存在问题

1. 虫媒防控现状

在虫媒的控制与消灭方面，许多发达国家均采取综合防控措施。即根据虫媒的生物学特征（如地理分布、习性、季节动态、宿主嗜性和感染量），采用化学药物、疫苗、生物制剂和物理方法进行防控。在化学药物防治方面，主要是应用一些杀虫剂，通过对疫源地或感染动物体进行喷洒、涂抹达到杀灭虫媒的目的。过去常用的有机氯和有机磷类杀虫剂由于其高残留而被禁止使用，目前常用的杀虫剂为拟除虫菊酯类，如丙烯菊酯及其系列产品、胺菊酯及其系列产品、氯氰菊酯及其系列产品、苯醚菊酯及其系列产品、溴氰菊酯、氯菊酯、甲醚菊酯、氰戊菊酯、氟氯氰菊酯。其中，胺菊酯使用量最大，其次是氯氰菊酯、氰菊酯和溴氰菊酯和大环内酯类（如伊维菌素和阿维菌素）药物。如美国在防控多宿主硬蜱过程中，为了有效减少野生白尾鹿蜱的感染量，采取的措施包括投放含有杀蜱药物（伊维菌素）的玉米，让白尾鹿通过采食玉米杀灭身上的蜱；设置装有菊酯类药物的四柱栏，利用白尾鹿喜欢在柱子上磨角的习性杀灭身上的蜱；为了防止白尾鹿将蜱带入牧场，在牧场周围设置双层围栏。为了杀灭野生鼠携带的蜱，利用鼠喜欢用棉絮垫窝的习性，投放浸泡有杀蜱药物（如菊酯类药物）的棉花。而在消灭单宿主蜱——微小牛蜱过程中，主要采用的措施包括：通过在全国范围内强制性全群药浴，以杀灭全国牛体寄生的微小牛蜱；在牛体微小牛蜱得到有效控制后，通过定期监测，一旦发现牛感染微小牛蜱疫情，立即对出现疫情牛场的牛进行全群隔离和药浴，对牛场进行彻底杀虫，并对微小牛蜱的感染源进行追溯，以防类似事件再发；对引进牛群严格进行检疫、隔离和灭蜱，严防微小牛蜱传入。通过以上综合防治措施，在20世纪60年代，美国成功地消灭了微小牛蜱，成为人类在防控虫媒方面的一个成功范例。

在蜱疫苗研制方面，在20世纪90年代初，成功研制了能诱导宿主抗蜱免疫保护的疫苗，该疫苗的抗原成分是微小牛蜱的Bm86抗原。从1993年到1997年，以Bm86为抗原的两种抗蜱疫苗Gavac和TickGARD分别在拉美国家和澳大利亚注册。这些疫苗能使被免疫牛体的雌蜱的数量和饱血程度下降，使蜱的繁殖能力也大大降低。田间应用表明，将疫苗免疫和传统的药物防治相结合，能有效控制蜱的感染，同时减少了化学药物的应用。2008年，分别利用环节牛蜱和清色牛蜱克隆了 Bm86 的同源蛋白 Ba86 和 Bd86，并应用其表达产物和 Bm86 的重要抗原表位制备疫苗 SBm7462，极大地提高了抗牛蜱疫苗的广谱抗性。这些研究表明，抗蜱疫苗可有针对性地防控特异性蜱种，有利于环境保护和人类健康。另外，抗蜱疫苗的应用也能降低蜱传性疾病的危害。

据报道，可以利用鸟类、真菌和寄生性胡蜂等天敌生物对蜱类进行防控。总体来看，生物防治对环境的影响较化学杀虫剂小，效果更持久。随着基因工程、辐照物理学等技术的发展，我们可以确信，人们越来越有可能获得高效、抗逆性真菌菌株，克服蜱生物防治实践中的技术瓶颈，尽快推出高效、商品化的蜱生物防治制剂。

近年来，国内外开始研究遗传防治方法，利用辐射或化学不育剂使雄蜱产生染色体易位，失去生殖能力，然后释放这种不育雄蜱，使蜱的自然种群不断衰减；或使雌蜱不产卵；或使卵不孵化，或饱食蜱的蜕化率降低等。

2. 媒传寄生虫病防控现状

在畜禽养殖中，原虫病是媒传寄生虫病的主体。在虫媒传播的原虫病防治中，大多数国家采取综合防治措施，取得了良好的效果。另外，一些原虫病的细胞培养疫苗也已研制成功，在防控原虫病中发挥了重要作用。

（1）泰勒虫病　主要发生在亚洲和非洲，该病的防控主要包括 3 个方面，灭蜱、药物防治和疫苗预防。大多数国家主要采用高效、低毒、价廉的杀蜱药物杀灭泰勒虫的传播媒介，在泰勒虫病的综合防治中取得一定的成效，但存在环境污染和畜产品被杀虫剂污染等问题。此外，化学药物防治难以克服蜱的反复叮咬导致泰勒虫病复发的问题。药物治疗急性泰勒虫病的常用方法是用化学药物杀灭血液中虫体。现常用的杀灭泰勒虫的药物主要有三氮脒，但药物治疗可引起家畜中毒和畜产品药物残留等问题，而且这些药物长期应用，已出现耐药性问题。泰勒虫病的疫苗预防是寄生虫疫苗使用最成功的范例之一。在泰勒虫病疫苗研究方面，已研制成功了强毒疫苗、弱毒疫苗和基因工程疫苗。其中最为安全有效的是裂殖体细胞苗，它的一个最为突出的优点是在免疫动物红细胞中不产生虫体，从而避免了进一步的蜱传播而造成的病原扩散，在许多国家使用该苗取得了良好效果。1975 年，由我国吕文顺等研制的环形泰勒虫裂殖体胶冻细胞苗，在我国环形泰勒虫病防治中发挥着非常重要的作用。然而，对于其他泰勒虫而言，传统的细胞培养疫苗尚未研制成功，尽管重组亚单位疫苗已经取得一些进展，但距商业化应用仍有一定的距离。

（2）巴贝斯虫病　在世界范围广泛流行，给养殖业生产造成严重的影响，对于此病的防控主要包括早期检测、疫苗预防和药物治疗三方面。检测方法在感染虫种的确定方面发挥着重要作用，虫种的确定有利于为有效药物的选择提供依据。分子生物学诊断方法发展较快，如反向线性印迹、环介导的恒温扩增技术（LAMP）、定量 PCR 等新出现的技术，在巴贝斯虫病诊断上已大量应用；在巴贝斯虫病的治疗与预防方面，药物防治仍然是控制巴贝斯虫病流行的主要手段。已报道用于巴贝斯虫病治疗的药物主要有锥黄素、贝尼尔、二脒那秦、咪唑苯脲、双咪苯脲等。20 世纪初期，澳大利亚人采用将病愈牛的血液接种给敏感牛的方法，有效地控制了巴贝斯虫病的流行，这种疫苗一直应用到 1964 年；后来改用除脾动物进行虫体繁殖，从而克服了病愈牛血液中含虫数量不稳定的缺点，使每份疫苗中的含虫数量标准化。巴贝斯虫致弱活疫苗以其长时间保护力而著称，在澳大利亚、以色列和美洲的一些国家被普遍应用。但是对于致弱虫种在自然界长期存在是否能够恢复致病性的问题仍然存在争议。现在，亚单位疫苗和 DNA 疫苗已成为巴贝斯虫疫苗研制的重要方向。牛巴贝斯虫裂殖体表面抗原 MSA－1、MSA－2 和棒状体联合蛋白 RAP－1 在预防牛巴贝斯虫感染方面具有一定作用，但是单一蛋白作为疫苗抗原，用于预防巴贝斯虫感染的效果并不很理想。目前，已完成牛巴贝斯虫全基因组序列测定，通过与疟原虫基因组序列比对，已经获得几个编码顶膜抗原-1（AMA－1）蛋白的基因，顶膜抗原为巴贝斯虫高度保守的抗原，有望成为重要的巴贝斯虫疫苗候选抗原。虽然在巴贝斯虫疫苗研发方面已经做了很多工作，尤其是牛巴贝斯虫疫苗的研制有很大的突破，但是针对其他巴贝斯虫，如双芽巴贝斯虫、卵形巴贝斯虫和大巴贝斯虫，却没有比较理想的疫苗，而且在联合疫苗的研制方面研究较少。

（3）锥虫病　在 20 世纪 80 年代中后期，由于我国动物锥虫病的大规模暴发，国家对锥虫病研究十分重视，在流行病学、治疗和综合防治技术研究上取得很大成绩，一度出现几十家研究单位和部门都在开展锥虫研究的繁荣局面，分离鉴定出 20 多个不同宿主和地理株锥虫，研制了国家一类新药盐酸锥双净，建立了免疫诊断和检测技术，并开展了体外培养、生化和分子生物学研究。但随着锥虫病的大规模暴发被控制，国家投入也不断减少，近 15 年来，家畜锥虫病防治研究已不再出现在国家和行业的研究计划中，锥虫病研究单位只有零星几家，开展的研究工作十分有限，主要是虫株的保存和免疫诊断新方法的探索。在国外，伊氏锥虫病流行广泛，危害也十分严重，因此，伊氏锥虫病的防治一直受到国际社会的关注。世界动物卫生组织专门成立了动物锥虫病研究工作组，并与 WHO 和 FAO 有关机构进行合作研究。针对锥虫病的抗原变异现象，研发了新的免疫防治技术和诊断技术。开展了系统的流行病学和致病机理的研究。目前，锥虫病防治中的难点是抗原变异现象引起的免疫诊断和免疫预防的失败。探索抗原变异机理和变异规律，是寻找防治新思路的主要途径。

3. 存在问题

总体而言，我国在虫媒及媒传寄生虫病防控中问题比较多。

（1）缺少国家的统一防治规划和稳定的经费保障　目前我国没有统一的虫媒及媒传寄生虫病国家防治规划，没有采取积极的预防措施。由于虫媒及媒传寄生虫病分布非常广，涉及面很宽，其有效防控依赖于政府进行协调，采取有效措施，进行全面、全局防控。比如，美国消灭微小牛蜱就是依靠政府通过法律的形式，在全国范围内采取强制防控措施而实现的。我国目前虫媒的防控措施主要是农户或牧民在动物发病后自行采取药物防治，这种散点式防治对我国虫媒的全局防控影响甚微。在经费投入方面，用于资助虫媒及媒传寄生虫病研究的科研经费和用于虫媒及媒传寄生虫病防控的专项经费很少，很多工作难以开展和维持。

（2）治疗药物陈旧，疫苗数量少，防治手段有限　抗虫媒新兽药和媒传寄生虫病防治新兽药缺乏，长期不合理使用化学药物现象很普遍，导致耐药性、药物残留和环境污染等问题比较突出。比如，在巴贝斯虫病防治中，近15年来，没有抗巴贝斯虫新兽药在我国注册。抗巴贝斯虫药——三氮脒自20世纪50年代开始在我国使用，至今仍在巴贝斯虫病防治中广泛使用，抗药性问题突出。有机磷、菊酯类药物在牛和羊蜱防治中被反复使用，在蜱流行季节，有的地区每周用药1次，加大剂量使用现象很常见，由此引起的畜产品（如毛、皮和肉）药物残留问题及环境污染问题比较严重。疫苗预防和生物防治技术尚未成熟，在生产中应用很少。在我国，有关虫媒及媒传寄生虫病的疫苗，除了环形泰勒虫裂殖体胶冻细胞苗已生产外，其他大都处于研制阶段。我国目前缺乏成熟的虫媒生物防治技术。

（3）流行状况不清，疫区存在扩大的风险　近20年来，我国没有开展全国性的虫媒及媒传寄生虫病流行病学调查，如虫媒的种类、地理分布、季节动态、携带病原体情况等，可以说我国虫媒及媒传寄生虫病的流行区域、季节动态等全国性的疫情现状不清。流行现状不清使得虫媒及媒传寄生虫病的防控政策和措施的制定缺乏可靠的科学依据。改革开放以来，我国的畜牧业生产模式和结构发生了巨大变化，动物的数量急剧增加，动物贸易频繁，传入新的虫媒及媒传寄生虫病的风险在增加。更为令人担忧的是，近年来，随着气候变暖，媒介因种类不同而大量死亡或大量滋生数量增加，一些在高海拔、高纬度地区的昆虫可能因为温度升高而存活率升高，导致节肢动物媒介的繁殖、发育、种群生态及寻找宿主行为发生变化，进而影响其传播疾病的特点。一些新发或重发的虫媒传播的病毒病、细菌病和寄生虫病的流行与气候变化造成的虫媒滋生环境和范围的扩大相关，给人类健康、动物健康和公共卫生造成新的威胁。

（4）研究队伍不稳定，防治队伍短缺　我国在虫媒及媒传寄生虫病的研究方面，稳定进行该领域研究的科研队伍数量较少，而且常常由于得不到稳定科研经费的支持而转投易于获得科研经费的其他研究领域（如重大动物传染病）。从而导致长期稳定从事这一领域研究的科研队伍短缺，使得我国虫媒及媒传寄生虫病处于“救火”式的治标不治本的研究和防治形式。

（三）我国未来对虫媒及媒传寄生虫病的防控目标与策略

1. 防控目标

通过对虫媒及媒传寄生虫病病原特性、生态学、蛋白组学、基因组学，以及致病机理、免疫机理、诊断技术、疫苗研发、防控技术、应急措施、扑灭策略等方面的研究，在防控理论上取得重大突破，在环境友好的防控产品研发中取得实质进展，制定出切实有效的全国性防控规划，通过贯彻实施，使重要虫媒感染人和动物的数量下降 5～10 个百分点，虫媒传播的疫病对家畜和人类的危害明显减轻，动物因虫媒及媒传寄生虫病造成的发病率、死亡率和公共卫生风险显著降低，重要的媒传寄生虫如巴贝斯虫、泰勒虫和锥虫得到有效控制，虫媒及媒传寄生虫病造成的经济损失明显下降。

2020 年的防控目标：能对家畜的大部分虫媒传播原虫病进行快速和高通量的诊断；完成全国范围的流行病学调查，明确我国虫媒及媒传寄生虫病的危害；建立起全国范围的防控规划，制定出不同种虫媒及媒传寄生虫病的防控规范；建立起我国虫媒及媒传寄生虫病的预测预报网，能对其危害作出及时的评估；通过将现有的技术配套，建立起综合防控措施，在部分省份控制 2～3 种虫媒或外寄生虫。全国范围内虫媒病的发病和死亡率明显下降。

2030 年的防控目标：能对虫媒体内的大部分虫媒传播原虫进行快速和高通量的检测，建立起我国虫媒及媒传寄生虫病的预测预报网，能对其危害作出及时的评估。研制出环境友好的虫媒及媒传寄生虫病控制技术。继续推广综合防控措施，在全国范围内消灭 2～3 种虫媒或外寄生虫，部分省份控制 3～5 种虫媒传播原虫病。全国范围内大部分虫媒病得到有效的控制。

2. 防控策略

（1）在国家和省级动物防疫部门成立专门的组织管理机构，总体组织领导虫媒及媒传寄生虫病的防控工作，负责防控规划制定，全面部署和整体协调相关的人员、经费、措施。机构下设由专家组成的科技指导委员会，负责对防控措施进行评估，提出调整、完善防控措施的建议，为重大防控决策提供咨询，审定会商、研判国内外疫情形势，研究提出防控政策建议，指导防控科学技术储备，提高防控工作科技水平，为防控可持续发展打下基础等。

（2）在全球气候变化的形势下，国家层面应对气候变化最为敏感的虫媒及其传播病给予高度关注，应将防治规划列入国家预算，给予稳定的经费支持，控制媒介的繁衍、滋生，切断传播途径，严防其进一步扩散，减少对畜牧业和公共卫生的危害。

（3）建立起国家级的防控规划，指导全国虫媒及媒传寄生虫病的防治。根据虫媒及媒传寄生虫病的危害性和控制的难易程度，虫媒及媒传寄生虫生态特征，以及不同省份的经济水平，全面制定虫媒及媒传寄生虫病综合防治措施和防治模式示范区，建立无特定虫媒及媒传寄生虫病的动物生产基地。

（4）开展全国范围的流行病学调查，明确我国虫媒及媒传寄生虫病的主要分布地区及其危害。

（5）制定出不同种虫媒及媒传寄生虫病的防控规范。总结我国现有动物疫病防治技术成果并进行集成，选择性参考国际防治规范，有计划、系统性地建立完整的国家虫媒及媒传寄生虫病防治技术规范体系。

（6）加强公众宣传与交流。充分利用报纸、海报等传统方法和电视、广播、网络等现代媒体，宣传虫媒及媒传寄生虫病危害及相关的防治法规和防治方法。通过宣传和信息交流行动，使广大群众认识到这些疫病的危害，积极参与防控计划。

（7）建立起我国虫媒及其传播原虫病的预测预报网，能对其危害和疫情作出及时的评估。

（8）加强防控理论和新技术研究。通过对虫媒、宿主、媒传寄生虫之间相互作用的研究，阐明寄生虫和宿主间的相互关系，挖掘一些可用于进行虫媒及其传播疾病的诊断和预防治疗的靶位点，研制出新的预防和控制技术。

（四）我国虫媒及媒传寄生虫病研究优先发展的方向

1. 病原学

在全国范围内进一步开展虫媒及媒传寄生虫种类的调查，分离新病原；寻找更加理想的标识分子，开展寄生虫分子分类学研究；开展寄生虫与蜱、寄生虫与哺乳动物宿主之间相互作用研究，揭示病原入侵、致病机制，宿主的抗感染机理，以及虫媒传播病原的理论基础；开展病原功能基因组研究，揭示病原自身发育调控的分子基础；研究气候变化对虫媒、虫媒传播病原、病原与虫媒相互作用的影响。

2. 诊断、检测技术与流行病学

建立可用于虫媒传播疾病诊断和流行病学调查的PCR、反向线状印迹（RLB）、环介导的等温扩增（LAMP）等技术；研究基因芯片等高通量的检测和诊断技术；利用表达的有效抗原及单克隆抗体，建立可用于自然感染与免疫动物鉴别诊断的ELISA或可现场使用的金标记试纸条诊断技术。对虫媒及其传播原虫的种类、分子谱系、地理分布、生存环境、宿主种类、危害程度及其在自然界中的存活条件、传染特点、传播方式、传播途径、流行路线等流行病学资料进行研究，建立数据库，为制定安全、高效的防控模式提供基础数据和依据。

3. 虫媒及媒传寄生虫病疫苗研发

针对虫媒及媒传寄生虫病的病原特点，解析病原在虫媒和宿主体内的相互作用机制，虫媒和宿主的相互作用机理，明确病原发育最薄弱阶段和致病机制，采用辐照或基因操作方法，构建弱毒株，研制弱毒活疫苗；利用现代基因组学、蛋白组学和生物信息学技术，筛选鉴定与媒传寄生虫入侵、致病性、免疫逃避相关的抗原分子表位，采用分子生物学和免疫学方法，创制亚单位疫苗。

4. 抗虫媒及其传播寄生虫药物研制

针对虫媒及媒传原虫病，利用动物系统生物学、功能基因组学及代谢组学研究的最新成果，针对药物作用的靶标，设计研制新的抗虫媒及其传播抗寄生虫药物。

三、人兽共患寄生虫病

人兽共患寄生虫病是指既能感染动物又能感染人的一大类寄生虫病。据统计，有60%的人类病原体来自患病动物，75%的新发传染病是人兽共患病。目前，全世界已证实的人兽共患病有250多种，中国约有90多种。在人兽共患传染病中，60%以上的病原是寄生虫。人兽共患寄生虫病不仅给畜牧业造成巨大经济损失，同时也给人类健康带来极大危害，严重时还可能会造成社会动荡。目前，在我国对人类健康和畜牧业危害较为严重的人兽共患寄生虫病主要有：血吸虫病、包虫病、囊虫病、旋毛虫病、弓形虫病、隐孢子虫病、片形吸虫病、住肉孢子虫病和贾滴虫病等。

（一）人兽共患寄生虫病对人类健康和畜牧业的影响

人兽共患寄生虫病严重威胁着人类的健康，影响着社会经济的健康发展，受到世界各国的高度重视。在联合国开发计划署、世界银行、世界卫生组织倡议优先防治的6种重要热带病中，除麻风病外，其余5种都是人兽共患寄生虫病，即疟疾、血吸虫病、丝虫病、利什曼原虫病和锥虫病。血吸虫病在76个国家和地区流行，当今全球有2亿人感染，6亿人受威胁。在新中国成立初期，我国曾有血吸虫病患者1 100万，经过60多年的努力，血吸虫病防治取得了举世瞩目的成就。但目前还有病人41.3万，受威胁人口6 000余万，严重危害疫区人民的身体健康和社会经济发展，仍是我国重要的公共卫生问题之一，与艾滋病、肝炎、结核病等一起被列为我国优先防治的重大传染性疾病。包虫病也是一种呈全球性分布的人兽共患寄生虫病，我国西部为高发区，全国有病人38万，受威胁人口5 000余万。不少人因患血吸虫病、包虫病等人兽共患寄生虫病而丧失劳动能力，同时需要花大量的钱财用于治病，导致因病致贫，因病返贫。寄生虫病抽样调查表明，我国人群中弓形虫病、隐孢子虫病、旋毛虫病、囊虫病、黑热病等人兽共患寄生虫病流行也很严重。在新的社会经济条件下，随着生活环境、饮食习惯等的不断改变，一些人兽共患寄生虫病感染风险还有可能进一步提高。

人兽共患寄生虫病的流行严重地制约着疫区畜牧业的发展。我国牛、羊等家畜由于耕作、放牧等而感染血吸虫病，造成患病家畜消瘦、使役力下降、流产，直至大批死亡，严重影响了当地畜牧业的发展及农民的收入。如江西鄱阳、余干县调查了40日龄左右的犊牛137头，其中有33头感染血吸虫病，病牛的平均体重只有未感染牛的1/2。20世纪我国一些严重流行的区域，牛、羊血吸虫病感染率达10%～60%，全国曾有病牛150万头。我国其他一些重要的人兽共患寄生虫病对畜牧业的危害及造成的经济损失也相当严重。据估计我国年新发包虫病病畜700余万头（只），每年因此病造成的毛肉减产、脏器废弃及家畜健康损失达10亿元。我国每年感染猪囊虫的猪肉达2亿千克，仅此造成的直接经济损失达30亿元。在我国一些高发省份和地区，猪的旋毛虫病感染率为10%～30%，犬的感染率为30%～50%。旋毛虫病是肉类进出口、屠宰动物肉检必检的食源性人兽共患病，我国每年均有大量出口猪肉由于旋毛虫病的漏检而被退回，不仅造成严重的经济损失，也给我国的国际形象造成不利的影响。弓形虫可感染200多种动物，我国高发地区猪弓形虫病感染率高达80%以上，病猪死亡率达60%。弓形虫与猪繁殖与呼吸综合征病毒混合感染还是造成生猪大批死亡的重要原因。隐孢子虫已在240多种动物中发现，我国猪隐孢子虫感染率为4.2%～47.9%，奶牛隐孢子虫感染率高达40%。住肉孢子虫广泛寄生于哺乳动物、鸟类和爬行动物的肌肉中，据报道我国牛的感染率为29%～100%，绵羊为28%～100%，猪为11%～70%。

（二）国内外人兽共患寄生虫病防控研究现状与趋势分析

国内外都高度重视人兽共患寄生虫病的防控研究，先后研究提出了一系列先进、实用的诊断、治疗、预防和综合防治等新技术、新产品、新策略，在重要人兽共患寄生虫病防控中发挥了积极的作用，同时在重要人兽共患寄生虫病病原生物学、基因组学、功能基因组学、寄生虫与宿主相互作用关系等基础和应用基础研究方面也有所突破，为寄生虫病防控提供了新思路、新途径。

1. 诊断技术研究

先后建立了多种针对不同寄生虫病的病原学和血清学诊断技术。在病原学诊断技术方面，我国研究提出了家畜日本血吸虫病粪便棉析毛蚴孵化法、间接血凝试验等诊断技术标准，美国环境保护局等建立了 2 种标准化的隐孢子虫病检测技术。多种血吸虫病、旋毛虫病、弓形虫病、隐孢子虫病和贾滴虫病等的诊断试剂盒已有商品化产品。总的来说，病原学诊断仍是大多数寄生虫病的确诊依据，但大多数寄生虫病原学诊断方法检出率低，费工、费时。血清学诊断技术的应用提高了检测方法的敏感性，但特异性和稳定性有待进一步提高，同属虫种间经常出现交叉反应。同时，许多寄生虫病血清学诊断技术不能区分现症感染和继发感染，不能用于疗效评价，不能客观地评价防治效果。

诊断技术的发展趋势是高特异性、高敏感性、方法标准化、试剂商品化、简便、快速、费用低廉，生产将逐步实现规模化和自动化。

2. 药物治疗研究

药物治疗是当前寄生虫病防治的主要手段。国内外先后成功研制了多种高效低毒的抗寄生虫药物，如治疗日本血吸虫病、包虫病、囊虫病等的广谱抗寄生虫药物吡喹酮，治疗和预防日本血吸虫病的硝硫氰胺、蒿甲醚等，治疗囊虫病的氯硝柳胺、丙硫咪唑、奥芬达唑等，治疗弓形虫病的嘧啶类和磺胺类药物，治疗住肉孢子虫病的氨丙啉、常山酮等。药物治疗对控制人兽共患寄生虫病疫情，保护人畜健康发挥了重要的作用。但药物治疗仍存在着药物毒性较大、残留、污染环境和抗药性产生等问题。另外，不少寄生虫病至今尚无有效的治疗药物，如隐孢子虫病等。

药物治疗仍将是近阶段寄生虫病防治的主要手段之一，因此，需继续加强高效、安全、广谱的抗寄生虫新药研制，并开展药物剂型、安全用药、抗药性机理等的研究。

3. 抗寄生虫疫苗研究

由于药物治疗存在的不足及不能控制重复感染等，抗寄生虫疫苗研究受到人们的关注。在抗寄生虫疫苗研究方面，以往采用的主要策略是仿效病毒、细菌疫苗的研究思路来设计疫苗，经历了从全虫体疫苗（不同发育阶段虫体死疫苗、辐照或化学或传代致弱活虫体疫苗等）到分子疫苗（单分子的虫体抗原疫苗、基因重组抗原疫苗、DNA 疫苗、表位疫苗等）的发展历程。由于寄生虫结构和生活史复杂，至今世界上注册使用的动物用寄生虫病疫苗仅有10多种，其中以预防原虫病的疫苗为主。针对几种重要的人兽共患寄生虫病，国外研制了预防绵羊包虫病的EG95疫苗、羊带绦虫病的45W基因工程疫苗和母绵羊弓形虫病的Toxovax疫苗并已商品化，但仍需要实践证明其有效性。我国在血吸虫病、囊虫病、包虫病、弓形虫病、隐孢子虫病等重要人兽共患寄生虫病动物用疫苗研究方面也做了诸多探索，并取得一些重要进展，其中囊虫病、血吸虫病疫苗在重要保虫宿主中诱导的保护效果比较好，但仍需通过进一步筛选新的保护性抗原基因，深入开展免疫程序、佐剂、多价和多表位疫苗研究，扩大试验动物规模等来进一步提高疫苗的免疫保护效果，评估疫苗的应用前景。寄生虫疫苗研制要比病毒、细菌疫苗困难，但随着科学技术的不断发展及人们对寄生现象的深入认识，寄生虫疫苗研制将会取得新突破。把疫苗的预防效应和药物的治疗效果相结合，将是人兽共患寄生虫病防治的发展方向。

4. 综合防治措施研究

寄生虫生活史和流行因素复杂，寄生虫病的流行和传播受生态环境、社会经济及防治科技发展水平等因素的影响和制约。防治实践表明，采用单一的防治措施，很难控制某种寄生虫病的流行，应根据不同寄生虫病的流行特点和规律，因地制宜地实施综合防治措施。在重要人兽共患寄生虫病综合防治方面，日本自1914年起开展全国性血吸虫病防治，主要采取环境改造和化学灭螺为主的防治策略，成为第一个消灭血吸虫病的国家。20世纪70年代末，广谱抗寄生虫药物吡喹酮研制成功后，1984年WHO防治血吸虫病专家委员会第三次会议提出了以疾病控制为导向，以化学治疗为主的综合防治策略，各流行国根据各自的流行特征采用了不同的防治措施，主要包括两大类，一类以大规模化学治疗和灭螺为主，如中国、埃及等，另一类以化学治疗、卫生设施建设及安全供水为主，在一些地区取得了显著的防治效果，如波多黎各、沙特阿拉伯、摩洛哥等血吸虫病传播得到有效控制或阻断。我国在血吸虫病防治初期（20世纪50年代起）采取了以消灭钉螺为主的综合防治措施，80年代中后期起实施了以化学治疗为主的疫病控制策略，2004年以来实施了以控制传染源为主的综合防治策略，经过50多年来的不懈努力，我国血吸虫病防治工作取得了举世瞩目的成就。至2008年年底，全国12个流行省份中已有广东、上海、福建、广西、浙江5个省份在省级范围内阻断了血吸虫病的传播。尚未控制血吸虫病流行的地区疫情也大大减轻。全国血吸虫病人数从新中国成立初期的1 100多万人下降至41.3万人，钉螺面积从148亿米^{2}降至37.2亿米^2。在包虫病防治过程中，新西兰和冰岛及澳大利亚采取了以管制家畜脏器、控制犬的数量及对犬驱虫为主的综合防治措施，用了40～60年的时间控制了包虫病的流行。随着经济、环境卫生、猪的饲养和猪肉检疫水平的不断提高，欧洲猪带绦虫病已被根除。主要采取了以准确诊断、药物驱虫和易感猪群免疫预防为主，辅以医学与兽医部门有效合作，从单纯猪肉检验向人绦虫病诊断和治疗转变，重视健康教育，提高当地的经济发展水平等综合防治措施，有效控制和根除猪带绦虫病。坚持实施综合防治措施，对有效控制寄生虫病流行、保障畜牧业可持续发展、保证人民身体健康意义重大。

5. 基础和应用基础研究

加强基础和应用基础研究，可为人兽共患寄生虫病防治取得新突破提供重要的理论和技术支撑。21世纪初，巴西、美国和中国等国科学家先后完成了曼氏血吸虫和日本血吸虫中国大陆株的基因组测序和基因功能注释等研究，为血吸虫病的防治研究提供了重要的信息。利用芯片技术、消减杂交技术、比较蛋白质组学技术、生物信息学技术等，开展了寄生虫不同发育阶段和不同性别差异表达基因和蛋白的研究。利用RNA干扰技术、芯片技术、分子免疫学技术，开展了基因的功能、作用及调控机制等研究，为深入探讨寄生虫的生长发育机制，分离鉴定寄生虫生长发育关键分子，入侵、致病、毒力等相关基因，进而为筛选新的寄生虫病疫苗候选分子、新药物靶标、新诊断抗原等提供基础。利用分子免疫学技术、芯片技术、比较蛋白质组学技术、基因敲除技术等，探讨了寄生虫感染机制、致病机制、免疫逃避机制、包囊形成机制，发现寄生虫与宿主相互作用的关键分子，为寄生虫病防治提供新理论和新思路。利用PCR、SSCP、PCR-RFLP、RAPD、DNA序列种系发育分析、DNA指纹图谱、微卫星技术、SNP等，开展了隐孢子虫、旋毛虫、血吸虫、弓形虫等寄生虫的基因型分析和种类鉴定研究，为寄生虫病的有效防治、溯源等提供了基础。

（三）我国人兽共患寄生虫病防控存在的问题

总的来说，我国仍属于发展中国家，大部分地区社会经济欠发达，人兽共患寄生虫病防控总体水平相对落后，主要存在以下几方面问题：①未能投入足够的资金和人力对我国不同地区、不同养殖条件下人兽共患寄生虫病的流行情况作系统的调查，对我国大部分人兽共患寄生虫病的流行现状、流行特点及危害等了解掌握甚少，因而也难于提出并实施有效的综合防治措施。②用于诊断、治疗预防的技术及产品的原始研发创新少，模仿多，能应用于防治现场的先进实用技术为数不多。③基础研究薄弱。虽然我国在日本血吸虫基因组研究等方面处于国际领先水平，但在寄生虫的致病和免疫机制、寄生虫生长发育关键分子的功能研究、寄生虫与宿主相互作用关系等基础研究方面与国外先进水平仍有不少差距。④我国人兽共患寄生虫病防治及科研方面的关注和投入都不够，未能做到人、畜同步防治，一些好的防治措施未能有效实施。科研经费短缺，未能深入开展创新研究。基层防治机构不健全，人员队伍薄弱。

（四）我国未来人兽共患寄生虫病防控目标与策略

人兽共患寄生虫病种类多，流行广，且寄生虫虫体大、生活史复杂，提示人兽共患寄生虫病防控是一项长期、艰巨、复杂的任务。只有高度重视，积极防治，才能有效控制人兽共患寄生虫病流行，保障人畜健康和社会经济的发展。

1. 防控目标

2020 年的防控目标：开展全国性的人兽共患寄生虫病的调查，掌握我国主要人兽共患寄生虫病的流行状况、主要流行虫种、虫种基因型及其致病性；建立一系列针对各种重要人兽共患寄生虫病的特异、敏感、简便、价廉的诊断试剂盒；研究提出 3～4 种高效、安全的新治疗药物或新制剂，2～3 种有效、安全的疫苗；建立 3～5 种重要人兽共患寄生虫病的防控规划，制定出 8～10种重要人兽共患寄生虫病的防控技术规范；在不同类型流行区建立示范区，整合推广综合防控技术，示范区内日本血吸虫病、包虫病等重要人兽共患寄生虫病的人、畜感染率均下降至 1%以下，其他地区各种重要人兽共患寄生虫病疫情得到有效控制，全国重要人兽共患寄生虫病流行乡村数下降 20%～30%。

2030 年的防控目标：建立 4～5 种重要人兽共患寄生虫病的监测、预警、预报体系；研究提出 6～8 种高效、安全的新治疗药物或新制剂，4～5 种有效、安全的疫苗；在全国范围内推广适合不同地区的综合防控技术，力争各种重要人兽共患寄生虫病的人、畜感染率均下降至 1%以下，流行乡村数在 2020 年基础上再下降 20%～30%，在全国范围内消灭 1～2 种人兽共患寄生虫病。

2. 防控策略

（1）政府高度重视，保证资金投入　充分认识人兽共患寄生虫病防治对人类健康和畜牧业发展的重要性，以及动物寄生虫病在该类疾病传播和控制中的作用，加强防控和科研经费投入，特别是对动物寄生虫病防控和科研的投入。

（2）提供政策、技术、组织和人员保证 制定重要人兽共患寄生虫病的国家防控规划、防控技术规范、标准，加强国家和地方各级防控和科研机构建设和队伍建设，为人兽共患寄生虫病防控提供政策、技术、组织和人员保证。

（3）建立重要人兽共患寄生虫病的监测、预警、预报体系 集成现有的防控技术成果，在不同类型示范区示范应用，并逐步在全国推广，形成全国的监测、预警、预报体系。

（4）建立"政府领导，部门协作，社会参与"的工作机制 发挥政府的主导作用，将防控工作纳入当地的社会经济发展规划，把防控工作与当地的社会经济发展及畜牧业发展相结合，与社会主义新农村建设相结合。加强与卫生等部门的防控协作、交流。加大查病治病力度，坚持人畜同步。改善流行区的生活及卫生条件。根据各流行区的环境、社会经济条件，加强易感动物的饲养管理，改变中间宿主及媒介的滋生环境，加大传染源控制和传播媒介消灭力度。

（5）坚持依法防治，强化防控知识宣传 加强疫病防控、食品安全等相关法律、法规、条例等的制定、贯彻、宣传，加大执行力度。加强人兽共患寄生虫病的危害、流行与防控、动物食品安全等基本知识的宣传，使人们改变不良的饮食、生活习惯。

（五）我国人兽共患寄生虫病防控研究优先发展的方向

1. 流行病学与防治对策研究

开展全国性的流行病学调查，了解、掌握不同重要人兽共患寄生虫病在不同地区（农村、城市、农区、牧区、山区、湖区等）、不同饲养方式（集约化养殖、散养等）、不同社会经济条件（社会经济发展水平、耕作方式、环境、饮食习惯、生活方式等）下的流行现状、流行特点，因地制宜地提出有效的防治措施和对策。

2. 诊断检测技术研究

应用现代生物技术，建立更为敏感、特异、简便、快速、价廉，可区分现症感染和既往感染，可用于早期诊断、疗效考核的新诊断技术，并对诊断技术进行标准化、规范化，构建诊断试剂盒，在现场推广应用。克服因进口试剂盒价格昂贵带来的检测和监测的困难。

3. 新治疗药物和药物新制剂的研制与开发

研发高效、低毒、广谱的抗寄生虫病新药物，并进一步开展药物缓释剂、引诱剂、定时脉冲式剂型等新剂型的研制与开发。探索抗药性产生的分子机制，建立敏感、特异的抗药性检测技术。

4. 高效、安全的抗寄生虫病疫苗研究

筛选能诱导更高免疫保护作用的抗原基因，开展多价疫苗、多表位疫苗、活载体疫苗、免疫佐剂、免疫程序、疫苗安全性、疫苗生产制备工艺等研究，研发有效、安全的动物用抗寄生虫病疫苗。

5. 寄生虫病防治的基础和应用基础研究

开展寄生虫基因组学、功能基因组学、蛋白质组学、寄生虫与宿主相互作用关系、寄生虫病免疫学等基础和应用基础研究，分离、鉴定与寄生虫感染、生长发育、致病等相关的关键功能分子，探索寄生虫入侵、致病、包囊形成和免疫逃避机理，为抗寄生虫病疫苗的研制，新治疗药物靶位的筛选及防治技术研究取得新突破提供新思路和新途径。开展寄生虫的基因型分析和种类鉴定研究，为人兽共患寄生虫病的有效防治、溯源等提供基础。

参考文献

陈启军，尹继刚，刘明远．2008. 重视人兽共患寄生虫病的研究［J］．中国基础科学（6）：3－11.

陈耀春．1993. 中国动物疫病志［M］．北京：科学出版社．

李长友，林矫矫．2008. 农业血防五十年［M］．北京：中国农业科学技术出版社．

吕文顺，李观娣，吕文祥．1975. 环形泰勒焦虫裂殖体细胞培养的研究［J］．动物学报，21（3）：243－256.

索勋，李国清．1998. 鸡球虫病［M］．北京：中国农业大学出版社．

汪明．2003. 动物寄生虫学［M］．北京：中国农业出版社．

汪明．2006. 人畜共患寄生虫病危害与公共卫生意义［J］．疫病控制（10）：14－15.

王芳菲，梁大明，汪明，徐发荣，赵景义，潘保良．2009. 我国部分地区鸡外寄生虫病的调查分析［J］．中国家禽，31（19）：59－61.

王陇德．2006. 中国血吸虫病防治历程与展望［M］．北京：人民卫生出版社．

Benz G W，Cox J L. 1989. Use of avermectin in cattle［M］. In：W. C. Campbell（Editor）. Ivermectin and Abamectin. Springer，New York.

Bock R. E，DE VOS AJ，Lew A. et al.，1995. Studies On the failure of T strain live *Babesia bovis* vaccine［J］Aust. Vet. J.，72：296－300.

Bowen J M. 1981. The avermectin complex：a new horizon in anthelmintic therapy［J］. Vet Med Small Anim Clin，76（2）：165－166

Brown CGD. 1997. Dynamics and impact of tick borne diseases of cattle［J］. Tropical animal Health and Production，29：1－3.

Callow LL. 1979. Some aspects of epidemiology and control of bovine babesiosis in Australia［J］. J. S. Afr. Vet. Assoc.，50：353－356.

Chapman HD. 2009. A landmark contribution to poultry science-prophylactic control of coccidiosis in poultry［J］. Poult Sci，88（4）：813－815.

Coles G C. 2001. The future of veterinary parasitology［J］. Vet Parasitol，98：31－39.

De la Fuente J，Estrada-Pena A，Venzal JM，et al. 2008. Overview：Ticks as vectors of pathogens that cause disease in humans and animals［J］. Front Biosci，13：6938－6946.

Derraik JG，Slaney D，Nye ER，et al. 2009. Vector-borne disease prevention：the need for a joint South Pacific approach［J］. N Z Med J，122（1299）：7－12.

Drummond R O. 1987. Economic aspects of ectoparasites of cattle in north America［M］.

In proceedings 23rd world Vet Cong.

Ginsberg HS. 2001. Integrated pest management and allocation of control efforts for vector-borne diseases [J] . J Vector Ecol, 26 (1): 32 - 38.

Howell SA, Well I, Fleck S. L, et al. 2003. A single malaria merozoite serine protease mediates shedding of multiple surface proteins by juxtamembrane cleavage [J]. J. Biol. Chem., 278: 23890 - 23898.

Luo JX, Yin H. 1997. Theileriosis of sheep and goats in China [J] . Tropical Animal Health and Production, 29: 8 - 10.

McDonald V, Shirley MW. 2009. Past and future: vaccination against *Eimeria* [J]. Parasitology, 136 (12): 1477 - 1489.

Piesman J, Eisen L. 2008. Prevention of tick-borne diseases [J] . Annu Rev Entomol, 53: 323 - 343.

Tellam R L, Smith D. 1992. Vaccination against ticks [J] . CRC Press. Boca Raton, 12: 303 - 331.

Willadsen P. 1995. Commercialisation of a recombinent vaccines against ectoparasites [J]. Veterinary, 110: 843 - 850.

Williams R B. 1999. Compartmentalized model for the estimation of the cost of coccidiosis to the world's chicken production industry [J] . International Journal for Parasitology, 29: 1209 - 1229.

Wright IG, Casu R., Commins M., et al. 1992. The development of a recombinant Babesia vaccine [J] . Vet. Parasitol, 44: 3 - 13.

Yin H, Luo J, Lu W. 2008. Control of tropical theileriosis with attenuated schizont vaccine in China [J] . Vaccine, 26 (Suppl) 6: 11 - 13.

专题组成员

组　长　汪　明　教授　中国农业大学动物医学院

副组长　殷　宏　研究员、所长　中国农业科学院兰州兽医研究所

林矫矫　研究员、副所长　中国农业科学院上海兽医研究所

成　员　刘光远　研究员　中国农业科学院兰州兽医研究所

潘保良　副教授　中国农业大学

专 题 九

ZHUANTI JIU

兽药发展与兽药监管战略研究

一、兽药行业发展与兽药监管的战略地位

兽药行业是我国农业经济的重要支柱产业，是农业领域中工业化、集约化和现代化程度较高的产业。兽药行业是现代养殖业和水产养殖业发展的物质基础，直接关系着我国农业、农村经济发展和人民生活水平的提高，已经成为我国国民经济的重要基础产业之一。经过改革开放30多年的发展，我国兽药行业已经形成了兽药科研、标准、检测、监督等较为完备的体系。目前，我国兽药企业达1 700多家，年销售额约300亿元人民币；经营企业5万多家；行业从业人员达33万人。新中国成立以来，我国动物防疫工作取得了明显成就，牛瘟、牛肺疫疫苗应用成为扑灭两病的关键措施，口蹄疫、禽流感、蓝耳病、布鲁氏菌病、猪瘟、新城疫、羊痘、鸡马立克氏病等数十种疫病疫苗的广泛应用，大大降低了畜禽发病率、死亡率。我国兽药行业的大力发展，为动物疫病有效防治提供了强有力的物质保障，促进了安全优质的畜禽及水产品有效供给和粮食的增值转化，增强了畜禽水产品的市场竞争力，带动了农业经济结构调整、农民增收和农业增效，在国民经济中发挥了重要作用。兽药质量安全事关畜产品的质量安全。畜产品安全关系广大人民群众身体健康和生命安全。实施兽药质量安全标准是保障食品安全的基础条件。实施兽药质量安全标准化，实现养殖业的全程质量控制，对保障畜产品安全与人们身体健康至关重要。

（一）推进兽药行业发展与监管是现代养殖业可持续发展的必然选择

我国兽药行业从无到有，一方面，养殖业的发展引导着兽药行业的快速推进；另一方面，兽药行业的发展也强有力地支撑着养殖业规模化、集约化程度

的不断提高，从而使养殖业的整体素质得到了根本性的提升。兽药行业发展与监管是现代养殖业发展的重要基石。国内外兽药行业发展与监管的实践经验表明，兽药行业发展与监管是促进现代养殖业模式、产业结构转变的必然要求，是提升农产品质量安全水平、增强畜产品市场竞争能力的基本前提，是提高经济效益、增加农民收入和实现农业现代化的重要途径。加快兽药行业发展，加强兽药监管，是新世纪新阶段推进养殖业转变生产方式的战略要求。

1. 兽药是动物疫病防控必不可少的基本物质

兽药是防控动物疫病的重要物质基础，是发展养殖业不可或缺的生产资料。调查研究表明，在当前严重制约养殖业可持续发展的诸因素中，首数动物疫病的危害。疫病导致全球动物产品减产超过20%，其中近些年十几起重大动物疫情导致的经济损失高达近千亿美元。据统计，我国因口蹄疫、禽流感、猪瘟、猪蓝耳病等畜禽重大疫病所造成的直接经济损失，每年达300余亿元人民币，连同饲料、人工等间接经济损失每年达700多亿元人民币。动物疫病流行，不仅导致动物病死率高、良种培育难、产品质量低、安全风险高，而且导致用药种类多、防控成本高、兽药残留重、环境危害大，严重制约了养殖业健康可持续发展。新中国成立以后特别是改革开放以来，为了保障养殖业持续健康发展，提高人民生活质量和水平，兽药行业做出了巨大贡献。一是牛瘟、牛肺疫疫苗应用，为我国20世纪60年代扑灭牛瘟、牛肺疫奠定了重要的物质基础。二是口蹄疫、禽流感、蓝耳病、布鲁氏菌病、猪瘟、新城疫、羊痘、鸡马立克氏病等数十种疫病疫苗的广泛应用，对有效控制口蹄疫、高致病性禽流感、高致病性猪蓝耳病等重大动物疫病流行，降低畜禽发病率、死亡率，发挥了重要作用。三是口蹄疫、禽流感等多种重大动物疫病诊断制品、技术的应用，对尽早发现疫情，及早处置疫情，降低疫情扩散风险发挥了至关重要的作用。兽药不仅在保障动物健康，促进养殖业发展中发挥主要作用，而且还在加强人兽共患病防控，促进动物源性食品安全及农业生物安全，保障人类健康中发挥主导作用。目前我国动物疫病防控形势依然严峻。促进我国养殖业可持续发展，满足经济社会发展和人民群众的新要求，迫切需要加大新兽药研制力度，加强兽药产业结构调整，加快兽药新时期兽药行业持续健康发展。

2. 兽药行业发展与监管促进了养殖业生产效率提高

我国是一个养殖业大国，养殖业的物质基础是品种、饲料和兽药，三者缺一不可。兽药不仅能防治动物疾病，保障养殖生产，而且能促进动物快速生长，最大限度地发挥动物品种和饲料的生产潜力，提高产品的数量和质量。特别是一些抗菌促生长药物的广泛应用，不仅能够防病治病，减少动物发病率和死亡率，而且能够提高饲料转化效率，增强动物生产性能，提高出栏率，提高劳动生产率。但是如果不合理使用和滥用兽药，不仅动物品种和饲料的生产性能不能被充分利用，生产效益也不高，而且也会导致兽药残留超标，妨碍动物正常生长和生产，动物也更容易受到各种理化因子和微生物的侵扰而生长受阻，甚至死亡，从而降低产品产量和质量。加大对饲料和饲料添加剂中违禁药品的查处力度，同时鼓励创制绿色饲料添加剂产品，用以替代抗生素等饲料添加剂，这对解决药物残留，保护环境和人民生命财产的安全具有重要意义。

3. 兽药行业发展与监管促进了养殖业生产方式转变

现代养殖业是现代农业的重要标志。在种植业发展至一定阶段之后，优先发展产业关联度高的、效益好的养殖业是一个普遍性的规律。欧美发达国家养殖业占农业的比重一般都高达70%～80%。相比之下我国现在畜牧业占农业34%的比重，与发达国家相比，还存在相当差距。当前，我国养殖主体发生了变化，从农牧民养殖户居多，逐渐转变为规模养殖大户或养殖场。今年中央明确提出要重点建设畜禽规模养殖小区、水产健康养殖示范场，实施新一轮“菜篮子”工程。而随着集约化、设施化、规模化、标准化的现代养殖模式的发展，动物疾病将向新型化和复杂化转变，这就给动物疾病的诊断、预防和治疗带来了极大困难。没有兽药行业发展与监管，就没有养殖业的集约化、规模化，也就谈不上建设现代养殖业。市场环境发生了变化，市场饱和、人民生活水平提高和恩格尔系数的不断降低，畜产品的价格弹性弱化，数量效益变得微弱，突显在质量、生态、安全效益上。养殖业实现转型和战略调整，一个最为重要的目标就是要实现结构优化、提高质量和效益。实现这个目标，一项很重要的工作就是大力发展环保、高效、无毒或低残留的兽药产品，大力提升兽药产品质量，推进兽药行业发展与监管，促进养殖业生产方式转变，推动养殖业发展内在变化和战略性结构调整。

（二）推进兽药行业发展与监管是保障动物性食品安全的基本前提

兽药行业为从根本上改变我国居民食物消费结构奠定基础。改革开放30多年来，我国人均食物结构已发生了很大变化，粮食比例逐年下降，肉、蛋、奶等动物性食品的消耗量急剧增长。2005 年我国肉、蛋、奶的人均占有量分别为 53.2 千克、18.7 千克和 21.1 千克，到 2010 年我国肉、蛋、奶的人均占有量分别为 59.2 千克、20.7 千克和 20.8 千克，增速分别为 11.09%、10.16% 和 26.07%，但与发达国家水平相比还有较大差距，特别是农村居民的动物性食品消费水平差距更大。要达到或接近发达国家的水平，必须依靠养殖业和渔业生产来提供，这就依赖于推进兽药行业发展与监管，以保证肉、禽、蛋、奶和水产品的生产大幅度增长，质量稳步提高。

“民以食为天，食以安为先”，食品安全是保护人类健康，提高人类生活质量的基础。畜产品安全关系广大人民群众身体健康和生命安全。近年来频频发生的二噁英、苏丹红、大肠杆菌 O157：H7 中毒、瘦肉精中毒等动物源性食品安全事件，更是引起各国政府和消费者的极大关注，食品安全已成为全球性的重大战略性问题，并越来越受到世界各国政府和消费者的高度重视。随着我国经济和社会的持续较高速度发展及人民生活水平的提高，对食品安全问题也提出了越来越高的要求。动物性食品生产、加工、贮存、流通、消费等各个环节，病原微生物或致病因子、残留抗生素或其他兽药、饲料添加剂等对人类健康的影响，已成为食品安全的重要问题。违法使用或滥用抗生素、激素等兽药，以及瘦肉精等禁用化学物质引起动物性食品安全事件更是其重要的一环。动物性食品中存在的药物残留不仅给我国的经济造成了巨大损失，更重要的是损害了人们的健康和我国在国际贸易中的声誉。要保证动物性食品安全，保护消费者安全，将药物残留危害减少到最低程度，就必须推进兽药行业发展与监管。

我国加入 WTO 后，价格优势在国际市场上受到了安全标准的挑战。畜产品的国际竞争实质上是养殖现代化水平的竞争。谁的单位成本低，质量安全水平高，谁就在竞争中拥有优势。目前，发达国家以安全、卫生、健康为由，制定越来越高的技术法规和标准，设置技术性贸易壁垒，限制我国畜禽产品的出口。日本、欧盟对进口猪肉的检测指标已从过去的 25 个增加到 410 个。2002 年我国 90% 的农产品出口企业，不同程度地受到国外技术壁垒的影响。巴西等一些新兴生猪生产国也悄然崛起，与我国争夺国际市场份额。2006 年欧盟新的《食品卫生法》正式生效和日本《肯定列表制度》的全面实施，对我国畜产品出口造成了极大贸易壁垒。由于我国标准“门槛”低，加之检测能力弱，客观上为国外农产品大量进入我国市场提供了便利。在完全开放的市场条件下将面临更加严峻的挑战，因此，推进兽药行业发展与监管，提高畜牧生产的现代化程度和畜禽产品的质量安全水平已成为我们参与国际市场竞争的紧迫任务。

（三）推进兽药行业发展与监管是维护公共卫生安全的重要保障

近年来，细菌性疾病发病率上升，某些病毒性和寄生虫性人畜共患病的发病也出现增多，狂犬病、结核病、血吸虫病、日本乙型脑炎等人畜共患病又卷土重来，原有的人兽共患病发病率和致死率呈上升趋势。冠状病毒、禽流感病毒、朊病毒、新型汉坦病毒、亨德拉病毒、尼帕病毒、猴痘病毒和西尼罗河病毒等新病原体出现或感染新的宿主，引起新的人畜共患病或病原体宿主谱改变，给人类带来了严重的威胁。受养殖业技术水平和养殖环境限制，我国规模化、集约化养殖业的高速持续发展更离不开抗菌药物的使用，但是随着抗菌药物的大量长期使用，尤其是不合理的应用造成细菌耐药现象日益严重，导致常规的药物治疗失败，而且随着耐药细菌的质粒传递，威胁到人类的公共卫生安全，也给人类疾病治疗造成极大影响。从 2007—2008 年细菌耐药性监测情况看，耐 6～20 种药物的大肠杆菌和沙门氏菌占 80%以上。随着耐药性的日益严重。公共卫生面临的问题和挑战十分严峻。兽药是动物疫病防控的重要物质基础。建立、健全兽药行业发展与监管的法律法规，创新兽药行业长效发展与监管机制，加强部门配合与协作，完善兽药监管队伍建设，强化执法监管，对公共卫生领域问题进行集中研究、联合探讨和科技攻关，发展检测和监测新技术、新试剂、新疫苗、新药品，是构筑牢固的公共卫生安全屏障的重要保障。

二、我国兽药行业发展与监管现状与存在问题

(一) 行业基本情况

1. 行业发展初具规模

我国改革开放以来，兽药生产、经营企业数量不断增加，产能不断提高，从业人员数量不断增加，行业规模不断扩大。自 2007 年 1 月 1 日至 2011 年 12 月 31 日，共有处于有效期内兽药生产企业 1 623 家，其中生药企业 84 家，化药企业 1 539 家。根据兽药 GMP 数据库统计，兽药生产企业数量在全国分布情况见表 9 - 1。截至 2010 年底，行业产值超过 331.35 亿元人民币。与此同时，行业效益不断提高，2010 年生产企业毛利接近 94.06 亿元，兽药经营企业 5 万余家。兽药行业不仅促进了养殖业健康发展，而且促进了社会、经济的稳定发展。

表 9 - 1　兽药 GMP 生产企业统计表（2007—2011）

所在地	企业数量		所在地	企业数量	
	化药	生药		化药	生药
山东	239	9	陕西	29	1
河南	227	4	天津	29	2
河北	125	2	上海	23	5
江苏	102	6	重庆	22	2
广东	96	6	吉林	21	6
四川	93	6	内蒙古	18	4

（续）

所在地	企业数量		所在地	企业数量	
	化药	生药		化药	生药
山西	80	2	福建	14	2
浙江	68	2	宁夏	9	0
江西	58	4	新疆	6	1
北京	47	4	甘肃	5	2
辽宁	43	1	海南	4	0
湖南	42	1	云南	4	2
湖北	38	3	贵州	1	0
安徽	34	0	青海	0	1
广西	31	1	西藏	0	1
黑龙江	31	4			

2. 行业结构趋于优化

随着行业的发展，兽药行业结构出现优化倾向。至2008年年底兽药生产企业民营制比重已经上升到86.4%，国有经济比重下降到7.0%，三资经济成分上升到6.6%。兽药行业资源集中化趋势初步显现，集团化、现代化兽药生产企业开始出现，2010年全国年销售收入过亿元人民币的生产企业68家，上市兽药公司24家。行业布局发生积极变化，兽药生产优势产业带逐步形成。山东、河南、河北、江苏、广东五省生产企业数量占全国的50%，2010年华东区成为化学药品销售的主区域，销售额占全部销售额的28.85%。与畜牧养殖业发展状况相适应，禽药、大牲畜用药、水产用药、原料药等优势产区初步形成。在兽药经营领域，规模化、服务型销售企业优势明显，集约化、连锁化经营模式表现了旺盛的生命力。在兽药使用环节，一体化、大型龙头养殖企业统一采购、集中供药方式影响深远。行业社会认知度逐步提高，行业利润率趋向合理，行业结构趋向优化。

3. 管理体系初步建立

法律法规体系不断健全。1987年我国颁布实施《兽药管理条例》，此后至2004年经历了3次修订完善，明确了农牧行政管理部门的执法主体地位，确立、完善了兽药监督检查、检验、生产经营许可、行政处罚等一系列管理制度。根据2004年修订的《兽药管理条例》，农业部颁布了《兽药注册办法》、

《新兽药研制管理办法》、《兽药产品批准文号管理办法》、《兽药经营质量管理规范》及农业部第442号公告等法规，各省份也相继制定了地方性配套法规，迄今基本形成了涵盖兽药管理的法律法规体系。兽药监督管理机构和队伍初具规模。我国初步建立了国家、省级兽药药政管理、质量监察和监督执法体系，部分市、县设立了相应的机构。兽药药政管理机构主要负责兽药执法、监督、行政许可等工作。兽药质量监察机构（各级兽药监察所）主要负责兽药检验、质量监督、兽药残留检测等工作，为兽药药政管理部门的监督执法活动提供技术支撑。部分省份设立的兽药监督执法机构主要受省级兽药行政管理部门委托，负责辖区类兽药监督执法活动。目前，全国共有专职和兼职兽药药政管理人员13 000余人，监督执法人员20 000余人，质量监察等技术支撑人员3 500余人。标准体系不断完善。1991年，在《中华人民共和国兽药规范》基础上，农业部首次颁布《中华人民共和国兽药典》(1990版)，作为国家对兽药质量监督管理的技术法规，是兽药生产、经营、使用、检验和监督管理的法定技术依据。2011年7月1日，《中华人民共和国兽药典》(2010年版)施行，分为一、二、三部，共收载1829项品种标准，收载251项附录，在凡例、品种、附录、通则和检验方法等方面进一步补充完善，增强了对兽药检验检测的指导作用。另外，随着我国兽药行业的不断发展，新兽药研发不断涌现，进口注册兽药不断增加，农业部发布了《兽药质量标准》、《兽药地方标准升国家标准》、《进口兽药质量标准》等。农业部共发布兽药国家标准约2 500个。

4. 管理措施不断完善

兽药生产管理环节，我国对兽药生产实行准入制度。1987年国家颁布《兽药生产质量管理规范》(兽药GMP)，2002年全面实施兽药GMP改造，2004年底全行业基本完成了GMP改造，兽药生产条件、管理水平大幅提高，初步实现了行业产业升级。兽药经营管理环节，我国对兽药经营企业实行市场准入制度。2004年以后，兽药GSP制度在江苏、山东试点。我国于2010年颁布并全面实施《兽药经营质量管理规范》(兽药GSP)，国家对强制免疫用生物制品实行特殊管理，由省级动物防疫部门招标采购，统一免费供应。兽药使用管理环节，农业部先后公布了30种饲料药物添加剂的使用规定，57种饲料药物添加剂的使用规范，公布了37种禁用和限用兽药，以及禁止在动物饲料和饮水中使用药物目录清单。全面开展兽药残留监控，实施兽药休药期制度及养殖用药使用记录管理制度。农业部正在制定《兽药分类管理办法》，以及实施执业兽医资格考试和认定，对我国兽药的使用、动物产品质量安全和重大动物疫情的控制有里程碑的意义。新兽药研制管理环节，为指导和规范兽药研发，农业部发布了《新兽药研制管理办法》，并分批制定兽药研究试验技术指导原则。

5. 兽药产品不断丰富，质量不断提高

随着行业科技的发展，兽用化学药品剂型逐步丰富，由早期模仿医药产品剂型为主发展为预混剂、乳房注入剂、烟熏剂等多种兽医专用剂型，20 世纪 90 年代以后出现了缓释剂、长效剂等新技术产品。中药制剂除了早期的散剂外，21 世纪除出现了颗粒剂、溶液剂和注射剂等剂型外，新型中药提取技术也得到了大量的使用。产品向兽医专用药方向发展，使用对象也从初期的猪、马、牛、羊等扩展到所有食品动物、特种养殖动物、水产养殖动物、宠物，蜜蜂、蚕等。生物制品从 19 世纪中期的 30 多个品种，到现在已有 325 种产品，出现了干扰素、合成肽、转移因子等生化产品及基因工程疫苗等。

与此同时，兽药质量呈现上升趋势，2006—2011 年，全国每年总体抽检合格率分别为 74.9%、78.8%、81.8%、84.9%、91.1%和 91.4%，连续稳步提升，6 年共提高了 16.5%（图 9－1）。2006—2011 年，每年生物制品抽检合格

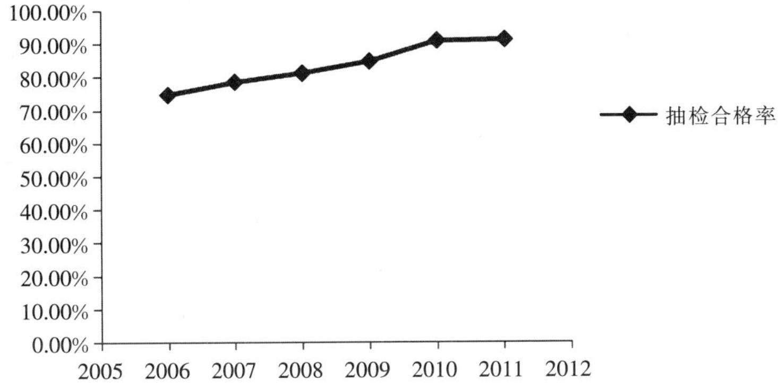

图 9－1　2006—2011 年全国兽药总体抽检合格率

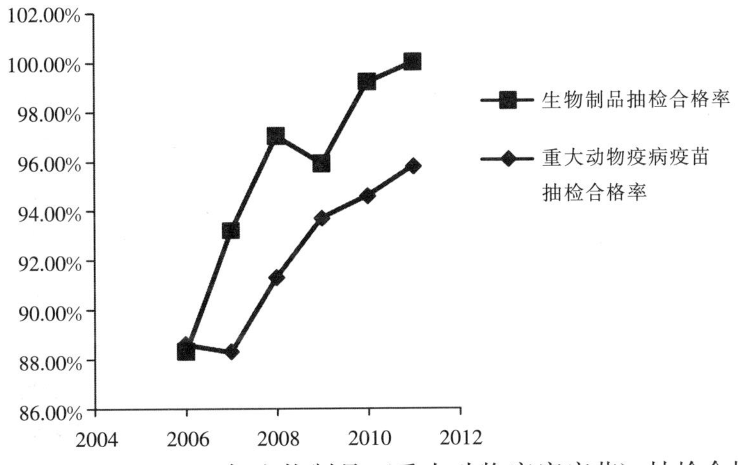

图 9－2　2006—2011 年生物制品（重大动物疫病疫苗）抽检合格率

率分别为 88.6%、88.3%、91.3%、93.7%、94.6%和 95.8%，重大动物疫病疫苗抽检合格率分别为 88.3%、93.2%、97%、95.9%、99.2%和 100%，高于生物制品总体抽检合格率（图 9-2）。

6. 科技水平不断提高

近年来随着行业的发展，科研体系逐步完善，科研能力不断提高。国家在 4 个生产企业投资建立了研发中心。企业作为兽药研发的主体，逐步在行业科技创新中起到了主导作用。截至 2008 年年底，全国已有 186 家企业成立了研发部门，144 家企业已着手筹建研发部门。研发组织形式更加多样化，在早期的依靠专业研发机构的基础上，发展为企业自主研发、与大专院校等专业机构联合研发、企业之间联合研发等多种方式。2010 年调查发现，选择合作研发模式的企业数量最多，正逐渐成为主要的研发形式。2010 年全国兽药生产企业共投入研发资金 14.078 亿元人民币，占行业销售收入的 4.85%。兽药专业研发人员队伍不断壮大，全国兽药生产企业有约 11 269 人专职从事研发工作，中级以上技术职称人员占到了 60%以上。行业科研工作硕果累累，自 2008 年以来农业部核发批准新兽药 173 个，其中生物制品类 89 个，化药、中药类 84 个，2011 年批准新兽药数量占 2008—2011 年 4 年数量的 29%（表 9-2）。

表 9-2 2008—2011 年新兽药批准数量

类别	2008 年（生物制品/化药）	2009 年（生物制品/化药）	2010 年（生物制品/化药）	2011 年（生物制品/化药）
一类	1/0	1/1	3/0	1/0
二类	4/10	3/5	9/8	5/11
三类	11/6	14/10	15/14	22/4
四类	N/1	N/3	N/4	N/7
合计	16/17	18/19	27/26	28/22

注：N 代表无数据。

（二）行业现阶段的特点

1. 企业规模小

我国兽药生产企业大多底子薄，部分是由原来的乡镇生产企业发展起来的，缺乏国家资金和政策的扶持，也缺乏相关优惠政策，全靠自身滚动发展，生产规模小。在目前的 1 700 余家生产企业中，生物制品生产企业年均销售额 9 600万元，化药生产企业年均销售额仅 1 800 万元，89.61%企业年产值低于 5 000万元，小型企业、中小型企业占企业总数的 90%以上。兽药经营企业年均营业额小于 100 万元，很多经营企业仍停留在夫妻店等初级经营模式。兽药 GSP 验收刚刚起步，经营业户场地设施、人员素质、管理水平仍然不高。

2. 产业规模受养殖规模的影响

现阶段我国兽药行业主要是为养殖业服务的，兽药的绝大部分都用在了养殖业上。但随着养殖业集约化和规模化发展，管理水平的提高，兽药的使用会更加规范和合理。“十二五”期间，养殖方式将加快向规模化、标准化转变，养殖方式的转变必定对兽药行业产生影响。

3. 产品同质化现象严重

我国小型兽药生产企业比重超过 60%，其研发能力相对较弱，集中生产技术要求较低的产品，竞争激烈。另外，由于缺乏核心龙头企业，缺乏规模效应，产业集中度较低，特别是化学药品，年销售额过亿元的仅有 49 家，销售额占整个化学药品销售额的比重为 39.59%；生物制品前 19 名企业虽然占总市场的 76.68%，但几乎都是国家重大动物疫苗定点生产企业，除此之外的生产企业产值很小。

4. 行业发展与公共卫生安全密切相关

兽药作为养殖业的投入品，在预防、治疗动物疫病，促进动物生长，提高生产效率等方面是不可缺少的物质，但是兽药在动物性产品中的残留又影响了动物性产品质量，国家禁止销售和使用违禁药物或残留超标的动物性产品。另外，养殖业中抗菌药的大量使用，虽然提高了生产效率，但促进了细菌耐药性的快速发展，影响到人类公共卫生安全，兽药行业的发展越来越受到限制。

（三）行业发展中存在的问题

1. 结构不合理的问题日益显现

一是企业结构不合理。虽然我国通过实施兽药生产企业 GMP 管理，淘汰了一批落后企业，但企业数量多、规模小、管理差、效益低的局面未得到根本性改变，具有国际竞争力的企业仍然十分缺乏。2010 年统计的全国 1 386 家兽药生产企业中，年产值 1 000 万元以下的有 896 家，占调查企业总数的 64.65% 左右，年产值 1 亿元人民币以上的占 4.91%，与世界动物保健品行业前 10 位企业 10 亿美元以上的业绩相比，差距甚远。5 万多家兽药经营企业中，家庭式、作坊式的粗放型小店占很大比例，区域差异较大，未形成有较高知名度的品牌连锁经营企业。二是产品结构不合理。按产品剂型分，粉散剂和预混剂生产能力达 47.23 万吨，片剂仅 1.88 万吨，颗粒剂、粉针剂分别只有 2.52 万吨、0.77 万吨，大输液 6.33 亿升，一些高科技剂型，如靶向制剂、透皮制剂等十分稀少。按照核发的文号看，截至 2010 年底，农业部共核发化药制剂批准文号 59 659 个，其中抗微生物药批准文号 36 654 个，抗寄生虫药批准文号 8 087 个，水产用药批准文号 5 439 个，消毒药批准文号 3 021 个，解热镇痛药批准文号 1 902个。大部分文号的使用率低于 50%。兽用原料药比较紧缺，特别是动物专用药，药物添加剂的品种相对较少，中兽药基本上为一些简单的剂型产品。按使用动物分，主要为常规的家畜家禽用兽药，而大家畜、特种动物、观赏动物、宠物等动物用的品种非常缺乏。生物制品中，水禽疫苗、水产疫苗、各诊断试剂比较缺乏；从工艺角度分析，耐热保护剂疫苗、稳定可靠的多价苗、多联苗及佐剂等尚有待进一步开发。三是产业结构不合理。从技术研发角度，一些新型的现代生物技术、基因重组技术、中药提取技术等新药筛选技术应用甚少。从生产角度，绝大多数企业重生产，轻工艺、轻制剂，重销售，轻服务；同时，由于未形成专业的兽药设备与配套设施生产体系，对兽药新工艺、新产品开发的研究严重滞后。从产业环节，现阶段重生产、轻流通的现象比较严重；兽药出口主要还是以化工原料为主，制剂较少，在国际市场上没有企业自己的品牌。

2. 重复建设比较严重

一是产能过剩严重。一方面，不少现有的兽药生产企业处于停产或半停产状态；另一方面，一些生产粉散剂、预混剂等简单剂型和常规产品的小企业还在不断增加。2010 年的兽药产业发展报告显示，生物制品、原料药、中兽药和兽用化学药品的产能利用率大部分低于 50%，产能严重过剩。二是产品同质化严重。我国兽药生产企业新产品研发能力不够、新产品开发意识不强、资金投入不足，国家在新产品研发方面缺乏正确的引导和保护力度，造成企业产品研发重复。另外，由于同品种生产企业数量增多，市场同质化竞争加剧，许多企业依靠产品降价去竞争市场份额，附加值降低，不少企业处于亏损边缘。

3. 市场不规范

一是流通秩序混乱。主要表现为：经营企业小、散、乱的问题相对突出；无证经营行为占据一定的市场比例；个别生产企业诚信缺失，非法制假售假行为屡禁不止；竞争无序导致合法的兽药流通企业步履艰难。二是区域监管失衡。个别地方对兽药市场监管的认识不足，存在畏难情绪；一些省份由于机构和队伍建设不到位，导致监管缺失。以上各种原因，造成了不法分子敢于铤而走险，合法企业的权益得不到有效保护，市场秩序和行业声誉未能得到较大改善。

4. 监管体系不健全

一是行政管理体系不够健全。自 2005 年国家兽医体制改革以来，绝大多数省份都不同程度地完善了兽药行政管理体系，但还存在着一些问题：机构设置不统一。有的设立了专门的药政处，有的则分别与兽医、饲料或畜牧合在一起，影响工作效率。二是人员配备相对不足。各省级机构配备的兽药专职管理人员一般在 1～3 人，兼职人员 1～2 人；市、县级则更少，基本无专职管理人员，与日益增加的兽药行政管理内容很不适应。三是监督执法体系不健全。农业部尚无专门的兽药监督执法机构，中国兽医药品监察所受农业部委托行使兽药的日常质量监督管理工作。各省份有的是兽医行政管理机关直接行使兽药监督职能，有的则委托兽药监察所或动物卫生监督所或农业综合执法大队开展具体工作，有的则成立了畜牧兽医综合执法机构。不同的机构设置方式导致监督执法效果不同。四是技术支撑体系不健全。尚未形成完善的兽药研究体系：兽药产品的研究开发、孵化基地、成果转化尚未形成成熟的体系和相应的运行机制；兽药的临床试验、残留监控、安全评价、耐药性监测等实验室的管理尚未建立 GCP、GLP 等管理规范。现有的兽药监测机构面临被逐渐整合的处境：由于缺乏法律支撑，各省级兽药监察所有的已更名为检测（验）所，有的与动物疫病预防控制中心合署办公，有的则合并到农产品质量安全检测中心，有被逐渐整合的趋势。

5. 政策支持力度不足

一是缺乏产业政策支持。兽药作为一个独立的产业，游离于医药和农业之间，既未享受国家对医药行业的产业政策和农业相关产业的优惠补贴政策，又无兽药单独的产业政策。因此，作为一个对动物疫病防控提供有力保障，对人类身体健康、生命安全产生重要影响的产业，国家对其的规范与发展缺乏有力的政策支持和引导。二是缺乏科技创新支持。首先缺乏国家对兽药科技创新必要的资金支持，导致兽药新产品、新技术的贮备不足；其次缺少兽药产学研结合的良好平台，导致不少新产品、好产品不能及时转化为产业成果；最后缺少对兽药科研攻关的项目指导，导致盲目研究、重复研究，资源浪费。三是缺乏产业融资渠道。缺少兽药产业融资渠道，没有健全的符合市场规律的融资体系来支撑兽药产业的发展，特别是对于技术含量高、风险大的项目缺乏支持，一些好的项目由于缺乏资金而无法成长，企业发展缺乏后劲，难以形成核心竞争力。

（四）行业面临的机遇与挑战

1. 面临的机遇

一是兽药产业的现有基础为进一步发展奠定了坚实基础。经过几十年的发展，兽药法规日趋完善，管理日益规范，市场更加有序。兽药生产企业通过GMP改造，生产水平和产品质量稳步提高，涌现出一批优秀的企业管理人才、兽药新型人才和科研人员，行业内已经形成了一批初具规模和一定竞争力的生产企业。兽药经营企业的GSP认证工作已经展开，一些起点高、运作规范企业的品牌效应日益突现，连锁经营也逐渐形成气候。兽药的科技创新主体已经开始向企业转移，一些兽药生产企业相继成立了不同形式的兽药研发中心，新产品对企业效益的贡献率显著提高。这些均为兽药产业的进一步发展奠定了坚实的基础。

二是养殖业的持续健康发展为兽药行业提供了发展空间。养殖业的市场需求决定了兽药产业的生存和发展。随着我国畜牧业结构的调整和养殖方式的转变，养殖观念的更新，发展健康养殖，探索环境友好型、资源节约型的养殖模式，引导畜牧业由数量型向质量效益型、安全环保型转变的基础基本具备，规模化养殖、养殖小区及合作社等方式的大力推进为养殖业的持续健康发展创造了条件，同时也为兽药行业提供了发展空间。

三是国家对疫病防控的需要为兽药行业发展提供了有力保障。兽药是动物疫病防控的重要物资。根据近几年的动物疫病发生情况，加快研究开发重大动物疫病的快速诊断、检测和防治产品已经势在必行；随着规模化、集约化畜牧业的发展，新的疫病陆续出现，防控难度增大，为兽药产品的开发指明了方向；动物疫病防控要求和技术的提高，为优质兽药生产企业提供了更为广阔的市场前景和有力保障。

四是人们对食品安全的关注为兽药结构调整带来了机会。随着人们对食品安全的日益关注，动物食品中的兽药残留和细菌耐药性等问题越来越受到关注，生物疫苗、中兽药、无毒无残留或者低毒低残留的抗菌药越来越受到重视，靶向制剂、控释制剂、微囊制剂等新制剂也越来越被兽药行业广泛使用，为兽药行业向绿色兽药、环保兽药、生物兽药、安全兽药结构调整带来了良好的机会。

五是国家的产业政策给兽药企业的发展带来了历史机遇。由于兽药对于畜牧业发展、动物防疫、食品安全、人类健康等的影响，国家对兽药产业的规范与发展更加重视，并将继续利用或出台一系列政策来促进兽药产业的健康发展，如利用国债项目加快兽用生物制品生产技术的改造，设立企业准入门槛来抑制盲目发展和过剩，完善兽药监督抽检制度，加大对假劣兽药的打击力度，以保护合法企业的利益等，这为兽药生产企业规范生产、优秀企业脱颖而出创造了政策环境，为产业的发展带来了历史机遇。

2. 面临的挑战

一是市场环境给 GMP 后时代带来了严峻的考验。兽药生产企业由于受到产品同质化的压力和非法产品的冲击，出现了偷工减料和投机取巧的苗头；兽药经营企业以品牌企业的产品作幌子，制假售假的现象屡禁不止；养殖单位因自我保护意识不够、辨别真伪能力不强，经常被假冒伪劣产品坑害。长期形成的这种局面，难以在短时间内出现根本性好转，既影响了畜牧业的健康发展，也对兽药行业的声誉产生负面影响，给兽药生产企业 GMP 后时代带来了严峻的考验。

二是国外产品的涌入对国内兽药行业形成了较大冲击。自我国加入 WTO 以来，兽药市场对国外企业逐步开放，国外企业可以在国内设立经营企业自行销售兽药。从近几年的兽药市场情况分析，跨国企业因其规模优势、资金优势、技术优势和服务优势而在中国的业绩飞速发展。2010 年，进口兽药的销售额已接近 10.3 亿元人民币，占国内市场的 3%左右，而且随着政策的不断开放，还有不少国外企业将进入国内市场，对我国的兽药中小企业将产生较大的冲击。

三是行业扶持政策的力度不够，使得兽药企业发展后继乏力。长期以来，国家对兽药行业扶持缺乏政策支持，扶持资金与实际的需要差别较大。虽然鼓励创新，但创新基金和项目支持范围窄，数量少；虽然要求规范生产，却无技改补贴或贴息政策；虽然要求企业承担必要的食品安全责任，却无税收和水、电、煤等优惠；虽然要求兽药企业为畜牧业和动物防疫服务，却不享受农业补贴政策。这些都使得企业创新无能，规范无效，服务无力，发展后继乏力。

四是知识产权的保护给仿制药研发增加了难度。自从加入 WTO 以来，我国加强了对知识产权的保护力度，与此同时，跨国公司在我国申请专利的数量和比例大幅上升，对我国研发和仿制新产品产生极大影响，加大了仿制药的难度。

五是食品安全增加了兽药研发的难度。兽药不同于人用药品，除了能预防、治疗和诊断动物疫病外，更重要的是不可对动物性食品、公共卫生安全造成威胁。兽药残留、细菌耐药性问题严重制约新兽药的研发。安全、高效、低残留是新兽药研发面临的挑战。

六是兽药原辅料标准的缺失，制约兽药行业的发展。兽药行业的发展，离不开原辅料的支持，尤其是实验动物的支持。没有好的原辅料不可能生产出优质的兽药产品。目前，缺少兽药专用的原辅料相关技术标准和实验动物标准，缺乏合法的来源和渠道。在兽药研发和生产过程中，确保产品安全有效，建立符合兽药专用的原辅料和实验动物国家标准是行业面临的新挑战。

三、国外兽药行业发展与监管经验

（一）美国兽药行业发展与监管经验

1. 美国兽药行业发展

美国现有兽用化药厂 300 家，兽医生物制品生产企业 150 家。其中 10%的企业占生产总值的 90%。辉瑞等 4 家大公司的销售额占生产总值的 60%以上。

在兽药销售额方面，美国为世界兽药市场之首。2006 年美国全年的兽药销售额超过 55 亿美元，宠物用药占兽药总量的 53%。化学药品的增长主要是宠物产品（注射用抗菌剂和驱除蚤、蜱、螨、虱产品）。兽医生物制品的销售额中，以犬、猫产品领先。用于促生长的兽用抗生素销售量有所下降，但近两年来美国的兽药抗生素销售总额仍保持持续增长。

在研发方面，美国兽药生产企业 2006 年用于研发潜在新产品和维持现有产品寿命的花费为 6.63 亿美元。在生物制品研发方面的投入最多，其销售增长额也最大。2006 年用于新产品研发的投入保持稳定，其中用于创新性研究（新产品研究）的花费占研发投入的 86%，而维持性研究（支持现有产品研究）的花费仅占研发投入的 14%。

2002—2006 年共批准了 158 个兽药新品种。其中：犬、猫宠物用兽药 39 个，牛用兽药 32 个，马用兽药 28 个，鸡用兽药 21 个。按给药途径分，口服用药最多，共 69 个。按药物剂型分，溶液剂最多，共 40 个。处方药 70 个，非处方药 88 个。

2. 美国兽药监管

（1）法律法规　美国的兽药管理法律法规主要以法案、规章、指导文件、指南、通知等形式颁布。主要兽药法律法规有《联邦食品、药品及化妆品法》、

《联邦法典》、《兽药使用诠释法》、《兽药可用法》、《联邦杀虫剂、杀菌剂和灭鼠剂法》、《联邦管制物质法》和《国家环境政策法》，以及其他相关法规和规章通知等。另外，《兽药次要用途/次要动物法》、《兽药用户付费法》和《次要用途及次要动物保健法》3个法案正在制定中。

《联邦食品、药品及化妆品法》是美国兽药管理的根本大法，主要制定了管理的大政方针和原则，涵盖了食品、药品（包括人药、兽药、放射性药物及动物加药饲料）、化妆品和人用医疗器械等管理的法律法规，内容全面，具有很强的针对性、可操作性和实用性，已成为世界上同类法律中影响最广泛的法案。美国大部分州都依据该法制定了各自的《食品、药品及化妆品法》。各州只管理本州内的兽药生产销售。如果州内生产的兽药需要进行州际间的贸易，就必须适用《联邦食品、药物及化妆品法》。

（2）监管机构　美国兽药监管的主要机构包括卫生部、农业部、环境保护局、毒品管制局、联邦贸易委员会和各州政府的药事委员会，这些机构各司其职，共同负责药物的监督管理。其中，食品药品管理局是主要的兽药管理机构，其他机构只在其辖区内与食品药品管理局合作，协助食品药品管理局管理。

食品药品管理局隶属于美国卫生部的公共卫生事务署，是国际上公认的最主要、最有影响的食品药物管理机构。其中，兽药中心（CVM）专门负责兽药管理的组织，其职能包括制定和建议涉及有关兽药、饲料、饲料添加剂和其他兽医医疗产品的安全性和有效性的政策，为兽药上市前的批准提供安全性证据；为了确保动物产品的安全，对批准的兽药和饲料添加剂等进行评估。

（3）审批和监管管理制度　美国农业部负责兽医生物制品和兽药残留检查和检验的管理，同时负责实施《病毒、血清及毒素法》（简称VSTA）。环境保护局负责杀虫剂、杀霉菌剂和灭鼠剂管理。毒品管制局负责强制执行麻醉药等特殊药物管理。联邦贸易委员会管理除处方药和医疗器械外其他所有产品的广告（包括兽药广告），负责制定广告监管的规章制度并监督执法，调查处理消费者对违法和虚假广告的控告，召开听证会，处理各种违反广告法律的欺诈广告、不实广告和不公平广告。州药事委员会是美国各州政府的药物管理机构，隶属于州政府卫生部门，负责州内药物的生产和销售，以及其他相关活动的监督与管理。

（4）新兽药申请　美国对兽药生产企业实行审批和监督管理制度。美国《联邦食品、药品及化妆品法》规定，在美国制造、制备、加工、合成兽药时，必须取得兽药中心核发的兽药生产许可证。美国《病毒、血清和毒素法》规定，在美国生产兽医生物制品必须取得美国生物制品企业许可证。生产方法等应符合规定标准，其产品、生产过程、生产记录等经美国农业部检查之后才能发放生产许可证。兽药生产企业必须实行 GMP 管理，如果兽药生产企业的生产条件达不到 GMP 标准，其生产的产品将被认为是掺假产品。美国对兽药生产企业实行严格的日常监督检查制度。食品药品管理局官员可以对兽药生产企业进行检查。兽药生产企业获得生产许可证后的 2 年内至少应被检查 1 次，并在以后每连续 2 年的时间内均应被检查 1 次。《病毒、血清和毒素法》规定，农业部的检查员可以在不通知生产企业的情况下，随时对生产企业的厂房、设备、物料、仪器、生产工艺、生产记录等进行检查，任何生产企业不得拒绝。同时，所有要上市的新兽药必须首先取得兽药申请批准，禁止未经批准的兽药在美国州际间进行贸易。所有新兽药按标签说明书使用时必须是安全、有效的；在生产、加工处理和包装以及相关活动中所使用的方法、设备和监控设施必须能充分确保产品的质量、规格、纯度和统一性。

美国新兽药申请的批准程序主要可以分为两个阶段：研究用新兽药申请阶段（INADA）和新兽药申请阶段（NADA）。试验研究得出的数据受到食品药品管理局和兽药中心的严格监控。兽药中心直接面对申请者并进行交流，审核试验研究方案，审核所有原始数据，评估原始数据和资料的真实性，必要时可通过检查来保证试验数据和资料符合兽药非临床研究质量管理规范（GLP）和动物试验研究标准，负责最后所有技术文件的整体审查。通过审查的申请者可开始新兽药申请阶段。在新兽药申请阶段，申请者要按照法定格式和要求填写并提交申请书，兽药中心在申请书提交后的 180 日内或在食品药品管理局与申请者协商完成的时间内审核完毕，并给出批准或不批准的审核结果。在审批过程中，兽药中心负责审核数据与资料，食品药品管理局和兽药中心共同负责审查是否符合 GLP 标准要求。期间，食品药品管理局调查员可对开展试验的实验室或农场进行突击性实地考察，以确保试验操作与记录符合 GLP 和 GMP 要求。

（5）登记注册　美国境内的所有兽药生产企业和每个企业生产的每个兽药产品均需登记注册。目前，食品药品管理局要求各生产企业通过网络进行登记注册。

（6）违法处罚　如果兽药生产、经营者不遵守《联邦食品、药品及化妆品法》和《药房和药剂师法》，则会受到严厉的民事和刑事处罚，同时还会被撤销营业执照。

（7）具体措施　在兽药使用监管方面，美国政府采取强有力的措施加强对禁用兽药的使用管理，严格限制兽药在食品动物中的使用以及兽药标签外使用。

在兽药的进出口监管方面，美国政府制定了相关技术标准和技术法规，实行进口限制管理。根据严格的卫生标准，禁止掺杂的和贴假商标的药物进口到美国。向美国出口兽药产品的所有企业或个人必须先提出申请，经批准并进行注册登记后方能进口至美国。

在兽药广告监管方面，食品药品管理局根据有关规定，通过实行提前审批方法进行管理。处方药广告业主在广告首次发布后，必须将广告促销材料作为促销药物上市后监督的一部分提交给食品药品管理局。鼓励厂商自愿将其广播电视广告内容材料提交，进行预先审评。对于违反广告规定，如虚假不诚实的广告，食品药品管理局会给予严厉处罚。

在兽药标签与说明书管理方面，美国政府依法实行严格管理。美国要求兽药标签和说明书的格式和内容必须符合规定，且所有标签与说明书的描述应真实、可靠，能让所有正常人正确理解和应用。兽药外包装上需要标注的信息内容和标注位置必须满足《销售包装与标签法》规定。

在保证动物性食品安全方面，美国联邦政府和各地方政府共同配合，构成了一套综合和有效的监管体系，赢得公众对美国动物食品安全非常高的信心。美国除对兽药进行严格的市场准入、生产、使用、进出口及上市后的监督等管理外，针对兽药残留的控制也采取了一系列有效应对措施：严格制订兽药的最大残留限量和休药期；实行兽药残留风险分析；制订国家年度残留检测计划，由农业部食品安全检察署和食品药品管理局共同执行；建立残留危害信息系统；应用全球性食品动物避免残留数据库；制订新的执行指南并出版，如禁用兽药清单，禁止残留超标的动物性食品的进口等；与其他机构合作，开展广泛的宣传教育活动；建立较为科学、系统的、职责明确的食品安全管理体系，联邦政府授权机构通力合作，各州及地方政府积极参与、互为补充，分工协作，高效运转，共同开展兽药残留监管工作。

（二）欧盟兽药行业发展与监管经验

1. 欧盟兽药行业发展

欧盟 2006 年的兽药销售额为 53.85 亿美元，占全球 34.8%。其中，西欧占 30.2%，东欧占 4.6%。

欧盟兽药市场由 5 种类型产品组成：抗寄生虫药、疫苗、抗微生物药、局部产品和其他。按产品类别划分，占销售份额最大的是抗寄生虫药，其次是疫苗，再次是抗微生物药。

欧盟动物保健行业全职从业人员（包括牧场）超过 50 000 人。其中，约 15 000人直接从事兽药生产、经营、销售、管理和研发，约 18 000 人间接从事动物保健行业货物和服务的购买，如研发外包、后勤、重要的仪器和原材料。其延增效应提供约 17 000 人的就业岗位。

欧盟是全球兽药行业的领导核心，通过兽药公司对新产品研发的投入，欧盟获得了巨大的经济效益。欧盟约 35%的兽药研发预算用于维持市场现有产品（美国约为 14%）。欧盟跨国公司投资约 12%的流动资金用于研发，中小规模企业投资约 6%的流动资金用于研发。

2. 欧盟兽药监管

（1）欧盟兽药立法与监管机构　欧盟兽药立法机构包括欧盟理事会、欧盟议会和欧盟委员会。《欧盟兽药管理法》由欧盟委员会企业司起草，欧盟议会和欧盟理事会统一颁布。欧盟委员会所属的三个机构负责参与兽药管理：一是欧盟委员会常委会；二是欧洲药物局（EMEA），负责人药和兽药的行政管理（特别是许可证的管理）以及法规指南的起草；三是欧洲兽药委员会（CVMP），负责兽药的技术事务管理和科学评价。欧洲兽药委员会中有一个 300 多名专家组成的专家库，专门负责对新兽药的安全性进行评价。另外，欧盟理事会下属的欧洲药品质量局（EDQM）负责制定《欧洲药典》。

欧盟兽药监管机构包括：欧盟委员会健康和消费者保护总司，为欧盟兽药残留主管部门，负责行使其在公共卫生、食品安全、兽医和植物卫生标准的控制，包括动物福利、科技咨询和消费者保护等方面的责任；欧洲药物局，负责制定和组织快速、透明和有效的欧盟一体化授权程序，以确保用户及时取得有效药物，组织 GMP、GCP、GLP 监察，颁发药品证书，制订食品动物兽药残留限量，对药品有关的研究和项目提供科学建议；欧洲药品质量局，隶属欧洲理事会，是《欧洲药典》的制定和维护监督机关；欧洲兽药委员会根据《指令 81/851/EEC》规定建立，负责欧盟最高级别的兽药技术性评价和监督。兽药残留管理主要由欧洲药物局和欧洲兽药委员会等负责。此外，还有三级残留检测实验室负责欧盟兽药残留检测，即欧盟参比实验室、国家参照实验室、常规检测实验室。

（2）欧盟兽药管理法律法规体系　欧盟兽药管理法律法规体系分为三级：一级法律，是由各个国家政府直接磋商决定，经各会员国政府批准通过的条约；二级法律，是由一级法律规定的共同体机构（欧洲议会、欧盟理事会、欧盟委员会）制定的条例、指令、决定、建议或意见（《欧盟兽药管理法》属二级法律）；判例法，是指由欧洲法庭与欧洲初审法庭所做出的裁决。

欧盟兽药、食品安全管理技术法规主要是以条例、指令、决议等形式颁布、实施。现行的主要兽药管理条例是《条例 90/2377/EEC》和《条例 2004/726/EC》。现行欧盟议会和欧盟理事会兽药管理指令是《指令 96/23/EC》、指令《2001/82/EC》、《指令 2004/28/EC》。

指令 2001/82/EC 是欧盟兽药管理根本大法。欧盟议会和欧盟理事会颁布《指令 2004/28/EC》对《指令 2001/82/EC》做了全面的修改和增订，从法律上完善兽药管理机构的管理行为，促进各个成员国和各部门间的协作，提高管理效率和管理标准。现行兽药管理技术法规《欧盟药物准则》，对各条例、指令的技术解释，具有很强的操作性和权威性，如生产、包装、灭菌技术要求和质量规定。欧盟药品标准是《欧洲药典》，涉及各种合成化学活性物质、天然物、生物制品及生物技术产品、人用疫苗、兽用疫苗、矿物药、放射药、辅料、容器、制剂、顺势疗法药等。

欧盟制定了严密的兽药残留管理法规：1971 年首次发布《指令 71/118/EEC》后，全面启动了禽肉中药物及其衍生物和其他物质残留的监测；《指令 85/358/EEC》禁止使用一些具有激素或抑制甲状腺作用的物质；《指令 86/469/EEC》制定了关于监控养殖动物及其鲜肉中某些环境污染物和药物残留的规则；《指令 89/437/EEC》要求各成员国保证对具有药理或激素作用的物质残留进行监测；《指令 91/664/EC》指定了 4 个实验室为欧盟残留检测基准实验室；《指令 92/45/EEC》要求各成员国延伸其残留监测计划；《指令 93/257/EC》规定了残留检测用的基准方法，并指定了 12 个成员国的 34 个国家残留检测基准实验室。《指令 96/23/EC》把活动物体内和动物产品中要监控的物质分为 A 类和 B 类，分别加以监控。《指令 98/179/EC》规定了统一的官方抽样原则。制定并发布了 118 种兽药最高残留限量标准、46 种残留检测方法。

（3）具体措施　欧盟兽药管理可以分为：研发管理、注册管理、生产管理、销售管理、使用管理、上市后监督。通过各个环节把关，从而实现药事管理的根本宗旨，即促进药业发展，提高人和动物健康、福利。

欧盟通过实行欧盟一体化市场建设，维持和提高了药品创新能力、竞争力。欧盟制药业研发管理主要包括：确定研发领域、研发引导策略、研发方式、研发投资以及研发评价等研发决策管理，研发计划和进度管理、研发费用管理、研发组织、研发并行工程管理、专利管理等过程管理。欧盟委员会企业总司制定欧盟行业发展政策和战略，帮助成员国完善国家创新政策，对环境保护、消费者保护、食品安全进行广泛立法，运用法律和财政措施支持企业竞争，支持药物创新，培植欧盟药物市场的竞争力，为企业开拓盟部市场制定政策基础。

欧盟自 1967 年开始实施兽药非临床研究质量管理规范（GLP），只有认证合格的实验室才能被其他实验室和国家机关认可。

对新药上市实行许可审批，根据开发者提供的可靠的试验数据（药物代谢、药效学、毒理学、残留消除规律等一系列的研究数据），证明药物的安全性、有效性后才能批准生产。兽药上市授权评价程序必须在 210 天内完成，欧盟委员会在 90 天内做出授权决议。欧盟兽药注册程序有三个：中央程序，其认证适用于整个欧盟；相互认可程序，其认证效力适用于多个国家；国家程序，其认证只适用于单个国家。各研发单位可以任意选择授权评价程序（生物制品除外）。

欧盟兽药生产企业必须通过生产资格认证才有资格生产药品。所有生产企业都要有可靠的生产质量管理。生产商应该保证日常生产严格按照 ISO、GMP 及其他技术规范（免疫药品生产、非免疫类药品生产）要求操作，达到预期质量水平。

欧盟要求兽药容器和外包装上必须包含以下信息：产品组成和名称，生产商批号，上市授权号，生产商和授权持有者的名字、公司名字、地址，靶动物，休药期，失效日期，注意事项，“动物专用”标识。对于没有外包装的针剂，以上信息要标记在安瓿上。包装内要有与包装信息一致的插页。包装插页格式要经过欧洲药物局批准，必须易读、清晰、易懂。可以包含药品使用注意事项。不符合要求的，将被吊销上市授权。

进口药品的质量必须符合《欧盟药典》。药品管理机构根据《欧盟药典》对进口药品进行品质鉴定。每批进口药品都要进行所有组分的定性分析和主要成分定量分析，如有必要，还应进行其他质量控制试验。兽药进口必须经过主管部门认证许可。

在经营管理方面，欧盟实施兽药经营质量管理规范（GSP），通过控制药品流通环节中所有可能影响质量的因素，保证药品质量和安全性。兽药经营单位必须通过 GSP 认证才有资格经营药品。2004 年欧盟规定所有食品动物用药必须凭处方销售，宠物和观赏动物用药可以例外。

兽药使用管理同兽药分类销售制度、官方兽医制度、畜牧生产制度密切结合。在兽药使用管理方面，建立了医护人员用药管理制度，加强医护人员用药管理，兽医师开处方药的数量和用药有官方对照标准，兽医用药、售药、休药期必须有详细的、长期的记录。兽医只能供给业主最低剂量药物。给动物喂服兽药应由兽医本人或在兽医指导下进行。牧场主必须根据病情和兽医指导合理用药。牧场应有设施和方法保证饲料安全性，不含违禁药物。牧场应该保留其兽药购买、拥有、投药记录 5 年。用药后要严格遵守休药期。标签外用药的要经有资格人员许可。建立了牧场主用药合理性监督监察制度，结合兽药残留监察，定期对牧场生产的产品、饲料、排泄物进行监测，如有违禁药品或药品含量超标而又不能合理解释的，依法通报批评、追究责任或启动应急预案召回产品。

欧盟自建立药品单一市场开始就建立了药品质量与安全预警体系，收集和评估药品副作用的相关信息。建立了专门系统收集所有禁用和停用的兽用药品信息、所有兽药副作用相关信息等。

四、兽药行业可持续发展形势分析

(一) 兽药市场需求量分析

1. 动物饲养数量

根据《中国畜牧业年鉴　2009》(表 9－3)，2008 年奶牛存栏量为1 233.5 万头，肉牛出栏量 5 535.31 万头，羊出栏量 26 144.2 万头，生猪出栏量 61 016.6 万头，能繁母猪存栏量 4 878.8 万头，肉鸡出栏量 788 022.57 万只，蛋鸡存栏量 246 713.02 万只，兔出栏量 41 529.9 万只。

表 9－3　2008 年食用动物饲养量

动物	存栏量（万头、只）	出栏量（万头、只）
奶牛	1 233.5	
肉牛	5 253.3	5 535.31
羊	28 084.9	26 144.2
商品猪	46 291.3	61 016.6
能繁母猪	4 878.8	
家禽	528 197.4	1 022 155.7
肉鸡		788 022.57
蛋鸡	246 713.02	
兔	21 835.1	41 529.9

2. 用药成本调研与分析

2007 年调研组开展了兽用抗菌药物使用情况调查，主要对北京、山东、宁夏、湖北进行了实地调研，获得了奶牛、肉牛、肉鸡、蛋鸡、种鸡、肉鸭用药成本数据（表 9-4）。

2010 年 4 月赴四川进行了实地调研，主要调查了商品猪、种猪、奶牛饲养生产中的用药成本，调查内容包括疫苗成本、药物添加剂成本和治疗药成本（表 9-5）。调研结果表明，商品猪用药成本为 20.75 元左右，种猪用药成本则较大，达到 83 元，奶牛用药成本为 150.75 元。

因实地调查数据有限，同时开展了书面问卷调查。按照东北、华北、华东、华中、华南、西南、西北划分，选择一些代表性省份进行了书面问卷调查，调查内容包括疫苗成本、药物添加剂成本和治疗药成本（表 9-6）。

表 9-4　2007 年实地调研获得的用药成本数据

地区	省份	养殖动物	费用
华东	山东	蛋鸡	2 元/只
		种鸡	2.7 元/只
		肉鸭	1.0 元/只
华北	北京	蛋鸡	2.7 元/只
		奶牛	35～40 元/头
西北	宁夏	肉牛	12 元/头
		肉鸡	1.0 元/只
华中	湖北	肉鸡	1.0 元/只

注：数据未经统计学处理。

表 9-5　2010 年四川实地调研获得的数据（元/头、只）

动物	灭活苗	活苗	抗感染药	抗寄生虫药	药物添加剂	其他	合计
商品猪	5	3.75	8	0.75	1	2.25	20.75
种猪	28	8	10	5	12	20	83
奶牛	31.25	4.5	95	0	15	5	150.75

注：数据经统计学处理，求得中值。

表 9-6　书面问卷调查获得的数据（元）

动物	灭活苗	活苗	抗感染药	抗寄生虫药	药物添加剂	其他	合计
商品猪	1	3	10	1	5	4	24
种猪	15	7.5	10	5	4.4	5	46.9
奶牛	2.5	0	47.5	5	3	17.5	75.5
肉牛	0.5	0	10	5	3.5	4	23
肉鸡	0.2	0.126	0.3	0.1	0.1	0.1	0.926
蛋鸡	0.5	0.35	0.85	0.2	0.09	0.4	2.39
种鸡	2	1.85	2.75	0.425	1.75	1	9.775
羊	0	0	1.5	1	0	0.5	3
兔	1	0	0.1	0.275	0	0.3	1.675

数据来源：数据经统计学处理，求得中值。

3. 兽药市场需求量分析

根据表 9-3 动物饲养量，将奶牛、能繁母猪、蛋鸡年末存栏量作为基数，其他动物以出栏量作为基数来计算，将表 9-7 的数据作为饲养 1 头/只动物所需的用药成本，对兽药市场需求量进行估算（表 9-8）。

其中，奶牛兽药需求量 9.3 亿元人民币、肉牛 12.7 亿元人民币、羊 7.8 亿人民币元、商品猪 146.4 亿元人民币、能繁母猪 22.9 亿元人民币、肉鸡 73 亿元人民币、蛋鸡 58 亿元人民币、兔 7 亿元人民币，总计约为 340 亿元人民币，如果再加上水产养殖和宠物市场等，估计全部兽药市场需求量在 360 亿元人民币左右，折合为美元约 55 亿元。

表 9-7　将实地调研数据和书面问卷调查数据合并后获得的数据（元）

动物	灭活苗	活苗	抗感染药	抗寄生虫药	药物添加剂	其他	合计
商品猪	1	3	10	1	5	4	24
种猪	15	7.5	10	5	4.4	5	46.9
奶牛	2.5	0	47.5	5	3	17.5	75.5
肉牛	0.5	0	10	5	3.5	4	23
肉鸡	0.2	0.126	0.3	0.1	0.1	0.1	0.926
蛋鸡	0.5	0.35	0.85	0.2	0.09	0.4	2.39
种鸡	2	1.85	2.75	0.425	1.75	1	9.775

（续）

动物	灭活苗	活苗	抗感染药	抗寄生虫药	药物添加剂	其他	合计
羊	0	0	1.5	1	0	0.5	3
兔	1	0	0.1	0.275	0	0.3	1.675

表 9-8 兽药市场需求量分析

动物	总饲养量（万头、只）	用药成本（元/头、只）	需求数量（万元）
奶牛	1 233.5	75.5	93 129.3
肉牛	5 535.31	23	127 312.1
羊	26 144.2	3	78 432.6
商品猪	61 016.6	24	1 464 398.4
能繁母猪	4 878.8	46.9	228 815.7
肉鸡	788 022.57	0.926	729 708.9
蛋鸡	246 713.02	2.39	589 644.1
兔	41 529.9	1.675	69 562.6
合计			3 381 003.7

从表 9-8 及图 9-3 可以看出，兽药市场需求量以猪和鸡为主，以商品猪为最大，占总市场需求量的 43%。肉鸡和蛋鸡两项之和，占总市场需求量的 39%。调查结果与我国养殖业以猪和鸡为主，兽药需求量与养猪和养鸡高度集约化、疫病发生较多的情况基本相符。

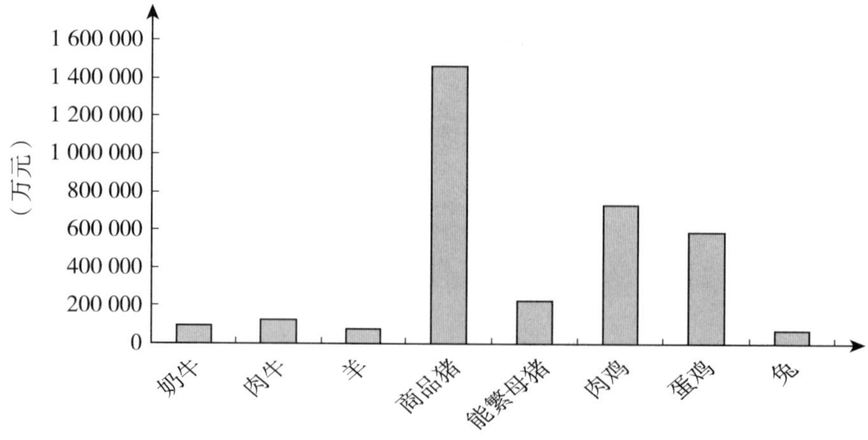

图 9-3 兽药需求量

经对奶牛、肉牛、羊、商品猪、能繁母猪、蛋鸡、肉鸡和兔总饲量、用药成本和兽药需求进行统计分析表明，生物制品市场需求量占总市场需求量的25.7%（表9-9），仅2008年国外企业在我国的疫苗销售额就达19亿人民币。

表9-9　生物制品市场估计需求量

动物	总饲养量（万头、只）	用药成本（元/头、只）	需求数量（万元）
奶牛	1 233.5	2.5	3 083.8
肉牛	5 535.31	0.5	2 767.7
羊	26 144.2	—	—
商品猪	61 016.6	4	244 066.4
能繁母猪	4 878.8	22.5	109 773.0
肉鸡	788 022.57	0.326	256 895.4
蛋鸡	246 713.02	0.85	209 706.1
兔	41 529.9	1	41 529.9
合计			867 822.3

经对奶牛、肉牛、羊、商品猪、能繁母猪、蛋鸡、肉鸡和兔总饲养量、用药成本和兽药需求进行统计分析表明，化学药品市场需求量占总市场需求量的74.1%（表9-10）。

表9-10　化学药品市场估计需求量

动物	总饲养量（万头、只）	用药成本（元/头、只）	兽药需求数量（万元）
奶牛	1 233.5	73	90 045.5
肉牛	5 535.31	22.5	124 544.5
羊	26 144.2	3	78 432.6
商品猪	61 016.6	20	1 220 332.0
能繁母猪	4 878.8	24.4	119 042.7
肉鸡	788 022.6	0.6	472 813.5
蛋鸡	246 713.02	1.5	370 069.5
兔	41 529.9	0.7	29 070.9
合计			2 504 351.2

(二) 兽药企业需求量调研与分析

1. 兽药企业主要 GMP 生产线数量调研与分析

根据《兽药产业发展报告（2008 年度）》，2008 年全国拥有生物制品 GMP 生产线 218 条，其中活疫苗生产线 142 条，灭活疫苗生产线 76 条（表 9 - 11）；化学药品生产线 3 398 条，其中，粉（散）剂生产线 954 条，预混剂生产线 637 条，两者相加 1 591 条，占化学药品生产线总数的 46.82%（表 9 - 12）。从表 9 - 11和表 9 - 12 可以看出，生物制品生产线以病毒类疫苗居多、细菌类疫苗相对较少，化学药品生产线以粉（散）剂、预混剂为主。

表 9 - 11　生物制品生产线分析

活疫苗	生产线条数	灭活疫苗	生产线条数
组织毒	50	组织毒	31
细胞毒	59	细胞毒	23
细菌	33	细菌	22
合计	142	合计	76

表 9 - 12　化学药品生产线分析

产品类型	生产线条数	产品类型	生产线条数
片剂	140	无菌粉针	139
粉（散）剂	954	注射液	398
颗粒剂	146	大输液	43
预混剂	637	口服溶液	282
固体消毒剂	260	液体消毒剂	399
		合计	3 398

2. 兽药企业产值与销售额调研与分析

根据《兽药产业发展报告（2010 年度）》，2010 年生物制品共实现销量 983.67 亿头份（成亿羽份成亿毫升），销售额 62.13 亿元，销售额同比增加 10.35 亿元，增幅达 19.99%。其中猪用和禽用生物制品的销售额为 56.56 亿元，占生物制品总销售额的 91.03%。2010 年，猪用生物制品销售额 30.21 亿元，几乎占生物制品销售总额的一半；禽用生物制品销售额 26.35 亿元，占生物制品销售总额的 42.41%；牛、羊、马生物制品销售额 4.31 亿元，占生物制品销售总额的 6.94%。2010 年兽用化学药品的销售总额为 242.25 亿元，比 2009 年的 184.22 亿元增加了 58.03 亿元。

根据《兽药产业发展报告》，获得兽药企业的产值与销售额数据。从表 9－13 可以看出，生物制品的销售率多数在 80%以上，灭活疫苗的销售率高于活疫苗，组织毒灭活疫苗的销售率为最高，达 91.02%。从表 9－14 可以看出，化学药品的产销率多数在 90%以上，低于 80%的有片剂和粉散剂，以片剂为最低 76.22%。其中液体杀虫剂销售率达 100%。

2008 年，50 家生物制品企业的总产值为 50.88 亿元，销售额为 43.99 亿元，总销售率 86.46%，除组织毒灭活疫苗销售率 91.02%之外，其余疫苗的销售率均未超过 90%，最低为细菌活疫苗销售率 76.78%。平均每个企业的总产值为 1.017 6 亿元，平均每个企业的销售额为 0.879 8 亿元。

表 9－14 显示，875 家化学药品企业的总产值为 144.67 亿元，销售额为 122.30 亿元，总销售率 84.54%，销售率最高的为液体杀虫剂达 100%，销售率最低的为片剂 76.22%，除片剂、粉（散）剂、颗粒剂、液体消毒剂之外，其余剂型产品的销售率均超过 90%。平均每个企业的总产值为 0.165 3 亿元，平均每个企业的销售额为 0.139 7 亿元。

表 9－13　生物制品产值与销售额分析（50 家企业数据）

产品类型	产值（亿元）	销售额（亿元）	销售率（%）
活疫苗	14.33	11.66	81.37
组织毒	8.60	6.88	80
细胞毒	5.17	4.15	80.27
细菌	0.56	0.43	76.78
灭活疫苗	36.55	32.53	89
组织毒	11.25	10.24	91.02

（续）

产品类型	产值（亿元）	销售额（亿元）	销售率（%）
细胞毒	24.66	21.75	88.2
细菌	0.64	0.54	84.4
合计	50.88	43.99	86.46

表 9-14　化学药品产值与销售额分析（875 家企业数据）

产品类型	产值（亿元）	销售额（亿元）	销售率（%）
片剂	1.43	1.09	76.22
粉散剂	84.94	66.81	78.66
预混剂	15.27	14.06	92.08
颗粒剂	0.90	0.77	85.6
固体消毒剂	8.67	8.23	94.93
杀虫剂（固体）	0.47	0.45	95.75
注射用无菌粉针	9.42	9.10	96.6
注射液	19.01	17.62	92.69
大输液	1.06	1.01	95.28
口服溶液	2.57	2.33	90.66
液体消毒剂	0.87	0.77	88.5
杀虫剂（液体）	0.06	0.06	100
合计	144.67	122.30	84.54

表 9-15 显示，中兽药产品总产值为 16.16 亿元人民币，销售额为 15.29 亿元人民币，总销售率 94.62%，片剂、粉（散）剂、颗粒剂、注射液、口服液等共 5 种剂型的销售率均超过 90%。

表 9-15　中兽药产值与销售额分析

产品类型	产值（亿元）	销售额（亿元）	销售率（%）
片剂	0.60	0.61	101.7
粉（散）剂	6.13	5.78	94.29
颗粒剂	2.59	2.42	93.44
注射液	4.50	4.27	94.89
口服液	2.34	2.21	94.44
合计	16.16	15.29	94.62

3. 企业产能调研与分析

根据《兽药产业发展报告（2008年度）》，获得生物制品、化学药品制剂的产能数据，计算产能利用率（年产量/年生产能力×100%），并与美国和国际公认的产能利用率进行比较。美国将80%设定为产能利用率的合理水平，国际公认的水平为75%，下限为30%。

从表9－16可以得知，国内生物制品生产能力存在产能过剩，平均产能利用率仅有43.55%。除组织毒灭活疫苗产能利用率接近国际公认的水平之外，其余产品的产能均处于过剩，并且细菌活苗、细菌灭活苗和细胞毒灭活苗都低于下限。

表9－16　生物制品产能分析

产品类型	年生产能力	年产量	利用率（%）
活疫苗（亿羽份或亿头份）	1 973.04	881.20	44.66
组织毒（亿羽份或亿头份）	1 535.87	750.70	48.87
细胞毒（亿羽份或亿头份）	363.11	115.17	31.72
细菌（亿羽份或亿头份）	74.06	15.33	20.70
灭活疫苗（亿毫升）	333.53	141.54	42.44
组织毒（亿毫升）	130.52	96.55	73.97
细胞毒（亿毫升）	175.04	38.55	22.02
细菌（亿毫升）	27.97	6.44	23.02
	平均产能利用率		43.55

从表9－17可以得知，国内化学药品生产能力也存在过剩，平均产能利用率仅有34.33%，接近30%的下限水平，没有任何产品的产能处于合理区间。其中，除无菌粉针剂、粉（散）剂的产能达到50%以上之外［可能是因为粉（散）剂生产线批产量低，而实际市场需求大的缘故］，其余制剂的产能均处于过剩，并且颗粒剂、注射液、口服液、固体消毒剂都低于下限。

表9－17　化学药品产能分析

产品类型	年生产能力	年产量	利用率（%）
片剂（万吨）	0.77	0.36	46.75
粉（散）剂（万吨）	0.84	0.43	51.19

（续）

产品类型	年生产能力	年产量	利用率（%）
预混剂（万吨）	11.13	4.03	36.21
颗粒剂（万吨）	2.03	0.36	17.73
无菌粉针剂（万吨）	0.84	0.43	51.19
注射液（万升）	608 672.45	68 678.40	11.28
口服液（万升）	2 385 351.67	254 423.71	10.67
固体消毒剂（万吨）	24.99	4.34	17.37
液体消毒剂（万升）	942.23	465.84	49.44
	平均产能利用率		32.43

（三）发展模式分析

1. 产业结构分析

根据《兽药产业发展报告（2008年度）》，获得不同资产性质企业、不同规模企业的数量及分布情况。

（1）不同资产性质企业的数量　按资产性质（民营企业、外商独资企业、中外合资企业、国有企业）分类，比较分析不同资产性质企业的数量分布及比重（表9-18）。

表9-18　不同资产性质企业的数量分布及比重

资产性质	企业数量	比重（%）
民营企业	915	88.15
国有企业	55	5.30
中外合资企业	51	4.91
外商独资企业	17	1.64
合计	1 038	100

表9-18数据显示，目前全国兽药企业资产性质以民营企业为主，占88.15%，国有企业为辅，只有5.30%，外商独资企业最少，仅有1.64%。这就说明兽药行业是一个新型产业，国家在该产业投资力度不够。

（2）不同资产规模企业的数量　按资产规模（小型企业、中小型企业、中型企业、大型企业）分类，比较分析不同资产规模企业的数量分布及比重（表9－19）。

表9－19　不同规模企业的数量分布及比重

资产规模	生物制品企业		化学药品企业		合计
	数量	比重	数量	比重	
小型企业（产值1 000万以下）	8	16	579	66.17	587
中小型企业（产值1 000万～5 000万）	15	30	235	26.86	250
中型企业（产值5 000万～10 000万）	6	12	40	4.57	46
大型企业（产值10 000万以上）	21	42	21	2.4	42
合计	50	100	875	100	925

表9－19数据显示，目前，兽药行业仍然以小型企业为主。在925家兽药生产企业中，小型企业有587家，占企业总数的63.46%。但生物制品企业和化学药品企业有明显的不同。50家生物制品企业中，产值10 000万元人民币以上的大型企业21家，占生物制品企业总数的42%，加上12%的中型企业，大中型企业的比重达56%。875家化学药品企业中，产值10 000万元人民币以上的大型企业也有21家，但占化学药品企业总数的比例仅为2.4%，化学药品企业以小型企业为主，占比66.17%，中小型企业为辅，占比26.86%。简而言之，生物制品企业以大中型企业为主，而化学药品企业则以小中型企业为主。

（3）不同规模企业产出能力与盈利能力　按不同规模企业（小型企业、中小型企业、中型企业、大型企业）分类，分析不同规模企业产出能力与盈利能力，从而分析不同规模、不同产品类型企业的产业优势（表9－20、表9－21、表9－22、表9－23）。

表9－20　不同规模企业产值分布及比重

资产规模	生物制品企业		化学药品企业		合计
	产值（亿元）	比重	产值（亿元）	比重	
小型企业（产值1 000万以下）	0.19	0.37	22.42	13.94	22.61

（续）

资产规模	生物制品企业		化学药品企业		合计
	产值（亿元）	比重	产值（亿元）	比重	
中小型企业（产值1 000万～5 000万）	3.57	7.02	60.40	37.56	63.97
中型企业（产值5000万～10 000万）	4.55	8.94	29.80	18.53	34.35
大型企业（产值10 000万以上）	42.57	83.67	48.21	29.98	90.78
合计	50.88	100	160.83	100	211.71

表9－20和表9－21数据显示，50家生物制品企业共实现产值50.88亿元人民币，其中83.67%是由21家大型企业实现的，6家中型企业的产值占总产值的8.94%，23家小型和中小型企业的产值仅占总产值的7.39%。875家化学药品企业共实现产值160.83亿元人民币，其中235家中小型企业是实现产值最多的，占总产值的37.56%。

表9－21 不同规模企业平均产值及规模优势

规模	生物制品企业			化学药品企业		
	数量	产值（亿元）	平均值（亿元）	数量	产值（亿元）	平均值（亿元）
小型企业	8	0.19	0.023 75	579	22.42	0.038 7
中小型企业	15	3.57	0.238	235	60.40	0.257
中型企业	6	4.55	0.758 3	40	29.80	0.745
大型企业	21	42.57	2.027	21	48.21	2.295 7
合计	50	50.88		875	160.83	

从表9－21可以得知，大型化学药品企业的平均产值最高，21家企业平均实现产值2.295 7亿元，其次是大型生物制品企业，21家企业平均实现产值2.027亿元。

从表9－22可以得知，兽药企业的销售额与企业规模大小成正比关系，即企业规模越大，销售额越大，并且在中型企业至大型企业区间时，表现销售额急剧增长（增长直线斜率最大），呈现明显的规模效应。

表 9-22　不同规模企业平均销售额及规模优势

规模	生物制品企业			化学药品企业		
	数量	销售额（亿元）	平均值（亿元）	数量	销售额（亿元）	平均值（亿元）
小型企业	8	0.11	0.013 75	579	20.86	0.036
中小型企业	15	3.12	0.208	235	53.30	0.226 8
中型企业	6	4.02	0.67	40	26.04	0.651
大型企业	21	36.74	1.749	21	37.39	1.78
合计	50	43.99		875	137.59	

从表 9-23 可以得出，兽药企业的平均利税额与企业规模大小也成正比关系，即企业规模越大，平均利税额越大。在生物制品企业中，中小型企业至大型企业区间时，表现平均利税额急剧增长（增长直线斜率最大），呈现明显的规模效应；而在化学药品企业中，只在中型企业至大型企业区间时，表现平均利税额急剧增长。说明生物制品企业达到中小型规模时就可以具备较强的盈利能力，而化学药品企业达到大型企业规模时其盈利能力还不如中型生物制品企业。

表 9-23　不同规模企业平均利税额及规模优势

规模	生物制品企业			化学药品企业		
	数量	利税额（亿元）	平均值（亿元）	数量	利税额（亿元）	平均值（亿元）
小型企业	8	0.03	0.003 75	579	2.05	0.003 5
中小型企业	15	0.19	0.012 6	235	4.77	0.020 3
中型企业	6	1.37	0.228	40	2.46	0.061 5
大型企业	21	11.64	0.55	21	3.35	0.159 5
合计	50	13.23		875	12.63	

2. 产品结构分析

根据《兽药产业发展报告（2008 年度）》，获得全国兽药产值与销售额数据，以及不同兽药产品（包括生物制品、化学药品）的结构产值与销售数据，与各类动物用兽药市场需求量（销售额）进行比较，从而推导兽药总产值的超寡情况和各类兽药的结构产值的超寡情况，为支持各类兽药的研发提供依据。

2008年，全国兽药产值211.71亿元，其中生物制品产值50.88亿元，占全国兽药产值的24%，化学药品产值144.67亿元，占全国兽药产值的68%，中兽药产值16.16亿元，占全国兽药产值的8%。2008年，全国兽药销售额为181.58亿元，其中生物制品销售额为43.99亿元，占全国兽药销售额的24%，化学药品销售额为122.3亿元，占全国兽药销售额的67%，中兽药销售额为15.29亿元，占全国兽药销售额的9%。

可以看出，兽药产值和销售额都是以化学药品为主，约占2/3，生物制品与中兽药合起来占1/3。

如果按照使用对象来划分，生物制品产值和销售额均以猪用和禽用为主（表9-24、表9-25），均占45%左右，产值合起来占90%，销售额合起来占89%。其他生物制品产值仅占10%，销售额仅占11%。说明生物制品行业仍然以传统的畜牧养殖动物为主，主要满足畜牧养殖动物的疫病预防需要，宠物和经济动物的疫苗仍有较大发展空间。

表9-24　生物制品产值按使用动物分类分布（亿元）

产品类型	禽用	猪用	牛羊用	宠物及经济动物用	兔用	合计
活疫苗	6.86	6.87	0.12	0.48	—	14.33
组织毒	5.20	3.38	—	0.02	—	8.60
细胞毒	1.56	3.08	0.07	0.46	—	5.17
细菌	0.10	0.41	0.05	—	—	0.56
灭活疫苗	14.77	17.11	4.47	0.09	0.11	36.55
组织毒	9.99	1.18	—	—	0.08	11.25
细胞毒	4.61	15.65	4.31	0.09	—	24.66
细菌	0.17	0.28	0.16	—	0.03	0.64
合计	21.63（43%）	23.98（47%）	4.59（9%）	0.57（1%）	0.11（0）	50.88

注：括号中数据为各类生物制品占生物制品总产值的百分比。

表9-25　生物制品销售额按使用动物分类分布（亿元）

产品类型	禽用	猪用	牛羊用	宠物及经济动物用	兔用	合计
活疫苗	5.63	5.23	0.17	0.43	—	11.46
组织毒	4.23	2.65	—	—	—	6.88
细胞毒	1.31	2.27	0.14	0.43	—	4.15
细菌	0.09	0.31	0.03	—	—	0.43

（续）

产品类型	禽用	猪用	牛羊用	宠物及经济动物用	兔用	合计
灭活疫苗	13.33	14.75	4.28	0.08	0.09	32.53
组织毒	9.51	0.66	—	—	0.07	10.24
细胞毒	3.69	13.89	4.09	0.08	0	21.75
细菌	0.13	0.20	0.19	—	0.02	0.54
合计	18.96（43%）	19.98（46%）	4.45（10%）	0.51（1%）	0.09（0）	43.99

注：括号中数据为各类生物制品占生物制品总销售额的百分比。

如果按照药物分类来划分，化学药品以抗微生物药为主，产值达95.33亿元，占66%，销售额为77.68亿元，占64%，再加上抗寄生虫药、消毒药，三者合起来产值占86%，销售额占85%，反映出养殖业的疫病流行与控制的需要（表9-26、表9-27）。

表9-26　化学药品产值按药物分类分布

	抗微生物药	抗寄生虫药	消毒药	杀虫药	解热镇痛药	调节代谢药	水产用药	蜂、蚕、宠物用药	合计
产值（亿元）	95.33	18.43	9.54	0.53	7.12	1.45	10.87	0.22	143.49
比重（%）	66	13	7	0	5	1	8	0	

表9-27　化学药品销售额按药物分类分布

	抗微生物药	抗寄生虫药	消毒药	杀虫药	解热镇痛药	调节代谢药	水产用药	蜂、蚕、宠物用药	合计
产值（亿元）	77.68	16.03	9.7	0.51	6.09	1.45	10.35	0.2	122.01
比重（%）	64	13	8	0	5	1	9	0	

化学药品按制剂种类来划分，以粉（散）剂为主，产值占58.71%，销售额占54.63%，加上预混剂产值10.56%，销售额11.5%，群体给药的制剂占70%左右，基本代表了养殖业预防用药需要和群体给药方式的特点，同时也反映出兽药的制剂水平不高。技术含量稍高的注射液产值仅占13.14%，销售额仅占14.41%，说明养殖业生产中个体治疗用药需求不高，同时也反映出兽药的制剂水平有待进一步提高（表9-28）。

表 9-28　化学药品产值按制剂种类分布

制剂分类	产值		销售额	
	金额（亿元）	百分率（%）	金额（亿元）	百分率（%）
粉（散）剂	84.94	58.71%	66.81	54.63%
注射液	19.01	13.14%	17.62	14.41%
预混剂	15.27	10.56%	14.06	11.5%
注射用无菌粉针	9.42	6.51%	9.10	7.44%
固体消毒剂	8.67	5.99%	8.23	6.73%
口服溶液	2.57	1.78%	2.33	1.91%
片剂	1.43	0.99%	1.09	0.89%
大输液	1.06	0.73%	1.01	0.83%
颗粒剂	0.90	0.62%	0.77	0.63%
液体消毒剂	0.87	0.60%	0.77	0.63%
杀虫剂（固体）	0.47	0.32%	0.45	0.37%
杀虫剂（液体）	0.06	0.04%	0.06	0.05%
合计	144.67		122.30	

注：表 9-26 与表 9-28 中化学药品产值合计值不同，是由于数据来源于庞大的问卷调查，在后期处理时进行了四舍五入而导致，但数据是真实的。

表 9-27 和表 9-28 中化学药品销售额合计值不同，是由于同一事物分类方式不同，填写问卷的人对不同分类方式理解上有偏差所致，但数据是真实的。

3. 区域结构分析

根据饲养量，估算全国前十位区域兽药理论需求量，见表 9-29 和表 9-30，表中数据将为各区域控制兽药企业数量提供依据。

表 9-29　2008 年全国排名前十位区域生猪出栏量与兽药理论需求量

排名	省份	生猪出栏量（万头）	兽药理论需求量（万元）
1	四川	6 431.4	154 353.6
2	湖南	5 131.1	123 146.4
3	河南	4 874.90	116 997.6
4	山东	3 916.7	94 000.8
5	湖北	3 498.3	83 959.2
6	广东	3 467.8	83 227.2
7	河北	3 230.8	77 539.2
8	广西	2 935.0	70 440
9	云南	2 701.7	64 840.8
10	江苏	2 604.3	62 503.2

表 9-30　2008 年全国排名前十位区域蛋鸡饲养量与兽药理论需求量

排名	省份	饲养量（万只）	兽药理论需求量（万元）
1	山东	152 889.1	365 404.949
2	广东	108 933.3	260 350.587
3	河南	75 000.0	179 250
4	广西	69 701.1	166 585.629
5	江苏	68 230.5	163 070.895
6	辽宁	65 602.0	156 788.78
7	安徽	58 794.5	140 518.855
8	河北	53 900.3	128 821.717
9	四川	53 935.1	128 904.889
10	湖北	39 548.8	94 521.632

（四）科技需求分析

1. 科技资金投入分析

从国家和企业投资两个层面，按不同产品类型企业（生物制品企业、化学药品企业）分类，分析研发投入目标产品、投入总资金情况，比较不同产品类型企业的科技资金投入情况，为引导科技投入方向提供依据（表 9-31）。

表 9-31　科技资金投入情况

企业类型	年度总投入资金（亿元）	占年度销售额比重（%）
生物制品企业	2.51	5.71
化学药品企业	4.47	3.25
合计	6.98	3.84

资料来源：《兽药产业发展报告（2008 年度）》。

从表 9-31 可以得知，2008 年兽药企业研发资金总投入 6.98 亿元，占年度总销售额的 3.84%，与国外动物保健企业动辄上亿美元的研发投入相比，显得非常不够。

研发资金投入占销售收入 3%以上的企业情况是：生物制品企业 32 家，占被调查生物制品企业总数的64%，化学药品企业229家，占被调查化学药品企业总数的26.17%，说明生物制品企业的研发资金投入力度更大（表9-32）。

表9-32　研发资金投入比例企业数量分布（个）

企业类型	3%以下	3%～6%	6%～9%	9%以上
生物制品企业	18	14	4	14
化学药品企业	646	113	35	81
合计	664	127	39	95

2. 研发人员投入分析

从企业层面，按不同产品类型企业（生物制品企业、化学药品企业）分类，分析研发人员投入情况，比较不同产品类型企业的研发人员投入情况，为引导研发投入方向提供依据（表9-33、表9-34）。

表9-33　研发人员配备情况

企业类型	研发人员	中级职称		高级职称	
		人数	比重（%）	人数	比重（%）
生物制品企业	908	307	33.81	126	13.88
化学药品企业	3 162	1 422	44.97	608	19.23
合计	4 079	1 729	42.39	734	17.99

表9-34　不同规模研发团队企业数量分布

企业类型	1～5人		5～20人		20人以上	
	数量	比重（%）	数量	比重（%）	数量	比重（%）
生物制品企业	9	18	21	42	12	24
化学药品企业	239	27.31	125	14.29	30	3.43
合计	248	26.81	146	15.78	42	4.54

从表9-33可以看出，被调查的925家企业中，共有研发人员4 079人，其中，42.39%的研发人员具有中级职称，17.99%的研发人员具有高级职称。

从表9-34可以得知，84%的生物制品企业至少配备1名研发人员，66%的生物制品企业研发人员数量在5人以上；而只有45.03%的化药企业至少配备1名研发人员，17.72%的化药企业研发人员数量在5人以上。相比而言，生物制品企业更重视研发人员的投入。

3. 新产品上市分析

从企业层面，按不同产品类型企业（生物制品企业、化学药品企业）分类，分析新产品上市情况（表 9－35），从而比较科技投入与产出的效率。

表 9－35　2008 年度新兽药上市统计

产品类型	一类新药	二类新药	三类新药	四类新药	合计
生物制品	1	4	11	0	16
化学药品	0	10	6	1	17
合计	1	14	17	1	33

2008 年，一、二、三、四类新兽药证书共计 33 个。其中生物制品 16 个，化学药品 17 个。一类新药 1 个，二类新药 14 个，三类新药 17 个，四类新药 1 个。结合资金和人员投入情况，化学药品研发资金投入 4.47 亿元人民币，研发人员 3162 人，获得新药证书 17 个；而生物制品研发资金投入 2.51 亿元人民币，研发人员 908 人，获得 16 个新药证书，并且有 1 个一类新药，研发投入产出效率更高。

（五）行业效益分析

1. 产业投资分析

按不同产品类型企业（生物制品企业、化学药品企业）分类，分析不同规模下不同产品类型企业资产投入与企业类型的关系（表 9－36），从而分析不同产品类型企业的资金投入需要量。

表 9－36　不同规模企业固定资产分布（亿元）

企业类型	生物制品企业	化学药品企业	合计
小型企业	2.35	45.45	47.80
中小型企业	5.72	30.98	36.70
中型企业	3.63	13.95	17.58
大型企业	20.23	31.01	51.24
合计	31.93	121.39	153.32

2. 资产收益分析

按资产规模分类，比较资产规模与收益的情况，从而分析规模与收益的关系及其优势。

表 9-37　不同规模生物制品企业资产收益分析

企业类型	企业数量	固定资产（亿元）	利税额（亿元）	收益率（%）
小型企业	8	2.35	0.03	1.27
中小型企业	15	5.72	0.19	3.32
中型企业	6	3.63	1.37	37.74
大型企业	21	20.23	11.64	57.54
合计	50	31.93	13.23	

表 9-38　不同规模化学药品企业资产收益分析

企业类型	企业数量	固定资产（亿元）	利税额（亿元）	收益率（%）
小型企业	579	45.45	2.05	4.5
中小型企业	235	30.98	4.77	15.4
中型企业	40	13.95	2.46	17.63
大型企业	21	31.01	3.35	10.8
合计	875	121.39	12.63	

五、兽药行业发展与监管战略

（一）指导思想

以邓小平理论和“三个代表”重要思想为指导，全面贯彻落实科学发展观，按照建设资源节约型和环境友好型社会的总体要求，坚持继承传统与创新发展、市场竞争与政府扶持、近期目标与长远规划、重点突破与整体推进相结合的原则，形成具有中国特色、节能高效、可持续的兽药行业发展模式，为动物疫病防治和养殖业可持续发展提供重要物质保障，在确保动物性产品质量和维护公共卫生安全方面发挥重要作用。

（二）主要目标

1. 兽药行业发展目标

全面提升我国兽药行业发展整体水平，推进产业优化升级。一是优化产品结构。通过工艺改进、技术创新和装备改造，在兽用抗生素和兽用化学合成药方面，重点实现市场增长潜力大、附加值高的产品产业化；在兽用化学药品领域，推动安全高效、经济实用的产品进入市场；在中兽药领域，鼓励质量标准完善、药效机理清楚、安全高效稳定的现代制剂产品的研发与上市；在生物制品领域，完善人畜共患病、重大动物疫病和外来病诊断试剂的品种与结构，促进疫苗工艺改进和新型疫苗的研究与开发，为动物疫病防治提供质量可靠的物质与技术支撑。二是推进科技创新平台体系建设。根据国家兽药产业结构调整方向和行业发展要求，有效整合兽药生产企业、大专院校和科研院所的科技资源，推动兽药产业技术创新战略联盟的构建和发展，形成以市场为导向、以企业为主体、产学研相结合的科技创新体系，紧密围绕兽药产业关键技术，以重大项目为纽带，集中开展关键技术攻关，实现兽药产业新技术、新产品和新工艺的跨越式发展。三是实现产业优化升级。建立健全兽药行业准入和退出机制，促进行业优势企业重组。充分发挥市场竞争的优胜劣汰机制，打造一批具有自主知识产权和知名品牌、国际竞争力较强的优势企业。培育3～5个销售额10亿元以上的大型兽药生产企业集团，并引导和推动本土企业向国际化兽药企业发展。

2. 兽药监管目标

强化兽药监管效率，全面提升兽药监管水平。一是完善法律法规体系。适时推进兽药管理相关法律的制定与修订工作，及时出台《兽药法》及其配套法规，初步形成较为完善的兽药监管法律法规体系。二是完善体制机制。健全中央、地方监管机构，科学划分监管职责，创新行政执法监督机制，充分调动各级兽药监管部门的积极性。建立和完善责任追究制，提高行政监管效能。进一步深化行政审批制度改革，创新审批方式，规范审批程序，推进政务公开。建立兽药监管重大决策的听证、论证制度。三是完善兽药质量安全责任体系。按照“企业作为第一责任人，各级监管部门各负其责”的要求，建立健全企业责任制度和自律制度，强化企业内部管理，提高企业诚信意识和质量安全责任意识。建立由中央指导、地方政府组织定期分析辖区兽药安全状况的评估机制，进一步密切中央与地方、地方与地方、部门与部门之间的配合协作，形成监管制度完善、监管链条完整、监管措施有效、事件处置及时的兽药监管新局面。

（三）推动兽药行业发展与监管建议

1. 完善法律法规体系，推动《兽药法》立法工作

《兽药管理条例》的颁布实施为兽药监管工作提供了重要法律保障。在推动我国兽药行业科学、规范、有序发展中发挥了重要作用，大大提升了我国在兽药研发、生产、经营和使用等环节的监管水平，我国兽药监管工作也取得了明显成效，在保障动物健康和动物源性食品安全中发挥了至关重要的作用。但是随着兽药行业的快速发展，兽药管理工作出现了一些新情况、新问题，兽药监管工作面临一些新挑战，对兽药监管的相关法律法规提出了新要求。突出表现在：一是中央和地方的工作职责需要进一步明确，部门与部门之间的协作机制需要进一步建立。二是《兽药管理条例》的法律地位不够高，影响了执法效果。三是现行兽药管理中，将兽药残留监控也纳入了整体工作中，由于外延过

深，且与其他部门职能交叉严重，影响了兽药管理的效能。鉴于上述情况，《兽药管理条例》急需上升为《兽药法》。

2. 优化产业结构，鼓励企业做大做强

从行业发展规划和立法的角度完善准入机制，严格控制新增产能。在产能已经明显过剩的情况下，建立新建兽药企业预审制度，提高准入标准，严格限制低端重复建设，探索实施“不批准新建企业”的政策导向。在今后一段时期内维持行业内兽药生产企业数量基本不变，实行行业内兽药生产企业只出不进的新政策，合理控制企业数量，鼓励、引导、支持企业兼并重组，做大做强。健全退出机制，强化违规企业退出管理。借鉴国内钢铁、煤炭行业经验，合并、关停质量意思淡薄、创新竞争能力差、生物安全风险大的企业。

3. 鼓励科技创新，促进产品优化升级

目前兽药产品同质化现象非常严重。应采取多种措施鼓励科技创新，一方面应鼓励企业自主创新，国家政策和资金要向行业内关键技术、重要新产品倾斜，对自主创新的新产品实行免税政策；另一方面建立仿制药注册管理制度，加强对新兽药产品监测期管理，杜绝新兽药一过监测期就被无条件大量仿制的现象，提高研发主体的积极性。大力推进国家级工程中心建设，加强科技创新研发平台建设，瞄准高端产品和重大关键技术，充分发挥集中优势、形成合力，力争出现一批拥有自主知识产权、经济效益好、市场潜力巨大的新产品，带动兽药产品结构优化升级。

4. 加强行业指导，推动行业健康发展

国家应在兽药行业发展方面充分发挥指导作用，在充分调研、系统分析的基础上，立足当前着眼长远，科学制定国家兽药行业发展规划，引导行业向优势化、专业化、规模化发展。同时鼓励企业加大装备、技术改造升级力度，推动企业生产上规模、工艺上水平、产品上等级，发挥品牌效应与规模效应。充分发挥市场的主导作用，积极引导企业开展合理融资、重组、并购，推动形成产能较大、工艺装备先进、国际竞争力强的大型兽药生产企业群，提高兽药行业技术创新能力和抗风险能力。

5. 强化政府投入，加大财政支持力度

政府要加大对兽药行业的投入，在充分利用和合理配置现有资源的基础

上，支持兽药行业发展与监管基础设施建设，为兽药行业发展与监管提供必要的政策与资金保障，保证各项工作的顺利开展。一是参照国家对饲料、化肥、种子等行业的管理方式，在兽药行业积极推行国家减免税政策。二是针对兽药行业起点低、基础薄、见效慢的特点，积极制定国家扶持政策，引导社会资源合理投向兽药行业，为兽药行业发展提供物质保障。三是加大国家在重要产品和关键技术的科技投入力度，瞄准国际兽药行业的前沿高端技术，力争有所突破，取得具有自主知识产权的科技成果。

6. 加强国际交流合作，提升行业监管水平

通过对外交流和政府间合作，积极宣传我国兽药管理法律法规和政策，扩大兽药管理工作的国际影响力，提高国际地位。利用多种交流方式提高兽药从业人员的业务素质和国际化水平。积极参与国际组织有关活动，完善兽药质量与动物产品安全国际合作与磋商机制，保持和发展与相关国际组织、发达国家的兽药质量与动物产品安全监管机构和技术机构的合作与工作交流，借鉴先进的监管理念和模式、科学的标准体系，引进新产品、新工艺、新技术，提高产能和效率，不断提升我国兽药质量与安全监管水平。

7. 加强监管体系建设，提高监管效率

按照中央关于深化行政管理体制改革的总体部署和兽医管理体制改革的要求，本着精简、统一、效能的原则，建立健全中央、省、地、县监管体系队伍，明确机构、职责、人员编制等。中央侧重抓好立法、评审和标准工作，建立相互独立的兽药检验、监督、评审、标准等机构；地方侧重抓好市场监管工作，根据实际情况配备兽药检验、监督等机构。对企业和产品实施分级分类管理，对生产生物制品和注射剂等安全风险系数较高产品的企业，由农业部管理，地方配合；对生产生物制品和注射剂之外的安全风险系数较低产品的企业，以地方管理为主。

8. 强化准入管理，净化市场环境

一是在兽药产品准入管理中，要充分发挥新兽药评审、兽药临床试验管理规范（GCP）、兽药非临床研究质量管理规范（GLP）和兽药产品批准文号审查的把关作用。健全法规及技术规范，加强对相关人员的管理和指导，严厉打击弄虚作假行为，严把市场准入关。二是强化兽药生产质量管理规范（GMP）、兽药经营质量管理规范（GSP）、良好兽医规范（GVP）管理，加大市场监管和抽检力度，加大对违法添加或减少成分、有效成分不足的假劣兽药的整治，

严厉打击制假、售假行为，营造公平有序的市场竞争环境。三是进一步完善兽药监督、检验、评审等过程中有关数据的采集工作，逐步建立涵盖研发、生产、销售、使用等各个环节的兽药监管信息数据库，为市场监督提供基础数据。四是建立企业质量授权人制度，因受权人玩忽职守、失职渎职等行为，造成企业质量管理体系存在严重缺陷、发生严重药品质量事故的、在兽药生产质量管理规范（GMP）实施工作中弄虚作假等情形的，应当追究受权人的工作责任。五是建立产品召回制度等，发现问题产品时，企业应主动将问题产品从市场上召回，并上报兽药监管部门。

9. 强化疫苗监管，提升重大动物疫病防控水平

一是在现阶段建立重大动物疫病疫苗定点生产企业动态管理制度，制定定点生产企业准入与退出标准，为兽用生物制品生产企业定点资质的准入与退出提供公平、公正的竞争环境；强化监管，及时清除不符合要求的定点生产企业。二是科学评估实施重大动物疫病疫苗定点生产的利弊，引入市场竞争机制，逐步完善重大动物疫病疫苗定点生产管理。三是完善政府招标工作程序，扭转当前以价格为主要导向的招标机制，把产品质量、企业规模、企业信誉、技术服务等因素纳入评估体系，提高产品质量等因素在评估体系中所占权重；加强政府招标过程中的监管，严防在政府采购招标中出现以次充好、以劣充优的现象。四是适时取消重大动物疫病疫苗定点生产和政府采购招标，合理使用国家疫苗补贴经费，有效发挥国家防疫财政补贴作用。

参考文献

冯丽芳，PACO，赵建红 .2009. 国际动物保健品市场概述 [J] . 中国动物保健 (7)：30 - 31.

冯忠武 . 2003. 欧盟的兽药残留管理 [J] . 中国兽药杂志，37 (10)：1 - 5.

冯忠武 . 2005. 中国与欧盟兽药管理之比较 [J] . 中国兽药杂志 (3)：1 - 5.

谷瑞敏 . 2006. 美国兽药管理机构简介 [J] . 中国兽药杂志，40 (11)：29 - 32.

郭筱华 . 2007. 新兽用化学药品分类及其监测期限 [J] . 中国兽药杂志，41 (6)：42 - 43.

胡竑邠 . 2008. 全球动物保健品行业发展趋势对中国畜牧业的启示 [J] . 中国畜牧杂志，44 (20)：6 - 7.

卢军峰 . 2008. 中国与美国兽药管理体制的比较 [J] . 中国兽药杂志，42 (8)：55 - 58.

沈建忠 . 2004. 兽药研发现状与趋势 [J] . 中国牧业通讯 (14)：22 - 26.

孙立新 . 2006. 欧盟及有关国际组织兽药管理研究 [D] . 武汉：华中农业大学 .

王欢 . 2004. 国内外兽医药品注册管理规定的比较分析 [D] . 北京：中国农业大学 .

王俊菊，单国强，刘明强，等 . 2011. 国内外兽药研发现状与发展趋势 [J] . 中国兽药杂志，45 (10)：45 - 48，57.

阎东星 . 2004. 欧盟兽药管理法律制度 [J] . 中国兽药杂志，38 (24)：1 - 4.

杨冬梅 . 2003. 中国与欧盟及其成员国兽药法的比较研究 [D] . 呼和浩特：内蒙古农业大学 .

杨培昌，李慧姣 . 2009. 加强我国兽药管理体系建设的建议 [J] . 中国兽药杂志，43 (4)：7 - 10.

赵维宁 . 2007. 美国兽医管理体制的分析与研究 [D] . 北京：中国农业大学 .

中国兽药协会 . 兽药产业发展报告 (2007 年度) [R] .

中国兽药协会 . 兽药产业发展报告 (2008 年度) [R] .

中国兽药协会 . 兽药产业发展报告 (2009 年度) [R] .

中华人民共和国国务院 . 2004. 兽药管理条例 [Z] .

Pure Food and Drug Act of 1906 [Z] . United States Statutes at Large，59th Congress，Session I，Chapter 3915. 768 - 772.

专题组成员

组　长　冯忠武　研究员、所长　中国兽医药品监察所

副组长　沈建忠　教授、院长　中国农业大学动物医学院

　　　　　张存帅　副研究员、处长　中国兽医药品监察所标准处

成　员　陈光华　副研究员、副所长　中国兽医药品监察所

　　　　　段文龙　研究员、处长　中国兽医药品监察所

　　　　　徐士新　研究所、处长　中国兽医药品监察所

　　　　　董义春　副研究员、处长　中国兽医药品监察所

　　　　　梁先明　副研究员、副处长　中国兽医药品监察所

　　　　　康孟佼　助理研究　中国兽医药品监察所

专题十

ZHUANTI SHI

动物疫病防控保障措施研究

一、动物疫病防控法律保障研究

我国加入世界贸易组织（WTO）时曾承诺，与动物卫生相关的一切措施均需要国内相应的法律体系支撑，同时必须遵守WTO框架下所有相关组织制定的规则。发达国家在动物卫生立法方面有着悠久的历史，并已建立起一套具有系统性、科学性、权威性、强制性、可操作性和即时性的动物卫生法律体系，能有效地为其开展动物疫病防控和实施动物卫生监管措施提供完善的法律保障。因此，发达国家在动物卫生法律体系建设时的通行作法和经验，值得我们在完善动物卫生法律体系时学习和借鉴。当前，英美法系和大陆法系两大法系虽有交融之势，但仍各有其特点。通过系统研究两大法系中比较典型国家的动物卫生法律体系框架，结合我国动物卫生法律体系建设现状，分析比较存在的问题和差距，借鉴其成熟、科学的构建模式，对构建我国动物卫生法律体系框架具有非常重要的意义。

（一）国际动物卫生法的基本作用

鉴于动物卫生措施在很多方面都属于强制性的政府行为，在实施过程中需要有科学、统一、权威、完善的法律体系作保障，相关国际组织和发达国家都非常重视动物卫生法律体系建设。世界动物卫生组织（OIE）通过制定《陆生动物卫生法典》和《水生动物卫生法典》，向世界各国推荐应采取的动物卫生措施，即在动物饲养（捕捞捕获）、屠宰加工、产品流通、进出境检疫过程中应当遵循的基本准则。

《陆生动物卫生法典》和《水生动物卫生法典》是OIE相关委员会长期工作的成果。其宗旨是通过详细规定进出口国家兽医当局采取的动物疫病预防、控制及监管等卫生措施，防止跨国境传播动物或人的疫病，确保动物（包括陆生和水生动物及其产品）的国际贸易卫生安全，促进国际贸易正常开展。

《陆生动物卫生法典》和《水生动物卫生法典》详细地规定了应报告动物疫病的卫生措施（即重点强调怎么做），并由OIE成员（国）全体代表大会正式通过。另外，有问题需要协调时，法典委员会还与鱼病委员会、标准委员会，以及口蹄疫和其他动物疫病委员会密切协作，确保法典委员会在其工作中充分利用最新科技信息。

WTO-SPS协议规定，OIE主持制定的标准、准则和建议是动物卫生和人畜共患病的国际标准。其目的在于建立多边规则框架，以指导制订、通过和实施卫生措施，最大限度降低因动物疫病对国际贸易造成的负面影响。WTO成员科学论证一项动物卫生措施基本上有两种选择：第一种，也是WTO倡导的，即兽医当局应当以OIE的国际标准、准则和建议作为其动物卫生措施的依据；第二种，在没有国际标准、准则和建议，或政府要选择实施更加严格的动物卫生措施时，进口国必须能证明其所采取的措施是基于对潜在的健康风险进行了科学评估。

（二）英美法系和大陆法系国家动物卫生法律体系研究

法律体系是指由一国各法律部门构成的、具有内在联系的整体。法律体系宏观结构是由公法、私法和社会法三方面构成；法律体系中宏观结构是法律部门，即公法、私法和社会法三方面各自又都有自己的结构，它们就是各个法律部门；法律体系的微观结构是法律规范。由此可见，法律体系、法律部门和法律规范三者之间是层次从属的关系。英国和美国是英美法系的典型国家，而法国和德国则是大陆法系的典型代表，因此，这4个国家在动物卫生法律体系上的一些特点和共性的内容具有较为普遍的代表性。

1. 英国的动物卫生法律体系

英国是英美法系的代表，国家制定大部分法都是以单行法的形式颁布实施，数量庞大，涉及的内容既可是具有普遍性的，也可是非常具体的。英国没有对其所颁布的各类成文法进行整理汇编，要完整收集各方面的法律法规十分困难，尤其是收集动物卫生法律法规。

(1) 兽医机构组织法律体系　涉及动物卫生管理机构设置、机构组成、职能和财政等方面的立法包括：《农业、渔业与食品部（解散）法令》(2002)，规定了农业、渔业与食品部的解散，职能的转移，资产、权力和职责的转移，相关法律文件的修改等；《交通国务大臣、地方政府和地区事务大臣及环境、食品与农村事务国务大臣法令》(2001) 和《职能转移（杂项）法令》(2001)，规定了把环境、食品和农村事务合并管理，并规定资产、权力和职责转移给环境、食品和农村事务国务大臣等；《拨款法》(2005)，英国每年7月都会颁布《拨款法》，规定了包括环境、食品和农村事务部在内的国内55个部门机构的年度拨款数额。2005—2006年度向环境、食品和农村事务部拨款总数为96.9103亿英镑。

(2) 动物疫病防控法律体系　英国涉及动物疫病防控的法律1部；委任立法64部，其中，涉及动物疫病控制和扑灭的37部、动物流通管理的5部、动物及其产品进出口管理的11部、动物标识和登记的9部、动物疫病应急管理的2部。

①法律　英国涉及动物疫病防控的法律是《动物卫生法》(1981)。该法合并了《动物疫病法》(1935)、《动物疫病法》(1950)、《小型马法》(1969)、《狂犬病法》(1974) 和《动物疫病法》(1975) 等五部相关法。该法自颁布实施以来，分别于1992年、1998年、2002年和2005年做了4次修订。

②委任立法　《动物卫生法》(1981) 主要对动物疫病防控的基本方针和原则作了规定，该法授权农业部可对动物疫病控制和扑灭、动物及其产品进出口、动物标识和登记等内容制定行政规章。英国涉及动物疫病控制和扑灭的法规主要以疫病法令的形式发布。目前，制定的动物疫病法令涉及20多种畜禽疫病，有19部法令；有7部特定疫病方面的法令涉及动物疫病控制和扑灭；有11部是只适应部分地区（如英格兰、苏格兰或北爱尔兰）或某种疫病的某项事宜。动物流通管理法令5部，涉及动物流通的管理，多在动物疫病控制和扑灭的法规、动物标识和登记的法规、动物及其产品进出口管理的委任立法中规定，单独对动物及其产品流通的立法不多。动物及其产品进出口管理法令有11部。其中，管制动物及其产品进出口的2部，管制动物及其产品进口的7部，管制动物及其产品出口的2部。动物标识和登记法令有9部，涉及牛、猪、羊、马四种动物。其中，以牛科动物标识和登记的法规最多，共有4部。动物疫病

应急管理方面，国家应急计划不属于法律法规，可作为指南性文件。目前，英国现行的动物疫病应急计划有《口蹄疫应急计划》、《禽流感与新城疫应急计划》、《猪瘟应急计划》、《外来病应急计划》，动物疫病应急计划草案有《狂犬病应急计划草案》、《非洲猪瘟应急计划草案》和《蓝舌病应急计划草案》。

（3）动物源性食品安全法律体系

①法律　涉及动物源性食品安全的4部法律分别为：《食品安全法》（1990）、《食品标准法》（1999）、《屠宰厂法》（1974）、《家禽屠宰法》（1967）。《食品安全法》（1990）于1990年6月29日颁布实施，是英国调控食品安全最基本的法律，规定了食品安全管理的基本方针和原则。内容涉及：食品安全、消费者保护、食品厂登记和许可、辩护、采样和分析、进入的权力和妨碍公务、违法、申诉、财政规定、法律文书和文件等。《食品标准法》（1999）于1999年11月11日颁布实施，该法共有43条，具体规定成立一个独立的食品安全监督机构——食品标准局代表英王履行职能，并向英国议会报告工作。《屠宰厂法》（1974）于1974年颁布实施。该法共有48条，内容涉及：私人屠宰厂和老弱家畜屠宰厂的发照、私人屠宰厂和老弱家畜屠宰厂的管理、私人屠宰厂的限制、公共屠宰厂的规定和管理、强制执行及法定程序、屠宰方法、屠宰工的执照等。

②委任立法　英国涉及动物源性食品安全的委任立法33部，其中，涉及动物及其产品检验的9部，屠宰管理的3部，生产加工卫生的10部，动物产品标识和登记的1部、动物源性饲用产品安全卫生的10部。

（4）兽医药品和饲料管理法律体系

①兽医药品管理法律体系　作为欧盟成员国的英国，除了适用欧盟相关法律外，还根据国内情况针对兽药产品的经营和使用等事项制定相应的法令。英国现行的兽医药品的立法繁多，但在法律层次上有1部，委任立法10部。其中，涉及兽药生产管理的1部，涉及兽药经营和使用管理的7部，涉及兽药残留管理的2部。

A. 法律。《兽药规范》（2005）于2005年10月30日颁布并陆续生效，到2006年1月1日则全部生效。该规范是英国管制兽药产品的最基本的法律。该项法颁布生效以前，英国涉及兽药的法律为《药品法》（1968），该法同时对人类药品和兽药产品作了规定。直到《兽药规范》（2005）颁布和生效后，《药品法》（1968）涉及兽药产品的规定自动失效，标志着兽药产品和人类药品的立法的分离。

B. 委任立法。在《兽药规范》（2005）的框架下，英国涉及兽药产品管理的法规除了有直接适用的欧盟法律，也有规范，还有法令。主要涉及兽药生产管理、兽药经营和使用管理、兽药残留管理。在兽药生产管理规定方面，是直接适用《欧盟委员会〈指令 91/412/EEC〉关于兽药生产质量管理规范（GMP）的原则和指南》。此为英国动物卫生立法适用欧盟法律的形式之一。在兽药经营/使用管理方面，规定有《兽药产品的供给法令》（2005）等 7 部。在兽药残留管理方面，主要有《动物及其产品（残留检测及最大残留量）规范》（1997）、《杀虫剂（在农作物、食品及饲料中的最大残留水平）规范》（1999）。

②饲料管理法律体系　英国涉及饲料管理的法律 1 部，委任立法 4 部。其中，4 部委任立法都是直接适用或间接适用欧盟法律。

A. 法律。英国涉及饲料管理的法律为——《农业法》（1970）。该项法律于 1970 年 5 月 29 日颁布实施。全文共有 113 条，分为八部分。其中，涉及饲料管理规定的为第四部分——肥料与饲料，共有 22 条。内容涉及饲料执法主体、饲料及其原料的销售、采样和分析、诉讼等。

B. 委任立法。英国涉及饲料管理的法规主要有 4 部，分别为《饲料规范》（2000）、《饲料（厂所及人员）规范》（1998）、《饲料（采样和分析）规范》（1999）、《欧盟饲料卫生规范》（2005）。

（5）动物福利和保护法律体系　1822 年，查理德·马丁提出《反对虐待以及不恰当地对待牛的行为》的法案在英国议会获得通过，定名为《反对虐待动物法》（1822）。该法是世界上第一部反虐待动物的法律。该法虽然具有很大的局限性，但不影响其成为动物保护史上的一座里程碑。随后，英国动物保护和福利立法便开始长达两个世纪的历程。

如今，英国的动物保护和福利立法已相当完善。从当年仅针对牛发展到针对农场动物、实验动物、伴侣动物、工作动物、娱乐动物和野生动物；从涉及反对虐待动物发展到涉及饲养、屠宰、运输等过程。目前，英国涉及动物保护和福利的法律 5 部，委任立法 11 部。

①法律　英国主要涉及动物保护和福利的 5 部法律分别为：《动物保护法》（1911）、《动物（科学程序）法》（1986）、《屠宰过程中的动物福利法》（1991）、《野生哺乳动物（保护）令》（1996）、《动物卫生和福利法》（1984）。

②委任立法　有 11 部，保护对象包括农场动物、实验动物、伴侣动物、工

作动物、娱乐动物和野生动物，涉及饲养、屠宰、运输、市场等环节，以实现全方位全过程的动物保护和福利。其中，涉及饲养环节的1部，屠宰环节3部，运输环节3部，经营环节4部。

（6）兽医管理法律体系　英国涉及兽医管理法律体系也可分成兽医从业管理和兽医行政管理法律体系两部分。兽医从业管理的法律、委任立法主要以《兽医师法》（1966）为框架，兽医从业管理法规主要规定了兽医执业、操作要求，并出现了非政府部门所制定的委任立法。而兽医行政管理法律、行政规章包括行政处罚、行政诉讼、行政收费，尤以行政收费的规定居多。

①兽医从业管理法律体系

A. 法律。涉及兽医从业管理的法律只有一部——《兽医师法》（1966）；委任立法9部，其中涉及兽医执业操作要求的5部，兽医执业管理的4部。

《兽医师法》（1966）于1966年11月17日颁布实施，颁布至今经历了14次修订，该项法是英国目前管理兽医师的基本法律。全文有29个条文和4个附录，正文分为六部分。其中，第一部分规定了皇家兽医师协会理事会的人员组成（并在附录一中对人员的任免等作出细致的规定）；第二部分规定了兽医师的注册资格和注册要求；第三部分规定了注册后的管理；第四部分规定了由初步调查委员会及纪律委员会对兽医执业纪律的管理，并在附录二中规定了初步调查委员会及纪律委员会组成和管理程序等；第五部分规定了不符合要求的人不得执业及“执业者”称谓的使用，并在附录三中规定了不受限制的情况。

B. 委任立法。涉及兽医执业的9部法规分别为：《兽医师（测定牛结核病）法令》（2005）、《兽医师（牛直肠超声扫描）法令》（2002）、《兽医师（母马人工授精）法令》（2004）、《兽医师（外硬膜麻醉）法令》（1992）、《兽医师（采血）法令》（1983）、《兽医师和兽医从业者（纪律委员会）（程序和证据）规则理事会法令》（2004）、《兽医师和兽医从业者（登记）规范理事会法令》（2004）、《兽医师（英联邦和国外考生的考试）规范理事会法令》（2005）、《兽医师（学生操作）规范理事会法令》（1981）。前5部法规，主要规定了进行这些具体操作不受《兽医师法》（1966）限制（法律原本是禁止进行这些操作的），并规定了可以进行这些操作的人员资格，部分法规还对具体操作过程作出规定。英国皇家兽医师协会是英国负责管理兽医执业的法定机构，其理事会可针对兽医执业管理事宜制定规范、规则等，并通过法令的形式发布，这些规范、规则具有法律效力。

②兽医行政管理法律体系　目前英国涉及兽医行政处罚、行政诉讼、行政收费的法规很多。各法规的授权法各不相同，既有欧盟法律，也有国内针对具体动物卫生事项而制定的法律法规。包括：《肉品卫生起诉法庭（程序）规范》(1992)、《饲料（食品动物的饲养安全要求）规范》(2004)、《饲料执行规范》(1999)、《检验和控制规范》(1977)、《肉（卫生、检验及残留检测）（收费）规范》(1995)、《鲜肉及禽肉（卫生、检验和残留检测）（收费）规范》(1990)、《动物（科学程序）法》(1986)、《收费法令》(1996)、《药品（与动物用医药产品有关的收费）规范》(1994)、《禽群、孵化场及动物加工蛋白（收费）法令》(1992)、《动物疫病（废品食品）（发照收费）法令》(1996)。

（7）英国动物卫生法律体系特点

①兽医机构组织法律体系特点　英国很重视兽医机构设置和运行的合法性。在机构设置前便颁布相应的法律法规，规定该机构及其主管的职责等，实现依法行政。同时，英国还通过立法保证对环境、食品和农村事务部等政府部门的财政拨款的稳定性。

②动物疫病防控法律体系特点　英国动物疫病防控法律体系特点主要有三个：一是英国针对动物疫病的控制和扑灭的法规非常完善。初步统计，英国针对动物疫病控制和扑灭的法规共有37部，其中针对单个动物疫病的立法有19部之多。二是英国针对动物标识和登记的立法也很完善。针对牛、猪、羊、马等动物标识和登记都有相应的立法。三是英国动物及其产品进出口管理“严进宽出”。从立法数量比例看，涉及进出口、进口管制、出口管制的法规比例为3∶7∶2，涉及进口的立法占大多数。

③动物源性食品安全法律体系特点　英国把肉类分成白肉、红肉和野生动物肉三种，针对每种肉类都有单独的法规。同时，英国非常注重屠宰管理的立法，涉及屠宰管理的法规有3部。对供动物饲用的动物源性饲用产品安全也很关注。因此，这方面共制定了10部法规。此外，英国在这方面的立法充分体现了全过程监控的理念，有效解决了立法交叉、重复等问题，既提高了行政效率，还节约了立法成本。

④兽药与饲料管理法律体系特点　兽药与饲料管理立法比较完善，有法律1部，委任立法10部。

⑤动物保护与福利法律体系特点　英国的动物保护和福利立法已相当完善。目前，有法案5部，委任立法11部。

⑥兽医管理法律体系特点　英国兽医管理立法最重要的特点是皇家兽医师协会的委任立法。皇家兽医师协会是英国负责管理兽医执业的法定机构，其理事会可通过发布法令的形式进行兽医从业管理立法。

2. 美国动物卫生法律体系

美国涉及动物卫生的联邦法律大部分都收录于《联邦法典》第七卷的农业卷和第二十一卷的食品与药品卷，如《联邦动物健康保护法》和《联邦食品、药品与化妆品法》；联邦行政规章大部分都收录于《联邦法典》的第七卷的农业卷、第九卷的动物及其产品卷、第二十一卷的食品与药品卷。初步统计，美国联邦现行动物卫生法律 15 部、行政规章 123 部，内容主要涉及兽医机构组织、动物疫病防控、动物源性食品安全、兽药与饲料管理、动物福利与保护、兽医管理等六方面（表 10－1）。

表 10－1　美国联邦现行动物卫生法律、行政规章数量统计

调整内容	法律（部/项）	行政规章（部/项）
兽医机构组织	2	5
动物疫病防控	1	26
动物源性食品安全	4	39
兽药与饲料管理	2	42
动物福利与保护	5	6
兽医管理	1	5
合计	15	123

（1）兽医机构组织法律体系　美国非常重视这方面的工作，通过制定法律、行政规章明确兽医机构的设置、职能、人员等，以保证兽医机构的科学设置和兽医执法工作的独立性，减少不必要的政治、经济和社会干扰。

①法律　在美国，主要有 2 部法律对兽医机构组织、结构作了规定，分别收录于《联邦法典》第五卷《政府机构权力法》和第七卷的《农业部重组法》。

②行政规章　在上述法律的授权下，农业部和卫生部分别针对动物卫生和兽药管理的行政管理制定了相应的行政规章。农业部就此颁布的行政规章主要包括：《机构运作规定》、《农业部部长的授权及农业部的主要官员规定》、《动植物卫生检疫局组织结构、职能及授权规定》。卫生部就此颁布的行政规章为收录于《联邦法典》第二十一卷的《卫生部食品药品管理局的权力和组织结构

规定》。该法规规定食品药品管理局对于兽药的行政管理所具有的权力。

（2）动物疫病防控法律体系　法律层次有《联邦动物健康保护法》和各州的动物疫病防控法律，行政规章层次涉及动物疫病的控制和扑灭、动物及其产品的流通、动物及其产品的进出口、应急反应、动物标识和登记管理等。

①法律　《联邦动物健康保护法》是美国目前动物疫病防控方面的基本法律。该法于2002年5月颁布实施，该法整合了美国所有的动物检疫相关的法律，并增加了部分新规定，使动植物卫生检疫局能更有效地执行各种动物卫生防范工作。同时，还授予兽医机构一些新的权力，使其可以有效地对各种威胁美国动物健康和安全的因素作出反应。该法主要规定了动物疫病防控的大的方针和原则，内容涉及疫病及有害物的发现、控制和扑灭，跨州流通，进出口管理，检疫与处理，没收及审批，兽医认证计划，联邦与州的协作，行政及侵权请求，处罚，授权制定规章及行政令，财政拨款，（官方）兽医培训，人畜共患病的监视，以及动植物卫生检疫局职权范围等方面内容。

各州也制定相应的动物疫病防控法律，如《蒙大拿州动物疫病控制法》、《康涅狄格州动物疫病法》、《加利福尼亚州动物及家禽检疫和疫病控制法》等。各州畜牧业和动物卫生状况不同，法律具体规定的内容不尽相同，但结构基本相似。

②行政规章　联邦行政规章由动植物卫生检疫局制定，主要收录于《联邦法典》第九卷动物及其产品卷的第一篇。初步统计，联邦行政规章中涉及动物疫病的控制和扑灭的6部，动物及其产品跨州流通的11部，动物及其产品进出口的7部。行政规章主要规定了疫病相关定义，与州的协作，对被销毁动物畜主的补偿，检测结果，待销毁动物的标记，动物的销毁及时限，动物的估价，感染、接触和疑似感染动物的运输及运输费用的偿还，补偿的追索，以及不受理的追索等。

（3）动物源性食品安全法律体系　美国非常重视动物源性食品的安全，这方面的立法非常细致。内容包括动物源性食品安全一般规定、动物的屠宰管理、动物产品的检验、动物产品生产加工卫生、动物产品标识和登记等。其中，国会立法有4部；行政规章9部，涉及动物源性食品安全一般规定的10部、动物屠宰管理的7部、动物产品检验的11部、动物产品生产加工卫生的6部、动物产品标识和登记的5部。

①法律　美国涉及动物源性食品安全的法律主要包括《肉检法》、《家禽及其产品检验法》、《蛋类产品检验法》和《农产品分配与销售法》。《肉检法》主要是针对红肉产品（来自牛、猪、绵羊、山羊、马、骡或其他马属动物的肉及肉类产品）的安全检验，规定了检验要求、掺假和贴假标签管理，肉品加工者

和相关企业要求，联邦和州政府合作等内容。《家禽及其产品检验法》主要是针对白肉产品（鸡、火鸡、鸭、鹅或其他禽类的胴体及产品）的安全检验，规定了联邦和州政府合作，对官方认可生产单位的监督，经营场所、设施和装备的操作要求，标签和容器标准，禁止的行为，法规中的各种行为，违法户处罚，违规的通告，进出口等内容。《蛋类产品检验法》主要是针对禽蛋及蛋制品的安全检验，内容包括蛋制品检验、卫生操作规范、蛋制品的巴氏消毒和标签、禁止的行为、政府机构的合作、处罚、进出口等。《农产品分配与销售法》主要是针对部分进出口产品的安全检验及兔、家禽等自愿检验。

②行政规章　美国农业部下设的食品卫生检验局（FSIS）在以上四部法律的授权范围内，对涉及动物源性食品安全的事项发布了相关的行政规章，共40多部，收录于《联邦法典》第九卷第三篇中。包括动物源性食品安全一般规定、动物产品的检验、动物的屠宰管理、动物产品生产加工卫生、动物产品标识和登记五方面。动物源性食品安全一般规定是确保动物源性食品的安全检验行为得以顺利进行的基础性规定。主要对检验程序、人员、保障体系等作出规定。其中，检验程序包括检验申请、申请的审批、检验活动的开展及撤销等方面；对于人员的规定，主要规定要任命专业人员进行检验，并授予其一定的权力；保障体系主要从检验设施、技术支持和经费三方面作规定，包括：《检验申请和其他要求规定》、《豁免规定》、《检验申请，检验的许可规定》、《官方编号，检验的开展、取消，违法情况规定》、《进入官方场所，产品的重新检验和准备规定》、《项目雇员的任务及授权规定》、《检验设施规定》、《州和地区合作规定》、《个别州和地区的规定》、《运输规定》。动物的屠宰管理规定适用于红肉动物的屠宰。家禽的屠宰管理在《家禽产品的检验规定》中作了详细规定。包括：《宰前检验规定》、《宰后检验规定》、《患病或残次胴体及其局部的处理规定》、《官方标志、仪器和认证规定》、《家畜的人道屠宰规定》、《官方场所内不合格或其他不可食用产品的处理规定》、《可煮食的胴体及其局部的提炼或其他处理规定》。动物产品检验规定涉及红肉、部分的禽类产品及部分蛋类产品的安全检验，具有强制性，违反相应规定则有相应的处罚。但对于其他非主流的动物源性食品，则实行自愿检验规定。虽是自愿检验，但其规定也是十分详细，同样包含通则、检验申请程序、违法情况、官方标志、包装、收费、屠宰、诉讼、卫生要求等方面的内容。包括：《成分鉴定的定义和标准规定》、《禽类产品的检验规定》、《蛋及蛋类产品检验规定》、《家禽自愿检验规定》、《外来动物的自愿检验规定》、《兔及可食产品的自愿检验规定》、《蛋制品的自愿检验规定》、《肉及其他产品的特别服务规定》、《（动物产品）出口规定》、《动物脂肪的出口认证规定》、《进口产品规定》。动物产品生产加工卫生规定包

括卫生标准操作程序、危害分析及关键控制点体系、预处理和加工程序等。包括：《（动物产品生产加工）卫生规定》、《危害分析及关键控制点（HACCP）体系规定》、《预处理和加工操作规定》、《特殊产品的要求规定》、《消费者保护标准：原料产品规定》、《操作规程规定》。动物产品标识和登记规定涉及产品标识和登记的行政规章，主要包括：《术语、掺假及贴假标签标准规定》、《产品标识及包装规定》、《贴标签、上标仪器及容器规定》、《记录、注册和报告规定》、《犬、猫和其他肉食动物产品认证、种类、质量、数量和条件的检验、认证和标识规定》。

（4）兽药与饲料管理法律体系　1906 年美国通过第一部关于食品和药物的联邦法律——《纯食品药物法》（PFDA）。而美国兽药、饲料立法是在 20 世纪 60 年代在食品和药物法规的基础上演化而来的，经过将近半个世纪的发展，已基本形成一个强而有力的、灵活的和以科学为基础的法律体系。美国涉及兽药与饲料管理的法律有 2 部，即《联邦食品、药品和化妆品法》和《病毒、血清、毒素、抗毒素及类似产品法》；涉及兽医化学药品管理的行政规章有 16 余部、兽医生物制品管理的行政规章 16 部，涉及饲料管理的行政规章 10 部。

①兽医化学药品管理法律体系　兽医药品分为化学药品和生物制品，针对这两种兽药产品，美国都是单独立法管制的。目前，美国涉及兽医化学药品的法律 1 部，行政规章 16 部/项。

A. 法律。美国现行兽医化学药品管理的法律是《联邦食品、药品和化妆品法》。该法是美国目前管理食品、药物和化妆品的最基本法律，主要规定了食品、药品和化妆品管理的方针和原则。目前，该法涵盖有食品、药物（包括人药、兽药、放射性药物及动物药饲）、化妆品和医疗器械（人用和兽用医疗器械）等管理的法律规定。

B. 行政规章。在美国，兽医化学药品管理方面的行政规章是由美国人类卫生服务部（DHHS）下属的食品药物管理局（FDA），根据《联邦食品、药品和化妆品法》的规定而制定的，主要收录于《联邦法典》第二十一卷。行政规章共有 16 部/项，其中通则 3 项、兽医化学药品生产管理 4 部、兽医化学药品使用管理 7 部、兽医化学药品残留限量管理 1 部、兽医医疗器械管理 1 项。

②兽医生物制品管理法律体系　早在 1913 年便有关于生物制品的法律，名为《病毒、血清、毒素法》。那时，兽医生物制品和人用生物制品同用一部法。直到后来，二者的立法分离，兽医生物制品由《病毒、血清、毒素、抗毒素及类似产品法》规定，人用生物制品由《联邦食品、药品和化妆品法》规定，由此，兽医生物制品归农业部动植物卫生检疫局下设的兽医局管理，人用生物制品归食品药品管理局管理。美国现行的兽医生物制品管理法律 1 部，行政规章

16 部。

A. 法律。美国现行的兽医生物制品管理法律为《病毒、血清、毒素、抗毒素及类似产品法》，于 1985 年正式颁布实施，收录于《美国法典》第二十一卷第五章。该法共有 10 节，各节分别为：禁止制备和销售对家畜无价值或有害的产品，应在持照场所按规定制备；进口的管制和禁止；进口检验，拒绝进入和销毁；制备和销售的管制，执照；特殊情况使用特殊执照，便利程序，条件，豁免，标准；进口的批准；需检验通过的执照，执照的吊扣；检验；违法，处罚；执行，罚款，国会声明。其中，“制备和销售的管制，执照”一节授权农业部可制定行政规章对生物制品的制备和销售进行管理。

B. 行政规章。动植物卫生检疫局单就兽医生物制品的立法有 16 部，重点管制兽医生物制品的生产和使用。包括：《生物制品的认证规定》、《生物制品的生产、流通和效能评估规定》、《生物制品许可规定》、《生物制品执照或许可的吊扣、撤销或终止规定》、《农业部项目或农业部监督的项目对生物制品的使用要求的豁免规定》、《其他生物制品制备要求的豁免规定》、《持照场所的设施要求规定》、《持照场所的消毒规定》、《包装和标签规定》、《生物制品标准要求规定》、《生物制品生产要求规定》、《（生物制品）检验规定》、《记录和报告规定》、《认证企业内的动物规定》、《生物试剂和毒素的保存、使用和运输规定》、《微生物和载体规定》。

③饲料管理法律体系

A. 法律。由《联邦食品、药品和化妆品法》规定。该法第四亚章用了 22 节对涉及食品的事项作出规定，内容涉及劣质食品、贴假标签食品、销售等。

B. 行政规章。涉及动物饲料的行政规章主要有 10 部：《动物饲料标签规定》、《动物用非标准食品的常用名规定》、《动物饲料及包装材料不可避免的污染规定》、《食品添加剂规定》、《食品添加剂申请规定》、《允许在动物饲料和饮水中加入的食品添加剂规定》、《动物饲料及宠物食品生产、加工、处理过程中的辐射规定》、《常见安全物质规定》、《被定为安全的物质用于动物饲料和饮水规定》、《禁止用于动物饲料或食品的物质规定》。

（5）动物福利与保护法律体系　近年来，美国一直在国际社会中倡导要建立动物福利的国际规则，动物福利方面的法律体系是很健全的。涉及动物福利与保护的法律有 5 部，按颁布时间先后分别为《二十八小时法》、《人道屠宰家畜法》、《特定动物的运输、销售和处理法》、《马保护法》及《猪健康保护法》，与之配套的行政规章 7 部。

①法律　《二十八小时法》是美国第一部阻止残忍对待农场动物的法律，于 1873 年颁布实施，现行的版本为 1994 年修正的版本，该法要求在运输动物

时应当为其提供食物和水，并且运输 24 小时后必须给动物提供 4 小时的休息时间。《人道屠宰家畜法》于 1958 年颁布实施，共有 6 节，分别是：目的和政策；人道的方法；撤销；方法的研究及应用；传统屠宰的豁免；对于残废家畜的操作。《特定动物的运输、销售和处理法》于 1966 年颁布实施，内容包括：执照的获取要求，场所及人员的登记，动物的销售，记录的保存，治疗、饲养、处理、运输动物的标准及证书，联邦和州的协作，违法及宠物的保护等，涵盖了家畜、宠物、实验动物等各种动物，因此，也被称为《动物福利法》。《马保护法》于 1970 年颁布实施。在国外，马多用于比赛和娱乐，因此，人们对马匹的保护是非常重视的，还将对马匹的保护行为视为商业行为，并把《马保护法》归于贸易法的范畴。《猪健康保护法》于 1980 年颁布实施。该法禁止使用剩饭等“垃圾”食品来饲喂猪，并规定了相应的民事处罚和刑事处罚，还要求各州立法管制此类行为，最后规定了财政拨款事项。

②行政规章　美国把涉及动物福利的行政规章作为《联邦法典》第九卷的开篇法规。包括：《（动物福利）相关定义规定》、《（动物福利）规定》、《（动物的运输、销售和处理）标准规定》、《马保护规定》、《〈二十八小时法〉的规定》、《猪的健康保护规定》、《家畜的人道屠宰规定》。五部法律对动物福利涉及的各种事项作了方向性和原则性的规定，而这 7 部行政规章则作为法律的实施细则，对其上位法提到的所有事项列明并作了详细的规定，从而实现了动物福利的可操作性。

（6）兽医管理法律体系　兽医管理法律体系主要分为兽医行政管理法律体系和兽医从业管理法律体系。前者主要涉及兽医卫生行政程序、兽医卫生行政处罚、兽医卫生行政诉讼、兽医卫生行政复议、兽医卫生行政赔偿，后者主要涉及执业兽医管理和签约兽医管理。

①兽医行政管理法律体系　美国目前对于行政执法的法律规定主要收录于《联邦法典》第五卷中，当中涉及行政程序和行政诉讼等方面的规定。此外，由于英美法系国家非常重视程序的合法，其对各类行政行为的规定都会非常仔细，只要任何法律涉及有行政行为的，都会对该类行政行为的程序等作规定，因此，涉及动物卫生的各部法律也会对相应活动所涉及的兽医行政程序、行政诉讼、行政复议和行政赔偿等内容作规定。农业部制定的行政执法方面的行政法规，主要收录于《联邦法典》第七卷第一章的第一部分，对农业行政收费、行政诉讼等作了规定。此外，《联邦法典》中涉及动物卫生的行政规章也会对相关行政执法程序等内容作规定。《联邦法典》第九卷中也有 13 部关于特定法律的行政诉讼程序的规定，如《适用〈动物福利法〉规定的诉讼程序规定》、《适用〈马保护法〉规定的诉讼程序规定》、《适用〈猪健康保护法〉规定的诉

讼程序规定》、《〈病毒、血清、毒素法〉规定的诉讼程序规定》、《针对动物疫病控制和扑灭事项适用特定法律规定的诉讼程序规定》、《针对动物及其产品跨州流通事项适用特定法律规定的诉讼程序规定》、《针对动物及其产品进出口事项适用特定法律规定的诉讼程序规定》、《进出口超时服务规定》、《动植物卫生检疫局服务收费规定》、《食品安全检验局检验服务及实验室认证的收费规定》、《兽医生物制品相关的拘留、查封和定罪规定》、《食品安全检验局可执行的查扣、没收和淘汰等规定》、《食品安全检验局关于信息自由与公众信息规定》。

②兽医从业管理法律体系

A. 法律。在美国，兽医从业管理是由各州负责，各州基本都会有一部兽医执业法。如《田纳西州兽医执业法》(1967)。该法共有 43 节，对田纳西州兽医考试理事会的创建、管理，兽医学校的批准，执照的申请、管理，非法执业的处罚，继续教育，违法者的处理等作了原则性的规定。

B. 行政规章。各州一般都会由州兽医执业管理部门制定兽医执业规定，作为州兽医执业法的实施细则。如《田纳西州兽医管理规定》，该规定共有 24 节，分别为：定义；执业范围；执照的必要性；获得执照的资格；执照申请程序；收费；申请的审查、批准、否决和信访；考试；执照的更新；监督与指导；执照的报退和恢复；继续教育；非专业操作；临时执照；处罚；执照管理；名称/地址的变更；客户记录的公开；理事会顾问、记录和投诉；广告；开处方、配药或销售药品；记录的保存；安乐死及人道致死非家畜动物的设施；客户知情权等。

另外，美国为了让执业兽医能够合法地协助联邦政府完成动物疫病的控制工作，《动物健康保护法》中规定要实行认证兽医制度，并由动植物卫生检疫局立法以确立该制度。因此，这部分的行政规章应包含《联邦法典》中关于认证兽医的规定，包括：《认证兽医相关定义规定》、《认证兽医的标准和要求，及其认证状态的撤销规定》、《吊扣或撤销认证兽医资格的实施细则》。这三部行政法规对认证的申请和要求、认证兽医的职责、认证的吊扣或撤销等事项作了详细的规定。

(7) 美国动物卫生法律体系的特点　在美国，有权制定动物卫生行政规章的机关较多，主要包括农业部及其下设的动植物卫生检疫局、食品安全检验局和卫生部及其下设的食品药品管理局。农业部主要针对兽医机构组织管理立法，动植物卫生检疫局主要针对动物疫病防控、动物福利和保护、兽医管理、兽医生物制品等方面立法，食品安全检验局主要针对动物源性食品安全方面立法；卫生部主要针对兽医化学药品管理机构组织管理立法，食品药品管理局主要针对兽医化学药品和饲料管理立法。一个领域出现多个平行立法也是其立法特点。另外，行政规章多为技术法规。美国动物卫生行政规章最多的是规定了怎么做，对所涉及的方方面面都做出了非常细致的规定。在规定怎么做时，有的引用标准内容，有的直接写入标准作为规章的正文。在推行的过程中采用自愿参与和强制执行相结合的方式。

①兽医机构组织法律体系特点　一是层级分明、衔接有序。既有国会立法，又有行政规章，按部门大小逐级规定。国会立法《政府机构权力法》、《农业部重组法》规定了各部长的权力及规定农业部部长可把法律法规授予的权力转移给各个分支机构及机构主管。行政规章《机构运作规定》则规定了农业部各机构的办公室地点等基础性事项，《农业部部长的授权及农业部的主要官员规定》规定了农业部主要官员组成和各机构主管的职责，在此基础上，最后《动植物卫生检疫局组织结构、职能及授权规定》规定了各机构下设部门的组成及部门主管的职责及部门具体负责执行的法律。二是授权明确。行政规章会针对各局级以上的部门（如兽医局、动植物卫生检疫局、农业部等）设定独立的章节，详细列明部门及其主管的组成和职责。如根据《农业部部长的授权及农业部的主要官员规定》，动植物卫生检疫局承担着56部法律授权农业部的职能。主要包括保护美国的农业卫生、向其他国家证明美国的这种卫生状况、支持以科学为基础的国际卫生标准的制定；根据《动植物卫生检疫局组织结构、职能及授权规定》规定，动植物卫生检疫局由6个项目管理部门和3个管理支持部门组成，其中项目管理部门包括兽医局（VS）、动物保健局（AC）、野生动物局（WS）、植物保护和检疫局（PPQ）、国际事务局（IS）、生物技术管理局（BRS）；管理支持部门包括立法和公共事务局（LPA）、政策和项目发展局（PPD）、市场和管理项目事务局（MRPBS）。动植物卫生检疫局内设署长1名；副署长1名；署长帮办9名，作为6个项目管理部门和3个管理支持部门的主管。因此，上至农业部及其部长，下至最小行政部门及其主管的组成和职责都有法律法规明确授权，最终达到各司其职，依法行政。

②动物疫病防控法律体系特点　一是没有单独针对动物及其产品进出口管理的国会立法。二是针对个病立法，无论是动物疫病控制和扑灭的立法，或是动物疫病应急反应立法，还是动物及其产品流通管理立法，都是针对个病而制定的。三是“严进宽出”的进出口管理立法，主要体现为进口的规定远比出口的规定内容繁多复杂。四是协议分工。美国联邦政府与州政府签署了协议，跨州事项及进出口事项由联邦政府管理，并对根据《联邦法典》规定而扑杀的动物进行补偿。具体疫病控制和扑灭工作，由州政府负责，州可立法规定动物疫病的控制和扑灭工作。

③动物源性食品安全法律体系特点　第一，针对红肉、白肉和蛋类制定了

3 套不同的法律、行政规章。第二，重点突出。由于美国人饮食习惯以红肉为主，因此，美国法律法规对红肉的安全检验非常重视，以此方面的立法最为详细，针对红肉安全所制定和颁布的法规接近 20 部。此外，美国针对动物源性产品的进出口制定了《农产品分配与销售法》，对部分进出口产品的安全检验及兔、家禽等自愿检验作了规定。食品安全检验局还制定了《家禽自愿检验规定》、《外来动物的自愿检验规定》、《兔子及可食产品的自愿检验规定》、《蛋制品的自愿检验规定》。

④兽药与饲料管理法律体系特点　美国兽药管理立法有两大特点：一是兽医化学药品与兽医生物制品的立法各自独立，各成体系；二是人药、兽医化学药品、食品、饲料同在一部国会立法中规定，但在行政规章层次则分开规定。

⑤动物福利与保护法律体系特点　美国动物福利与保护立法已相当健全。第一，立法层次分明。美国现行涉及动物福利与保护的法律 5 部，行政规章 7 部，每部法对应着至少有 1 部法规作为其实施细则，从而实现了动物福利的可操作性。第二，立法内容广泛，涉及动物饲养、运输、屠宰等环节，包括猪、马、牛、羊、猫、狗、仓鼠、兔、非人类灵长动物等动物。第三，重点突出。美国除了注重在日常环节的动物福利与保护，还会针对一些特别重要事项立法，如针对使用剩饭等“垃圾”食品来饲喂猪的情况，美国就特意颁布了 1 部法律和 1 部行政规章，以明文禁止这些行为。

⑥兽医管理法律体系特点　美国涉及动物卫生的所有法律，都会针对行政、侵权请求、处罚等事项作出原则性的规定，各法规会更细化这方面的规定。此外，美国非常重视行政救济，针对动物福利、生物制品、动物及其产品进出口等事项都制定了诉讼程序法规，共 7 部。在美国，兽医从业管理属于州的事务，因此，联邦层面上没有专门针对兽医从业管理的法律。而各州基本都会有一部兽医执业法和一部兽医管理规定，以对兽医执业范围、执照管理、继续教育、从业管理等事项作规定。另外，美国为了让执业兽医能够合法地协助联邦政府完成动物疫病的控制工作，《动物健康保护法》中规定要实行认证兽医制度，动植物卫生检疫局颁布了 3 部行政规章以具体实施该制度。

美国与英国是英美法系国家中最具代表性的两个国家，其立法强烈影响着甚至引领着其他英美法系国家的立法。因此，其立法特点基本能代表了英美法系国家的立法特点，尤在动物卫生立法方面。研究表明，英美法系国家动物卫生法律体系以制定法为主，同时保留了英美法系的特点，如以单行法为主，没有真正的法典（美国的仅为法律法规的汇编），动物卫生领域没有基本法而存在多个平行的立法。另外，还融合了大陆法系的特点，如每部次级立法（美国的行政规章或英国的委任立法）都有准据法，又称上位法。

3. 法国动物卫生法律体系

（1）法国《农村法典》　《农村法典》是将散见于不同规范性法律文件中的农业部门法的全部法律规范，进行审查、修改和补充后，编纂而成的具有完整结构的、系统化的规范性法律文本。

因为这些规范性文件的法律位阶不同，《农村法典》将这些规范性文件分成法律和条例两大块儿，便于查阅人员了解所查阅部分的法律效力。另外，《农村法典》又分别对法律和条例部分从内容上进行了分类，全文分成了八个部分，这八个部分分别是：第一部分，农村场地设备和调整；第二部分，动物公共卫生和植物保护；第三部分，农业开发；第四部分，农村租赁；第五部分，专业的农业组织；第六部分，产品和市场；第七部分，社会布局；第八部分，教育、专业形式、农业发展和农学研究。针对每一个部分，《农村法典》又从内容上进行了详细的划分。《农村法典》包含了与农业有关的各个方面的内容，其中直接与动物卫生工作有关的法律法规主要是《农村法典》的第二部分和第六部分的一些章节，因此，在研究《农村法典》时，仅将这两部分作为研究对象。

《农村法典》第二部分动物公共卫生和植物保护，共分为八卷，除去第五卷规定的是植物保护方面的内容外，其余七卷均与动物卫生密切相关。这七卷分别为：预备卷；第Ⅰ卷，动物和动物产品的防护和流通；第Ⅱ卷，动物疾病控制；第Ⅲ卷，动物和动物产品卫生控制；第Ⅳ卷，药学和动物外科实习；第Ⅵ卷，法国食品卫生安全机构；第Ⅶ卷，海外省的一般规定。每一卷又分为若干章节，对该卷的内容从不同方面予以规定。每一卷都有法律和相应的条例，相比而言，条例比法律法条更多，规定的内容也更为详细。

《农村法典》第六部分产品和市场，与动物卫生有关的主要是第Ⅴ卷动物产品。该卷共分为四章，第Ⅰ章，食品消耗，第Ⅱ章，家养动物和产品；第Ⅲ章，饲养机构；第Ⅳ章，动物及其肉制品。每一章又分为若干节，对该章的内容予以更为细化的规定。在研究过程中，为了研究方便，根据它所规定的内容，我们将其归入《农村法典》第二部分的第Ⅲ卷动物动物产品卫生控制进行研究。

（2）法国动物卫生法律体系的构成　《农村法典》依据法律所调整的不同社会关系即调整对象和法律调整方法的不同，将法国动物卫生法律体系分为五大部分，分别是：动物保护；动物福利法、疫病控制法（包括兽药管理）、动物源性食品安全法、兽医法和组织法。

①动物保护和动物福利法　法国动物保护和动物福利法可以划分为四个方

面，分别是：家养动物、驯化动物或被猎动物的看护；动物的迁徙；动物保护；动物及动物产品的禁止。《农村法典》第二部分第Ⅰ卷动物和动物产品的保护和流通实质上规定的就是动物保护和动物福利的内容。这一点通过该部分的目录可以清楚体现出来。

法律部分目录：第Ⅰ卷动物和动物产品的防护及流通，第Ⅰ章家养动物，被驯化野生动物或猎捕动物的看护（第Ⅰ节嬴利动物，第Ⅱ节危险游牧动物，第Ⅲ节关于家养动物，被驯化野生动物或猎捕动物的看护措施，第Ⅳ节受驯后陪伴残疾人的动物）。

条例部分目录：第Ⅰ卷动物和动物产品的防护和流通，第Ⅰ章家养动物、被驯服动物或被猎动物的看护［第Ⅰ节嬴利动物；第Ⅱ节流浪动物和危险动物（第Ⅰ小节总则，第Ⅱ小节适用于拘禁危险动物的地方，第Ⅲ小节第一和第二类犬的饲养，第Ⅳ小节咬人犬的驯养，第Ⅴ小节针对流浪动物的措施）；第Ⅲ节针对家养动物、被驯服动物或被猎动物的措施］。

②疫病控制法　首先，法国动物疫病控制法不仅仅是从疫病角度着手，而且围绕着与疫病控制有关的方面逐一展开。其次，针对影响疫病控制成效的因素制定了详细的监管措施。再者，针对某些重大动物疫病制定了独立的防控措施，进行了单独的规定。另外，法国有关兽药管理方面的内容全部划归在疫病控制范畴之内。法国动物疫病控制法可以划分为六个方面，分别是流行病、公共卫生、屠宰管理、预防机构、非强制性控制措施、兽药与试剂管理。

法律部分目录：第Ⅱ卷动物疫病控制，包括第Ⅰ章总则、第Ⅱ章流行病，第Ⅲ章公共卫生，第Ⅳ章预防机构，第Ⅴ章非强制性的卫生管理，第Ⅵ章肢解，第Ⅶ章兽药和化学试剂，第Ⅷ章处罚规定。

条例部分目录：第Ⅱ卷动物疫病控制，第Ⅰ章总则包括第Ⅰ节国家兽医委员会；第Ⅱ节行政委任（第Ⅰ小节卫生委任权包括四段：第一段卫生委任权的授予、第二段卫生兽医的任命、第三段学科委员会、第四段履行卫生委任的酬劳，第Ⅱ小节国家公务员的宣誓和委任）；第Ⅲ节技术措施和基本行政管理措施（第Ⅰ小节普通识别方法包括两段：第一段概论和第二段家养食肉动物的识别，第Ⅱ小节消毒）。第Ⅱ章流行病。第Ⅲ章卫生机构包括第Ⅰ节基本规定（第Ⅰ小节强制申明中不需要卫生机构采取措施的疾病，第Ⅱ小节强制申明中需要卫生机构采取措施的疾病包括五段：第一段控制疫源地的基本规定、第二段某些集团或行政管理部门的具体职责和义务、第三段关于集市和市场的可实施性规定、第四段屠宰场和肢解场的可实施性规定、第五段烈性传染病名单）；第Ⅱ节特别措施（第Ⅰ小节狂犬病包括五段：第一段限制犬流通、第二段定义、第三段分类和省级规定、第四段卫生机构的个别规定、第五段认领期限，

第Ⅱ小节口蹄疫包括四段：第一段总则、第二段对疾病有异议情况下的技术和行政管理措施、第三段关于疾病确认的技术和行政管理措施、第四段财政措施），第Ⅲ小节马鼻疽，第Ⅳ小节牛类传染性胸膜肺炎，第Ⅴ小节牛瘟，第Ⅵ小节牛类布鲁氏菌病，第Ⅶ小节马媾疫，第Ⅷ小节炭疽、第Ⅸ小节马瘟包括三段：第一段概论、第二段卫生机构管理、第三段干预计划和财政预算，第Ⅺ小节牛结核病，第Ⅻ小节猪布鲁氏菌病。第Ⅳ章预防组织。第Ⅴ章非强制性的卫生控制措施。第Ⅵ章肢解。第Ⅶ章兽药和试剂。第Ⅷ章处罚规定。

③动物源性食品安全法　首先，《农村法典》将与动物源性食品有关的部分内容划归到第六部分。动物源性食品安全方面的法律法规规定的内容包括饲养、屠宰、加工和销售的各个环节，充分体现了国家对食品“从农场到餐桌”的全过程管理理念。其次，值得注意的是，法国将动物及动物产品的进出口纳入动物源性食品安全管理的范畴。再者，法律法规对动物源性食品安全的管理机构予以了明确的规定。另外，法国海产品的管理也属于动物卫生管理的范畴。

法国动物源性食品安全法可以划分为五个方面，分别是卫生和质量监测、有关产品的规定、有关饲养的规定、动物源性食品的规定及进出境和共同体内部流通。

法律部分目录：第二部分动物公共卫生和植物保护第Ⅲ卷动物和动物产品卫生控制（第Ⅰ章总则，第Ⅱ章相关产品的规定，第Ⅲ章相关组织的规定，第Ⅳ章关于饲养的规定，第Ⅴ章有关动物食品的规定，第Ⅵ章进口和共同体内部流通和出口，第Ⅶ章处罚规定）。第六部分产品和市场第Ⅳ卷产品和食品（第Ⅲ章标签和证书）；第Ⅴ卷动物产品（第Ⅰ章食品消费，第Ⅱ章家养动物品种，第Ⅲ章饲养机构，第Ⅳ章动物及其肉制品）。

条例部分目录：第二部分动物公共卫生和植物保护第Ⅲ卷动物和动物产品的卫生控制（第Ⅰ章总则，第Ⅱ章与产品有关的规定，第Ⅲ章相关组织的规定，第Ⅳ章有关饲养的规定，第Ⅵ章进口和共同体内部流通和出口，第Ⅶ章处罚规定）。第六部分产品和市场第Ⅳ卷农产品和食品（第Ⅲ章标识和证书）；第Ⅴ卷动物产品（第Ⅰ章食品消费，第Ⅱ章家养动物品种，第Ⅲ章饲养机构，第Ⅳ章动物及其肉制品）。

④兽医法　法国兽医法可以划分为三个方面，即兽医职业的规定、兽医级别的规定和处罚的规定。法国兽医法主要对兽医资格、兽医职业资格、兽医管理机构及兽医人员的义务和责任进行了规定。这些方面的规定翔实具体，具有很强的可操作性，值得我国借鉴和推广。另外，法国有专门针对兽医的管理委员会，负责兽医行业内部的管理，促进兽医事业的发展。

法律部分目录：第Ⅳ卷对动物用药和外科手术行为（第Ⅰ章职业行为、第Ⅱ章兽医级别、第Ⅲ章处罚规定）。

条例部分目录：第Ⅳ卷对动物用药和外科手术行为，第Ⅰ章职业规定：第Ⅰ节文凭和兽医资格或资格证书（第Ⅰ小节兽医博士文凭，第Ⅱ小节授予兽医博士文凭的大学）；第Ⅱ节在法国容许给动物用药和实施外科手术的规定（第Ⅰ小节国家国立兽医学院的学生，第Ⅱ小节欧洲共同体成员国侨民、欧洲经济联盟成员国侨民或持有国家级兽医文凭的人员，第Ⅲ小节法国侨民、欧洲共同体其他成员国侨民或欧盟国家侨民，持有第三国家的兽医学位或资质证明，第Ⅳ小节兽医专业实习的预先注册）；第Ⅲ节兽医专业；第Ⅳ节法国某些兽医专业共同实习机构的特别规定（第Ⅰ小节兽医企业）。第Ⅱ章兽医级别：第Ⅰ节等级委员会的作用和构成（第Ⅰ小节地方性委员会和高级委员会的作用，第Ⅱ小节机构组成，第Ⅲ小节地方性成员选举，第Ⅳ小节高级等级委员会成员的选举，第Ⅴ小节选举的一般规定）；第Ⅱ节兽医义务法；第Ⅲ节兽医等级名单的登记；第Ⅳ节地方性学科委员会；第Ⅴ节高级学科委员会。第Ⅲ章处罚规定。

⑤组织法　法国食品安全管理局是基于欧盟风险管理和风险评估分离原则而成立的独立技术评估机构，行政管理隶属于农业部、卫生部和消费者部三个部门，局长由三部部长联席会议任命。其主要职责是负责食品安全和人类健康的风险评估工作，对三个部提供技术支援，主要以提供咨询服务为主，但带有部分药政管理职能，负责药品质量认证。法国食品卫生安全管理局设有 10 个专家委员会，专家从全国相关领域择优选择。法国食品卫生安全管理局下属动物营养、动物卫生和传染病诊断等 13 个全国性实验室，开展本领域内的基础性研究工作。

另外，在《农村法典》的各卷针对具体的管理领域，均有对管理这部分机构的明确规定。

法律部分目录：第Ⅵ卷法国食品卫生安全管理局的任务、机构设置和职能。

条例部分目录：第Ⅵ卷法国食品卫生安全管理局的任务、机构设置和职能。

⑥法国的标准和技术法规　与欧盟其他国家一样，法国的标准也经常被相关的技术法规引用，作为法律的技术支撑。法律法规在涉及技术方面的内容和规定时，就会将相关的标准引入法条，作为该技术法规的一部分，这一现象在相关法条中可以清晰地看到。如 Art. L. 234－2、Art. R. 213－7 和 Art. R. 214－53 等法条都引用了相关的标准。

（3）法国动物卫生法律体系的特点　《农村法典》是法国兽医工作的根本大法，对兽医机构设置、动物保护和动物福利、疫病监控和消灭（包括兽药管理）、动物源性食品安全、兽医管理等都给予明确规定。通过对法国动物卫生法律体系的研究，我们看到法国动物卫生法律体系建设体现出以下特点。

①立法特点 一是注重法典的体系排列。法国将公布的法律法规整理编纂成法典，使规定更富逻辑，概念更为明确，语言更加精练。二是均有法律和条例两种形式，法律给出针对该项内容的原则性和纲领性规定，条例是对法律的细化，更便于具体实施。三是普遍注重法规的科学性和操作性，大部分法律均由专家参与制定。在动物卫生法规的起草过程中，大都由相关领域的科学家负责法规的首先起草工作，再经过专业律师修正，尔后经议会批准才形成法律。四是与技术法规紧密结合，制定法规的权力机构与标准机构通过协议方式互相沟通，技术法规的制定很好地利用了标准的成果，增加技术法规的可操作性。五是法律法规出现不适应情况时，可以在短期内进行修正，从而保证其即时性。

②体系特点 一是动物卫生法律体系完善，覆盖面广，配套性好。动物卫生法律体系几乎涵盖了动物饲养、生产、屠宰、加工及流通等各个环节和每一个细节，充分体现了对动物卫生的全过程监控。包括了动物饲养场、屠宰加工厂及动物产品流通场所的认证及审批条件；特定动物疫病的监测、控制与扑灭计划；动物运输控制与疫病追踪系统；动物疫病的紧急扑灭；动物产品的进出口条件；动物保护及动物福利法规；兽医资格认证及处罚等方面。二是将兽药管理方面的内容全部划归在疫病控制范畴之内。分析其原因：一方面归结于欧盟在这方面的法规比较全面；另一方面还取决于法国疫病控制及兽药管理工作井然有序，不足以将兽药管理这一本应归属于疫病控制范畴的内容作为一个单独的法律部门进行管理。三是动物源性食品安全方面的法律法规规定的内容包括饲养、屠宰、加工和销售的各个环节，充分体现了国家对食品“从农场到餐桌”的全过程管理。并且，将动物及动物产品的进出口纳入动物源性食品安全管理的范畴。四是法国兽医法主要对兽医资格、兽医执业资格、兽医管理机构及兽医人员的义务和责任进行了规定。这些方面的规定翔实具体，具有很强的可操作性，值得我国借鉴和推广。法国有专门针对兽医的管理委员会，负责兽医行业内部的管理，促进兽医事业的发展。五是食品安全管理局是基于欧盟风险管理和风险评估分离原则而成立的独立技术评估机构，行政管理隶属于农业部、卫生部和消费者部三个部门，局长由三部部长联席会议任命。其主要职责是负责食品安全和人类健康的风险评估工作，对三个部提供技术支援，主要以提供咨询服务为主，但带有部分药政管理职能，负责药品质量认证。六是法国对动物保护和动物福利方面的规定非常详细具体。首先，法律没有对动物进行笼统的定义，而是针对动物的不同用途制定了非常有针对性的保护措施和福利

待遇；在制定动物保护和动物福利法律法规的同时，对参与该项工作的组织和机构也予以了规定。法国有关动物福利和动物保护规定的内容跟国际规则相一致。OIE 规定的动物福利的指导性原则从动物屠宰、陆地运输、海上运输等几个方面对全球的动物福利工作提出了要求，法国动物保护和动物福利方面同样在这几个方面均有相关的法律规定。七是执法主体为官方兽医，体现了权威性和强制性。由于这些国家实施的都是垂直管理体制下的官方兽医制度，故官方兽医在执法过程中可以避免地方和企业的各种不正当干扰，从而保证了法律的公正性、权威性和强制性。

4. 德国动物卫生法律体系

（1）动物卫生法律体系构成

①疫病控制法　德国在疫病控制领域的法律规定非常详细具体，目前，共收集了包括《动物疫病法》在内的 45 部法律法规，这些法律法规从不同的方面对疫病的防控进行了规定。《动物疫病法》是德国近 60 年来动物疫病防控工作的法律基础，各项法律法规的制定均以该法作为依据。《动物疫病法》前身是 1909 年颁布的《牲畜疫病法》，在历经 7 次修订后，最终形成了目前被广泛使用的版本。《动物疫病法》分为四章 86 条，分别从出入境动物疫病控制、国内动物疫病控制和监督、违法行为的处罚和法律的执行等几个方面对动物疫病的防控进行了规定，在国内疫病控制部分又对疫病的报告、重大疫病应急反应做了专门的规定。动物疫病的预防和控制：《家禽疫病条例》发布于 2004 年 11 月 3 日，规定的是有关家禽类疫病防控方面的内容；《鱼类疫病条例》规定的是有关鱼类疫病防控方面的内容；《蜂群疫病条例》发布于 2004 年 11 月 3 日，规定的是蜂类疫病控制方面的内容；《狂犬病条例》涉及针对狂犬病的防护措施的规定，目前使用的是 2001 年 4 月 11 日的版本。《口蹄疫条例》涉及对口蹄疫的防护措施的规定，目前使用的是 2004 年 7 月 5 日的版本；《隔离区管理条例》是关于传染病暴发时有关隔离区管理的规定；《结核病条例》是针对肉牛结核病的防护措施的规定，目前使用的是 1997 年 3 月 13 日的版本；《布鲁氏菌病条例》是针对肉牛、猪、绵羊、山羊的布鲁氏菌病的防护措施的规定，目前使用的是 1993 年 10 月 28 日的版本；《疯牛病检测条例》涉及的是对屠宰过的肉牛进行针对疯牛病需进行的法定肉类卫生检查方面的规定，目前使用的是 2002 年 9 月 18 日的版本；《疯牛病预防条例》发布于 2001 年 7 月 16 日，规定的是在屠宰肉牛时如何预防人类及其他动物患疯牛病方面的内容；《奇蹄目动物贫血病条例》发布于 1975 年 7 月 2 日，规定的是关于奇蹄目动物传染性贫血的防护措施；《牛传染性胸膜肺炎》发布于 1975 年 7 月 3 日，该条例是针对牛属动物传

染性胸膜肺炎防护措施方面的规定；《牛白血病条例》是针对牛白血病的防护措施的规定，目前使用的是 1997 年 3 月 13 日的版本；《鹦鹉热条例》是针对鹦鹉热和鸟类疾病防护措施的规定，目前使用的是 1991 年 11 月 4 日的版本；《牛沙门氏菌病条例》公布于 1991 年 11 月 14 日，主要是针对牛沙门氏菌病防护措施做出的一些规定；《鸡沙门氏菌病条例》规定的是家养鸡出现的特定沙门氏菌病感染时应采取的防护措施，目前使用的是 2001 年 4 月 11 日的版本；《副结核病条例》公布于 2005 年 1 月 17 日，是德国处理反刍类动物副结核病的统一规定；1974 年 5 月 7 日，公布《通过血清及过敏检验方式确诊奇蹄目动物鼻疽的规定》。1991 年 5 月 23 日，公布《炭疽和气肿疽防护措施的规定》；1989 年 5 月 10 日，公布《简化对无布鲁氏菌病牛群监督检查等官方认证的规定》；1993 年 8 月 12 日，公布《防治马瘟应采取措施的规定》；《对牛进行牛类疱疹 1 号病毒（BHV1）预防的规定》，目前使用的是 2004 年 11 月 3 日的版本；1998 年 1 月 16 日，公布《牛病毒性腹泻防护措施的规定》；《猪水疱病防护措施的规定》，目前使用的是 2001 年 4 月 11 日的版本；1998 年 2 月 5 日，公布《减少因屠宰猪产生沙门氏菌病带来危害的计划的规定》；《针对淡水鱼疫病、贝类疾病的防护措施及创建无疫病养鱼企业和地区的规定》，目前使用的是 2004 年 11 月 3 日的版本；2001 年 3 月 22 日，公布《蓝舌病防护措施的规定》。疫情报告及动物疫病应急管理：《必须申报动物疾病条例》目前使用的是 2001 年 4 月 11 日的版本；《（必须报告）重大动物疫病》是 2004 年 11 月 3 日发布的几种必须向有关当局报告的重大动物疫病的命令；联邦食品卫生、农业及林业部部长于 1997 年 2 月发布《关于发生重大动物疫情时针对感染所采取消毒措施和所需药物的规定》；《报道动物传染病的一般行政管理规定》，目前使用的是 1994 年 11 月 24 日的版本。病原管理：《动物疫病病原体条例》公布于 1991 年 11 月 25 日，是与动物疫病病原体研究工作有关的规定；《动物疫病病原体进出境条例》是有关欧洲共同体内部动物疫病病原体的运输和进出境方面的规定，目前使用的是 1982 年 12 月 13 日的版本。运输和出入境管理：《动物运输法》是有关防止动物运输过程中动物疫情蔓延的规定，目前使用的是 2003 年 3 月 24 日的版本；《动物防疫法》关于欧洲共同体内部动物及货物的运输和进口部分的应用规定；《内部市场动物疫病法》是关于欧洲共同体内部动物及货物的运输、进口及过境转运的规定，目前使用的是 2005 年 4 月 6 日的版本；《第三国的某种宠物进口和过境转运的规定》，目前使用的是 2003 年 7 月的版本；《联邦消费者保护，食品和农业部针对旅客出入境时携带的犬、猫及雪貂的规定》，目前使用的是 2005 年 3 月 1 日的版本；2000 年 1 月 27 日，欧盟发布《关于进口货物检测的决议的实施条例》；《北—波运河动物疫病条例》是关于通过北海—波罗的海运河的动物、动物产品和动物原材料以及其他所有可能成为传染病菌载体的货物的规定，目前使用的是1983年7月19日的版本；1978年6月1日，公布《动物疫病病原体进出境条例》。

②动物性食品安全法　德国食品安全的法律基础是《食品、日用品和饲料法典》，这一法典是2005年9月1日颁布。该法典共分为十一章73条。分别对食品、饲料、化妆品和其他的日用品的流通、监管等进行了规定。另外，德国还在此法典的基础上颁布了一系列法规和标准，对食品安全的各个方面进行了规范。德国的动物源性食品安全可以分为六个方面。饲料管理：《饲料法》公布于2000年8月25日，共分为25条，规范的内容涉及饲料、饲料添加剂、混合饲料的管理；《饲料条例》分为10章38条，还带有12个附件，内容涉及饲料、饲料添加剂、混合饲料及和其有关方面的规定；《饲料生产条例》颁布于1993年5月27日，全文共8条；《饲料检测和分析条例》公布于2000年5月15日，全文共13条，1个附件，规定的内容主要是对饲料采样、采用实验及分析方法；《禁止进口饲料条例》共有5条；《禁止使用、在欧共体内部运输及出口特定饲料的规定》，目前使用的是2001年3月29日的版本；2001年7月16日，公布《禁止使用饲料的二号规定》。标识管理：《牛登记管理实施法》是在对肉牛标识和登记工作所得的数据进行整理后制定的法律，目前使用的是2001年7月14日的版本；《牛标识法》公布于1998年3月4日，全文由13条组成；《牛标识条例》公布于1998年3月14日，全文分为五章11条和1个附件，规定了包括标识、标识系统和私人控制等方面的内容；《鱼标签法》公布于2002年8月1日，全文共10条；《鱼标签条例》公布于2002年8月15日，全文共10条；《食品标识条例》共由10条，4个附件。卫生管理：《动物饲养法》公布于1990年1月1日，全文共分为八章24条，目前使用的是1998年1月22日的版本；《肉品卫生法》共32条，目前使用的是1993年7月8日的版本；《禽肉卫生法》公布于1996年7月17日，全文共分为6章34条，内容涉及禽肉的生产、流通和销售过程中的卫生管理和监督；《禽肉卫生条例》公布于1998年1月1日，全文共21条，4个附件，该条例是《禽肉卫生法》的细化，规定的内容比《禽肉卫生法》更详细，操作性更强；《肉品卫生条例》公布于1987年2月1日，该条例由20条及6个附件组成；《猪饲养卫生条例》公布于1999年6月7日，主要内容是有关养猪所需的卫生条件的规定；《蛋类和蛋白制品条例》公布于1993年12月29日，全文共四章22条，5个附件；《鱼卫生条例》公布于1994年20日，全文共八章28条，5个附件；《乳卫生条例》公布于1995年4月24日，主要是针对牛奶和奶制品的卫生和质量要求的规定；饲养猪时泔水使用的规定。乳、肉等食品管理：《食品和日用品法》公布于1975年

1月1日，全文共分为61条，规定的内容涉及烟草、日用品和食品；《家畜肉品法》公布于1977年3月21日，共有五章25条，规定的内容涉及畜肉生产、销售各个方面的卫生管理；《食品卫生管理条例》是《食品和日用品法》的配套法规和细则，公布于1997年8月5日，详尽规范了涉及食品安全的方方面面，具有很强的针对性和可操作性；《乳制品条例》公布于1970年8月5日，全文共8条，4个附件；《乳品条例》公布于2000年7月31日，全文共30条，12个附件；《乳品质量条例》公布于1980年7月9日，全文共8条；《肉品条例》公布于1987年2月1日，全文共20条，7个附件。屠宰过程管理：《动物屠宰条例》公布于1997年2月17日，全文共五章18条，3个附件，主要是对屠宰过程各个环节的规范操作予以了详细的规定。废弃物的销毁：《动物类副产品销毁法》公布于2004年1月29日，全文共16条，规定的内容从疑似物的挖取开始直至确定后的销毁过程；《关于执行欧盟处理或销毁不能食用的动物副产品的规定》公布于2004年1月25日；《特殊废品法》、《可持续经济和废品回收法》和《特殊废品利用条例》里均涉及了动物产品的销毁的相关规定。

③兽医法　兽医管理：《联邦兽医条例》公布于1981年5月21日，全文由16条和1个附件组成，主要对兽医人员的责任义务、资格等方面的内容予以了规定；《兽医考核条例》全文共五章65条，16个附件，规定的内容比较详细，分别就兽医教育、考试、实习和考核等与兽医素质密切相关的方面进行了规定；《兽医收费条例》公布于1999年8月1日，由11条和1个附件组成，主要就兽医在执业过程中诊疗收费和药品收费予以规范，杜绝了行医过程中的乱收费现象。检验员的管理：《禽肉检验员条例》分为8条，内容主要涉及对检验员素质的规定；《肉品检疫员条例》共分为8条，规定主要是围绕对检验员的要求、必修课程和工作后进修等与检疫员素质密切相关的内容；《食品检验员条例》共分为7条，主要包括行业的要求、必修课程、进修等有关检验员素质的内容；《饲料检验员条例》共由7条组成，规定的内容与人员素质密切相关。其他规定：1992年10月15日公布的以《动物饲养法》为依据而设立的教学课程的规定。

④动物保护和动物福利法　德国在动物保护和动物福利领域的法律依据是《动物保护法》，该法公布于1987年1月1日，共由13章22条组成，涉及虐待动物；屠杀动物；动物表演、移交、出售和买卖某些动物；动物试验；动物运输等内容，以及与动物密切有关内容，如人员的资格、受伤动物的看护、动物居所的布置、动物屠宰的方式等，内容详细、具体、具有很强的可操作性。屠宰过程的保护和福利：《屠宰动物保护条例》公布于1997年4月1日，共分为五章18条，2个附件；规定的内容涉及屠宰各个环节动物的保护。运输过程的

保护和福利：《运输中动物保护条例》公布于 1997 年 3 月 1 日，共分为七章 45 条，7 个附件；主要是关于运输中对动物进行保护规定。各类型动物的保护和福利：《动物保护法——有关犬的规定》公布于 2001 年 5 月 2 日，共 14 条；《野生动植物保护条例》规定涉及野生动物保护的内容；《家养畜禽的保护条例》公布于 2001 年 10 月 25 日，全文分为四章 18 条。

⑤兽药法　《药品法》公布于 1978 年 1 月 1 日，法律涉及兽药的有关规定，且明确将兽药分为处方药和非处方药，还对药物残留也做了规定。生物制品管理：《动物疫苗条例》公布于 1978 年 1 月 4 日，分为 9 章 42 条，主要对血清、疫苗和抗原进行了规定；《动物疫苗价格条例》公布于 1998 年 5 月 15 日，包括 6 条和 1 个附件。其他规定：制造动物药品禁止使用某些材料的规定；《兽医药店条例》公布于 2001 年 8 月 10 日，分为 17 条，并带有 2 个附件；《出具动物药品处方条例》共有 6 条和 1 个附件，规定了可以出具药品处方的人员，以及这些人员应遵守的相关规定。

从上面法律法规的数量上可以看出，德国针对兽药的法规并不是很多，其原因在于欧盟在兽药领域制定了大量的兽药法规，规定的内容涉及兽药管理的各个方面。目前，出版发行的《欧盟医药产品管理规则》共分 9 卷，其中的第 4～9 卷均涉及兽药的有关规定，且这些规定涉及大量的技术法规，如有关良好生产质量管理规范的规定、兽药产品的最大残留限量及药物警戒性的规定等。

⑥组织法　德国和法国一样，组织法方面的法律法规除单独有几部外，多数在制定相关的法律法规时同时予以了规定，因此，在对德国组织法进行分类时，将其大体分为两类：一是散见于各部法律法规的组织法方面的规定；二是单独的关于组织法方面的法律规定。分布于各项法律法规中的规定：由于德国正在做体系框架，故对这部分不能穷尽，只举例说明。《联邦关于动物疫病防治措施目录》的第Ⅰ部分规定的是有关建立动物疫病控制中心模型及控制中心的职能，该部分分别对乡镇动物疫病控制中心、行政区动物疫病控制中心和州一级动物疫病控制中心建设均予以了规定。单独的规定：《卫生机构改革法》公布于 1994 年 6 月 24 日，其中有涉及卫生部门中央机构改革的内容；《动物保护委员会条例》公布于 1987 年 7 月 1 日，全文共由 10 条组成，分别就准入形式、代表和程序规定等几个方面进行了规定；《牛和绵羊保险费条例》公布于 2000 年 1 月 1 日，由九章 35 条和 2 个附件组成；关于就血清和疫苗管理设立一个联邦专署的规定。

⑦标准和技术法规　目前世界各国在制定法规时直接写入或引入标准的现象非常普遍，并已成为制定技术法规时惯用的一种模式，在研究动物卫生相关

法律时发现，德国也不例外。标准凝聚了科学技术和经验的综合成果，反映了最新技术水平，对于解决技术问题具有先进性和合理性；同时，标准的应用也使得法律条文可以避免复杂和过于详尽的规定，使得制定出的法规更加简单明了。例如，针对疫病防治，德国专门制定了《联邦关于动物疫病防治措施目录》，针对每种疫病的防治措施都带有相应附件，附件内容均为相应疫病控制的标准，德国的技术法规多采取附件的方式，将标准与法律法规有机地结合在一起。

（2）德国动物卫生法律体系的特点

①立法特点　一是广泛征求意见。德国法律法规在草案拟定阶段，要广泛征求政府以外组织的意见，特别是相关利益集团的意见，包括各类型协会、企业和大的利益团体。这种做法一方面立法者可以咨询与之息息相关的立法信息，另一方面还可以侧面了解法案公布后大众的接受力，因为这些相关的利益集团从一定程度上代表了绝大多数人的利益。二是比较注重法典形式排列。在适当的条件下，也组织法典的编纂工作，譬如在食品安全领域，目前已经编纂有《食品、日用品和饲料法典》。三是德国几乎每部法律法规的最后都有对违法行为进行处罚的相关规定，这些规定详细、具体，具有很强的可操作性。四是技术法规和标准结合紧密。标准对技术法规起到了技术支撑的作用。在法规中引用标准既减轻了法规起草者的负担，使他们不用再去考虑技术细节，也避免了法规制定中因重复工作而造成技术、时间和费用上的浪费。五是每个部门法均有一个法律作为制定其他法规的依据，形成了典型的成文法特点。

②体系特点　一是动物卫生法律体系完善，德国涉及动物卫生和兽医公共卫生制定有16部法律和87部法规，划分出的六个部门几乎涵盖了动物卫生和兽医公共卫生工作的各个方面，为动物卫生工作搭建了良好的法律基础。二是强调全过程管理。法律法规对动物饲养、生产、屠宰、加工及流通等各个环节的规定，充分体现了对动物卫生的全过程监控理念。三是突出预防。德国已经扑灭了OIE规定的大部分疫病，在疫病控制领域着重强调的是疫病的预防。德国与疫病预防控制有关的法律规定大约有28项之多，占到了疫病控制法律法规总量的62%，这也从一个侧面反映了德国疫病控制的主导思想。四是注重风险分析。德国在食品安全方面强调以风险分析为基础的原则，对“从农田到餐桌”整个食品链的全过程进行控制。并在风险评估基础上的构建食品安全体系，强调对食品安全的控制不在于最终产品检测即“事后检测”，而必须从源头开始，强调以预防为主的“事先控制”和对食品生产全过程进行控制。尤其强调了对废弃物的销毁，有效地切断了不合格产品流入市场的渠道，保障了公众食用产品的安全。五是动物保护和动物福利法律规定完善。德国除了制定有

《动物保护法》之外，还制定了一系列配套法规，进一步细化了《动物保护法》，从而确保动物保护工作落到实处。六是兽医管理规范。对兽医资格、兽医执业及兽医人员执业收费标准都做了统一的规定，这些方面的规定翔实具体、具有很强的可操作性，值得我国借鉴和推广。七是垂直管理体制下的官方兽医制度。兽医工作的执法主体为官方兽医，故官方兽医在执法过程中可以避免地方和企业的各种不正当干扰，从而保证了法律的公正性、权威性和强制性。

5. 欧盟法律

在农业政策方面，因为欧盟和成员国是一种相互竞争关系，所以成员国只能在欧盟法规还没有涉及的地方颁布法律并实施管辖权。欧盟在与动物卫生有关方面制定的法令主要有两部分，一部分是动物卫生方面的一些措施，包括动物饲料、动物饲养及卫生的一些法律规定；另一部分主要是对用于贸易的一些动物产品的法律规定，这些动物产品包括猪肉、蛋和家禽、奶制品、牛肉和小牛肉、羊肉等。欧盟在动物卫生方面的规定多以指令的形式公布，鉴于指令的特点，这些规定大多已转化为成员国的国内法。

6. 发达国家动物卫生法律体系的基本特点

美国、英国、法国、德国等国家都非常重视动物卫生立法和法律体系建设，并都拥有相当完善的动物卫生法律规范体系。并在动物卫生法律体系建设方面具有如下明显的共性。

一是动物卫生法规标准体系完善，覆盖面广，配套性好。动物卫生法规标准体系几乎涵盖了动物饲养、生产、屠宰、加工及流通等各个环节和每一个细节，充分体现了对动物卫生的全过程监控。包括了动物饲养场、屠宰加工厂及动物产品流通场所的认证及审批条件；特定动物疫病的监测、控制与扑灭计划；动物运输控制与疫病追踪系统；动物疫病的紧急扑灭；动物产品的进出口条件；动物保护及动物福利法规；兽医师认证及处罚措施等方面。

二是在动物卫生法律体系建设中引入了企业推动的立法模式，其立法动议首先是应企业的要求并由企业联合会提出，既保证维护企业的利益，也增强了企业在执行过程中的自觉性，有利于营造主动守法的氛围。

三是普遍注重法规的科学性和操作性，大部分法律均由专家参与制定。在美国和欧盟动物卫生法规的起草过程中，大都由相关领域的科学家负责法规的首先起草工作，再经过专业律师修正，尔后经议会批准才形成法律。

四是执法主体为官方兽医，体现了权威性和强制性。由于这些国家实施的都是垂直管理体制下的官方兽医制度，故官方兽医在执法过程中可以避免地方和企业的各种不正当干扰，从而保证了法律的公正性、权威性和强制性。

五是法律法规出现不适应的情况，可以在短期内进行修正，从而保证其即时性。

综上所述，发达国家在动物卫生法律体系的系统性、科学性、权威性、强制性、操作性和即时性等方面，都能有效地为国家的动物卫生监督管理提供强有力的法律保障。发达国家在动物卫生法律体系建设中的通行作法和先进经验，确实值得我们在重新构建动物卫生法律体系中学习和借鉴。

（三）我国动物卫生法律体系建设现状

我国是养殖业大国，动物产品的人均占有量位于世界前列，但动物卫生法律体系建设与重大动物疫病防控、养殖业生产发展、维护人体健康和公共卫生安全的需求尚存在一定差距。国家虽然制定颁布了《中华人民共和国动物防疫法》、《进出境动植物检疫法》、《进出境动植物检疫法实施条例》《兽药管理条例》、《饲料和饲料添加剂管理条例》、《重大动物疫情应急条例》及《病原微生物实验室生物安全管理条例》等一系列动物卫生法律法规，但综合评价我国的动物卫生法律体系建设状况，我国动物卫生法律法规尚未形成完整的体系框架。

1. 现行法律规范尚未覆盖动物卫生全部内容

我国现行的动物卫生法律规范大多只规定了义务性规范（即必须做什么）和禁止性规范（即不能做什么），对最重要的具体动物卫生措施（即怎么做）却未作详细规定。

现行的动物卫生法律规范尚未涵盖动物卫生的全部内容。《进出境动植物检疫法》则把口岸的检疫和监督管理延伸到产地，两部法律规范之间的衔接既有交叉，又存在空白，加之法律本身的缺陷，在实施过程中就不可避免地会出现诸多问题和障碍。

2. 现行法律法规无法形成过程管理

从管理模式来看，国际通行规则及发达国家动物卫生法律体系，都特别强调对动物卫生实施全过程统一管理。但是，在我国受管理体制、机构设置、运行模式和法律规范等诸多因素的影响，特别是在动物卫生方面长期以来实行的是分段式管理模式，即动物饲养、屠宰加工、产品流通、进出境检疫的动物卫生监管职能分别由不同法律规范调整和不同部门实施。

这种存在若干部平行法律规范同时调整动物卫生活动的现状，无论是兽医主管部门、进出境检疫部门，还是其他相关部门，谁都无法有效地实施动物卫生的全过程监管控制。这种状况极易造成执法主体多头、各自为政、互相扯皮的现象，必然会波及管理的整体效能，从而直接影响到国家动物卫生措施的有效实施。

3. 现行技术规范与动物卫生法律脱节

我国在动物卫生标准化方面做了大量工作，制定了一批国家标准和行业标准，有的还制定了省级地方标准。其中有一部分是相当于技术规章的标准，如动物饲养、屠宰、加工、贮藏、运输卫生规范等。但是，这些规范性标准一直游离于动物卫生法律、法规之外，这种状态的最大弊端就是规范性标准的执行与否不受法律的真正约束和支持。国家对执行这些规范性标准的不作为行为无法实施有效监控和制裁。更为严重的是，国际社会也会以我们的技术规章在法律上无依据、程序上无保障而对我们的动物卫生规范性标准不予认同。一旦引起国际贸易争端，我国依据这些技术规章所实施的动物卫生工作结果不会得到国际社会的认可。消除标准的多样性，构建统一的动物卫生技术规范体系，必须考虑解决技术规范与法律规范的衔接问题，只有这样才能体现技术规范的一致性和严肃性，国家才能在此基础上确定适当的动物卫生保护水平。

（四）我国与国外动物卫生立法和法律体系方面的主要区别

在动物卫生立法方面，我国主要采取的是政府推动的立法模式，而国外的动物卫生立法则主要采取的是企业推动立法模式。两者之间存在着较大的区别。

1. 立法动议及法律草案的提出方式不同

政府推动的立法动议是通过制定国家或地方的动物卫生立法规划、计划体现，动物卫生法律、法规、规章或其他规范性文件草案则由立法机关（包括权力机关和行政管理机关）提出。

企业推动的立法动议是由动物饲养、经营企业或动物产品生产、经营企业，根据市场需求，为提高动物及动物产品质量，统一规范饲养、生产、经营过程，营造一个平等竞争的环境，使自己的合法权益受到法律保护为目的而提出，动物卫生法律、法规等规范性文件草案是由企业的行业协会、联合会等组织按照企业的要求提出。

2. 立法的着眼重点不同

政府推动的立法模式着重的是如何完善和强化动物卫生行政管理措施，以及建立动物卫生行政管理秩序。

企业推动的立法模式着重的是如何完善动物卫生措施的具体实施，以及政府如何为企业实施动物卫生措施提供援助与服务。

3. 法律的制定过程不同

由于政府推动立法模式强调的是加强动物卫生行政管理，因此，在整个立法过程中，主要征求有关的动物卫生管理部门及执法机构的意见。法律条款所反映的基本是动物卫生行政管理部门和执法机构的意思，往往忽视征求或反映企业和管理相对人的意见，特别是动物卫生法律的配套规范尤为明显。

企业推动立法模式，则强调的是在规范企业饲养、生产、经营活动中如何贯彻实施动物卫生措施。因此，在整个立法过程中，主要根据动物卫生措施的要求，以提高动物卫生质量、完善动物卫生措施和要求为目的，强调政府如何为保障企业实施动物卫生措施提供资助与服务。在法律条款中基本上体现的是企业的要求与意志。

4. 法律的行为模式重点不同

政府推动立法模式强调政府的动物卫生行政管理职能。法律条款主要为企业或管理相对人设立不能做什么（禁止性规范）、必须或应当做什么（义务性规范）的行为模式。政府应当做什么一般只作原则性规定，缺乏实际的操作性。给企业设立的义务性行为规范，往往也没有明确具体（怎么做）的规定。

企业推动的立法模式在行为设定上，主要规定如何实施动物卫生措施，或者企业怎么样做才能符合动物卫生措施的规定，或者企业怎样做才能符合市场对动物及动物产品卫生质量的要求。因此，在法律条款中，更注重这种行为模式的操作性（强调怎么做）。包括政府应当资助和服务的项目，内容均有明确的、具体的、具有极强操作性的规定。特别强调企业的自律性。

5. 法律制裁的对象不同

政府推动立法模式制裁的对象主要是管理相对人（主要为企业）的动物卫生违法行为，即企业作了动物卫生法规定不让做（禁止性规范）或者没有做法律规定必须做（义务性规范）的行为。是否引起危害后果，则不是违法和制裁的必备要件。制裁形式：一般为行政处罚，不追究民事责任，无法追究刑事责任。

企业推动立法模式，企业或政府未按动物卫生法律规范做，并产生了危害后果的行为。制裁形式：严厉的行政处罚、公平的民事责任、适当的刑事责任。

6. 形成的法律关系不同

政府推动立法模式的动物卫生法律规范强制管理相对人遵守，这样就必然会使政府与管理相对人之间形成一种管理与被管理、命令与服从的不平等的动物卫生行政法律关系。

企业推动立法模式，在实施动物卫生措施的过程中强调企业的自律性，并在同一层面上，强调政府的援助与服务职责，政府与企业形成一种服务、指导和提供援助的管理关系。

7. 守法状况不同

政府推动立法模式，动物卫生法律规范对企业具有强制性，守法者可能要付出较高的成本，管理相对人处于一种被动的、抵触的守法状态。管理相对人对动物卫生法中的禁止性规范和义务性规范主要是慑于制裁而遵守，因此，在守法中主观上存在着很大的惰性。

企业推动立法模式，守法可以降低成本，动物卫生法律规范强调的是企业怎么做和政府的援助与服务，企业意识到守法是为了提高产品质量和得到政府援助。因此，企业的自律性使管理相对人处于一种主动的、自觉的守法状态。

8. 法律体系建设方面的区别

政府推动立法模式，受主管部门参与立法的影响，所制定的法律规范部门利益非常明显，而且法律体系多不完善，相关部门的整体协调与衔接往往存在诸多障碍和问题。

企业推动立法模式，国家是在适当动物卫生保护水平的基础上统一考虑立法问题，一般情况下形成的法律体系比较完整，且部门之间无利益冲突，实施过程没有障碍。

9. 修订周期不同

政府推动立法模式，动物卫生法律规范的修订周期一般都较长，如我国

1997 年公布的《中华人民共和国动物防疫法》，一直到了 2007 年才得以修订。

企业推动立法模式，动物卫生法律规范只要不适应生产发展的需要，就立即着手进行修正。如美国《联邦法典》每年都修订一次，以对各项条款因形势变化而做出相应的调整。欧盟指令在这些方面则更为及时，在众多法规中，绝大多数都做过调整或修正，对《指令 71/118/EEC 新鲜禽肉的贸易卫生问题》至今已做出了几十次修订，从而保证其适用性。

（五）建立健全我国动物卫生法律体系框架的建议

应当考虑参照 OIE 和食品营养法典委员会（CAC）的法规，借鉴发达国家在动物卫生法律体系建设中的先进经验，根据我国的国情，在总结《中华人民共和国动物防疫法》和《进出境动植物检疫法》立法、执法、守法经验的基础上，重新构建具有中国特色的动物卫生法律体系框架。

为此，首先，应确立包括动物疫病和残留控制、国内和出境检疫、动物防疫、紧急反应、兽药管理、饲料安全、动物福利、兽医执业以及有关卫生质量认证、技术标准等内容的动物卫生概念。其次，要明确动物卫生是整个卫生工作的重要组成部分，它与人的卫生和植物卫生并称世界三大卫生工作，协同为人类健康服务。再者，在此基础上考虑重新构建既能够满足全过程管理的需求，又能基本与国际接轨的中国动物卫生法律体系框架。

通过构建动物卫生法律体系框架，强化动物卫生法律体系、管理体系、技术支持和标准体系、疫病扑灭和认证体系、紧急反应体系、进出境检疫和风险评估体系建设。通过构建动物卫生法律体系框架，确立管理体制方面的官方兽医制度，饲养生产方面的标识与追溯制度，诊疗管理方面的兽医资格注册、许可制度，防疫条件方面的卫生合格证制度，无疫病区建设方面的评估、认证制度，食品安全监管方面的监测与市场准入制度等一系列动物卫生法律制度。通过构建动物卫生法律体系框架，为动物卫生立法提供技术支持，提高动物卫生法律规范的体系性、针对性和可操作性。并通过加大违法行为的处罚力度，以动物卫生法律体系框架总揽全国的动物卫生工作，尽快形成统一的并与国际规则接轨的《动物卫生法典》，整体推动国家动物卫生和兽医公共卫生的监督控能力与动物卫生保护水平。通过构建动物卫生法律体系框架，在动物卫生立法过程中可考虑适当引入《企业推动立法》模式，以提高管理相对人守法的自觉性，保护依法经营者的合法权益。彻底改变管理者与管理相对人在动物卫生执法、守法过程中的对立状态，使立法、执法和守法的目标达到高度统一。从而促进各级政府动物卫生管理职能由直接管理型向提供服务型转变。

在构建动物卫生法律体系的过程中，考虑到我们在动物疫病防控方面已经有《中华人民共和国动物防疫法》，出入境、兽药、饲料方面都有立法的情况下，可以借鉴国外先进的立法经验和通行作法，采用“法典式”和“平行式”立法相结合的模式，通过法律汇编和法典编撰的形式，统一动物卫生法律规范，逐步形成具有中国特色的动物卫生法典规范。

二、动物疫病防控管理体制保障研究

本研究采取案头调研与实地调研相结合、调查与研讨相结合的方式进行，制订了调研方案，通过收集材料、实地调研、座谈研讨，基本摸清了兽医管理体制改革总体进展情况，全面总结了兽医管理体制改革的经验和做法，认真查找了兽医管理体制改革过程中存在的问题，广泛听取了深化兽医管理体制改革的意见和建议，深入探讨了深化兽医管理体制改革的主要措施和工作重点。

（一）动物疫病防控管理体制现状

2005 年 5 月 14 日国务院出台《关于推进兽医管理体制改革的若干意见》（国发［2005］15 号），对兽医管理体制改革做出总体部署和安排，要求建立健全兽医行政管理、动物卫生监督、动物疫病预防控制三类兽医工作机构，加强基层动物防疫机构和队伍建设，实行官方兽医制度和执业兽医制度，完善动物防疫公共财政保障机制。近年来，农业部和各地党委、政府高度重视，把兽医管理体制改革列入重要工作议程，采取积极有效措施，扎实推进兽医管理体制改革，取得显著成效。

1. 中央级兽医机构改革全面完成

一是中央级兽医行政管理机构改革到位。根据中编办批复，2004 年 7 月农业部成立兽医局，核定编制 22 名。农业部设立国家首席兽医师，在国际活动中称国家首席兽医官，这标志着我国在兽医管理体制上正逐步与国际通行做法接轨。2008 年新一轮机构改革，进一步明确了兽医局在动物防疫检疫、医政药政和兽医国际合作等方面的行政职能，理顺了与水生动物疫病防检疫方面的关系。目前兽医局编制 26 人，内设 6 个处。二是中央级兽医事业单位改革调整到位。2006 年，农业部对中央级兽医事业单位进行改革调整，组建了中国动物疫病预防控制中心、中国动物卫生和流行病学中心，中国兽医药品监察所加挂农业部兽药评审中心牌子。中央级兽医事业单位力量得到加强，三个事业单位分别核定编制 136 名、180 名和 285 名。三是整合中央级兽医科研力量。为充分发挥现有兽医科研院所的作用，按照“统筹规划、整合资源，明确职责、合理布局”的原则，建设了 4 个国家动物卫生与流行病学分中心和一批国家兽医参考实验室、国家兽医重点专业实验室，初步形成了布局合理、层次分明、分工明确、运转高效的国家级兽医技术支撑体系。农业部先后在中国动物卫生与流行病学中心、中国农业科学院哈尔滨兽医研究所和兰州兽医研究所设立了禽流感、口蹄疫、牛海绵状脑病三个国家兽医参考实验室，在中国农业科学院北京、哈尔滨、兰州和上海四个兽医研究所设立了中国动物卫生与流行病学中心分中心，强化了中央级兽医研究和流行病学调查力量。中央级兽医工作机构的组建、调整和改革，有力地加强了对全国兽医工作的组织领导，为做好动物防疫工作提供了坚强的组织保障。

2. 省级兽医机构改革调整到位

目前，全国 31 个省级兽医行政管理、动物卫生监督和动物疫病预防控制三类兽医机构改革已基本到位。一是省级兽医行政管理机构。从机构设置模式看，黑龙江、吉林、辽宁、河南、广西、四川、新疆 7 个省级兽医行政管理机构为省（区）政府直属机构，独立设置；河北、内蒙古、福建、湖南、西藏、宁夏、上海、云南、青海等 22 个省级兽医行政管理机构为农业厅（委）内设或者管理，但具有独立行文权；只有北京、重庆两个直辖市兽医行政管理机构为农业局的内设处室。从机构性质看，除浙江、湖北、湖南、甘肃、四川等 5 个省级兽医行政管理机构为参公事业性质，其余 26 个省级兽医行政管理机构均为行政性质。从人员编制看，改革后全国 31 个省级兽医行政管理机构核定编制共计 874 人，其中行政编制 702 人、事业编制 172 人。二是省级动物卫生监督机构。从机构设置模式看，除浙江省级动物卫生监督机构与兽医行政管理机构合并设置，以及黑龙江、广东、新疆 3 个省级动物卫生监督机构与动物疫病预防控制机构合并设置以外，其余 27 个省级动物卫生监督机构均独立设置。从机构性质看，北京市动物卫生监督所为行政执法性质，辽宁、西藏、青海、吉林、重庆、内蒙古、江西、广东、甘肃、四川 10 个省级动物卫生监督机构为参公事业性质，其余 20 个省级动物卫生监督机构均为全额拨款的事业性质。从人员编制看，全国 31 个省级动物卫生监督机构核定编制共计 1 365 人，其中参公事业编制 470 人、一般事业编制 895 人。三是省级动物疫病预防控制机构。从机构设置模式看，除黑龙江、广东、新疆 3 个省级动物疫病预防控制机构与动物卫生监督所合设，西藏省级动物疫病预防控制机构与畜牧总站合设外，其余 27 个省级动物疫病预防控制机构均独立设置。从机构性质看，除内蒙古、江西、广东 3 个省级动物疫病预防控制机构为参公事业性质外，其余 28 个省级动物疫病预防控制机构为全额拨款事业性质。从人员编制看，改革后全国省级动物疫病预防控制机构核定编制共计 1 685 人，其中参公事业编制 128 人，一般事业编制 1 557 人。

3. 地市级兽医机构改革基本到位

据统计，全国 333 个地市，已出台改革方案的有 311 个，占地市总数的 93.4％；已全面完成地市本级兽医管理体制改革的有 295 个，占地市总数的 88.6％。一是地市级兽医行政管理机构。已完成地市本级改革的地方，独立设置兽医行政管理机构的有 170 个，作为农业部门内设局的有 80 个，作为农业部门内设科室的有 45 个，分别占 57.6 ％、27.1 ％和 15.3 ％。兽医行政管理机构为行政性质的有 202 个，为事业性质的有 93 个，分别占 68.5 ％和 31.5％。已完成地市本级改革的兽医行政管理机构核定人员编制共计 4 807 人。二是地市级动物卫生监督机构。已完成地市本级改革的地方，独立设置动物卫生监督机构的有 235 个，与动物疫病预防控制机构合并设置的有 60 个，机构纳入参公管理的有 140 个，分别占 79.7 ％、20.3％和 47.5％。已完成改革的地市核定动物卫生监督机构人员编制共计 4 929 人。三是地市级动物疫病预防控制机构。已完成地市本级改革的地方，独立设置动物疫病预防控制机构的有 235 个、与动物卫生监督机构合并设置的有 60 个，动物疫病预防控制机构为全额拨款的有 292 个、为差额补贴的 3 个，分别占 79.7 ％和 20.3％，99％和 1％。已完成改革的地市核定动物疫病预防控制机构人员编制共计 4 175 人。

4. 县级兽医机构改革全面推开

据统计，全国 2 862 个县（市、区），已出台改革方案的有 2 088 个，占县（市、区）总数的 72.9％；已全面完成县本级兽医管理体制改革的有 1 816 个，占县（市、区）总数的 63.5％。一是县级兽医行政管理机构。已完成县本级改革的地方，独立设置兽医行政管理机构的有 1 130 个，作为农业部门内设局的有 372 个，作为农业部门内设科室的有 314 个，分别占 62.2％、20.5％和 17.3％。兽医行政管理机构为行政性质的有 1 107 个，为事业性质的有 709 个，分别占 61％和 39％。已完成改革的县级兽医行政管理机构核定人员编制共计 21 589 人。二是县级动物卫生监督机构。已完成县本级改革的地方，独立设置动物卫生监督机构的有 1 321 个，与动物疫病预防控制机构合设置的有 495 个，分别占 72.7%、27.3%。机构纳入参公管理的有 517 个，占县级动物卫生机构总数的 28.5%。已完成改革的县级动物卫生监督机构核定人员编制共计 27 151 人。三是县级动物疫病预防控制机构。已完成县本级改革的地方，独立设置动物疫病预防控制机构的有 1 321 个，与动物卫生监督机构合并设置的有 495 个，分别占 72.7%和 27.3%。动物疫病预防控制机构为全额拨款的有 1 778 个、为差额补贴的有 38 个，分别占 97.9%和 2.1%。已完成改革的县级动物疫病预防控制机构核定人员编制共计 18 498 人。

5. 乡镇畜牧兽医站改革稳步推进

据统计，全国共有 37 033 个乡（镇），共按照乡镇或者区域设置乡镇畜牧兽医站 34 196 个。一是改革进展。全国已完成改革的乡（镇）畜牧兽医站有 22 086个，占乡镇畜牧兽医站总数的 64.6 %；其中实行县级兽医主管部门派驻改革的有 20 970 个，占 94.9 %。二是经费情况。全国乡镇畜牧兽医站中全额拨款的占 72.3%，差额拨款的占 21.9%，自收自支的占 5.8%。三是人员编制。已完成改革的乡（镇）畜牧兽医站核定人员编制共计 138 749 人。

6. 村级动物防疫员网络初步建立

据统计，全国 31 个省份共有 640 139 个行政村，各地采取不同形式组建了村级动物防疫员队伍，共设有村级防疫员 64.5 万人。一是村级防疫员设置模式。按每个行政村设置 1 名村级动物防疫员，有福建、吉林等 19 个省份，占 70.3%；按养殖量、饲养方式和分布情况设置，有湖北、安徽、江苏三省，占 11.1%，如安徽省平原地区平均 1 200 个农户配 1 名、丘陵地区 1 000 个农户配 1 名、山区 800 农户配 1 名村级动物防疫员；以乡为单位配置村级动物防疫员，主要有重庆、湖北，占 7.4%；河南、浙江和上海以上三种模式均有体现。二是村级动物防疫员人员结构。从专业看，兽医专业人员占 36.5%，非兽医专业人员的比例为 63.5%；从学历层次看，具有大专以上学历的占 5.5%，初高中学历的占 59.3%，初中学历以下占 35.2%；从年龄结构看，50 岁以上的占 23.7%，35～50 岁的占 51.3%；35 岁以下的占 25.1%。

（二）动物疫病防控管理体制改革取得的显著成绩和积累的成功经验

《国务院关于推进兽医管理体制改革的若干意见》下发以来，农业部和各级兽医部门采取积极有效措施，切实加强了兽医工作机构、队伍、经费保障机制和法律法规体系建设。经过各级兽医部门的不懈努力，全国兽医管理体制改革取得了明显成效，新型兽医管理体制和动物防疫运行机制初步建立。与改革前相比，我国兽医管理体制发生了深刻变革，兽医工作能力得到了显著提升，兽医事业发展整体上了一个新台阶。

1. 取得的成绩

（1）加强兽医工作体系建设，兽医行政管理能力显著提高　各级兽医部门以建立健全兽医工作体系为重点，切实加强兽医行政管理、动物卫生监督和动物疫病预防控制三类机构建设，初步建立了新的纵向贯通、横向衔接的兽医工作体系。通过调整改革，兽医工作机构的名称、性质、规格和内设职能处室等发生了积极变化，兽医管理能力得到明显提升。从省级兽医行政管理机构设置的情况看：一是规范了兽医行政管理机构名称。17 个省级畜牧局（办）改为畜牧兽医局（办），新疆、青海、内蒙古、湖南、宁夏、西藏、甘肃 7 个省（自治区）设立兽医局，其余保持机构名称不变。二是明确了兽医行政管理机构性质。23 个省级兽医行政管理机构保持行政性质不变，4 个省级兽医行政管理机构保持事业性质或执法监督类性质不变，天津、河北、辽宁 3 个省级兽医行政管理机构的性质由事业变行政，只有甘肃省兽医行政管理机构为了机构升格由行政变参公事业性质。三是提升了兽医行政管理机构规格。15 个省级兽医行政管理机构保持规格不变，江西、山西、广东、陕西、海南、甘肃、新疆、江苏、浙江 9 个省级兽医行政管理机构的规格由正处级升副厅级，黑龙江省兽医行政管理机构的级别由副厅级升正厅级，河南、青海、内蒙古、福建、安徽 5 个省级兽医行政管理机构领导高配正厅级或副厅级，湖南省兽医行政管理机构的级别由副处级升正处级。通过改革，目前全国省级兽医行政管理机构副厅级以上的有 27 个（含领导高配）。四是积极探索兽医官制度建设。通过改革，新疆、宁夏、黑龙江、青海、贵州五省（区）设立了首席兽医师。五是强化了内设机构设置。15 个省级兽医行政管理机构保持内设职能处室数量不变，16 个省级兽医行政管理机构增加了 1～3 个内设职能处室，共增设职能处室 30 个。

（2）增加人员编制，兽医工作力量得到显著增强　改革后，全国省级兽医行政管理机构人员编制增加 169 个，增幅为 24%。已完成改革的地市级兽医行政管理机构人员编制增加 1 456 个，动物卫生监督机构和动物疫病预防控制机构人员编制增加 951 个，分别比改革前增长 43.5 %和 11.7 %。已完成改革的县市本级兽医行政管理机构人员编制增加 4 778 个，动物卫生监督机构和动物疫病预防控制机构人员编制增加 7 708 个，分别比改革前增长 28.4 %和 20.3%。通过改革，省、地、县三级兽医队伍进一步发展壮大，工作力量明显增强。

（3）加大动物经费投入，兽医公共财政保障机制基本建立　一是兽医工作机构工作经费纳入各级财政预算。已完成改革的各级兽医行政管理、动物卫生监督、疫病预防控制机构和乡镇畜牧兽医站所需经费基本上已按要求纳入各级财政预算，实行统一管理，且经费投入都比改革前有所增加。比如，改革后实行全额预算管理的地市级和县级动物疫病预防控制机构分别比改革前增加了81个和675个，分别增长38.4%和61.2%；实行差额补贴的地市级和县级动物疫病预防控制机构分别比改革前减少了27个和243个，分别减少90%和86.5%。二是动物防疫经费投入力度加大。目前，全国已依法建立动物强制免疫和强制扑杀补偿制度，所需经费纳入财政预算，由中央和地方财政共同筹集。动物防疫基础设施建设得到进一步加强。《全国动物防疫体系建设规划（2004—2008年）》安排中央预算内专项资金45.22亿元，建设中央、省、县、乡四级动物防疫、检疫基础设施和兽药质量及残留监控基础设施。三是基层动物防疫工作经费补助政策全面实施。2008年国家出台基层动物防疫工作补助经费政策，中央财政安排6.5亿元补助基层动物防疫人员。各地在中央出台基层动物防疫工作经费补助政策的基础上，积极协调财政等有关部门，初步建立了以地方财政投入为主、中央财政适当补助的基层动物防疫工作特别是村级动物防疫工作经费补助制度，乡、村两级动物防疫人员开展强制免疫注射、消毒无害化处理及边界隔离带建设等方面工作所需经费有了可靠保障。同时，运用新型农民科技培训工程，有组织、有计划，多层次、多渠道开展动物防疫人员培训，2008年在全国670个项目县已培训村级动物防疫员3万人，切实提高了村级动物防疫员业务素质和工作能力。加强兽医行业职业技能鉴定，2008年全国兽医行业共鉴定3 000人，工种以动物防疫、检疫员为主。

（4）明确职能分工，兽医工作机构间关系逐步理顺　通过改革，进一步明确了各级兽医行政管理机构、动物卫生监督机构、动物疫病预防控制机构和乡镇畜牧兽医站的职责。在明确各兽医工作机构职能的基础上，认真处理各机构相互之间的关系，形成动物卫生监督机构和疫病预防控制机构归口同级兽医行政管理部门管理，同级动物卫生监督机构和疫病预防控制机构之间分工负责、相互协作，乡镇畜牧兽医站的人员、业务、经费归县级兽医行政主管部门统一管理，上级机构监督指导下级机构，基本上解决了改革前兽医工作机构之间职能交叉、权责脱节的问题，初步建立起各机构分工负责、密切合作的工作机制。

（5）加强兽医法治化管理，动物卫生法律体系日渐完善　农业部兽医局成立以来，国家已先后组织修订《中华人民共和国动物防疫法》、《兽药管理条例》，颁布实施《重大动物疫情应急条例》、《病原微生物实验室生物安全管理条例》。农业部及时出台《兽药注册办法》、《兽用生物制品经营管理办法》、《畜禽标识和养殖档案管理办法》、《无规定动物疫病区评估管理办法》、《高致病性动物病原微生物实验室生物安全管理审批办法》、《动物病原微生物菌（毒）种保藏管理办法》、《动物诊疗机构管理办法》和《执业兽医管理办法》等法律法规配套规章；制定禽流感、口蹄疫、猪蓝耳病等重大动物疫病应急预案和禽流感等重大动物疫病防治技术规范；发布70项动物防疫国家标准、77项行业标准，3次修订《中华人民共和国兽药典》，初步建立起适应动物防疫工作需要的兽医法律法规规章体系。同时，各省、自治区、直辖市根据认真贯彻实施《中华人民共和国动物防疫法》，结合当地实际，积极开展了兽医地方性法规和规章制度的制订修订工作，兽医管理法规体系日趋完善。

2. 经验总结

兽医管理体制改革之所以取得如此显著成绩，是各级兽医部门努力工作、不懈争取的结果。各地在推进兽医管理体制改革中，积累了很多好的经验，为深化兽医管理体制改革打下了坚实基础，在今后工作中应继续坚持这些好的做法。

（1）坚持政府领导，加强部门配合　兽医体制改革涉及多个部门，单靠农业和兽医系统的力量是不够的，必须有各级党委、政府的高度重视和有关部门的支持配合。新疆、广东、黑龙江、贵州、吉林、西藏、宁夏、广西等省（自治区）成立由政府牵头、分管省长任组长、相关部门参加的兽医管理体制改革领导小组，建立部门协调机制，加强对改革工作的领导。新疆在改革方案出台过程中，自治区党委和政府领导亲自听取汇报、协调解决问题，保证了改革方案的顺利出台。各地主管部门把兽医管理体制改革作为动物防疫工作中的一项重要任务，主要负责人亲自挂帅，带队调研，积极与有关部门协调。有的省级畜牧兽医部门主要领导，利用学习、考察等各种机会主动与有关部门沟通，赢得理解和支持，获得较好的成果。

（2）坚持调查研究，制定科学的改革方案　制定切实可行的改革方案，是推进兽医管理体制改革的基础和前提。在改革方案制定过程中，湖北、江西等地兽医主管部门会同有关部门，对本地区兽医工作机构、兽医队伍和动物防疫工作现状进行了深入调查，认真研究现行兽医体制中存在的突出矛盾和问题，借鉴外省经验和做法，对本地兽医工作机构的机构设置、职能配置、人员编制等提出很好的意见和建议，为政府出台改革方案提供了重要依据。

（3）坚持改革方向，突出改革重点　健全兽医工作体系，加强兽医队伍建设，是兽医管理体制改革的核心内容，也是兽医管理体制改革的难点所在。各地把兽医机构编制作为关键点，重点进行突破。辽宁省兽医主管部门与编制部门密切配合，在全省 14 个市均组建了市级动物卫生管理局，在全省 100 个县中，独立设置动物卫生管理机构的有 72 个，基本覆盖了全部主要农牧业县。河南省、市、县三级全部成立兽医行政管理、动物卫生监督和动物疫病预防控制机构，三级三类机构分别增加编制 1 344 个、2 230 个和 1 372 个，兽医机构工作力量得到显著加强。山西省长治市针对 2006 年发生禽流感疫情暴露出的问题，下决心改革兽医管理体制，将市（县）畜牧服务中心统一更名为畜牧兽医局，列入市（县）政府行政序列。大幅度增加行政编制，长治市畜牧兽医局行政编制增加到 50 名。

（4）坚持督查指导，保证改革方案落到实处　兽医管理体制改革关系到多方利益调整，落实难度大。近年来，农业部多次下发文件、召开会议、派出督查组，督促指导各地推进兽医管理体制改革工作。2006 年还会同国务院办公厅对部分省兽医管理体制改革进行督导。各地也加强对改革工作的督促检查，有力地推进地市、县区和乡镇畜牧兽医站改革工作。北京、辽宁、福建、湖北、江苏等省、市政府将兽医管理体制改革作为动物防疫工作考核、督察的重要内容，并将考核结果全省通报。广东、广西、陕西、北京、山东、甘肃等省（直辖市、自治区）政府办公厅牵头组成督查组深入市、县，督查兽医管理体制改革工作。吉林、四川省政府督察室牵头组成督察组，对兽医管理体制改革工作进行督促检查，及时向各市（县）下发兽医管理体制改革督查通报。广东、广西、河南、吉林、江苏等省级畜牧兽医部门还专门成立兽医管理体制改革调度督导小组，对改革工作进展情况实行周调度、旬通报，及时交流各地改革的经验和做法，督促各地落实省政府对兽医管理体制改革的各项要求。

（三）动物疫病防控管理体制改革中存在的问题及原因

1. 存在问题

在充分肯定兽医管理体制改革工作取得显著成绩的同时，我们也清醒地看到，兽医管理体制改革是一项艰巨的任务，也是一项复杂的系统工程，涉及各方面利益调整，特别是基层兽医工作机构和队伍历史遗留问题较多，改革成本大，改革面临不少困难，以致各地兽医管理体制改革与国务院和农业部要求还有一定差距，改革还存在一些需要认真研究和深入解决的问题。

(1) 全国总体进展仍不平衡　由于兽医管理体制改革工作系统性强、涉及面广、历史成因等多重阻力和现实条件等诸多压力形成较大困扰，以致全国各地改革进展总体上仍不平衡。全国还有11.4%的地市、36.5%县区和35.4%的乡镇畜牧兽医站尚未完成改革，有的地方仍存在县乡机构设置、编制核定不到位和工作经费解决不彻底等问题。

(2) 乡镇畜牧兽医站改革问题仍很突出　乡镇畜牧兽医站改革牵涉面广、历史遗留问题多，要妥善解决人员安置及经费保障等，地方财政压力很大，尤其是在中、西部地区，矛盾较为突出。有的县（市）财政本不宽裕，要增加“吃财政饭”的人，不是轻而易举的事情，把乡镇畜牧兽医站的人员工资、业务经费纳入县级财政预算，执行起来确实困难。有的地方乡镇兽医站工作人员没有参加社会保险，人员分流难度大。有的地方乡镇畜牧兽医站分流人员未得到妥善安置，频繁上访。

(3) 村级动物防疫力量仍显不足　从事专业性强、技术性要求高、风险性大的动物免疫工作的村级动物防疫员，补贴偏低，工作量大且时间长，工作环境恶劣又无有效防护，老有所养问题得不到妥善解决，其待遇与工作任务、责任极不相称，目前虽然国家出台实施了基层动物防疫工作经费补助政策，但全面解决其待遇问题的长效机制尚未建立。受这些因素的影响，村级动物防疫员队伍很难吸引有文化、懂业务的年轻人加入，解决队伍不稳、年龄断层、素质不高等问题还有很长的路要走。

(4) 兽医工作能力仍有待进一步提高　一是仍需进一步加大动物防疫经费投入。近年来国家加大动物防疫经费投入，加强动物防疫基础设施建设，兽医工作能力得到显著提升。但与有效防控动物疫病、维护公共卫生安全要求相比，动物防疫基础设施仍显薄弱，特别是兽医实验室生物安全设施设备落后，除部属事业单位有3个P3实验室外，国内其他兽医实验室的生物安全水平目前大都在Ⅱ级以下，有的兽医实验室没有严格分区隔离，生物安全柜和高压灭菌器等设备数量不足、性能较差，有的兽医实验室防护用品不足。二是动物防疫基础设施建设与动物防疫经费投入机制不完善、不配套。国家投资建设的部分动物疫情测报站、诊断实验室、公路动物防疫监督检查站和乡镇畜牧兽医站由于地方财政性资金投入不足，往往处于“有钱建设，无钱运转”的状况，不能很好地发挥作用。三是兽医机构工作人员专业素质和学历层次仍需大幅提高。比如，动物卫生监督执法人员，据统计全国动物卫生监督执法人员中具有大专以上学历的80 240人、中专学历的51 648人、高中以下学历的23 826，分别占执法人员总数的51.6%、33.2%和15.2%。

（5）兽医工作机制尚需进一步健全完善　一是有的地方兽医工作机构虽然建立起来，但各类兽医工作机构仍存在职责不清、管理不规范的问题，个别地方兽医机构间尚不能形成合力，甚至存在推诿、扯皮现象。二是动物卫生监督执法力度不够，省、市、县三级动物卫生监督机构执法职能不清，在动物检疫、动物防疫条件审核和动物卫生行政处罚等方面存在上下级机构间职责不清现象，且人手少、力量弱，动物卫生监督执法体制和机制急需改革创新，畜牧兽医执法力量急需整合。三是乡镇兽医站人员“只进不出”，不能形成公开、平等、竞争、择优的用人机制，人员结构老化，兽医人员整体专业技术水平较低。

2. 产生原因

产生上述问题的原因是多方面的，既有改革过程中客观上的困难和阻力，也有兽医部门主观上的畏难情绪和消极因素。总的看，主要有以下几个方面：

（1）有的地方对改革的重视程度和支持力度不够　长期以来，在传统发展观影响下，社会上存在对兽医工作的认识偏差，部分领导干部在思想观念上自觉不自觉地认为，兽医工作只是畜牧业发展的支撑，并没有把动物卫生工作作为社会公共卫生的重要组成部分，从而导致了对兽医工作重要性认识不到位，缺乏推进兽医管理体制改革的紧迫感，在实际工作中对兽医工作的重视仍停留在文件上、口头上，没有真正抓实、抓好。也有一些地方领导还简单地认为兽医管理体制改革就是要增加机构和人员编制，与目前机关、事业单位“精简”的改革方向不一致，工作不予配合，甚至存在抵触情绪。领导重视不够是改革进展不平衡的一个方面，但兽医系统内部主观上的畏难和消极也是应该高度重视的方面。有的地方兽医系统的一些领导对这次兽医管理体制改革认识同样也有不到位的问题，主要领导重视不够，分管领导存在畏难情绪，对改革的必要性、紧迫性认识不足，工作抓得不紧，改革思路不清晰，工作不主动，办法不多。

（2）多项改革重叠，一定程度上影响兽医管理体制改革深入推进　2005 年国务院下发《关于推进兽医管理体制改革的若干意见》后，恰逢国家推进乡镇综合改革和基层农业技术推广体制改革，这两项改革都与兽医管理体制改革相关。有的地方在乡镇畜牧兽医站改革过程中，没有认真处理好这些改革之间的关系，致使部分地方乡镇畜牧兽医站机构编制、经费保障迟迟不能到位。同时，2006 年、2007 年和 2008 年这三年又恰逢新一届党委、政府换届，党委、政府领导变换比较大，一定程度上也影响了地市、县区兽医管理体制改革进度。

（3）乡镇畜牧兽医站历史遗留问题多，改革成本大　长期以来，乡镇畜牧兽医站经历了“建立、撤销、恢复”多个发展起伏不定时期，“三权归乡”、“三权归县”，上收下放，反复多变。同时，乡镇畜牧兽医站长期属于自负盈亏的性质，直到1996年才被明确定为国家基层事业单位。这次兽医管理体制改革，长期积累的历史问题一次性集中释放，而有的地方在改革过程中没有及时出台配套政策措施，致使乡镇畜牧兽医站在性质定位、经费保障、社会保险及分流人员安置等方面问题依然突出，很大程度上影响了乡镇畜牧兽医站改革顺利推进。

（四）我国动物疫病防控管理体制与国际通行做法的比较分析

与国际通行做法相比，我国兽医管理体制存在显著差别。

1. 政府机构设置不同

我国现行的兽医管理体制实行“分段管理”，即农业部门主要管理饲养和屠宰环节的动物防疫、检疫和监督，卫生部门负责食品卫生监督，而出入境检疫检验则由出入境检疫检验机关实施。而国际上一般实行“统一管理”，即国家权威的官方兽医机构对疫病控制、食品安全、动物保护等所有动物卫生工作实行统一管理，并由官方兽医负责具体实施。

2. 兽医机构管理模式不同

我国现行的兽医管理体制实行“块块管理”，即兽医工作分别由省、地、县三级政府管理，各级政府根据自己的发展规划和财力状况，决定兽医机构的组织形式和管理运行方式。各级兽医机构只负责本级政府行政辖区内的动物卫生工作，地区间兽医机构和人员缺乏协调。而国际上通行的是“条条管理”，实行这种制度的国家无论是全国统一的垂直管理，还是一定层级的垂直管理，在机构设置、经费保障、运行体制上基本统一，可以有效消除地方保护主义影响和指挥协调不灵。

3. 责任体系不同

我国现行的兽医管理制度中，动物卫生执法主体一般为县级以上动物卫生监督机构，兽医执法人员只承担行政责任，而由执法机构对外承担因执法人员行使职权而引起的法律责任。而国际上的通行做法一般强调官方兽医个人权力与责任的统一，所有的动物卫生证书必须有官方兽医本人的签名，否则不能生效。官方兽医本人也要作为承担责任的主体，承担因行使职权而引起的法律责任。

4. 监控内容和技术依托不同

我国现行的兽医管理体制着重于对个体或终产品的检疫检验实施监控，执法的技术依托主要来自于执法机构本身的检验结论。而国际上的通行做法则着重于对过程的监控，即对饲养、生产、流通等环节实施全过程的监控。其执法活动的技术依托则来自于国家认可的实验室和研究机构权威的检验、鉴定结论。

总之，目前国际上通常采用的兽医管理体制，基本上都具有这样的特点，即：机构实行垂直管理，官方兽医和执业兽医明显分离，内外检统一管理，对畜产品安全实行全程监管。当前的畜产品出口市场，主要被美国、欧盟、加拿大和澳大利亚等占据，与其管理体制的优越性有很大关联。日本、韩国也都建立了与国际接轨的兽医管理体制，规避了贸易壁垒的风险。据 OIE 公布，其成员国有 72％实行了官方兽医制度和垂直管理制度。而我国的兽医管理体制与国际通行做法格格不入，这种游离于国际兽医事务之外的状况，根本无法对我国畜产品国际贸易形成有力支持，也使我国无法利用 WTO－SPS 协议实施技术壁垒。

在新的形势下，疫病控制和畜产品安全问题解决得好坏，不仅关系畜牧业的发展和农业产业结构的调整，也关系到人民健康、社会稳定、国家声誉和我国畜产品的国际竞争力。兽医管理体制性障碍，是影响我国兽医行政管理能力、执法监督能力、疫病控制能力及对畜产品扩大出口的保障和支持能力的关键因素，兽医管理体制改革势在必行，十分紧迫。

（五）对进一步深化动物疫病防控管理体制改革的建议

深化兽医管理体制改革，是建立与现代畜牧业发展相适应、与国际通行做法接轨的新型兽医管理体制的根本要求，是提高动物防疫综合能力和动物产品质量安全水平的迫切需要，是推动兽医事业健康发展的必然要求。经过三年多的努力，目前国家、省、市、县、乡、村六级兽医工作机构和动物防疫队伍初步建立起来，基层动物防疫工作补助经费基本全面实施，兽医工作体系和兽医工作机制逐步建立健全。兽医管理体制改革的工作重点已从建立健全兽医机构向“完善机制、提高素质、增强能力”转变。

1. 深化兽医管理体制改革的基本思路

（1）总体要求　当前和今后一个时期，深化兽医管理体制改革的总体要求是：以邓小平理论和“三个代表”重要思想为指导，以科学发展观为统领，深入贯彻党的十七届三中全会精神，全面落实《中华人民共和国动物防疫法》，立足于提高兽医机构依法行政能力，着眼于提高动物卫生及动物产品安全监管水平，着力于促进兽医事业健康发展，巩固改革成果、深化改革层次，把改革重点转移到“完善机制、提高素质、增强能力”上来，尽快建立与现代畜牧业发展相适应、与国际通行做法接轨、适应防控动物疫病和维护公共卫生安全需要的新型兽医管理体制。

（2）基本原则　深化兽医管理体制改革，要坚持以下原则：一是机构设置要坚持“精简、统一、效能”原则；二是人员录用要坚持“公开、公平、竞争、择优”原则；三是经费保障要坚持以“地方财政为主、中央财政适当补贴”原则；四是改革内容要坚持“机构改革与干部人事制度改革相结合”原则；五是改革方式要坚持“体制改革与机制创新共同推进”原则。

（3）工作目标　当前和今后一个时期，深化兽医管理体制改革的主要目标是：在巩固现有改革成果的基础上，着力解决困扰兽医工作能力提升的运行机制、法治建设、基础设施、队伍素质等方面的深层次问题，力争用三年左右时间，建立起适应兽医事业健康发展的“五大体系”。一是健全完善兽医政策法律制度，着力构建既与国际规则接轨，又适应我国动物防疫工作实际的兽医政策法律体系；二是深入推进兽医工作机构改革，着力构建机构健全、分工明确、运转高效、素质优良的兽医工作体系；三是建立健全重大动物疫病防控制度，着力构建科学规范、保障有力、责任明确、处置有效的动物疫病防控应急体系；四是切实加强动物卫生监督管理，着力构建职责明确、行为规范、执法有力、保障到位的动物卫生监督执法体系；五是继续加强动物防疫基础设施建设和科研攻关，着力构建基础扎实、设备先进、技术精湛、支持到位的动物疫病防控支撑体系。

2. 深化兽医管理体制改革的工作重点

（1）巩固改革成果，全面完成各项机构改革调整任务　深入贯彻落实党的十七届三中全会精神和国发［2005］15 号、农医发［2008］19 号文件精神，继续把推进兽医管理体制改革作为当前农业农村工作和动物防疫工作的一项重要任务，采取行之有效的措施，长抓不懈，持之以恒。一是要继续突出抓好机构、编制、经费“三落实”，确保机构不缺失、人员不缺编、经费有保障、改革不走样。二是已经完成兽医机构改革调整的地方，要对照国务院和农业部的要求，认真自查、巩固成果、及时整改、不断完善。三是尚未完成机构改革的地方，要切实加快改革步伐，建立健全市县两级兽医行政管理、动物卫生监督、动物疫病预防控制三类兽医工作机构，全面完成乡镇畜牧兽医站改革，健全村级动物防疫员网络。在全国基本建立起机构健全、分工明确、运转高效、素质优良的兽医工作体系。四是进一步加强乡镇畜牧兽医站改革。切实贯彻落实党的十七届三中全会、《中华人民共和国动物防疫法》和国发［2005］15 号文件精神，根据经营性服务和公益性职能分开的原则，进一步加强乡镇畜牧兽医站建设，按照乡镇或者区域普遍设立乡镇畜牧兽医站。落实乡镇畜牧兽医站人员、业务、经费等由县级兽医行政主管部门统一管理，规范乡镇畜牧兽医站建设，明确乡镇畜牧兽医站职责，建立乡镇畜牧兽医站经费保障机制。

（2）完善兽医工作机制，提高兽医工作效能　科学合理的动物防疫工作机制是有效做好动物疫病防控工作的保证。机制创新是当前和今后一个时期兽医管理体制改革的重点。

一是加强兽医机构规范化建设，建立职责清晰、运转高效的兽医工作机制。世界动物卫生组织（OIE）兽医体系运作成效评估工具（PVS）是评价兽医体系运作质量的国际标准。这个工具最初由 OIE 与美洲农业合作协会（IICA）合作建立，2007 年发布修订版。从 OIE 目前运作情况看，PVS 既可用于一个国家内部兽医体系评价，确立本国兽医事业发展的优先次序，指导制定兽医事业发展战略布局；也用于世界银行等国际组织提供援助或资助的前提与指南；同时在国际贸易作为风险分析的重要组成部分，作为决定是否采取相应动物卫生措施的依据。PVS 是评价兽医体系运作质量的国际标准，我们首先应当认真研究其运行规则和操作机制，特别是要结合我国实际情况比较分析它的四大基本要素和评价指标的构成背景。在尚未彻底摸清我国兽医体系与 PVS 基本要素及评价指标的对应关系之前，也就是我们适用“等效性原则”的情形尚未形成之前，不急于向 OIE 申请 PVS 评价。但是我们可以在深入研究 PVS 的基础上，就我国兽医体系对应其基本要素和评价指标，研究制定相应的评价细则和量化指标，逐步试行省级以下兽医体系的自我评价，以提高我国兽医工作体系运行成效。在充分积累经验的基础上，再在全国推行，PVS 评价认可与年度监督检查结合进行，促进我国的兽医体系与国际规则接轨。当前，要借鉴 PVS 的做法，抓紧制定兽医行政管理机构、动物卫生监督机构、动物疫病预防控制机构和乡镇畜牧兽医站建设管理规范，明确各级各类兽医工作机构的名称、工作职责、人员编制、人员准入、设施配备、经费保障等建设标准和工作职责，细化兽医工作机构考核评价指标体系，促进兽医机构规范化、标准化、法定化、现代化建设。制定兽医实验室考核办法，明确兽医系统实验室建设标准，并分级开展考核认证，提高兽医系统实验室建设水平和检测诊断能力。

二是坚持畜牧业发展和兽医事业发展并重，建立起畜牧兽医协调发展机制。畜牧业与兽医事业相辅相成，互为促进。畜牧业的发展，为加快兽医事业发展提出了新要求；兽医事业发展了，才能保证畜牧业持续健康发展。近年发生的高致病性禽流感、高致病性猪蓝耳病等重大动物疫情和生猪价格大幅波动告诉我们，必须保持动物防疫能力与畜牧业生产的协调发展，不能一条腿长、一条腿短，不能只看生产发展的经济效益，还要看防疫工作的社会效益。重生产、轻防疫要吃大亏。即使畜牧业一时取得了增长，终究会被动物疫情拖住后腿。前几年疫情暴发是矛盾积累的反映，教训十分惨痛。这样的局面不能持续下去。这个问题不解决，就不可能实现畜牧业的可持续发展，就不可能维护公共卫生安全，就不可能保证人民群众的身体健康。近年来，各级党委、政府高度重视动物防疫工作，完善法律，增加投入，健全体系，落实责任，重大动物疫病监测能力、诊断能力、控制能力和疫情处置能力不断加强。同时，我们也应当客观分析畜牧业发展面临的突出问题，切实加强现代畜牧业建设，健全畜牧产业发展支撑体系，转变畜牧业生产方式，提高畜禽产品质量安全水平，提升畜牧业发展的整体素质。

三是坚持政府统一领导、部门分工负责，建立职责明确的动物防疫责任制和责任追究机制。高致病性禽流感防治和SARS防治经验表明，涉及公共卫生安全的事务，必须加强政府的统一领导，广泛调动各部门、社会各方面力量，多个部门配合、多种力量参与，才能有效做好各项防控工作。同时，要逐级建立责任制度，明确各级政府、各部门之间的权力、义务，保障各项防控措施的落实。在深化兽医管理体制改革过程中，国务院对各级政府负总责，主要领导是动物防疫工作第一责任人的动物防疫责任制不能动摇，特别在县级兽医部门向乡镇派出机构和人员后，更要强调各乡镇政府主要领导是动物防疫工作的第一责任人。县级派出机构主要是指导开展强制免疫和落实强制扑灭疫情措施，组织疫情监测和报告，实施产地检疫和屠宰检疫等。各乡镇政府仍然要作为防疫工作的责任主体协调指挥全乡防疫工作。

（3）加强兽医队伍建设，全面提高兽医队伍素质　2008年1月1日实施的新《中华人民共和国动物防疫法》确立了符合我国国情的新型兽医队伍基本框架，包括官方兽医、执业兽医、乡村兽医和村级动物防疫员四支队伍。兽医队伍建设是当前兽医管理体制改革的重中之重，必须在前一段工作基础上下大力气抓紧抓好，抓出成效。

一是推进官方兽医制度建设。官方兽医制度是符合国际通行做法的新型兽医制度的重要内容，是《中华人民共和国动物防疫法》确立的法定兽医制度之一。下一步，推进官方兽医制度建设的重点工作：首先，要明确官方兽医设置范围。在哪些机构设置官方兽医，是官方兽医制度建设的基础和前提。对此，国务院 15 号文件和《中华人民共和国动物防疫法》做了原则性规定。国务院 15 号文件规定，官方兽医是指有权出具动物卫生证书的国家兽医工作人员；《中华人民共和国动物防疫法》规定，官方兽医是指负责出具检疫等证明的国家兽医工作人员。国务院 15 号文件和《中华人民共和国动物防疫法》规定的“动物卫生证书”、“检疫证明”等，应当包括检疫证明、监测报告、检验结论和行政许可证书等。同时，世界动物卫生组织（OIE）《动物卫生法典》规定，一个国家官方兽医人员包括兽医工作机构的行政官员、执法人员和技术支持人员三类。鉴于此，官方兽医的设立范围应当以动物卫生监督机构为主，同时包括兽医行政主管部门和兽医技术支持机构中有出证权的部分人员。其次，要明确官方兽医管理模式。对不同兽医工作机构里的官方兽医，采取不同的管理模式。对动物卫生监督机构的官方兽医，实行职位分类管理，对应农业事业单位专业技术岗位设置规定，将动物卫生监督机构的兽医官分为三等十三级；对兽医行政主管部门的兽医官，仍然按照《中华人民共和国公务员法》的规定实行职务管理；对兽医技术支持机构中的兽医官，继续实行事业单位专业技术岗位管理。再者，要明确官方兽医制度建设实施步骤。官方兽医制度建设实施步骤要远近结合，先易后难。第一步是整体转“官”。为有效解决官方兽医执法身份问题，按照《中华人民共和国动物防疫法》和《国务院关于推进兽医管理体制改革的若干意见》精神，明确动物卫生监督机构现有执法人员转换为官方兽医的条件、程序和工作步骤，建立适应《中华人民共和国动物防疫法》要求的动物卫生执法队伍。第二步是推进官方兽医职位分类管理。2005 年《中华人民共和国公务员法》实施后，人力资源与社会保障部目前尚未出台执法类公务员和技术类公务员管理办法，对有关技术执法类人员管理尚无明确规定。因此，要着手会同国家公务员局等部门研究官方兽医队伍职位分类管理办法，推进动物卫生监督机构参照公务员管理，着力解决参公管理后的职位待遇问题，努力构建促进官方兽医队伍稳定发展的长效机制。最后，切实加强官方兽医培训。抓紧制定并实施官方兽医培训规划，有计划、分层次、分步骤地培训各级官方兽医，不断提高官方兽医的职业道德和依法履行职责的业务素质与工作能力。

二是加快推进执业兽医制度建设，强化动物诊疗机构管理。执业兽医制度，也是与国际通行做法接轨的新型兽医制度的重要内容，是《中华人民共和国动物防疫法》确立的法定兽医制度之一。当前和今后一个时期，要着重抓好以下几项工作。首先，积极稳妥地组织实施执业兽医资格考试。《执业兽医管理办法》已于2009年1月1日起实施。这意味着执业兽医管理工作已从建立健全规章制度向具体实施考务管理转变。执业兽医考试是农业系统第一次全国性的统一考试，考试考务内容新、时间紧、要求高、责任大。这就要求我们抓紧建立健全执业兽医考试考务管理制度，规范执业兽医考试行为，严格执业兽医考试纪律，确保执业兽医考试积极稳妥地推进。在选择部分省市开展执业兽医资格考试试点的基础上，逐步全面推开。其次，要全面贯彻实施《中华人民共和国动物防疫法》和《执业兽医管理办法》，加强执业兽医管理，严格把握执业兽医注册和备案条件、程序，规范执业兽医从业行为。第三，组建中国兽医协会，推动各地成立地方兽医协会，促进兽医行业自律，提高执业兽医社会化服务水平。第四，加强动物诊疗机构管理。近年来，随着人民生活水平的不断提高，宠物业迅速兴起，动物诊疗机构也迅速增加。动物诊疗不仅关系到宠物主的利益，也直接关系到公共卫生安全和广大人民群众身体健康，是动物防疫工作的重要内容。动物诊疗机构在迅猛发展过程中，存在从业人员素质不高、诊疗行为不规范等问题。这些问题已严重影响动物诊疗行业的发展。要深入贯彻《中华人民共和国动物防疫法》和《动物诊疗机构管理办法》，健全完善动物诊疗管理制度，加强动物诊疗市场管理，充分调动好、发挥好动物诊疗机构在动物疫病防控中的作用。

三是加强乡村兽医和村级动物防疫员队伍建设，健全基层动物防疫网络。乡村兽医和村级动物防疫员队伍是动物疫病防控体系的基础，是动物强制免疫、畜禽标识加挂、免疫档案建立和动物疫情报告等重要防疫措施实施的主体力量。加强乡村兽医和村级动物防疫员队伍建设，可以把动物防疫的网络延伸到基层，可以把动物防疫的意识强化到基层，可以把动物防疫的技术传授到基层，有利于禽流感、猪蓝耳病等重大动物疫情的早发现、早反应、早处置，有利于各项动物疫病防控措施的落实。2008年农业部和各级兽医部门采取积极有效措施，切实加强乡村兽医和村级动物防疫员队伍建设，初步建立起基层动物防疫网络。当前和今后一段时间，要深入贯彻落实党的十七届三中全会精神，逐步建立健全村级动物防疫网络。首先，深入贯彻落实《乡村兽医管理办法》，抓紧制定乡村兽医和村级动物防疫员培训规划和计划，保证乡村兽医和村级动物防疫员每两年接受一次培训，不断提高其业务素质和工作能力。其次，健全完善乡村兽医村级动物防疫员工作考核机制和动态管理机制，定期进行考核评价，并将评价结果与报酬补贴挂钩。坚持人员的动态管理，对综合考评不合格的，及时调整出乡村兽医队伍或者村级动物防疫员队伍。要严肃村级动物防疫员工作纪律，规范乡村兽医和村级动物防疫员行为。再者，将乡村兽医、执业兽医管理与村级动物防疫员管理有机结合，切实稳定一支高素质的基层动物防疫队伍。最后，探索建立基层动物防疫工作经费保障长效机制。积极协调财政部，争取尽快出台《基层动物防疫工作补助经费管理办法》，明确经费筹集渠道、各级财政分摊比例和经费管理措施等，在保持现行基层动物防疫工作经费补助政策连续性和稳定性的基础上，尽快建立以地方各级财政投入为主、中央财政补助为辅的基层动物防疫工作经费保障长效机制。同时抓紧研究基层动物防疫人员保险问题，切实解决动物防疫人员后顾之忧，稳定基层动物防疫队伍。

（4）加强兽医公共财政投入机制建设，提升防控动物疫病的综合能力 近年来，国家加大动物防疫经费投入力度，加大动物防疫基础设施建设和兽医队伍建设，初步建立起兽医公共财政投入机制。但与当前动物疫病发生和流行形势相比、与保障公共卫生安全的要求相比，兽医经费保障能力仍显不足，急需进一步加强。首先，要切实建立起科学、稳定的兽医工作经费保障机制，将兽医行政管理、动物卫生监督和动物疫病预防控制机构所需经费纳入各级财政全额预算管理，保证其人员经费和日常运转费用，将动物疫病监测、预防、控制、扑灭，动物产品安全检测，兽药质量及其残留监测和监管等工作经费纳入同级财政预算，保证及时拨付。要积极与财政等部门协调，争取中央和地方各级财政随着经济的发展和财力的增强，逐步增加对兽医工作的投入。其次，要抓紧出台实施《全国动物防疫体系建设二期规划》，重点建设国家外来病中心和一期规划未纳入的地市级动物疫病预防控制中心、动物卫生监督所，余下的50％乡镇畜牧兽医站，村级冷链系统，全国动物标识及疫病可追溯体系，省际动物卫生监督检查站和无害化处理等基础设施建设，并根据形势需要对一期规划已建的兽药质量监管及兽药残留监控等部分项目加以完善或提高标准，切实加大动物防疫基础设施建设力度，努力做到“建设项目全面覆盖、建设标准有所提高、保障能力显著增强”。再者，要健全动物防疫财政补偿机制，适当扩大动物强制免疫病种范围，研究调整动物强制扑杀补偿标准，抓紧出台《动物强制免疫应激死亡补偿办法》和《强制销毁动物产品和相关物品补偿办法》。最后，要研究建立兽医队伍培训经费保障机制，逐步建立新型兽医人才培养机制和经费保障机制，将兽医队伍培训纳入各级财政保障。

（5）加快推进畜牧兽医综合执法，创新动物卫生监督执法机制 近年来，畜牧兽医立法取得积极进展，目前由畜牧兽医部门负责执行的法律、行政法规有11部，畜牧兽医管理法律法规体系初步建立起来。这些法律行政法规赋予畜牧兽医的法定职责总体上得到了较好履行，为保障畜牧业健康发展、有效防控重大动物疫病和确保动物产品安全发挥了重要作用。但是，由于在思想上存在认识不足、工作重视不够，在执法体制存在多机构多头分散执法、力量薄弱，在执法机制上存在重事前审批、轻事后监管，重质量监测、轻案件查处，在执法管理上存在人员素质不高、行为不规范等问题，影响了一些地方畜牧兽医部门及时、全面履行法定职责，甚至出现缺位、错位、越位的现象。各地一定要深刻认识新形势下加强畜牧兽医执法的重要性和紧迫性，准确把握畜牧兽医执法面临的新形势，增强责任感和使命感，拿出新思路，采取新措施，探索新机制，下大力气把畜牧兽医执法工作抓紧、抓实、抓好、抓出成效。一是推进畜牧兽医综合执法。各地要按照农业部即将下发的《农业部关于全面加强农业执法扎实推进综合执法的意见》，整合动物防疫检疫、兽药饲料、种畜禽管理、实验室生物安全和动物诊疗管理等方面的监督检查和行政处罚职能，以动物卫生监督机构为基础，抓紧在县一级组建畜牧兽医综合执法机构，创新畜牧兽医执法体制，增强畜牧兽医执法能力。二是深入推进行政审批制度改革。完善“一门受理、统筹协调、规范审批、限时办结”的审批综合办公方式，全面实施政务公开和信息公开，保障公民的知情权、参与权、表达权和监督权。三是建立健全执法工作机制。加强部门间、省际对大案、要案、跨区域案件的协作和联动，及时全面公开行政许可信息，做好检测结果与案件查处的衔接，强化执法监督检查与执法考核评议。要建立执法长效机制，将日常执法与集中执法相结合，更加注重日常执法，实现执法的经常化、制度化。四是加强执法队伍建设。加大执法人员培训力度，规范执法行为，落实执法责任制和责任追究制，推行“阳光执法”，做到文明执法、规范执法。

兽医管理体制改革，是新时期党和政府贯彻落实以人为本的科学发展观，进一步加强动物防疫工作，提高公共卫生安全水平的重大举措。我们将以学习实践科学发展观为契机，继续全面总结兽医管理体制改革经验，认真研究解决改革中存在的问题，切实抓好各项改革措施的落实，为做好重大动物疫病防控，推进社会主义新农村建设，确保现代畜牧业健康发展和人民群众身体健康做出新的贡献。

三、动物疫病防控机制保障研究

近年来，国内外重大动物疫病频繁发生，并对人的安全构成巨大威胁，动物疫病防控工作已突破了传统意义上保护畜牧业生产发展的范畴，已经成为公共卫生安全的重要组成部分，成为各国政府和国际社会广泛关注的政治问题。我国暴发了高致病性禽流感疫情后，在党中央、国务院正确领导下，及时启动国家应急机制，动员全社会力量，取得了防控高致病性禽流感和保障北京奥运会畜产品安全等巨大成果。但在重大动物疫病防控工作中，也暴露出一些防控机制上的突出问题：一是我国动物防疫工作管理体制不顺，管理效率不高；二是各级动物保护机构基础设施仍很薄弱，不能适应重大动物疫病防控工作，特别是应对突发疫情的需要；三是基层机构不稳定，队伍素质低，基层防疫工作没人做；四是法律法规不健全，难以做到依法治疫；五是防疫经费不足，动物疫病防控工作不能正常开展。

在当前国际、国内空前关注重大动物疫病控制和畜产品安全的情况下，尽快解决我国动物疫病防控工作的体制性和机制性障碍，研究建立动物疫病防控工作的长效机制，提高我国重大动物疫病防控和畜产品安全保障能力，已经成为各级政府和兽医行政管理部门十分关切的重大问题。

（一）有关国际组织和国家对动物卫生工作的要求

根据当前世界各国的兽医工作，以及世界动物卫生组织（OIE）、世界贸易组织（WTO）等国际组织对兽医工作的要求，兽医工作主要任务有三个方面：①预防、控制和消灭动物疫病，保障畜牧业发展。②预防、控制和消灭人畜共患疫病，加强畜产品卫生质量监控，保护人的健康与安全。③监管动物饲养条件，保障动物福利和环境卫生。最终目标是保护国家畜牧业生产安全和持续发展，保障人的健康和动物源性食品安全。而一个国家的动物疫病防治成功与否，动物卫生水平的高低，取决于 5 个方面：①国家的动物疫病防治政策。②动物疫病防治体系状况及防治技术水平。③动物及动物产品生产水平。④公众对动物及动物产品卫生质量的期望。⑤法律法规对动物疫病防治工作的保障水平，即国家最低动物卫生保护水平。

基于以上兽医工作的任务和要求，欧、美等大多数畜牧业发达国家，按照重大动物疫病防治工作的基本规律和要求，建立了较为完善的疫病防控和畜产品安全体系，以及有效的工作机制，取得了很多好的经验，可归结为：①建立了完善的以兽医官制度和官方兽医垂直管理为核心的官方兽医体系，并实行官方兽医对动物及动物产品生产全过程的卫生监控，最大限度地降低动物疫病传播风险，确保了动物及动物产品卫生安全。②建立了完善的动物防疫体系，包括疫病的诊断、监测、流行病学分析，疫情控制和扑灭，以及应急行动组织、应急计划和应急资源储备等，确保一旦发生疫情能迅速扑灭，并逐步消灭了主要动物疫病。③制定了一系列科学、有效的防治技术措施，疫病消灭计划，重大动物疫情应急方案，以及疫情追溯、扑杀赔偿和进口风险评估等制度，使控制和扑灭动物疫病建立在科学的基础之上。④各有关方面积极参与重大动物疫病防控和畜产品安全监控，国家的每一项疫病防治法规、政策、疫病消灭计划等的出台，都充分征求了有关利益方的意见，以保证利益方的积极参与，使这些法规、政策、计划等出台后能得到切实执行。⑤建立了完善的法律和标准体系。动物卫生法规体系具有系统性、可操作性、科学性、强制性、时效性及透明性等显著特征，从而有效地为国家动物疫病防治工作提供了有力保障和社会环境。⑥有充分的经费保障，从而保证了各项疫病防控措施的落实，特别是突发重大疫情的紧急处置和及时扑灭。

（二）60 多年来我国兽医工作和重大疫病防治工作取得的主要经验

新中国建立以来，全国动物疫病防治工作在党和政府的统一领导下，坚持贯彻“预防为主”的方针，开展科学防控、群防群治，取得了巨大成就。归纳起来主要有以下几方面的经验。

1. 加强领导，健全机构，推动动物疫病防治工作深入开展

党中央、国务院对全国的动物疫病防治非常重视，适时发布命令、指示、办法、布告、传真电报、紧急通知和社论等，为防疫工作指明方向，提出任务，要求各级行政领导机关把动物疫病防治工作摆在重要位置。对于影响国计

民生较大的疫病防治工作，则成立专门的防疫指挥机构，实行统一领导，如20世纪50年代中共中央成立了南方防治血吸虫病领导小组、北方防治地方病领导小组。各省、直辖市、自治区人民政府也都成立了相应的防治机构，组织和调动各方面的人力、物力，搞好社会性防疫。国家和地方财政每年都拨出专项经费，用于疫病防治。国务院农牧行政部门和各级人民政府，组织专家、教授深入基层，解决生产和防疫中的疑难问题，并多次组织技术力量，协助内蒙古、新疆、青海、宁夏、西藏等少数民族地区开展动物疫病防治工作。

为了加强领导，从中央到地方，各级政府都设有兽医行政主管部门，主管动物疫病防治工作。同时加强了兽医防疫、检疫机构和专业队伍建设。20世纪50年代初期，各省、市、自治区及部分专署设立了兽医工作站。同时，动员民间兽医，本着自愿的原则参加兽医联合诊疗所，开展畜禽疾病治疗，按照政府的部署进行防疫工作，这样既壮大了基层防疫力量，也为乡、镇建立集体性质的兽医站奠定了基础。1956年1月国务院发出《关于加强民间兽医工作的指示》，同年中央提出的《全国农业发展纲要（草案）》均强调建立各级畜牧兽医工作站。到1957年全国县级以上的畜牧兽医机构已达3 700处，拥有国家畜牧兽医干部2万多名，组织起来的民间兽医已有8万多人。到20世纪50年代末，全国村一级基本都有脱产或半脱产的兽医防疫员，乡、镇都设有集体性质的兽医工作站（牧区为国家畜牧兽医工作站），县级以上普遍建立了畜牧兽医工作站。至此，从上到下已形成了较为完整的四级动物疫病防疫网。到1966年底，乡、镇级集体所有制的畜牧兽医工作站已发展到3.91万多个，拥有兽医人员20.23万人，村级防疫员近60万名。但在“文化大革命”中，有些地区兽医站被合并或撤销，人员改行转业，畜禽疫病防疫机构及人员一度有所削弱。1971年后畜禽疫病防治工作与各项事业一样开始逐步恢复，特别是党的十一届三中全会后，全国各级动物防疫机构也不断整顿加强，动物疫病防治队伍进一步发展壮大。到1979年底，乡、镇级畜牧兽医工作站达5万多个，集体所有制畜牧兽医工作站的畜牧兽医人员达27万多人。1989年，国家动物防疫机构拥有兽医技术干部8.38多万名，乡镇级畜牧兽医工作站7.6万个，大多数是村有固定的防疫员。这支以国家技术干部为骨干，以集体兽医和防疫员为基础的防疫大军，长期奋斗在生产第一线，宣讲防病知识，开展疫情调查统计、免疫、检疫、诊疗、驱虫、药浴，推广防疫科技成果，为兽医事业的发展做出了重大贡献。

近年来，中央连续七个一号文件对农业农村经济工作进行部署，重大动物疫病防控工作都是其中的重要内容。各地坚决贯彻落实中央防控方针，采取坚决果断措施，有力有序有效地开展重大动物疫病防控工作。2004年，国务院成立全国防治高致病性禽流感总指挥部，农业部成立了重大动物疫病防控指挥中心，并在农业部成立兽医局。2008 年兽医局又加挂重大动物疫病防控办公室牌子，进一步加强防控工作的统一领导。各级政府也成立了相应指挥机构，政府主要领导和分管领导亲自指挥，各有关部门加强协调和配合，层层落实责任制和责任追究制度，保证禽流感等重大动物疫病防控各项措施的落实。各级政府和领导高度重视，社会空前关注，科技支撑和财政支持力度逐年加大，兽医工作逐渐走上了法制化、规范化和制度化轨道。

2. 坚持“预防为主”的方针，贯彻综合防治的措施

“预防为主”是防治动物疫病的根本方针，最终目的就是要降低动物发病率和死亡率，减少经济损失，促进畜牧业稳定发展。为此，主要抓了以下几方面的工作：

一是加强宣传，提高科学养畜水平。长期以来，各级兽医部门把宣传科学养畜作为落实“预防为主”方针的一项经常性工作，编印了大量的养畜防病科技材料，举办各种类型的学习班，进行技术咨询，开展技术培训，提高科学养殖水平，增强畜禽体质，从根本上减少发病。

二是完善防病措施，适时调整防治对策。畜禽疫病防治工作不同阶段的技术措施，主要是掌握疫情动态，有的放矢，扩大预防免疫与检疫监测范围，采取综合性措施连续防治，保持群体高密度免疫，建立巩固免疫区域，切断易感动物感染发病途径。对防疫成果较为巩固的疫病，逐步缩小免疫范围。随着畜牧业生产的发展，兽医科技水平的不断提高，适时调整防病对策，逐步形成了一套较为完整的防治技术措施，可以概括为：养（加强饲养管理）、免（预防免疫）、检（检疫）、监（疫情监测、监督检查）、诊（诊断）、驱（驱虫）、治（治疗病畜）、隔（隔离病畜）、封（封锁疫点、疫区）、消（消毒、防虫灭鼠）、处（处理病、死畜及染疫产品）、培（培育健康后代）12 字措施。在不同疫病的防治中，因病而异，各有侧重。为了适时准确地实施各项技术措施，在处理疫情时坚持“早、快、严、小”的原则，即：发现和报告疫情要早，防治行动要快，封锁隔离和技术操作要严，在小范围内扑灭疫情。2004 年以来，国家针对禽流感、口蹄疫等疫病，确定了免疫与扑杀相结合的综合防控措施，实施《重大动物疫情应急条例》和《国家突发重大动物疫情应急预案》，完善应急机制。这些措施和对策的实施，对于及时扑灭疫情起到很大作用。

三是发挥疫苗优势，制止疫病流行。为把各种危害性较大的疫病尽快压下来，在加强畜禽饲养管理的同时，采取大量生产和应用疫苗，建立免疫畜群的措施。在具体工作中，结合我国的国情，主要以应用产量大、注射剂量小、免

疫期长的活疫苗为主。长期的实践证实，弱毒疫苗的普遍推广应用，节省了经费开支，加快了免疫速度，方便了群众，提高了免疫效果，符合我国的畜禽饲养管理条件和生产发展水平，对尽快消灭和控制疫病危害，促进“预防为主”方针的贯彻落实，起到了决定性作用。20 世纪 80 年代以后，由于规模化养殖的发展，同时为克服弱毒疫苗毒力不稳定、引起部分动物发病和毒株扩散、研制成本高、周期长等问题，开始大量研发和使用灭活疫苗和基因工程疫苗。如口蹄疫灭活疫苗、新城疫灭活疫苗、禽霍乱蜂胶灭活疫苗、禽流感灭活疫苗、禽流感基因工程疫苗、高致病性猪蓝耳病灭活疫苗等。

四是加强疫情监测，掌握疫情动向。为了查清疫病种类、分布状况及危害，分析研究防治经验和教训，为制定可行的防治措施提供依据，建立了一整套疫情报告管理制度。各地都配备专人从事疫情统计报告工作，发生重大疫情，及时逐级上报，对日常防疫工作及疫情动态，按月、季、年分别报告。1976—1982 年中国农业科学院组织进行了一次回顾性的畜禽疫病调查。1986—1990年农业部组织了全国畜禽疫病普查，这次普查范围广，动物种类多，数量大，应用手段较为先进。采取以实验室检验为主，结合调查的形式，按统一的检验标准，规定的检验项目和数量，进行确诊、定性。基本上查清了全国近1/2 县（市）的疫情现状及发展趋势。同时对 28 个省、直辖市、自治区（缺香港、澳门、台湾）的 2 343 个种畜禽场进行了抽查检验，占种畜禽场总数的 93.5%。通过实验室检验的各种种畜、禽、兔总数为 3 407 937 头，各种疫病阳性检出率平均为 8.58%。其中禽为 11.6%，猪为 9.8%，牛为 7.4%，兔为 5.73%，羊为 2.64%，马为 1.06%。疫病普查结果具有广泛的代表性和真实性，为提前做好各种疫病防范工作，主动采取相应对策奠定了基础。1998 年以来，国家建设了由国家动物疫病测报中心、国家流行病学中心、省级动物疫情测报中心、动物疫情测报站和边境动物疫情监测站及相关的技术支撑单位组成的国家动物疫情监测体系，制定实施了全国动物疫情监测方案和流行病学调查方案。2007 年修订的《中华人民共和国动物防疫法》对疫情监测、报告、公布等做了明确规定，使疫情监测工作更加科学、系统，为国家重大动物疫病防控提供了科学依据。

3. 制定兽医工作的有关政策，促进防疫工作的深入发展

新中国成立以来，国家和各级政府制定了许多政策，保证了动物疫病防治工作的顺利开展。如新中国成立初期，对民间兽医采取“团结、使用、教育、提高”的政策，把分散在农村的中兽医组织起来，形成乡镇级的畜疫防治技术力量。一些有名望的中兽医被聘请到大、中专院校或科研单位，从事教育或中

兽医科研工作。村防疫员的劳务报酬，一般都不低于当地中上等劳动力的收入，从政策上稳定了生产第一线的防疫力量。按照“国家出本，社队出工”的政策，即预防所需疫苗由国家负担，劳务由社队负担进行预防免疫。对猪瘟、新城疫、口蹄疫、马传染性贫血、鼻疽、布鲁氏菌病的防治工作国家给予一定的经费补贴，对一些突发性重大疫情的处理和因自然灾害造成的疫病损失，国家增拨专项临时防疫费。生产有关防疫必需的药品、器械所造成的经营性、政策性亏损，国家给予适当的补助。对引进防治用药，减免进口关税。从1976年开始，国家每年下拨5 000万元社办公助专项经费，作为乡、镇级集体兽医人员参与社会性防疫的公助报酬。防治动物疫病收费纳入国家收费范围。对从事动物疫病防治工作人员的劳动福利、保健津贴也都有具体规定。同时，各级政府结合当地的实际情况，对基层防疫人员的公助补贴、转正、职称评定、口粮待遇等问题，也都有相应的规定。不少省、直辖市、自治区规定，从技术改进费、屠宰税的收入内划出一定比例，作为防治动物疫病的经费补贴。党的十一届三中全会以来，对科技人员的待遇作出了许多新的规定，如1980年国务院批转了《农业技术干部技术职称暂行规定》，1983年国务院又批准了《关于加强农林第一线科技队伍的报告》，对县以下第一线农林科技人员的工资，向上浮动一级等。上述各项政策性规定，充分调动了各级动物疫病防治人员的工作积极性，保证了动物疫病防治工作的深入开展。

2004年在高致病性禽流感阻击战中，中央及时制定“加强领导、密切配合，依靠科学、依法防治，群防群控、果断处置”24字方针，及时出台了强制免疫补贴、扑杀补贴、无害化处理补贴和畜牧业发展扶持的“三补一扶”政策，对调动农民积极性、维护养殖户利益、减少灾害损失发挥了重要作用。2007年以来，国务院及时完善重大动物疫病强制免疫和扑杀政策，将高致病性猪蓝耳病等重大生猪疫病纳入强制免疫和扑杀补助范围，对奶牛布鲁氏菌病和结核病防控给予补助。同时，2008年起，国家对基层防疫工作进行补贴，对村级防疫人员进行补助。广大养殖者和基层防疫人员积极性进一步提高，防疫基础更加牢靠。

4. 国家加大动物防疫经费投入力度，为兽医事业健康发展提供强大动力

动物防疫公共财政保障机制基本建立。各级兽医行政管理和动物卫生监督机构工作经费、人员经费全部纳入财政预算保障，99%的市、97.9%的县级动物疫病预防控制机构实行全额预算管理。动物防疫经费投入力度加大。已依法建立起动物强制免疫和强制扑杀补偿制度，所需经费由中央和地方财政共同筹

集。《全国动物防疫体系建设规划（2004—2008年）》安排中央预算内专项资金45.22亿元，建设中央、省、县、乡四级动物防疫、检疫基础设施和兽药质量及残留监控基础设施。《全国动物防疫体系建设二期规划》预计投资力度加大。基层动物防疫工作经费补助政策全面落实。2008年国家出台基层动物防疫工作经费补助政策，中央财政安排6.5亿元补助经费，各地财政积极落实配套资金，初步建立了以地方财政投入为主、中央财政适当补助的基层动物防疫工作经费补助制度。

5. 依靠科技，提高防疫效果

新中国成立初期，我国科技人员深入现场研究，明确了传染性水疱口炎、猪乙型脑炎、羔羊大肠杆菌病、羊猝疽、羊快疫、羊肠毒血症等病的病原，为防控这些疫病奠定了基础。以后又陆续发现了一些新的疾病和病原，主要有：确诊1958年出现的"猪饱潲病"为亚硝酸盐中毒；明确了在陕西汉中等地发生的耕牛"蹄腿肿烂病"是真菌毒素中毒病，证明是木贼镰刀菌和半裸镰刀菌所致；对猪喘气病病原、羊和猪衣原体病病原、牦牛嗜皮菌病病原、猪传染性萎缩性鼻炎病原、牛传染性鼻气管炎病毒、猪轮状病毒、猪流行性腹泻病毒、绵羊进行性脑炎病毒、牛羊口疮病原、兔出血症病毒、绵羊肺炎支原体等进行了分离鉴定；对严重危害畜禽的主要寄生虫病及其传播媒介、流行病学特点、病原鉴定，以及虫种保藏技术和部分寄生虫的抗药性等方面进行了深入的研究。

进入20世纪80年代以来，对猪瘟病毒、新城疫病毒、鸡马立克氏病病毒、鸡传染性法氏囊病病毒、鸡传染性支气管炎病毒、大肠杆菌、沙门氏菌、日本血吸虫、伊氏锥虫、球虫、旋毛虫等重要病原的主要抗原基因进行了克隆、序列测定和抗原表达等方面的研究；对不同菌（毒）株的抗原及核酸序列差异进行了分析，完成了猪瘟兔化弱毒株和石门系毒株的核酸全序列测定；开展了马立克氏病、新城疫、猪瘟、大肠杆菌病、禽流感、伪狂犬病、禽流感等重大疫病的基因工程疫苗、基因疫苗的研究，并取得了重要进展。如我国研制出了猪瘟兔化弱毒疫苗、马传染性贫血弱毒疫苗、猪喘气病弱毒疫苗、牛瘟弱毒疫苗、牛肺疫弱毒疫苗、猪丹毒疫苗、猪肺疫疫苗、鸡新城疫弱毒疫苗和灭活疫苗、口蹄疫灭活疫苗和弱毒疫苗、鸡传染性法氏囊病疫苗、牛泰勒焦虫裂殖体胶冻细胞苗、仔猪副伤寒弱毒菌苗、梭菌多联干粉苗、布鲁氏菌病猪2号疫苗、布鲁氏菌病羊5号疫苗、羊痘鸡胚弱毒疫苗、兔出血症灭活疫苗等，其中，猪瘟兔化弱毒疫苗、马传染性贫血弱毒疫苗、猪喘气病弱毒疫苗、梭菌多联干粉苗等达到了国际领先水平。近年来，随着我国畜牧业的发展和对外交流的增加，畜禽养殖方式也由家庭式的分散饲养，逐渐向专业化、规模化、集约式发展，因而，畜禽疫病的发生也更加复杂，一些新的疫病也不断发生，为了有效地控制这些疫病，研制了一批新的疫苗，如，鸡马立克氏病弱毒疫苗、鸡传染性法氏囊病多价疫苗、鸡传染性支气管炎疫苗、鸡支原体疫苗、鸡减蛋综合征灭活疫苗、猪伪狂犬病灭活疫苗和基因缺失疫苗、仔猪腹泻基因工程菌苗、禽霍乱蜂胶灭活疫苗、鸡球虫弱毒多价疫苗、猪病毒性腹泻联苗、猪呼吸道病联苗、猪囊虫灭活疫苗、牛流行热亚单位疫苗、禽流感灭活疫苗、禽流感禽痘和新城疫活载体疫苗、禽流感基因重组疫苗、高致病性猪蓝耳病灭活疫苗等。

在兽药研究方面，先后研制出兽用镇麻新药“静松灵”、兽用抗菌新药“痢菌净”、新化学灭能剂“N-乙酰乙烯亚胺”、化学去势药“消睾注射液”及抗球虫饲料添加药“盐霉素”、抗焦虫药“骆驼蓬制剂”，先后合成了丙硫苯咪唑、乙氧酰胺苯甲酯、氯苯胍、硝氯酚、安锥赛、球痢灵、北京菊酯、吡喹酮、阿维菌素等一大批兽用药物。到目前，我国已研究开发生产涉及畜禽、宠物、蜂、蚕、鱼、虾等动物的兽药产品 2 000 余种，基本满足了我国动物疾病防治的需要。

6. 开展联防， 制止疫情扩散蔓延

1958 年由农业部牵头，按大行政区建立联防协作区，与此同时，省、自治区、直辖市毗邻的地（盟）、县（旗）也组成了联防协作片。此外，根据运输检疫的有关要求，20 世纪 70 年代初，成立了全国铁路兽医卫生检疫联防。各联防区、片的成员单位，轮流主持工作，召开联防会议，汇报疫情发生发展动态，协同解决联防中出现的问题。大区联防曾一度中断，但全国铁路兽医卫生检疫联防和地、县之间的联防，三十多年一直坚持活动，每年都召开会议，总结交流经验，不断充实联防内容，基本上起到了大联防区的防范职能。1984 年在农牧渔业部的统一领导部署下，恢复了大行政区的联防组织，并拨给主持省专项经费，每年召开大区联防会议，互通疫情信息，完善联防公约。各联防成员按照统一要求，认真履行《联防公约》所规定的各项条款，进一步密切了联防单位之间的关系，一旦疫情发生或流行，能够尽快向值班单位报告，并能统一行动，联合防范。这一机制对控制疫情传播，保证商品畜禽及其产品的流通，都起到了积极作用。目前，部门之间、省与省之间、区域间、大城市间的区域联防，在重大动物疫病防控和畜产品动物卫生安全监管工作中仍是一个不可或缺的重要方式。

7. 加强法制建设， 确保动物疫病防治依法管理

随着国家法制建设的加强，动物疫病防治工作的法制管理也在不断完善。

同时，各级政府在各个时期也制定了指导当时防疫工作的规范性文件。例如，1959年农业部、外经贸部、商业部、卫生部联合颁发了《肉品卫生检验试行规程》，国务院于1980年8月批转了《兽药管理暂行条例》，1982年6月发布了《中华人民共和国进出口动植物检疫条例》，1985年2月颁布了《家畜家禽防疫条例》，1987年5月颁布了《兽药管理条例》（2004年修订）。1991年10月全国人民代表大会通过了《中华人民共和国进出境动植物检疫法》，1996年国务院颁布了《中华人民共和国进出境动植物检疫法实施条例》，1997年7月，全国人民代表大会通过了《中华人民共和国动物防疫法》（2007年修订）。2005年国务院颁布了《重大动物疫情应急条例》。2004年国务院颁布了《病原微生物实验室生物安全管理条例》。农业部和各省、自治区、直辖市人民政府也都制定了相应的配套规章。上述兽医行政法规和规章的公布实施，使全国的动物疫病防治工作进入了依法管理的新阶段，确保了重大动物疫病防控工作的有效开展。

回顾新中国成立以来，特别是改革开放30多年来的兽医工作，我们对推进兽医事业健康发展的一些规律性问题有了更进一步的认识和把握，概括起来就是：必须坚持以人为本，把维护人的健康摆在兽医工作的首位；必须坚持畜牧业发展和兽医事业发展并重，促进我国畜牧兽医协调发展；必须坚持加快兽医科技进步，提高我国兽医工作整体素质；必须坚持"预防为主"方针，对人畜共患病实行"人病畜防"，关口前移；必须坚持营养、健康、安全消费，逐步实现"集中检疫、定点屠宰、就地加工、运肉不运畜"；必须坚持财政扶持，建立促进兽医事业健康发展的稳定投入机制。兽医工作取得的伟大成就和积累的宝贵经验，是各级兽医部门几代兽医工作者辛勤工作的结果，为推进兽医事业健康发展奠定了坚实基础。

（三）我国动物疫病防控机制存在的主要问题

总体上，我国动物防疫机制还不能很好地适应动物疫病防控工作的需要。动物疫病防控形势的新发展，对兽医工作提出了更高的要求，我国动物防疫机制存在的问题急需解决。

1. 现行动物防疫管理机制仍不能适应当前防控工作的需要

首先，我国兽医管理存在职能部门无权，有权部门无职的问题。同时，我国动物防疫和畜产品安全管理职能分散在政府多个部门，政出多门，影响了动物疫病控制和畜产品安全监管能力。兽医管理分散到多个部门，不能实施统一管理，职责不清。多头管理，职能重叠，造成管理效率低，资源浪费，出现了有责任的没有权力，有权力的没有责任现象。其次，我国没有实行垂直管理官方兽医制度，而兽医属地管理的特点违背了控制动物疫病的科学规律，也容易受地方保护主义的影响。发生重大疫情时，各地受本地经济利益等因素影响，可能出现虚报、缓报和瞒报疫情的现象，客观上为染疫畜禽进入流通创造了条件，容易造成疫情更大范围地扩散流行，同时也制约了国家快速、准确掌握疫情和及时、迅速处理疫情。在疫情扑灭过程中，有令不行、有禁不止的情况也时有发生，影响了国家疫病控制能力。

2. 没有制定国家动物疫病防治规划

在战略上，国家对动物疫病实行"预防为主"的方针，但国家没有把动物疫病防治工作纳入国民经济和社会发展计划之中，并制定切实的动物疫病的防治规划和计划，防治工作比较盲目，始终处于"救火"之中。

3. 应急反应能力有待完善

一是中央和省级应急反应指挥系统信息化程度低，反应慢，指挥和疫情处置手段落后；二是地市级动物防疫、检疫基础设施严重短缺，疫病诊断和检疫监督能力不强；三是尚有50%的乡镇兽医站未投资建设，基层动物疫病防控工作难以全面有效开展；四是应急物资贮备库尚未建立，不能满足重大动物疫情应急防疫需要；五是部分设施设备老化，需要更新换代。

4. 疫病可追溯能力亟待加强

动物标识和疫病可追溯系统建设在试点地区取得成功，各省、直辖市、自治区正在起步建设，省级数据中心均未建立，部分省、直辖市、自治区仅简单配备了一些追溯设备，全国追溯系统网络尚未形成，动物疫病追溯能力亟待提高。

5. 外来疫病防控能力亟待提高

近年来，亚洲Ⅰ型口蹄疫、小反刍兽疫疫情相继传入，突出反映了我国边境防疫屏障体系建设存在漏洞。目前尽管建立了边境疫情监测站，开展相关的监测工作，但边境疫情防堵、检测及病死畜禽无害化处理等设施严重不足。此外，2003年国家成立了外来动物疫病诊断中心，主要对疯牛病等开展相关技术研究和检测工作，由于建设规模小，研究范围窄，难以开展其他外来动物疫病研究、诊断、检测工作，外来动物疫病防控技术储备不足。

6. 兽药监察能力需要进一步提高

我国重大动物疫病防控形势严峻，国家强制免疫病种增加，疫苗生产和供应量显著加大，各级兽药监察机构兽药打假、检测基础设施明显不足。全国兽药市场监管和打假工作任务繁重，由于信息化程度低，现场调查取证、检验监督等执法活动难以全面开展，需要尽快改善工作手段，扩大地市级和县级兽药监督执法设施。此外，急需加强兽药残留监控系统、兽药安全评价（耐药性监测）和风险评估系统建设，以保证动物性产品质量安全。

7. 技术支撑能力需要稳步提高

我国已成为世界动物卫生组织（OIE）正式成员国，按照 OIE 要求，一国发生的重大动物疫病应由该国国家参考实验室确诊，并及时向 OIE 进行通报。目前，我国仅建立了禽流感、口蹄疫等国家参考实验室，但尚未通过 OIE 认证，还没有建立其他重大动物疫病国家参考实验室和诊断实验室，对动物疫病研究、诊断、检测能力不足，不能满足科学防控的需要，不能充分发挥动物疫病技术支撑作用，不能充分履行 OIE 成员国义务。同时，我国高级别实验动物基地建设严重滞后，已经成为制约我国动物疫病研究与疫苗、兽药生产的瓶颈。

8. 缺乏搞好动物防疫工作的激励机制

《中华人民共和国动物防疫法》虽然规定了饲养、经营动物，以及生产、经营动物产品的单位和个人，应当做好动物疫病的预防工作，但没有有效的激励机制和法律监督手段。带病动物及其产品在市场上流通得不到有效查处，甚至一些地方对带病动物及其产品的出售，特别是销出本地区睁一眼闭一眼。从政策上不能激励饲养者搞好动物防疫工作，生产质量高、安全的动物性产品。

9. 缺乏完善的防疫补偿机制

我国目前只对口蹄疫、禽流感、高致病性猪蓝耳病，以及牛的布鲁氏菌病和结核病防治中扑杀发病和同群动物给予适当补助，而且补助标准低，严重影响对疫情的快速处理，导致一些地方疫情的蔓延。如按标准，扑杀一头奶牛补助标准为 2 400 元，而目前市场上奶牛的价格为 10 000 元左右。扑杀后，虽给予补助，但养殖场（户）损失很大。因此，当发生疫情时，养殖者往往有疫不报告，不让扑杀发病畜禽，特别是同群畜禽。

10. 经费保障不足

经费是动物疫病防治工作的基本保障，虽然在《中华人民共和国动物防疫法》中有经费保障的规定，但我国的经费保障机制不能适应重大动物疫病防控的特殊需要。同时，疫情监测、疫病预防、应急和疫情处置、疫病净化、检疫、防疫监督、残留监控、食品安全监管等工作由于经费不足受到很大影响，这也是近几年兽医工作中的一个突出问题。

（四）对完善我国动物疫病防控机制的建议

从有关国际组织的要求、发达国家的经验及做好动物卫生工作的内在要求来看，重大动物疫病防控和畜产品安全监控工作的长效机制应包含兽医行政管理体系、兽医队伍、预测预警系统、防疫基础设施、法律法规、技术标准、应急机制、科技支撑、防疫物资和资金保障等方面。兽医行政管理体系是兽医工作的指挥系统，是整个动物卫生工作的灵魂；兽医队伍、预测预警系统、防疫基础设施是动物卫生工作的基础；法律法规、技术标准、科技支撑、防疫资金是做好动物卫生工作的基本保障。按照以上要求，要构建我国动物卫生工作长效机制，重点做好以下几个方面的工作。

一要建立高效的兽医管理体系。2005 年，国务院出台了《国务院关于推进兽医管理体制改革的若干意见》，将我国的兽医工作向前推进了一大步。但从当前兽医体制改革的情况看，只能说是在过去管理体制上作了部分修补，仍没有解决兽医管理体制的根本问题。根据当前我国动物卫生工作的需要，参照世界各国的经验，我国兽医体制改革需要按照以下原则做进一步工作：首先，要按照国际惯例设立相对独立的国家一级的兽医局，并赋予相应的职权，统一管理国内动物检疫、进出境动物检疫、疫病防治，以及对从养殖、加工到餐桌全过程动物卫生和食品安全管理监督。其次，实行从中央到县垂直管理的兽医官制度，克服全局利益和局部利益矛盾以及地方保护主义等多种弊病。再次，官方兽医与执业兽医分离，更好地利用社会资源，充分发挥各方面的积极性。在此原则下，构建一个责权明晰、工作高效的兽医管理体系。

二要建立一支高素质的兽医队伍。根据我国目前兽医队伍不稳、基层防疫工作没人做、人员素质差的现状，按照兽医管理体制改革要求，加强官方兽医队伍和执业兽医队伍建设。重点是要稳定和加强基层防疫队伍。在发挥兽医行政管理、兽医行政执法、技术支撑等官方兽医在重大动物疫病防控和保证畜产品安全核心作用的同时，充分发挥执业兽医的作用。加强兽医工作人员的法律法规和技术的教育培训，不断提高兽医工作人员的政治素质和业务水平，形成技术过硬、服务及时周到的官方兽医和执业兽医队伍，满足重大动物疫病防控工作的需要。

三要完善全国动物疫情预测预警体系。完善的预测预警体系是“早发现、早报告、早处理、早控制”重大动物疫情的关键，是提出重大动物疫情防控决策的主要依据。目前，我国已建立了由国家动物疫病测报中心、动物流行病学研究中心、省级动物疫情测报中心、304 个动物疫情测报站、146 个边境动物疫情监测站及国家动物疫病参考实验室组成的动物疫情监测体系，全国的动物疫情主动监测网络已经初步形成，并已经形成了村级疫情报告观察员、乡镇级疫情报告观察员、县（市）级疫情报告观察员、市（地）级疫情报告观察员、省级疫情报告观察员逐级向农业部及国家动物疫情测报中心报告动物疫情的报告体系。下一步要完善疫情监测和报告的工作机制，将疫情报告网络延伸到乡镇，逐步实现重大动物疫情的直报，提高疫病报告的时效性和可靠性，各级政府要提供经费保障，确保其正常运转。

四要完善动物防疫基础设施。按照各级政府对本地动物疫病防治工作负责的原则，在县级以上兽医站（畜牧兽医站）的基础上，建立各级动物疫病预防与控制中心，具体负责本地动物疫病免疫、预防、疫情处置、疫情监测与预警疫情报告等工作。加强防疫基础设施建设，完善各级冷链体系、重大疫情应急、疫病诊断设施设备，提高疫病防治水平。国家应加大投资力度，强化乡镇基层防疫设施建设。

五要建立完善重大动物疫情应急反应机制。根据《重大动物疫情应急条例》的要求，制定各种类型疫情的应急实施方案，建立疫情快速监测和诊断、疫情快速报告、疫情分析和预测预报、紧急疫情发布、应急处理预备队快速反应和应急物资储备等应急反应机制，规范应急程序，在外来病、新发病及重大动物疫病暴发或对国家畜牧业构成威胁时，能及时启动应急预案，快速有效扑灭疫情和防止疫情传入。各地在组建的动物疫病预防与控制中心内，设立专门的应急反应机构。加强平时的技术培训和演练，使之成为处理紧急疫情的核心队伍。

六要制定和完善动物卫生标准和规范体系。制定和完善与国际兽医制度接轨的各类动物卫生标准和规范体系，以规范兽医监督管理、疫情报告方式、疫病防治、疫病监测、突发疫情应急反应、疫病扑灭、检疫监督、执业兽医和医疗机构管理、研究机构和诊断（检测）实验室生物安全管理等各个方面的工作，提高疫病防治水平。

七要提供坚实的技术支撑。先进的疫病防治技术是进行疫病防治的有效武器。国家要加大对重大动物疫病防治技术研究开发工作的支持力度，按照防控工作需要，组织科技攻关。同时，要建立完善国家参考实验室及省、市、县各级动物疫病诊断实验室。国家和省级实验室应达到生物安全3级或3级以上，确保能对本地发生的重大动物疫病及时做出诊断。

八要完善动物防疫物资保障体系和稳定的防疫资金投入机制。疫苗、诊断试剂、药品、用品、器械等是动物疫病防治的武器。应按照各种疫病防治计划或消灭计划的需要，合理布置防疫物资生产、供应、贮备。国家要通过制定鼓励政策，引入市场竞争机制，建立一批国家骨干企业，形成完整的防疫物资生产链条，为全国的动物疫病防治工作提供坚强保障。重大动物疫病防控和畜产品安全关乎人民健康，国家应确保疫情监测、疫情控制、扑灭疫情、扑杀补偿、防治关键技术研究所需资金，要建立国家动物疫情防治基金，以保障各项疫病防治工作正常开展。加强对兽医基础设施建设投入，提高基层动物防疫机构和组织的疫病防治能力。

九要建立群防群控、联防联控机制。要充分发挥我国的政治优势和组织优势，动员基层组织自觉地参与动物防疫工作，发动群众，依靠群众，坚持专业队伍和群众防治相结合。加强动物防疫知识的宣传普及，加强对广大养殖者的培训，把科学防治的武器交给群众，并增强群众的自我保护意识和防疫能力。加强部门和区域协作，强化联防联控机制。按照《重大动物疫情应急条例》和《国家突发重大动物疫情应急预案》要求，相关部门各负其责，密切配合，形成防控合力。加强各地区协作，区域防治和区域联防相结合，互通信息，互相支持，不断完善区域协调防控机制，有效防控疫情扩散。

十要完善兽医工作法律法规。兽医管理制度、动物防疫体系的建设，动物防疫工作各项措施的落实，动物疫病防控机制的有效运转，以及防疫资金投入等，都必须有法律法规保障。应在《中华人民共和国动物防疫法》的基础上，把近年来我国动物疫病防治工作的经验补充到法律条款中，完善兽医工作的法律体系，使防疫检疫和动物源性食品的安全监管工作有法可依，有章可循。其目标是按照动物疫病防治规律和WTO对兽医工作的要求，从保护畜牧业健康发展和保障人民身体健康的目的出发，制定《中华人民共和国动物卫生法》或《中华人民共和国兽医法》，使之成为兽医工作的基本法，在此基础上构建包括官方兽医制度、疫病防治、执业兽医管理、进出境检疫、兽药管理、畜产品安全、动物诊疗管理等方面法律法规在内的完整的兽医法律体系，全面实现兽医工作的法制化管理。

动物疫病防控长效机制的形成，主要体现在以下几个方面：一是国家高度重视兽医工作，把重大动物疫病的防控作为保障国家公共安全的重要内容；二是建立了完整的动物防疫体系，有稳定的防疫队伍，特别是基层防疫体系健全；三是建立了完善的兽医法律法规体系，真正做到了依法治疫；四是有稳定的防疫资金投入，能确保日常防疫和突发重大动物疫情应急的需要；五是形成了群防群控、联防联控的良好氛围。也就是动物疫病防控工作有机构、有人做、有手段、经费有保障。

总之，建设动物疫病防控长效机制，既需要国家的重视和支持，也需要广大养殖者和社会各界的积极参与。通过动物疫病防控长效机制的构建，达到有效防止重大动物疫情发生，保护畜牧业的发展，保障公共卫生安全的目的。

四、动物防疫体系建设研究

建设和完善我国动物防疫体系，提高对动物疫病的预防和控制能力，是实现我国养殖业持续稳定健康发展，保障畜产品有效供给的需要，也是保障食品安全和公共卫生安全的必然要求。依据《中华人民共和国农业法》、新修订的《中华人民共和国动物防疫法》、《中华人民共和国进出境动植物检疫法》、《兽药管理条例》、《重大动物疫情应急条例》和《病原微生物实验室生物安全管理条例》，通过实施《动物保护工程》和《全国动物防疫体系建设规划（2004—2008）》等有关规定，采取有效措施，加大投入，不断完善我国动物防疫基础设施，确保动物疫病防控和畜产品安全监管工作的有效开展。

（一）我国动物防疫体系建设现状

经过50多年的建设，我国建立了动物疫病监测预警、预防控制、动物卫生监督执法、兽药质量监察与残留监控、防疫技术支撑和物资保障等系统，基本形成了上下贯通、横向协调、运转高效、保障有力的动物防疫体系。

在中央一级，建立了国家动物流行病学研究中心、兽医微生物中心、生物安全四级实验室、口蹄疫参考实验室、中国动物疫病预防控制中心、猪链球菌诊断实验室、兽药标准物质制备中心、6个区域动物疫病专业诊断实验室、动物防疫疫苗抗原储备库、8个国家级兽药安全评价实验室、4个国家级兽药残留基准实验室、17家兽用生物制品厂、304个动物疫情测报站和146个边境动物疫情监测站。初步具备了动物疫情信息收集、处理，禽流感、口蹄疫、猪瘟、猪链球菌病等重大动物疫病和人畜共患病的病原快速确诊、病原分子生物学分析与鉴定、流行病学分析、诊断技术培训及防治技术研究与交流等能力；具备了全国兽医微生物菌（毒、虫）种的收集、繁殖、分离、鉴定和管理的能力；基本满足防控突发动物疫病疫苗的抗原贮备需求，兽药残留检测方法的制定、兽药休药期的制定、残留检测基准物质制备与标定、残留检测的最终技术仲裁、残留检测技术培训，兽药产品检测用标准物质的制备、鉴定和供应，耐药性监测和兽药对环境不良影响的研究与监测。2007 年，全国动物疫情测报站共对 16.1 万个场（户）的 2.3 亿头（只）畜禽进行了流行病学调查，共调查牲畜3 000万头（只）、家禽 2 亿羽；对 12.3 万个场（户）进行了实验室抽样监测，监测疫病种类为口蹄疫、禽流感、猪瘟、鸡新城疫、布鲁氏菌病、牛结核病、伪狂犬病、马传染性贫血、马鼻疽，共计检测各种畜禽样品 402 万份。兽药质量监督抽检 15 005 批次，合格率为 78.5%；实施残留监控 11 433 批，完成 73 批技术仲裁检验，制定发布兽药残留检测方法、标准等近 100 个，完成兽药产品检测用标准物质制备、鉴定 416 种，共 37 698 支。

在省级，建立了 32 个省级动物疫病预防控制中心（含兵团），32 个省级兽药监察所（含兵团），32 个省级动物卫生监督所（含兵团），1 038 个公路动物防疫监督检查站，44 个铁路动物防疫检查站。基本能承担辖区内动物疫病的监测、分析、诊断或确诊，兽药质量检验、监督、鉴定，以及省际跨区域流动的动物和动物产品检疫监督、查证验物等职责。32 个省级疫病预防控制中心（含兵团）共诊断口蹄疫、禽流感疫情 80 多起，完成口蹄疫、禽流感、高致病性猪蓝耳病、炭疽、狂犬病等重大动物疫情快报 800 多起。全国产地检疫共检疫畜禽 59.33 亿头（只），共检出病畜禽 503.13 万头（只），病畜禽检出率为 0.08%。全国屠宰检疫共检疫畜禽 41.44 亿头（只），共检出病畜禽 306.423 5 万头（只），病畜禽检出率为 0.07%，并全部进行了无害化处理。

在地级，已经建立了 332 个地级兽医诊断实验室，332 个地级动物卫生监督所。初步具备了部分承担辖区内动物疫病的监测、分析、诊断或确诊，以及动物和动物产品检疫监督、屠宰检疫、查证验物等能力。

在县级，已经建立了 2 972 个县级动物防疫站（含兵团、农垦），3 036 个县级动物卫生监督站（含兵团 138 个分所）。初步具备了辖区内动物疫病诊断监测，疫情收集整理、汇总和报告，以及实施疫情处理、现场调查取证、检疫监督执法等能力。

在乡级，已经建立了 37 446 个乡镇兽医站。大部分初步具备了分发疫苗、组织免疫、采样监测、协助检疫等动物防疫活动能力。

同时，全国 64.5 万个村，每个村配备了村级动物防疫员。承担了动物免疫、疫情报告等任务。

从总体看，我国动物防疫体系基本健全，但基础设施还不完善，在动物疫情应急处置、监督执法、科技保障等方面能力还欠缺，与我国重大动物疫病防控现实要求和兽医事业长远发展需要还存在较大差距。

（二）我国动物防疫体系建设取得的成效和经验

1. 动物防疫体系建设取得的成效

通过《动物保护工程》和《全国动物防疫体系建设规划（2004—2008年）》的实施，我国重大动物疫病防控能力显著增强，检疫监督执法水平明显提高，兽药行业管理逐步完善，科技支撑体系进一步加强，动物防疫体系更加完善。

（1）重大动物疫病防控能力显著增强　一是对主要动物疫病的免疫能力显著增强。由过去仅对牲畜口蹄疫进行强制免疫扩展到对口蹄疫、禽流感、高致病性猪蓝耳病、猪瘟、小反刍兽疫等进行强制免疫。除小反刍兽疫仅在个别地区实施免疫外，全国其他主要动物疫病免疫密度均达到90%以上。二是监测预警水平不断提高。省、县、乡疫情监测和报告体系逐步健全，主动监测主要动物疫病的频次和采集样品数量逐年加大，全国每年新增检测样品达10万多份。通过主动监测，及时发出预警预报，提前做好预防工作。三是应急处置能力不断加强。经过国家、省、县、乡技术支撑体系建设，尤其是成立各级重大动物疫情应急预备队，加强应急物资贮备，强化应急演练，提高了对突发动物疫情的应急处置能力。四是重大动物疫情明显下降。国内重大动物疫情发生的起数和疫点数明显下降，2004年发生禽流感疫情50起，2007年仅发生4起。发生的口蹄疫、禽流感、高致病性猪蓝耳病等重大动物疫情，均被有效控制在疫点上，没有扩散蔓延；成功阻断青海、西藏等地发生的候鸟禽流感疫情向家禽和人传播。五是畜产品出口竞争力明显增强。随着我国动物疫病控制能力增强，畜禽死亡率显著下降，畜牧业及相关产业快速发展，畜牧业生产总量逐年上升，畜产品质量稳步提高，出口份额快速攀升，农民畜牧业收入显著增加。

（2）检疫监督执法水平切实提高　一是动物卫生监督执法工作不断加强。2004年以来，各地动物卫生监督机构共检疫动物200亿头（只），检疫动物产品26亿吨；检出不合格动物8 000万头（只）、不合格动物产品7万吨，全部按照有关规定进行了处理。二是动物标识及疫病追溯体系建设进展顺利。在北京、上海、重庆、四川等省、直辖市开展了以畜禽二维码标识为基础，利用移动智能识读设备，通过无线网络传输数据，中央数据库存储数据，记录动物从出生到屠宰的饲养、防疫、检疫等管理和监督工作信息的追溯体系建设试点工作，取得了阶段性成效。

（3）兽药行业监管能力得到加强　兽药质量监察和残留监控工作能力和水平明显提高，兽药生产和使用环节监控得到加强，兽药经营秩序逐步规范，我国兽药质量稳步提高，兽药残留超标率显著降低。实施《全国兽药残留监控计划》，2007年共检测畜禽产品7 472批，兽药残留超标率为0.5%，比2002年的5.6%下降了为5个百分点。

（4）科技支撑体系进一步完善　一是兽医实验室网络体系初步形成。以禽流感、口蹄疫、疯牛病等重大动物疫病国家参考实验室和诊断实验室为主体，各级各类实验室分工明确、运转高效，及时跟踪重大动物疫病的变化情况，研究提出防控策略和技术措施。二是不断取得科研新成果。动物疫病疫苗、致病机理、检测诊断、流行病学调查及综合防治技术等方面的研究取得重要进展。2004年以来，兽医科研成果获得国家级科技奖励8项，其中禽流感疫苗达到国际领先水平，荣获国家科技进步一等奖。三是科技支撑作用明显增强。在禽流感、亚洲Ⅰ型口蹄疫和猪链球菌病等重大动物疫病防控工作中，各项科技最新成果发挥了重要作用。2006年夏、秋季节，我国南方部分地区发生猪“高热病”疫情，2007年1月，确定了变异猪蓝耳病病毒是猪“高热病”主要病原，仅用不到3个月的时间完成了高致病性猪蓝耳病灭活疫苗及配套诊断试剂的实验室研制工作。

2. 动物防疫体系建设的经验和做法

（1）科学合理做好规划编制工作　根据《动物保护工程》和《动物防疫体系建设规划》的实施，不难发现，制定科学可行的规划是做好项目建设的前提。规划可以有效指导动物防疫体系项目建设，构建重大动物疫病监测预警系统、动物疫病预防控制系统、动物卫生监督执法系统、兽药质量监察与残留监控系统、动物防疫技术支撑系统、动物防疫物资保障系统等六大系统，形成从中央到省、市、县、乡、村的动物防疫网络，为做好重大动物疫病防控和畜产品质量安全监管工作奠定坚实基础。

（2）处理好规划与项目的关系　规划对全国动物防疫体系建设做出整体安排，对总量投资和建设目标等做出规定。而具体的建设内容和投资标准要根据实际情况而定，对具体项目的建设内容不能“一刀切”。

（3）合理确定中央与地方配套资金比例　项目建设资金能否按时落实到位，直接影响项目的实施。过高的地方配套比例，会挫伤部分地区的积极性，影响防疫体系的建设，因此，应注意调整好地方配套比例。

（三）动物防疫体系面临的形势和存在的主要问题

1. 面临的形势

（1）外来重大动物疫病对我国构成严重威胁　近年来，疯牛病、禽流感、口蹄疫、高致病性猪蓝耳病、蓝舌病、尼帕病毒性脑炎、小反刍兽疫、非洲猪瘟、裂谷热和西尼罗河热等10余种烈性动物疫病和动物源性人畜共患病在一些国家和地区发生扩散和蔓延，造成严重的经济、社会和政治影响，直接威胁公共卫生安全。这些动物疫病的主要特点：一是传播快。可以通过经贸活动、旅游观光、科技交流等多种方式，以及空气传播、候鸟迁徙、生物媒介等多种途径，快速传播和扩散蔓延。非洲猪瘟原发地在非洲，2007年5月以来已传到格鲁吉亚、英国、亚美尼亚和俄罗斯等欧洲国家。蓝舌病在几个月时间内就从中东传到欧洲国家。二是范围广。动物疫病传播没有国界，2004年，高致病性禽流感仅在东南亚局部发生，随后已蔓延到欧洲和非洲。疯牛病、口蹄疫等其他动物疫病也是如此。三是危害大。一旦传入，将造成严重的公共卫生和食品安全问题。疯牛病在欧洲甚至世界引发了一系列社会、经济甚至政治问题。尼帕病毒性脑炎在马来西亚发生后波及全国40%的猪场，有257人感染，其中100多人死亡。四是控制难。许多新发动物疫病，其发病机理和防控措施目前还停留在实验室研究阶段。疯牛病由于潜伏期长、传播途径复杂、发病机理不清、难以及时发现等原因，可能在潜伏期内就通过动物产品贸易跨国传播。蓝舌病目前共有24个血清型，不同血清型的疫苗几乎不能产生交叉保护。对非洲猪瘟，目前还没有研制出可用于预防的疫苗。

目前，我国面临防控外来重大动物疫病的严峻挑战。高致病性禽流感、亚洲Ⅰ型口蹄疫、小反刍兽疫和高致病性猪蓝耳病等动物疫病和动物源性人畜共患病相继传入我国，对养殖业生产、对外贸易和公共卫生安全造成较大影响。高致病性禽流感和高致病性猪蓝耳病的传入对我国养禽业和养猪业造成严重损失；2007年底，小反刍兽疫传入西藏，对养羊业构成严重威胁。我国尚未发现但在一些国家和地区流行的牛瘟、牛肺疫、疯牛病、蓝舌病、非洲猪瘟、尼帕病毒性脑炎、南非1型口蹄疫、南非2型口蹄疫和南非3型口蹄疫和西尼罗热等动物疫病，部分已蔓延到我国周边国家，随时可能传入，直接威胁我国养殖业发展和人民健康。

（2）国内重大动物疫病防控形势依然严峻　从我国重大动物疫情形势看，

防控形势不容乐观，防控任务依然十分艰巨。

一是国内疫情仍时有发生，危害严重。2004年以来发生的禽高致病性禽流感，至今仍偶有发生；高致病性猪蓝耳病、口蹄疫、猪瘟、新城疫、布鲁氏菌病、结核病、炭疽、狂犬病、血吸虫病等危害严重的重大动物疫病和人畜共患病在一些地区仍有流行。同时，这些疫病的病原在我国分布广泛，短期内难以根除。重大动物疫病每年给畜牧业造成巨大经济损失，广大农牧民损失惨重。据估计，全国每年因病死亡造成的直接经济损失达238亿元，间接损失达上千亿元。

二是人畜共患病对人的健康构成严重威胁。已知的人畜共患病有上百种，目前在我国危害较严重的禽流感、布鲁氏菌病、结核病、炭疽、狂犬病、日本血吸虫病、棘球蚴病、猪囊虫病、旋毛虫病等，均未得到有效控制。

三是我国畜禽的饲养方式未得到根本性改变。我国一些地区仍然普遍存在小规模饲养、散养、混养的情况，饲养条件比较差，管理粗放，防疫难度大。

四是畜禽交易和长途调运容易引发疫情。在对17个省份部分活禽市场家禽进行抽样检测中，从6个省份的样品中分离到高致病性禽流感病毒，存在疫情扩散风险。我国活畜禽调运频繁，生猪、活禽、活牛大范围调运频繁，高致病性猪蓝耳病、口蹄疫、禽流感、布鲁氏菌病等疫情跨区域传播风险加大。

五是周边国家疫情对我国威胁持续存在。近年来，周边国家高致病性禽流感、小反刍兽疫、口蹄疫、高致病性猪蓝耳病、非洲猪瘟等疫情传入我国风险不断加大，对我防控工作构成较大威胁。

六是在个别地区仍存在防控措施不落实的情况。目前，尽管各地积极推进兽医管理体制改革，但进展不平衡，还有一些地区兽医管理体制改革进展缓慢，乡镇机构不健全，乡镇兽医人员和村级防疫员经费没有保障，基层防疫基础不扎实，防控措施不能全面落实到位，特别是在山边、水边、路边，个别地区散养畜禽、边远山区畜禽及接近淘汰期蛋鸡存在漏免现象，发生疫情隐患较大。

（3）新修订的《中华人民共和国动物防疫法》对动物疫病防控工作提出新的要求　2007年8月30日，十届全国人大常委会第二十九次会议审议通过了新修订的《中华人民共和国动物防疫法》，标志着我国动物疫病防控工作进入一个新阶段。同时，新《中华人民共和国动物防疫法》的出台对兽医管理工作提出新的要求。一是关于动物疫病的预防。完善了强制免疫制度，强化了对疫情的监测和预警，增加区域化管理等内容。二是关于疫情报告。严格疫情报告制度，规范了疫情公布制度。三是关于动物、动物产品的检疫。明确了检疫环节，强化了检疫责任。四是关于动物防疫工作机制。明确了加强基层动物防疫工作建设。上述规定和措施的落实和实施，急需加强动物防疫体系基础设施建设投入力度，要求不断完善重大动物疫病监测预警系统，健全动物疫病预防控制系统，强化动物卫生监督执法系统及兽药质量监察与残留监控系统，加强动物防疫技术支撑系统，落实动物防疫物资保障系统，并按照疫病防控规律和内在要求，建立完善重大动物疫病防控管理体系和工作机制。

（4）我国兽医工作面临全面融入世界动物卫生体系的新形势和新挑战 近年来，动物卫生及动物产品安全问题成为各国政府、食品企业及消费者高度关注的焦点问题。尤其是自2003年年底以来，禽流感疫情以前所未有的规模在全球范围暴发，对经济、社会造成的严重影响和引发流感大流行的潜在威胁，引起国际社会高度重视，已成为全球共同面临的重要的非传统安全挑战。加强国际交流与合作不仅是有效防控禽流感等重大动物疫病的重要措施，也成为各国深化、扩大对外交往的重要手段，兽医工作国际交流与合作必将在更高的层次、更广的范围、更深的领域全面发展。我国兽医工作国际交流合作将成为关系兽医事业长远发展的一项重要工作。

2007年5月25日，OIE国际委员会第75次大会通过《关于中华人民共和国行使在OIE合法权利和义务的决议》，标志着我国兽医工作全面融入世界动物卫生体系。OIE和各成员高度重视加强兽医体系建设对于有效防控动物疫病、保障公共卫生和食品安全等的重要意义。OIE在总结多个国家兽医体系建设经验的基础上，制定了“兽医机构能力、理念与战略”评估工具，对各成员兽医机构设置、基础设施建设情况、兽医专业人员队伍素质等进行评估。OIE的评估不仅是各成员查找差距、改进兽医体系能力建设的重要依据，而且是各成员间开展动物及动物产品国际贸易，评价出口方兽医监管能力的重要依据。加入OIE以后，我国兽医事业发展面临前所未有的机遇与挑战。一方面，可利用这一国际动物卫生领域最为重要的平台，宣传我国动物卫生工作成效，在OIE制定、调整规则时反映我国意志和主张，切实维护我国权益。另一方面，在我国兽医工作全面融入世界动物卫生体系的大背景下，急需解决我国现行兽医管理体系薄弱和防疫基础设施建设滞后的问题，进一步深化兽医体制改革，加大基础设施建设力度，全面提高我国兽医工作能力和手段，保证我国全面有效参与全球动物疫病防控、兽医公共卫生、食品安全、国际贸易等领域的国际合作，避免在双边、多边合作中出现被动。

2. 存在的问题

总体上，我国动物防疫体系还不能很好地适应防控动物疫病的需要。动物疫病防控形势的新发展，对兽医工作提出了更高的要求，我国动物防疫体系存在的问题，急需解决。

（1）应急反应能力有待加强　一是中央和省级应急反应指挥系统信息化程度低，反应慢，指挥和疫情处置手段落后；二是地市级动物防疫、检疫基础设施严重短缺，疫病诊断和检疫监督能力不强；三是尚有50%的乡镇兽医站未投资建设，基层动物疫病防控工作难以全面有效开展；四是应急物资贮备库尚未建立，不能满足重大动物疫情应急防疫需要；五是部分设施设备老化，需要更新换代。

（2）疫病可追溯能力亟待加强　动物标识和疫病可追溯系统建设在试点地区取得成功，各省正在起步建设，省级数据中心均未建立，部分省仅简单配备了一些追溯设备，全国追溯系统网络尚未形成，动物疫病追溯能力亟待提高。

（3）外来疫病防控能力亟待提高　近年来，亚洲Ⅰ型口蹄疫、小反刍兽疫疫情相继传入，突出反映了我国边境防疫屏障体系建设存在漏洞。目前尽管建立了边境疫情监测站，开展相关的监测工作，但疫情防堵、检测及病死畜禽无害化处理等设施严重不足。此外，2003年国家成立了外来动物疫病诊断中心，主要对疯牛病等开展相关技术研究和检测工作，由于建设规模小，研究范围窄，难以开展其他外来动物疫病研究、诊断、检测工作，外来动物疫病防控技术贮备不足。

（4）兽药监察能力需要进一步提高　我国重大动物疫病防控形势严峻，国家强制免疫病种增加，疫苗生产和供应量显著加大，各级兽药监察机构兽药打假、检测基础设施明显不足。全国兽药市场监管和打假工作任务繁重，由于信息化程度低，现场调查取证、检验监督等执法活动难以全面开展，需要尽快改善工作手段，扩大地市级和县级兽药监督执法设施。此外，急需加强兽药残留监控系统、兽药安全评价（耐药性监测）和风险评估系统建设，以保证动物性产品质量安全。

（5）技术支撑能力需要稳步提高　我国已成为世界动物卫生组织（OIE）正式成员国，按照OIE要求，一国发生的重大动物疫病应由该国国家参考实验室确诊，并及时向OIE进行通报。目前，我国仅建了禽流感、口蹄疫等国家参考实验室，但尚未通过OIE认证，还没有建立其他重大动物疫病国家参考实验室和诊断实验室，对动物疫病研究、诊断、检测能力不足，不能满足科学防控的需要，不能充分发挥动物疫病技术支撑作用，不能充分履行OIE成员国义务。同时，我国高级别试验动物基地建设严重滞后，已经成为制约我国动物疫病研究与疫苗、兽药生产的瓶颈。

（6）兽医队伍建设亟须加强　新修订的《中华人民共和国动物防疫法》明

确要求，国家建立执业兽医和官方兽医制度。我国兽医人员素质亟待提高，兽医执业能力需要加强。目前，我国缺乏兽医专业知识技能和系统培训平台，执业兽医和官方兽医考试系统尚未建立，兽医人员难以履行《中华人民共和国动物防疫法》赋予的职责和任务。

（四）动物防疫体系建设目标和原则

1. 建设目标

通过中央、省、地、县、乡、村六级防疫基础设施项目建设，建成与新型兽医管理体制和防疫队伍相适应的动物疫病预防控制系统、动物卫生监督执法系统、兽药质量监察与残留监控系统、动物防疫技术支撑系统四大系统，构建网络健全、队伍稳定、保障有力、处置高效的动物疫病防控体系，进一步提高重大动物疫病预防、控制和扑灭能力，兽药质量监察与残留监控能力，动物及动物产品追踪溯源能力。

2. 建设原则

总的考虑是，进一步整合资源，既防止重复建设，又要查漏补缺，同时结合目前中央关于进一步扩大内需、促进经济增长的一系列政策要求。

一是，进一步加强技术支撑能力建设。重点是国家一级有关实验室建设，以满足重大外来病、人畜共患病和动物产品安全监管实际工作需要。

二是，对列入《全国动物防疫体系建设规划（2004—2008 年）》建设内容，但尚未投资建设完毕，或因国家相关生物安全标准调整后需要追加投资的建设项目，主要是省级动物疫病预防控制中心建设项目，加强建设。

三是，继续完善中央、省、地、县、乡、村六级防疫基础设施。进一步加强动物卫生监督执法、兽药监察，重点是强化乡村基层防疫冷链、地市级动物防疫体系、农垦动物防疫体系建设。

四是，完善执法仪器设备，提高执法能力，防止动物疫情跨区域蔓延。

（五）动物防疫体系建设总体框架

1. 动物疫病预防控制系统

动物疫病预防控制系统是动物防疫体系的核心，包括国家动物疫病预防控制中心、省级动物疫病预防控制中心、地市级动物疫病预防控制中心、县级动物疫病预防控制中心、乡镇兽医站及村级防疫员，国家动物疫情监测中心、动物卫生与流行病学中心、省级动物疫情监测中心、地县级动物疫情测报站、边境动物疫情监测站、边境动物防控巡检站和野生动物疫源疫病监测站，以及防疫物资储备机构。

省级动物疫病预防控制中心负责对本省范围内重大动物疫病免疫工作的组织、指导，以及对突发事件的快速反应与实时动态指挥；地市级动物疫病预防控制中心负责辖区内重大动物疫病免疫工作的组织实施和指导，以及对突发事件的快速反应与处理；县级动物疫病预防控制中心承担重大动物疫病免疫工作的具体组织实施、突发事件的快速反应和紧急处置任务；乡镇兽医站主要承担实施重大动物疫病强制免疫、可疑疫情的实时监测和报告，同时承担辖区内动物检疫工作；村级防疫员负责实施动物免疫，可疑疫情报告，免疫标识的钳挂、消毒，动物防疫档案的填写，以及病料采集等工作。动物疫情监测机构通过动物防疫信息系统网络相连接，构成完整的国家动物疫情监测预警网络，承担对重大动物疫病的动态监测、流行病学调查、信息分析及疫情早期预警预报的任务；动物防疫物资保障机构承担动物防疫以及对突发、新发及外来重大动物疫情处置的物资保障任务。

2. 动物卫生监督执法系统

动物卫生监督执法系统承担监督执法职能，包括中央、省、地、县（含乡）四级动物卫生监督机构，省际动物卫生监督检查站以及动物及动物产品的查验、检疫、隔离和无害化处理设施等。各级动物卫生监督机构负责对动物饲养、流通、屠宰、加工等环节的全过程监督管理，对动物防疫及动物产品安全质量进行追踪溯源。省际动物卫生监督检查站承担控制和阻断跨地区动物疫情传播和扩散任务。动物及动物产品的查验、检疫、隔离和无害化处理基础设施用于防止重大动物疫病的传播蔓延。

动物标识及疫病可追溯系统以动物卫生监督执法系统为依托，包括六方面内容，即技术支持、信息采集、监督检查、屠宰检疫、兽药疫苗标签监管和机构队伍支持。技术支持方面指信息数据中心建设、耳标生产及网络运行，是动物标识及疫病可追溯体系的核心；信息采集方面包括县、乡两级数据采集站、数据采集传输点建设；监督检查方面包括对流通、加工、销售等环节实施监管需购置设备；屠宰检疫方面包括在全国牲畜定点屠宰厂建立产品检疫和检疫标识出证点；兽药疫苗标签监管方面包括兽药生产厂、疫苗生产厂购置标签监管设备；机构队伍支持方面是配置工作人员培训必要设备。动物标识及疫病可追溯系统的建立和有效运行，能够实现从动物饲养、运输到屠宰各环节标识和信息数据的查询和可追溯管理，逐步建立既适合我国国情又与国际通行做法接轨的动物标识及疫病可追溯体系，切实提高重大动物疫病防控能力，保障动物产品质量安全。

3. 兽药质量监察与残留监控系统

兽药质量监察与残留监控系统包括：国家兽药残留基准实验室、国家级兽药安全和风险评估实验室、国家兽药监察所、国家兽用标准物质制备中心和分中心、国家兽用生物制品国家工程研究中心、国家兽医器械质检中心、全国兽药执法监督系统等。其中，国家兽药残留基准实验室、国家级兽药安全评价和风险评估实验室、国家兽药监察所、国家兽用标准物质制备中心和分中心主要承担残留检测标准和残留限量标准的制修订；兽药休药期的制定；兽药及残留检测基准物质制备和标定；残留检测的最终技术仲裁、残留检测技术培训和残留比对试验；耐药性检测、兽药对环境不良影响研究；兽药安全风险评估；重大动物防疫疫苗生产关键技术研究；兽医器械质量监督检验、质量鉴定、标准制定和技术培训等任务。省级兽药质量监察与残留监控机构实施对生产、经营、使用各环节兽药质量监察与残留监控工作。

4. 动物防疫技术支撑系统

动物防疫技术支撑系统承担着重大动物疫病和外来病的确诊、流行病学调查分析、防控基础教育、再教育与基础研究等工作，为动物防疫工作提供技术支持。主要内容包括：一是国家动物卫生与流行病学调查评估平台建设。完善国家动物卫生与流行病学信息网络平台，开展重大动物疫病流行病学调查、风险评估、无规定动物疫病区建设评估、防控政策评估，以及动物及动物产品进出口贸易风险评估等工作。二是建设和完善国家外来动物疫病诊断实验室体系。主要建设国家外来动物疫病诊断中心、区域性外来动物疫病诊断实验室，建设外来动物疫病监测诊断信息网络平台，完善外来动物疫病风险防范技术体系。建设OIE协作中心，与OIE有关技术部门在国际动物疫情信息及动物疫病防治方面进行及时有效合作。三是重大动物疫病诊断实验室。主要包括口蹄疫、禽流感、高致病性猪蓝耳病、小反刍兽疫、新城疫、猪瘟、炭疽、狂犬病、伪狂犬病、猪链球菌病、布鲁氏菌病、结核病、血吸虫病、禽肿瘤性疾病、包虫病、草鱼出血病等国家重大动物疫病参考实验室，口蹄疫、禽流感等区域性专业诊断实验室，国家兽医微生物中心、宠物疫病诊断中心、病原库及以教学科研单位为依托的其他动物疫病诊断实验室。四是国家动物疫病防控基础教育与研究中心。主要建设国家主要动物疫病防控技术基础研究实验室、生物安全实验室、执业兽医和官方兽医培训（包括基础教育和继续教育中心）与远程教育信息网络平台。

（六）当前加强动物防疫体系建设的建议

1. 尽快制定并实施《全国动物防疫体系建设规划》

针对全国动物防疫体系存在不完善的方面，在全面总结《规划》的基础上，总结经验教训。对一期部分项目，如未安排过投资的乡镇兽医站、地市级动物防疫基础设施、村级冷链设施、省际动物卫生监督检查站等项目拾遗补缺，做好衔接工作。迅速启动下一期规划《全国动物防疫体系建设规划》的制定实施工作，继续加大对动物体系基础设施建设投入力度。

2. 合理确定项目配套资金配套比例

一是中央直属项目原则上全部由中央投资解决。二是地方项目，总体上按东、中、西部地区确定不同的中央、地方投资比例，其中京、津、沪、苏、浙、粤六省（市）为1∶2，辽、鲁、闽三省为1∶1，中部地区按1∶0.5，西部地区和兵团为1∶0.15，计划单列市按所在省投资比例，农垦总局全部为中央投资，农垦其他分局按所在省投资比例，中部、东部地区的中央苏区县按1∶0.15的比例。

3. 从实际出发确定投资规模和建设内容

各地经济发展水平不一致，开展实验室监测、检测的能力也不平衡，对仪器设备的品种、数量、规格、质量需求有所差异。建议从畜牧业生产规模和防疫工作任务的实际出发，分区域确定投资规模、建设标准和建设内容，不搞“一刀切”，充分实现投资效益最大化。

4. 持续资金投入以适应兽医工作需要

技术措施已成为国际贸易和政治对话的筹码，以兽药残留为例，国际上尤其是发达国家不断提高兽药残留限量标准，设置技术障碍，为了赢得主动，我们需要持续资金投入，不断更新检测方法和仪器设备等技术手段，以适应形势的变化。

5. 全面提高基层动物防疫人员从业素质

基层动物防疫人员承担免疫、检疫、疫情报告等重要防疫工作，是动物防疫体系中不可或缺的重要力量。提升基层动物防疫队伍业务水平应成为动物防疫体系建设的重要内容，要加大基层动物防疫员培训力度，有组织、有计划、多层次、多渠道开展动物防疫人员培训，切实提高基层动物防疫员业务素质和工作能力。

五、动物疫病防控科技支撑保障研究

兽医工作事关畜牧业持续健康发展，事关农业农村经济发展和农民增收，事关国家公共卫生安全。兽医科技工作是兽医工作的重要技术支撑。加强兽医科技工作，是动物防疫和农民增收的迫切需要，也是保持经济社会全面、协调、可持续发展的迫切需要。

（一）我国兽医科技工作现状

从20世纪80年代开始，国家对科技管理体制进行了改革，调整科研系统组织结构，改革科技人员管理制度，转变科研工作运行机制。通过采取改革拨款制度、实行技术合同制、开拓技术市场、加强成果转化、引导科研机构创办科技企业及实行院所长负责制等一系列措施，改革取得了一定成效。兽医科技管理工作亦发生了相应转变。

1. 我国兽医科技项目来源

目前，兽医领域科研项目主要集中在五个方面：科技支撑计划、国家高技术研究发展计划（“863”计划）、国家重点基础研究发展计划（“973”计划）、引进国际先进农业科学技术计划（“948”计划）和公益性行业科技专项。

（1）科技支撑计划　即原来的科技攻关计划。由科技部负责组织实施，主要面向国民经济建设主战场，以促进产业技术升级、解决社会公益性重大技术问题为主攻方向，重点解决国民经济建设和社会发展中的重大科技问题。根据支持的重点，攻关项目分重大项目、重点项目和引导项目三类，设项目和课题两个层次，项目采取有限目标、滚动立项、分年度实施的管理方式，实施周期一般不超过三年。

（2）“863”计划　由科技部和解放军总装备部组织实施，主要解决事关国家长远发展和国家安全的战略性、前沿性和前瞻性高技术问题，发展具有自主知识产权的高技术，培育高技术产业生长点。“863”计划设立领域、主题、课题和子课题，同时针对重大高技术问题设立重大专项。科研课题采用招标方式或择优委托方式进行，并签订课题实施合同。课题的组织管理实行项目领导小组领导下的课题主持人负责制。课题主持人根据研究内容组织科研队伍，明确分工，制定详细的任务目标、经费使用计划及研究方案。

（3）“973”计划　由科技部负责，会同国家自然科学基金委员会及各有关主管部门共同组织实施，主要围绕农业、能源、信息、资源环境、人口与健康、材料等领域国民经济、社会发展和科技自身发展的重大科学问题，加强原始性创新，开展多学科综合性研究和前沿基础研究，重点建设一批高水平、能承担国家重点科技任务的科研基地，并形成若干跨学科的综合科研中心。“973”计划项目实行首席科学家领导下的项目专家组负责制，首席科学家对项目的执行全面负责，项目依托单位负责项目的日常管理，提供项目执行的相关条件保障。

（4）“948”计划　由财政部下达经费，农业部、国家林业局和水利部联合组织具体实施，主要针对我国农业技术的薄弱环节和出现的新问题，重点引进提高农产品加工技术、农业系统性创新技术、农业生物资源的高效利用技术及农业生物安全防范技术。“十一五”期间，农业部负责的项目申报为指定申报和自由申报两种方式。

（5）公益性行业科研专项　“十一五”开始，中央财政设立公益性行业科研专项经费，主要用于支持公益性科研任务较重的国务院所属行业主管部门，围绕重点领域和优先主题，组织开展本行业应急性、培育性、基础性科研工作。行业科技专项下只设项目层次。专项经费预算安排可以探索实行“项目先启动、依据成果后补助”等方式。农业行业科技专项分为滚动执行项目和年度执行项目两种类型。

2. 我国兽医科技支撑体系

新中国成立以来，我国政府十分重视兽医科技支撑体系建设。目前，兽医科技支撑体系逐步完善，为我国动物疫病防控提供了重要的科技支撑。

建立了中国农业科学院哈尔滨兽医研究所、兰州兽医研究所、兰州畜牧与兽药研究所、上海兽医研究所、北京畜牧兽医研究所、吉林特产研究所等6个国家级兽医专业科技机构，主要从事畜禽疫病的重大基础研究、高新技术研究和兽医关键技术研究；各省（自治区、直辖市）属农（林、牧）业科学院都设有畜牧兽医研究所，从事兽医应用研究和产品开发与推广；全国近40所高等农业院校设有兽医学院（动物医学院），从事高级兽医专业人才培养和自由探索兽医基础研究；设有国家、省、地（市）、县四级兽医技术支撑机构，负责全国的疫情控制、成果推广等工作。

在兽医科研创新能力建设方面，现有 1 个兽医生物技术国家重点实验室，以及畜禽病毒学、预防兽医学、家畜寄生虫病、动物流感等 8 个农业部重点开放实验室。禽流感、口蹄疫、疯牛病等 3 个国家兽医参考实验室分别挂靠在兽医科研院所和部直属事业单位。

此外，我国还有 3 个 BSL－3 生物安全实验室、农业部兽医诊断中心、中国动物卫生与流行病学中心、国家兽医微生物中心、国家动物疫病诊断液制备中心、国家动物血清库等兽医重大科技设施。

3. 我国兽医科技工作取得的成就

我国兽医科技工作得到了长足发展，取得了一批具有国际先进水平的重大科技成果，为有效控制动物疫病提供了技术保障和贮备。

（1）动物疫苗研制成就斐然　随着分子生物学理论研究及技术进步，疫苗研制理论依据和技术水平不断完善和提高，一些传统经典疫苗品种被进一步改造为新型疫苗，对另一些用经典技术无法开发的疫苗找到了解决途径。亚单位疫苗、活载体疫苗、合成肽苗、核酸疫苗等新型疫苗不断问世，种类日益繁多，其中一些疫苗处于世界领先水平。目前已成功研制了 34 种动物病毒病、细菌病、寄生虫病的基因工程疫苗。

重大动物疫病新型疫苗的成功研制和应用推广，对我国乃至世界禽流感等重大动物疫病防控起到了积极作用。有关国际组织对我国疫苗科研水平及其在全球禽流感防控工作中发挥的作用给予了高度评价。

（2）动物疫病诊断技术和诊断试剂取得重要进展　近年来，免疫学和分子生物学诊断技术在兽医领域得到较快发展。根据 ELISA、免疫荧光技术、免疫胶体金试纸条、凝集试验等免疫学诊断技术，研制开发出一系列诊断试剂盒产品，如 H5 亚型禽流感病毒胶体金快速诊断试纸、口蹄疫病毒胶体金快速诊断试纸等。这些免疫诊断试剂（盒）的初步研制成功，为提高我国动物疫病诊断水平、推动动物疫病诊断试剂产业化和商品化发展奠定了基础。

分子生物学的快速发展，促进了新技术、新方法不断出现，如荧光 PCR 技术、基因芯片技术、环介导等温扩增技术（LAMP）、蛋白芯片技术、蛋白组学技术、基因敲除技术、生物传感器技术、限制性片段长度多态性分析、核酸分子杂交等。这些新技术、新方法，为建立高通量、快速、准确的诊断技术平台提供了有力的技术支撑。

（3）免疫制剂研究取得突破　具有高度特异性和专一性的单克隆抗体一直是免疫诊断检测试剂开发和生命科学研究的重要基础工具。近年来，通过广大兽医科技研究工作者的努力，一些动物重要疫病病原的单克隆抗体相继研制成功，如口蹄疫病毒单克隆抗体、猪瘟病毒单克隆抗体、禽流感病毒单克隆抗体，针对传染性法氏囊病病毒和猪繁殖与呼吸综合征病毒不同编码蛋白的单克隆抗体，以及针对狂犬病病毒G蛋白和N蛋白的单克隆抗体等，对于提高我国动物疫病的研究水平和促进兽医科技进步具有重要作用。

重组细胞因子是利用基因工程技术生产的细胞因子产品，作为免疫增强剂能明显提高细菌、病毒和寄生虫疫苗的免疫效果，调节动物对疫苗的反应。虽然我国兽医领域的重组细胞因子研究与医学和国外先进水平相比尚有差距，但已形成了自己的优势和特色，如率先开展了水禽IL－2的研究，并在猪、鸡、牛干扰素，以及鸡IL－1、IL－2、IL－6、IL－12、IL－15、IL－16、IL－17和IL　18等的基因表达和功能研究方面取得了　些进展。

（4）新型兽药开发成果丰硕　截至2008年，农业部已经批准一、二、三类新兽药共计200余种，批准新生物制品150种左右。在200余种新兽药中，抗生素类约占23％，驱虫类约占27％，药物添加剂及促生长剂约占3％，合成抗菌药约占26％，抗球虫药占6％，消毒剂占7％，其他占8％。其中，我国自行研制开发的国家一类新兽药共有4个，分别是乙酰甲喹（痢菌净）、甲基噻唑（静松灵）、喹烯酮、海南霉素。研制开发的国家二类新兽药主要有，抗生素类：安普霉素、氟苯尼考；合成抗菌药：恩诺沙星、达氟沙星、二氟沙星、沙拉沙星；抗菌促生长药：那西肽、喹乙醇；广谱抗寄生虫药：阿苯达唑、芬苯达唑、阿维菌素、伊维菌素；抗球虫药：氯羟吡啶、盐霉素、马杜拉霉素、海南霉素、地克珠利。

在新产品研究方面，以抗病毒、抗细菌、抗寄生虫为主要目标，研制了一批广谱、高效、安全、低残留的新型兽药。构建了高产多拉菌素bkd FGH基因缺失突变株、高产假黑盘菌素的转基因毕赤酵母、高效表达抗菌肽的大肠杆菌、高产南昌霉素与梅岭霉素的基因定点突变菌株、表达人防御素NHP4基因的大肠杆菌和毕赤酵母菌株等基因工程菌近30株。建立了细菌素、沃尼妙林、托拉菌素、泰乐菌素等新兽药的发酵和制备工艺。改进了托拉菌素原药生产的制备工艺，使总收率提高到30.8％，比美国专利报道的15％提高了一倍，大幅度降低了生产成本。

目前，兽药研究者正着手开发缓释、控释、靶向等制剂，已研制成功的有伊维菌素长效控释丸、甲氧苄啶微型胶囊、复方左旋咪唑透皮剂、高效驱虫涂剂、驱虫净透皮剂、倍硫磷浇注剂、盐酸环丙沙星透皮剂、阿维菌素浇泼剂、丙硫咪唑脂质体、三氮脒脂质体、吡喹酮脂质体等。

（5）兽药残留检测技术日益完善　近年来，我国兽药残留研究者不但开展了传统的样品制备技术如液—液分配的研究，同时不断将一些新的样品分离纯化技术也引入到兽药残留分析中。例如：免疫亲和色谱技术、分子印迹技术、基质固相分散技术、超临界流体萃取等分离纯化方法。其中，在国内外首次建立了阿维菌素类多残留免疫亲和色谱（或固相萃取）—高效液相色谱荧光检测方法和固相萃取（或免疫亲和色谱）—液相色谱—串联质谱检测方法。此外，兽药残留检测蛋白质免疫芯片第一代产品可对国家监测计划中的 4 种重点兽药（磺胺二甲嘧啶、链霉素、恩诺沙星、克仑特罗）进行检测，第二代产品可检测磺胺亚类及沙星类兽药残留，能在同一张芯片上并行检测多份样品中的多种兽药残留，为兽药残留高通量、快速检测提供了新的技术方法，基因芯片检测研究逐步深入。

兽药的仪器分析技术从无到有，发展迅速。目前拥有质谱、高效液相色谱、气相色谱等多种仪器分析技术，分析量级已经达到纳克级。以单克隆/多克隆免疫分析方法为主的兽药残留生物检测方法取得重大进展，先后研制出克仑特罗（瘦肉精）、己烯雌酚、四环素类、磺胺类、呋喃唑酮、氯霉素、孔雀石绿、黄曲霉毒素、玉米赤霉烯酮等药物或化合物的单克隆或多克隆抗体，并研制出相关的酶联免疫检测方法及试剂盒/试纸条。此外，还建立了抗菌药物残留快速检测试剂盒法（FAST）、屠宰现场检测试剂盒（STOP）、活体动物检测试剂盒（LAST）等微生物法快速残留筛选试剂盒。检测基质包括鸡、猪、蜂蜜、鱼虾等各种可食性动物基质。

（二）发达国家兽医科技工作发展趋势

1. 科研投入有所加大

发达国家拥有高素质的科研队伍和先进的实验设施。在科研投资方面，有两点值得注意。一是农业科研投入相对较高，如日本的科研公共（政府）总投资强度在 20 世纪 90 年代中期保持在 2.8%～2.9%，而农业科技的公共投资强度则高达 3.4%；英国的农业科技公共投资强度在 1995 年（私有化改革之后）为 2.29%，也高于它的总科技投资强度（2.05%）；法国、德国和美国则基本相当，都保持在 2%～2.5%。二是随着重大动物疫病跨界传播风险加大、食品安全事件危害加大，兽医科研投入相对增加。突出表现在高度重视新型兽用生物制品开发，新型兽药、疫苗和诊断试剂技术含量高、市场竞争力强，基本占领了世界动物药品销售市场。

2. 兽医科研新趋向

（1）动物疫病研究日益重视人兽共患病　很多发达国家饲养管理方式先进、动物防疫体系健全，已经控制或消灭了许多传统意义上的烈性传染病，逐步将研究重点转向人兽共患病（也是生物武器关注点）、慢性疾病、寄生虫病、食源性微生物所致疾病等，为控制与净化这些疾病提供技术支持。

（2）新兽药研发愈加重视安全性　由于开发新药费用高、时间长、难度大（开发一种新药一般需要10～12年时间，平均耗资2亿美元左右），安全性要求越来越高，因此，毒性小、药残低的兽药成为发展方向，国外新兽药研发速度减慢。同时，由于兽药预防传染病的价值下降，抗菌药研发受挫，宠物用药、抗寄生虫药及兽药新剂型等日益成为研发重点。与此相应，药残检测技术研究日益受到重视。

（3）技术创新速度加快　在检测方面，基因芯片技术、免疫荧光偏振技术等新技术日益熟化，且商品化、产业化速度加快；在疫苗方面，虽然传统疫苗仍是市场主体，但亚单位疫苗、基因工程缺失苗、重组病毒活载体疫苗和基因疫苗日益成为研究热点；在兽药研发方面，缓释剂、长效控释剂、透皮吸收剂等兽药新剂型的开发正在朝着科学实用方向发展。

3. 兽医科技主要研究方向

（1）流行病学及预警技术研究　应急处置、常态控制和风险防范是动物疫病控制的三条主线。风险防范是难点，也是弱点。在国际层次上，WHO发起建立了全球流感监测系统和非洲疟疾监测预警系统；FAO建立了全球动物疫病早期预警系统；OIE成立了流行病学永久性工作组。在国家层次上，美国疾病预防与控制中心建立了流感、西尼罗河热、莱姆病等的监测预警系统，巴基斯坦建立了疟疾预警系统等。为保证这些系统良好运行，美国等国十分重视流行病学研究，一些官方技术机构正在尝试性构建监测预警模型，在国际组织中享有充分的发言权。

（2）病原生态学研究　一是危险病原跨种间感染机制研究，经过多年流行，一些病毒的宿主嗜性发生变化，如禽流感病毒出现跨种间感染，感染动物的种类不断变化，引起人们的普遍关注。二是在一些传染病控制扑灭计划进行到最终阶段时，常因野生动物带毒或病原变异等情况而阻碍扑灭进程的实施，此时必须强化病原生态学研究。对于一些计划消灭的重大动物疫病，如布鲁氏菌病、蓝舌病、猪瘟等，欧美国家愈加重视该方面的研究。

（3）病原体功能基因组研究　各国科学家利用病原体全基因测序技术，开展了结核分支杆菌、猪传染性胸膜肺炎放线杆菌、副猪嗜血杆菌等病原体的功能基因组研究，建立相关生物数据管理体系，研究多基因及其相互作用功能分析的高通量方法，或大批量运用传统方法对分子靶标进行功能研究。通过深入了解上述病原体的致病机理，进一步推动了特异诊断试剂、高效疫苗与治疗药物的开发。

（4）新型基因工程标记疫苗研究　目前，围绕研制开发新型高效基因工程标记疫苗及分子鉴别诊断试剂，各国进行了有益的探索，取得了一系列有应用前景的成果，包括基因缺失标记疫苗、病毒/细菌活载体疫苗、核酸疫苗等。经过多年研究，美国等发达国家在基因工程疫苗的开发和应用方面已走在世界前列，利用基因工程技术已先后研制成功幼畜腹泻疫苗、口蹄疫疫苗、狂犬病疫苗和禽痘病毒活载体疫苗等兽用疫苗，有些疫苗已初步投入临床应用。新的检测手段也已广泛应用于兽医临床诊断及转基因动植物的检测。

（5）高通量诊断和鉴别诊断技术研究　目前国际上非常重视高通量鉴别诊断技术（包括DNA芯片技术和蛋白质芯片技术）研究，以期为基因工程标记疫苗的鉴别诊断提供技术支持，同时为多种亚型同种病毒、强弱毒、不同病毒混合感染的鉴别诊断提供快速便捷的方法。人们应用DNA芯片技术鉴别人流感的A、B型病毒，血凝素亚型，并同时检测病毒混合物。美国Genometrix公司、俄罗斯科学院和美国阿贡实验室联合成立的生物芯片中心还对蛋白质芯片技术应用于临床免疫检验做了初步探索。现在，高通量鉴别诊断技术正逐步走向成熟，并开始应用于重大动物疫病和人畜共患病的临床诊断。兽药残留高通量检测也是重要研究方向之一。

（6）混合感染、持续感染、免疫抑制及致病机理研究　目前世界养殖业正面临着多种原因造成的疾病诊断和防控困难，其中包括广泛存在的持续感染、继发感染和多种病原混合感染。如口蹄疫病毒持续感染带毒，猪繁殖与呼吸综合征病毒、猪圆环病毒和猪流感病毒的多重感染，鸡传染性法氏囊病病毒、马立克氏病病毒、网状内皮组织增殖病病毒及鸡传染性贫血病毒不同组合的二重感染和多重感染，以及产生免疫抑制，从而造成禽流感、新城疫等烈性传染病免疫失败。病原体的持续感染、多重感染和继发感染给养殖业带来了极大的危害，也使得有关混合感染、持续感染、免疫抑制及致病机理方面的研究成为近年来世界动物疫病控制技术研究的重点。

（7）新型兽药研究　出于安全角度考虑，在原料药开发方面，利用现代生物技术（克隆技术、基因工程）开发新型杂合抗生素，利用基因工程开发基因工程药物（如疫苗、合成生长激素），以及开发动物专用抗菌药物、动物专用化学合成抗菌药物，是重要的研究方向。在兽药新剂型方面，正在加大抗菌药物和抗寄生虫药物的缓释剂、长效控释剂及透皮吸收剂研究，向实用性方向发展。促生长剂的植入、缓释剂的开发、靶向给药和定位给药制剂也是重要研究方向。

（三）我国兽医科技工作存在的主要问题

当前，国家对兽医科研的宏观调控能力不足，科研机构缺乏发展后劲，自主创新能力较弱，部门分割导致本来就十分有限的科研资源不能充分发挥作用。

1. 科研管理体制不顺，科研与实际需求脱节，成果转化率低

目前，国家对兽医科技工作的宏观调控能力不足，科技创新的宏观决策支持机制有待完善，缺乏国家层面统一的管理机制，无法就我国兽医科技发展重大问题提出完整、统一的发展规划。科技评价、监督与管理机构职责不清，缺乏对科技活动的有效监督，尚未建立起有效评价体系和科学评价方法。

我国兽医科研体系和技术推广体系在行政管理上呈条块分割，科研系统、推广系统和生产系统之间缺乏联系，科研立项难以切合动物防疫工作实际。科研工作的作用和定位不明确，缺乏有效的统筹及战略协同。对于基础研究、高新技术研究、社会公益研究、产业化示范技术研究等缺乏明确定位，低水平重复现象严重，影响了研发能力和产业技术水平的提高，降低了创新效率，部分形成了高投入、低产出的局面。

科研成果转化率很低。目前我国畜牧兽医行业的技术应用效率仅为75%左右，而发达国家一般都在90%以上。由于科研单位管理机制、人事制度、分配制度、奖惩制度、科技成果评价制度等方面改革的滞后，使兽医科研工作很少出现突破性的重大成果。

2. 科技力量布局不合理

我国兽医科技力量布局是中间大两头小。科技力量主要集中在大学和科研院所，工作涵盖科技创新链的全部环节。由于过分强调了应用研究，造成了科研方面的自由探索十分薄弱，学术研究的原始性创新稀缺。企业技术力量十分单薄，严重依赖引进，缺乏自主创新动力。部门与地方创新活动趋同性强，重点领域难以集中力量实现突破。

3. 基础研究薄弱，缺乏创新，整体水平落后

我国兽医科技总体水平只相当于发达国家 10～15 年前的水平，研究开发仍处于跟踪世界先进水平的状态，基础研究尤其薄弱，创新能力差，缺乏拥有自主知识产权的产品。由于兽医科技水平与发达国家存在差距，在很大程度上制约了畜牧业整体生产水平的提高。

4. 科技投入严重不足

目前国家对兽医科研投入严重不足。“十五”至“十一五”期间，国家在兽医科研方面累计投入经费不到 9 亿元，与我国畜牧业产值占农业总产值的比重极不相称。目前我国对疫苗、诊断制品的研究经费投入不足国际平均水平 10%，对新兽药的研究投资更少，还不足 1%。有限的经费主要用于重大动物疫病防治研究，而对于其他领域如基础研究、流行病学调查、兽药开发、动物源性食品安全等方面投入经费不足，科研进展较为滞后。

5. 兽医科技能力建设严重滞后

经过几十年的发展，我国兽医科技能力建设取得了长足的进步，但与国民经济和社会发展的实际需求还有很大差距。在基础设施建设（包括重点实验室、高级别生物安全实验室、SPF 实验动物设施）和科研装备方面历史欠账很多，仪器设备的数量和性能不能满足科研需要。

（四）兽医科技工作发展目标与重点任务

1. 发展目标

（1）总体目标 当前是我国兽医事业全面发展的重要战略机遇期。“十二五”期间，也是兽医科技发展的关键时期。新时期兽医科技工作的总体目标是：逐步理顺兽医科研管理体制，加强兽医科研能力建设，整合兽医科研资源，完善科研投入机制，加强兽医重大科研项目组织实施与监管。针对我国重大动物疫病防治的技术需求，以防控技术为主攻目标，集中优势力量，力争在重大动物疫病防控等兽医关键领域、关键技术上取得重大突破，为全面提升我国重大动物疫病和人畜共患病防控技术水平，有效控制动物疫情，确保畜牧业生产持续健康发展和国家公共卫生安全提供强有力的科技支撑。

（2）具体目标

①建立我国禽流感、口蹄疫等重大动物疫病及人畜共患病的病原库及基因信息库，开展生态学研究和分子流行病学调查，为重大动物疫病及人畜共患病的防治提供早期监测和预警平台。

②针对我国重大动物疫病和人畜共患病预防和控制的技术需求，加大基因工程标记疫苗研制并配备相应的鉴别诊断试剂，为扑灭和净化动物疫病提供技术储备。

③研究开发高通量诊断技术及制剂。研制针对主要疫病的系列快速检测方法和试剂。针对危险病原，建立基于基因工程抗原或单克隆抗体的诊断试剂盒。开发重要动物疫病的免疫与感染的鉴别诊断技术及制剂。

④新建和完善一批国家重点实验室、国家动物疫病参考实验室、高级别生物安全实验室和实验动物研究等科研设施，大幅度提高科研仪器装备水平，不断提高兽医科研能力建设。

2. 重点任务

为完成我国兽医科技发展的目标，按照产业需求、系统设计、解决急需、有限目标的原则，考虑我国已有基础，借鉴国际成功经验，以体制创新统领全局，着眼于国家公共卫生安全和动物疫病防控，系统规划、重点部署、分步实施。现阶段兽医科研的重点任务是：开展重大动物疫病、重要新发病和外来病防控关键技术研究，加强兽药残留检测技术研究和新兽药研制工作，加强兽医科技基础研究，强化科研能力建设，大幅度增加科技投入，建立动物疫病控制技术与物资的国家贮备制度。

（1）加强兽医科技基础研究　进一步加强基础研究，尽快完成兽用生物制品的更新换代，研发标准诊断检验方法和新兽药，建立疫情信息管理系统。

①重视重大动物疫情日常动态监测、信息报告、疫情调查及相关方法、技术和支撑体系等基础工作。设立专门的公益性技术机构和体系，所需经费纳入国家财政预算，给予长期稳定的支持。

②加强家畜及野生动物源性人畜共患传染病的疫源调查、危险性评估和危险性外来动物疫病检测与扑灭技术研究。对重要的人畜共患传染病病原和野生动物病原进行调查，根据飞沫、食物、媒介昆虫或直接接触等途径进行系统研究，明确不同疫病的自然疫源地及分布范围，全面评价不同病原的危害，研究重要人畜共患病检测、诊断及早期预警技术，建立动物源性人畜共患烈性传染病暴发应急处理的技术、产品、设施、设备及其生产能力的贮备体系。

③加强预防兽医学基础研究。重点开展主要畜禽传染病和寄生虫病病原大

分子的结构和功能研究，重要疫病病原基因组研究，以及重大动物疫病与寄主互作的生化与分子遗传机理研究。

（2）加强高新技术和关键技术研究

①开展标准化、系统化、准确、方便、快速诊断检疫技术与试剂盒研究，大力发展新型分子检测技术和高通量检测技术，建立快速诊断检测技术，开发适用于养殖场兽医室和基层兽医的快速、简便的检测产品，做好监控外来病威胁的特殊检验技术贮备工作，研究开发免疫修饰剂。

②改进和提高传统疫苗的生产工艺，开展产业化研究，提高自动化、标准化水平，进一步提高疫苗质量。开展核酸疫苗、基因工程亚单位疫苗和基因工程活载体疫苗及生产技术研究。

③开展主要畜禽疫病的预测预报和综合防治技术体系研究，重点研究流行规律和疫病防治策略，建立流行病学测报模型和检测网络。

④开展寄生虫病生物学防治研究、动物病原菌（寄生虫）分子耐药机制研究。

⑤开展转基因杀虫牧草的研究。

⑥开展水产动物疫病病原分子生态学研究，进一步加强水产动物疫病防治。

⑦开展重大外来动物疫病发生机理与监控研究，建立外来病监测支撑技术，以及预警模型和技术储备。

⑧加快研制具有自主知识产权、技术含量高的新型兽药，重点研制高效安全的新型化学治疗药物，尤其是畜禽专用的化学治疗药（抗菌药、抗病毒药、抗寄生虫药）。研究开发兽药新剂型。开展中草药有效提取物的研究，进行中草药各有效成分的优选配比，研制作用更全面、副作用更小的新型兽药产品。

（3）加强兽医科研基础设施建设

①建设和完善重点实验室体系　目前我国只有 1 个国家重点实验室，今后应根据整体规划、系统布局、分步实施的原则，在西北、东北、华北、华东、华南等地，选择有条件的科研机构，新建或扩建 5～10 个国家级重点实验室，新建和完善一批兽医领域的农业部重点实验室，建成学科完整、装备先进的兽医重点实验室体系；建设一批重大动物疫病国家参考实验室，加强实验室基本建设和仪器装备。在国家重点科研机构中，有计划地建设若干个不同生物安全级别实验室和动物实验室，提供充足的运行经费，加强生物安全管理，以满足研究机构需要。

②建设和完善实验动物设施　重点建设一批标准化的实验动物饲养场和 SPF 动物实验房，加大对实验动物科学的支持力度。

③建设国家动物疫病诊断体系　为迅速准确地诊断动物疫情，在现有的北京、青岛两个动物疫病诊断中心的基础上，建立布局更加合理的国家动物疫病诊断中心。在中国农业科学院兰州兽医研究所、哈尔滨兽医研究所、南京农业大学、华南农业大学动物医学院等国家重点实验室或农业部重点实验室的依托单位建立新的动物疫病诊断中心或分中心。

④建立国家兽医微生物保藏中心　建立国家兽医微生物保藏中心，收集、鉴定、保藏、利用和管理兽医微生物，开展菌毒种的分离、鉴定、生物学特性及血清学诊断方法的研究，开展兽医微生物国家标准的制定和兽医微生物鉴定、研究用标准物质的制备。对重要兽医微生物进行分子鉴定研究，测定病原微生物的基因图谱，通过基因标记进行病原追踪，开发和利用微生物重要功能基因信息，为兽用疫苗、新兽药、诊断试剂和酶制剂的研制开发提供生物资源。开展兽医微生物信息管理并参与国际交流，建立全国兽医微生物资源信息网络，及时收集微生物菌毒种、寄生虫、细胞系和基因等的生物信息，实现兽医微生物信息资源的共享。

⑤建设国家级兽用生物制品研发及生产贮备基地　尽快建立我国兽用生物制品研究开发及生产贮备基地，根据已有基础和整体布局，在西北、东北、华北、华东、华南分批建设 3～5 个国家兽用生物制品研究开发的工程技术中心（基地）。

（五）兽医科技工作建议

1. 理顺兽医科技管理体制

着手理顺兽医科技管理机制，按照“规范、简化、透明”的原则，实行决策、实施、监督相分离的运行机制。理顺科技部门和行业主管部门的关系，做到国家、部门、地方三力合一，人才、技术、资金高度集成，研究、开发、辐射同步进行。进一步完善兽医科技宏观决策支持机制，建立国家层面的常设科技决策咨询、评估、监督机构。整合兽医科技资源，充分发挥各自优势，调动综合研究机构、高等院校、兽医专业实验室和企业等多方面的积极性，鼓励开展多学科联合研究，加快兽医科技发展。

2. 加大基本建设和经费投入力度

近年来，国家虽然在兽医科研方面有所投入，但没有形成独立的系统和领域，一些关键技术难题仍然是动物疫病控制的“瓶颈”问题。建议增加兽医科研投入，建立长期稳定的经费投入渠道，加强科研机构基础设施建设，从流行病学研究、疫苗技术、诊断监测技术等方面，增加兽医实验室建设项目投入，提高科研体系研发能力，提高重大动物疫病、重要新发病、外来病及重点人畜共患病系统研究能力。

3. 加快兽医科研成果转化

实行产学研结合，利用多种渠道、手段，切实提高科技成果转化率，加快产业化步伐，为畜牧业增产和农牧民增收提供可靠的技术保障。

4. 强化兽医科技人才储备

随着社会的进步和科技的发展，现代兽医学除直接保障畜牧业生产外，已成为生命科学的重要组成部分及公共卫生学的主干分支。其范畴已扩大到人畜共患病、公共卫生、环境保护、人类疾病模型、伴侣动物医疗保健、食品卫生和卫生检验、医药工业、饲料工业等领域，形成许多新的边缘学科。因此，要进一步加强兽医基础教育，提高教育水平，紧密结合畜牧业生产实际，加大兽医公共卫生教育力度，培养更多的精英人才。

5. 加强兽医科技国际交流合作

充分利用世界动物卫生组织（OIE）、联合国粮农组织（FAO）等国际组织平台，与国际先进实验室开展多形式、多方位的交流与合作，吸取国际先进经验，促进我国兽医科技水平快速提升。

参考文献

蔡丽娟，邵华莎，王永玲，等．2009. 德尔菲法在我国未来10年兽医科技发展战略选择中的应用研究［J］．中国动物检疫，26（11）：1－4.

陈博文，何宏恺，高彦生．2007. 中日出入境动物检验检疫法律体系比较研究［J］．检验检疫科学（4）：10－16.

陈君石．2009. 风险评估在食品安全监管中的作用［J］．农业质量标准（3）：4－8.

陈向前．2004. 参照 WTO 规则尽快确定国家适当的动物卫生保护水平［J］．中国动物检疫，21（4）：1－3.

陈向前．2006. 引入企业推动的立法模式——对我国动物卫生立法机制改革的思考［J］．中国禽业导刊，23（16）：6－7.

陈杖榴．2009. 国家兽药风险评估体系、兽药评价与再评价体系以及兽药残留监控体系建设［J］．中国家禽（6）：1－4.

刘陆世，陈向前，陈艳文，等．2006. 浅谈对 ALOP 的几点认识［J］．中国动物检疫，23（6）：13－14.

农业部兽医局科技与国际合作处，中国动物卫生与流行病学中心科技信息处．2010. 2000—2008年我国兽医科技发展情况调查报告［R］．

邵华莎，康威，汪明．2011. 美国兽医科研管理制度研究及其启示［J］．中国动物检疫，28（1）：1－4.

张凡建，于丽萍，陈向前，汪明．2004. 食品安全风险分析工作原则及其启示［J］．黑龙江畜牧兽医（9）：6－7.

WTO. 2007－05－18. Agreement on the Application of Sanitary and Phytosanitary Measures［OL］. http：// www. wto. org/ english/docs _ e/legal _ e/15－sps. pdf.

WTO. 2007－05－18. Technical Barriers to Trade［OL］. http：// www. wto. org/english/docs _ e/legal _ e/17 _ tbt. pdf.

Zepeda C，Salman M，Thiermann A，et al. 2005. The role of veterinary epidemiology and veterinary services in complying with the World Trade Organization SPS agreement［J］. Prev Vet Med，67：125－140.

专题组成员

组　长　王长江　副局长　中国农业科学院科技局

副组长　邵华莎　副调研员　农业部兽医局科技与国际合作处

　　　　　康京丽　副处长　中国动物卫生与流行病学中心

成　员　翁崇鹏　主任科员　农业部兽医局医改处

　　　　　陈向丽　研究员、所长　青岛东方动物卫生法学研究所

图书在版编目（CIP）数据

中国养殖业可持续发展战略研究：中国工程院重大咨询项目．动物疫病防控卷/中国养殖业可持续发展战略研究项目组编．—北京：中国农业出版社，2013.4
ISBN 978-7-109-17594-5

Ⅰ．①中… Ⅱ．①中… Ⅲ．①养殖业-可持续发展战略-研究-中国②兽疫-防疫-研究-中国 Ⅳ．①F326.33②S851.3

中国版本图书馆 CIP 数据核字（2013）第 010780 号

中国农业出版社出版
（北京市朝阳区农展馆北路 2 号）
（邮政编码 100125）
责任编辑　刘　玮　颜景辰

北京通州皇家印刷厂印刷　　新华书店北京发行所发行
2013 年 4 月第 1 版　　2013 年 4 月北京第 1 次印刷

开本：787mm×1092mm　1/16　　印张：30
字数：525 千字
定价：248.00 元